信息化背景下图书资料管理研究

黄辉 著

时代文艺出版社
SHIDAI WENYI CHUBANSHE

图书在版编目（CIP）数据

信息化背景下图书资料管理研究 / 黄辉著 . -- 长春 :
时代文艺出版社 , 2023.12
ISBN 978-7-5387-7431-3

Ⅰ.①信… Ⅱ.①黄… Ⅲ.①图书资料 - 资料管理 -
研究 Ⅳ.① G253.5

中国国家版本馆 CIP 数据核字 (2024) 第 021239 号

信息化背景下图书资料管理研究
XINXIHUA BEIJINGXIA TUSHU ZILIAO GUANLI YANJIU

黄辉　著

出 品 人：吴　刚
责任编辑：焦　瑛
技术编辑：杨俊红
装帧设计：苗　惠

出版发行：时代文艺出版社
地　　址：长春市福祉大路5788号　龙腾国际大厦A座15层（130118）
电　　话：0431-81629751（总编办）　0431-81629758（发行部）
官方微博：weibo.com / tlapress
开　　本：710mm×1000mm　1 / 16
字　　数：280千字
印　　张：19.1875
印　　刷：沈阳正邦印刷包装有限公司
版　　次：2024年3月第1版
印　　次：2024年3月第1次印刷
定　　价：88.00元

图书如有印装错误　请寄回印厂调换

前　言

在传统图书资料管理模式中，将纸质资料作为图书资料的存储载体，在图书管理员数量有限的情况下，收集并保存纸质图书材料需要耗费大量时间和费用。针对上述情况，信息化技术使图书资料管理活动成本得到降低，其完全打破时间、空间限制，引入收集、共享图书资料理念，整合全省、全国等图书资源，创建省级、国家级图书资料共享库。站在读者的角度，借助电脑或手机等终端设施，直接定位图书资料共享库，可以查阅大量的图书资料，节省大量成本和时间。站在图书管理员的角度，既可以为读者提供丰富的图书资料，也可以控制图书资料管理成本，在工作过程中，维持纸质文档存在状态，维护信息操作系统，定期升级改造系统功能，真正实现共享功能。

基于新时期的社会发展背景，各行各业的工作模式和工作效果均在转变。科学技术水平的不断提升和信息化时代的到来也要求图书资料管理工作和管理形式随之转变。因此，要求相关工作人员加大力度完成学习，了解信息化模式操作的方法、了解信息化方法融入实际工作环节带来的意义和推动力量。切合实际，结合现实情况对于日常工作环节进行优化。在加大学习力度，提升工作能力的基础上，运用信息化方法实现图书资料的信息化管理。进而，推动图书信息化建设管理水平的不断提升。

由于受到传统思想意识的影响，部分工作人员认为信息化管理模式融入图书资料管理实践环节中可能会呈现出一种低效化的状态。由于自身对于新生事物的接受能力不强，因此在工作中仍然采用较为传统的管理形式，导致工作效率降低。为此，在推行信息化管理的实践中要求相关工作人员提升对于新生事物和科学技术模式的接受能力。基于先进的信息化管理方法，完成具体的图书资料管理工作，在实践中让其发挥出作用。借此，实现图书资料的高效管理，让资料得到有效整合，促使图书的文化传播功能发挥出最大优势。另外，也要求管理者对信息化模式增加宣传力度。通过定期组织学习、张贴条幅、视频宣传等不同的手段，让工作人员了解信息化方法。进而，增进其在工作中的应用频率，让信息化模式有机会在工作中发挥出自身的作用。

针对电子图书资料，读者可以了解视频、图像、音频等多种形式的图书资料。图书管理员利用虚拟现实（VR）技术，建立一个适合于现代环境的图书资料平台，读者利用 VR 眼镜、VR 一体机等设备，置身于虚拟场景中，感受时代变迁场景。利用大数据技术，对新出版的电子期刊、网络文献作品、时政要闻等图书资料进行收集，并将收集到的图书资料以标准运作程序形式输入平台中，进行筛选、细化、分析，筛选出数据重复、失真的图书资料，将其余的图书资料置入数据库中储存，有利于充实各种图书资料。

图书管理员将收集的纸质版图书资料上传到数据库中，通过数字文档的方法，构建符合的数字化模式，读者可以从数据库中的大量图书资料中确定信息，并得到快速检索服务。读者将作者姓名、名称、发表年份等重要信息输入检索平台中，平台开启自动检索模式，为读者提供相关图书资料，有利于完善图书资料检索服务。

本书共分为七章，第一章为图书馆信息化发展，介绍了信息化图书馆的相关概念、信息化图书馆的发展改变、国外图书馆信息化发展经验；第二章为信息化图书馆的建设，介绍了数字图书馆的发展与建设、智慧图书馆的发展与建设、移动图书馆的发展与建设；第三章为图书馆图书资料信息化管理，介绍了图书资料的信息化管理、图书资料的开发利用、信息化技术在图书资料管理中的应用；第四章为图书馆馆藏文献建设，介绍了图书馆馆藏政策的发展、馆藏文献资源的分类、新型文献情报服务模式、党校图书馆文献资源建设；第五章为党校图书馆服务创新建设，介绍了党校图书馆创新服务的需求、党校图书馆智慧服务发展、党校图书馆服务智库建设；第六章为图书馆读者服务建设，介绍了图书馆读者服务工作概述、图书馆读者服务工作技巧、党校图书馆读者信息服务、党校图书馆老年读者服务建设；第七章为信息化背景下党校图书馆的阅读推广，介绍了党校图书馆的阅读推广现状、信息化背景下党校图书馆的阅读推广路径、智能推荐在图书馆阅读推广中的应用。

由于时间有限，书中难免存在不妥及疏漏之处，敬请读者指正批评。

编者

2023 年 5 月

目　录

第一章 图书馆信息化发展

数百年以来，图书馆是收藏原始纸质文献资料，形成纸质文献资料库并提供相关信息服务的场所，在人类文明发展及社会发展进程中担任重要的"收藏者"和"见证者"的角色，在"促进知识发现和创造"的使命中传递文化价值。图书馆是人类智慧的巨大宝库，为知识的存储和传播以及文化具象传承做出重要贡献。

从历史的角度看，图书馆的形成可以追溯到西周至战国时代，当时下设为帝王而服务的藏书阁，仅是朝廷的私有机构，后来不断地扩大其功能范围和使用范围，渐渐地从上层阶级下沉至广大民众，从"以藏为主"转变为"藏用结合"。20世纪初，我国图书馆界掀起了"新图书馆运动"，实现了中国图书馆从藏书楼到近代图书馆的转变，促进了图书馆事业的发展，初步形成了数量较多、类型较全的图书馆网络格局，为新文化运动注入了活力，为当时破除封建思想、建立先进思想文化、迎接新民主主义革命等方面做出重要贡献。21世纪，我国先后提出了科学发展观、建设学习型和谐社会、构建公共文化服务体系和促进文化体制改革等先进思想和理念。为了响应国家的号召，满足信息化社会发展的新需求，图书馆界发起了第二次"新图书馆运动"，从文献资源配置、技术运用、价值观念等方面整合创新图书馆的未来发展方向。同时以"服务民众"为宗旨，努力实现图书馆公共化，保障公民的知识自由权利，深刻地诠释了"公共图书馆的科学内涵"。党的十六届六中全会把"建设社会主义精神文明"推至新高度，提出"坚持把发展公益性文化事业作为保障人民基本文化权益的主要途径"，从制度上明确和肯定了图书馆的社会价值、责任地位和发展方向，也从另一角度说明了图书馆"文化建设"与"服务人民"的价值取向。

知识的收藏和传播，是人类对信息与知识需求的产物，也是当今图书馆最为核心的社会价值，一直渗透于图书馆的发展历史中，但特定时期特殊历史背景下，其价值的表现形式和侧重面有所不同：传统意义下的图书馆为人们获取信息、释放心灵，提供了舒适和安静的场所；信息化时代背景下，我们需要重新审视图书馆的价值表现，提升图书馆的核心竞争力和不可替代性，才能避免被时代所淘汰。图书馆应适应信息化趋势，顺应知识经济的兴起和网络信息的发展，形成对应的多功能、网络化、多载体、智能化模式，承担保障人民基本文化权益的使命，以服务人民的方式回馈社会。

第一节　信息化图书馆的相关概念

一、图书馆信息化概念

目前世界上关于图书馆信息化的定义，存在着多方面的理解，其主要有以下几种观点：

图书馆信息化指的是在图书馆的整理过程中应用现代计算机、多媒体等手段进行多方面信息加工制作与信息传递，以实现现代图书馆信息的存储及分享，并为所有的图书馆用户提供最为全面的信息服务，以达到知识成果转换为经济成果的目的。

图书馆信息化主要是指不断地更新与共享图书信息、文献资料、知识资源等，因此，图书馆信息化就是知识的不断共享、不断延伸、不断深化的过程，所有的文献资料、图书信息都得以共享。大量的学者和专家对图书馆信息化进行探索，得出了关于图书馆信息化的两方面的理解，一种是广义上的图书馆信息化的理解，图书馆信息化是建立在外部媒介、多媒体、网络、计算机等技术上的加工与传递，主要包括更新技术手段与技术设备。除了外界的影响，人员素质修养、思想观念的进步以及整体组织机构的管理完善都为图书馆信息化的发展起到助推的作用；狭义的图书馆信息化主要是人们或组织借助现代技术进行图书信息的存储、加工、采集及共享的过程。关于图书馆信息化的概念，最具权威性的是我国国家信息化领导小组对于图书馆信息化的解释：图书馆信息化是以信息化技术为主导，以信息资源为整体核心，以媒体为传输工具，以专业信息人才为依托的整体的信息化综合体系，并辅以国家法律法规、政策、经济发展为政策保障。

二、信息化的新特点

从某种程度上说，图书馆管理与信息化密切相关，信息化给图书馆管理工作带来了全新的面貌。做好图书馆管理工作，必须把握信息化时代的新特点，运用信息化手段不断提高图书馆管理水平。

（一）信息化给图书馆管理提出新要求

信息化时代，人们获得知识信息的渠道多元化，尤其是智能手机的广泛使用，使得获取知识更加便利。人们随时随地就可以通过网络和手机，掌握世界各地发生的信息；通过百度等搜索引擎，查阅到需要的知识和材料。图书馆是掌握图书资料最丰富的部门，馆藏资料涉及面广、跨越历史时空，有些馆藏资料甚至独一无二，极具信息真实性和可靠性。在知识经济时代，如何运用好信息技术快速便捷传播知识，弘扬民族传统文化，更好地发挥图书馆的社会作用等，都对图书馆管理提出了新的时代要求。

（二）信息化给图书管理带来了深刻变革

信息化时代，从根本上解决了人与人、物与物、人与物的互联互通问题，极大增强了知识传播的广度和深度。信息技术的应用，方便了图书资料的整理和管理，实现了资源共享。通过数据库的运用，能把图书管理的每一个环节有机结合起来，形成一个完整的数字链，有效提供多途径检索、查询等多方面服务，提高图书借阅、读者统计分析等管理水平。可以说，信息化大大拓宽了图书馆图书资料信息的传播手段和传播渠道，为更好地发挥图书馆功能提供了便利的条件。

（三）信息化为激活图书馆馆藏资源提供了重要技术手段

信息化时代，互联网技术和手机应用以其方便快捷的特点受到人们广泛欢迎。图书资料是图书馆的核心所在、价值所在。在信息化时代，作为图书馆的重要资源的图书资料，完全可以通过运用计算机技术和互联网技术，让大多数图书资料摆脱长期处于"沉睡"的状态，以数字化的形式，把馆藏资料转化成电子化图书，通过互联网进行有效传播。尤其是可以通过手机应用程序等途径，进一步拉近与读者的距离，为读者提供更方便的知识服务，做到资源最大限度的共享，实现馆藏资源的最大社会效益。

三、信息化图书馆的功能和需求

（一）信息化背景下高校图书馆的基本功能

高校图书馆除了要满足一般图书馆所具备的基本功能外，还要与大学的教学、科研职能相匹配。在一定程度上，大学图书馆不仅是专业书籍的存储地，也是进行教学和科学研究的重要场所与资源。因此，大学图书馆，特别是进入了信息时代的大学图书馆，更加重视大学图书馆服务大学教学与科研的有效性。概括起来，大学图书馆具有五大基本功能。

1. 阅览与藏书功能

图书馆是人类社会发展到一定阶段的产物，随着人类社会不断向前发展，社会分工越来越细，因而专业服务于某一社会分工的图书馆也随之产生。虽然图书馆在功能和设计上各有侧重，但是从图书馆诞生至今，各种类型的图书馆的首要功能就是阅览与藏书功能。现在图书馆运动的主要目的，则更是希望通过设立公共图书馆为市民提供读书的去处，而国家图书馆则在提供阅读服务的基础上承担着保存国家珍贵古籍善本的功能。

2. 查询与管理功能

图书馆的查询与管理功能是伴随着阅览与藏书功能而产生的。图书馆藏书量的不断增加，读者如何按照自己的需要第一时间找寻到自己所需要的图书就显得尤为突出了。因此，延伸出了图书馆学，这是一门负责书籍管理与情报收集的专门学科。其目的就是更加高效便捷地服务读者。

3. 教学与科研功能

大学自其产生以来就具有教学功能，可以说，没有教学功能就没有大学的产生。1809 年，洪堡执掌刚刚建立的德国柏林大学，则为大学赋予了科研功能，从此开始，大学便在教学与科研的双动力下不断前行。无须多言，坐落于大学校园之中的大学图书馆的最重要的功能，就是服务师生的教学与科研。所以，很多大学都在图书馆配备了多媒体教室、报告厅、自习室、研究生与教授工作室等基本的教学科研设施，国外不少大学甚至将图书馆与博物馆结合起来，让师生可以直接阅读和参观最为珍贵的历史孤本与文化典籍。在一定程度上，大学图书馆与藏书量也成为衡量一所大学科研和教学水平的重要指标。

4. 文化与审美功能

大学图书馆除了上述较为实用的功能以外，还兼具着彰显文化特色、营造校园文化的文化与审美功能。不同地区的大学都有其独特的城市历史文化与当地的建筑风格，即使是同一地区的不同大学，也会因为其自身发展历史而具有不同的建筑风格，形成独具特色的大学图书馆设计风格。从这个角度上讲，大学图书馆反映了一所大学的精神风采、历史故事，成为一所大学最为醒目的精神名片。在著名的英国牛津大学拉德克里夫图书馆的设计，就突出反映了封建欧洲的古堡文化与宗教特色，通过古老的哥特式建筑的严肃性，来显示学术的神圣与庄严。这也是牛津大学精神的最好诠释。

（二）信息化背景下高校图书馆的新需求

随着信息技术的不断发展，"互联网＋"战略使大家的生活方式发生了变化，新的教学与研究方式激发了人们对大学图书馆的新要求，这既是对原有图书馆功能的改进也是对大学图书馆设计的新要求，催生了大学图书馆设计理念的变革。

1. 更为强大的互联网功能

信息化时代的到来，人们对网络的依赖达到前所未有的水平，电子期刊与数据书籍也呈现出爆炸式增长。大学研究与教学的方式也随之发生翻天覆地的变化，人们在图书馆中进行学习不仅是参阅纸质图书资料，更希望能够通过电脑、手机等移动终端随时上网，查找最新的科研成果和教学资料。随时随地的无线网络覆盖成为大学图书馆新需求，它可以悄无声息地出现在图书馆中，在增加 WiFi 设施、电源插口等基础设施的同时，还要不破坏建筑的整体美观。

2. 更为贴心的人性化服务

读者群体对大学图书馆的设计更加强调关注细节、周到贴心的人性化服务。这不仅体现在一些基础设施的服务功能的设计要更加为读者考虑，而且要求设计师能够及时捕捉到读者独处图书馆时可能急需的一些服务，对读者可能产生的困惑、需求以人性化的方式加以回应。比如，柔和而醒目的提示、直饮水设施等设计要考虑周到。

3. 突出公共安全

大学图书馆具有人流量大、物资密集、空间较为紧凑的特点，如果设计和管理不慎极易产生安全隐患。伴随着社会突发事件的增加、重大消防安全隐患依然存在的紧张局面，图书馆要有周全的防恐防火的安全设计。

4. 符合新时期大众的审美需要

大学图书馆是大学历史与所在城市文化的集中体现，任何建筑设计，特别是文化底蕴浓厚的大学图书馆设计，要充分考虑所在的时代特征，充分尊重广大师生和当地群众的功能需要、使用习惯和审美偏好。从而增强设计的针对性，引起师生的好奇，获得群众的认可与喜爱。

四、相关理论基础

（一）知识管理理论

1. 概念

关于知识管理的概念：构建一个完整体系化的知识系统，在整个知识系统中对信息与知识进行采集、储存、加工、整理及信息共享的过程，最终将整个过程反馈到知识系统中完成整个知识库的加工处理。在整个知识系统中关键的是人才与技术。人才与技术给予信息加工无限动力，从结构组织角度来说，信息的系统化能够促进企业在激烈的市场竞争之中做出正确的判断，以促进企业的发展。图书馆知识管理是以工作人员与图书馆受众为主体，以知识信息为处理对象、以知识创新与信息加工为目标、以读者的需求为目的的管理。在这个管理的过程中，图书馆应不断利用先进技术对图书信息进行处理、加工与整合，不断完善图书馆管理的各项职能，以满足不同读者的需求。关于图书馆的知识管理，要从两方面加以理解：一个是狭义方面的理解，图书馆知识管理即利用不同的媒介进行图书信息的存储、加工、采集及共享的过程；另一个是广义上的图书馆知识管理，指通过新型的电子媒介、计算机、互联网等技术进行图书信息的采集、处理、加工、共享的过程。这个过程涉及图书管理的知识运作成本、人力资本、结构资本、知识产权资本等，同时也对图书馆学、情报学的互动进行研究。

2. 特征

（1）核心是知识资源

知识资源是图书馆知识管理运作的基础，把知识资源与其相对应的知识管理方式相结合，促进知识管理的积极展开。关于图书馆知识管理的理解不论是广义还是狭义上的，其关键内容都是知识。在图书馆知识管理的过程中，主要是加强员工的隐性知识与显性知识的相互连接与转化。

（2）基本理念是以人为本

图书馆首先应该尊重图书馆工作人员和读者用户，并将其运用到图书馆的知识管理中。对员工实行民主管理、科学管理、人性化管理、加强图书馆员工素质的培养与再教育。在提高员工的工作素质的同时不断提高工作的创新能力，鼓励员工将自身的智慧价值积极投入到图书馆的知识管理之中，从而实现图书馆工作人员自身与图书馆知识管理工作的共同发展与进步。与此同时，要充分尊重读者，把读者的需要放在第一位，根据读者的现实需要提供知识资源素材。

（3）主要目标是知识共享和创新

在图书馆知识管理的过程中，主要目的就是促进图书馆内部员工进行知识交流与知识共享。图书馆工作人员之间通过有效的知识共享，能够促进图书馆知识管理工作的不断创新与发展。图书馆知识管理工作不是机械的图书知识的存储、采集及搬运的过程，而是图书管理人员需要对有效的时间与用户间的关系进行把握，以创造出新型的适合用户需求的创新型知识。

（4）效益具有潜在性和间接性

图书馆知识管理不单单是经济、物质等元素的组合，其关键点在于知识资源、经验所得等要素的把握。在图书馆知识管理过程中将资本、知识等要素进行质的转化，实现管理模式的创新以及管理结构的现代化。

（二）图书馆人本管理理论

1. 图书馆人本管理的内涵

关于图书馆人本管理的思想，主要是图书馆科学管理主义与人文主义的思想结合。20 世纪 30 年代，美国芝加哥学派形成，此学派主要是由美国图书馆学家巴特勒等为代表组成的，芝加哥学派的形成也引发了图书馆人本管理思想的兴起。1933 年，美国学者巴特勒发表了《图书馆导论》，其中明确提出："图书馆作为一个'专业'，和其他任何一个专业一样，有技术、科学、人文这三个层面。"之后，由谢拉提出了关于人文图书馆学五定律思想，在一定程度上奠定了图书馆人本管理的思想基础。关于图书馆人本管理，我国也有大量的学者及专家进行了研究与探讨，20 世纪 20 年代我国学者刘国钧、杜定友已经开启了关于人在图书馆管理工作中定位的工作的研究。

目前，我国也将更多的研究重点放到图书馆人本管理的工作研究中来。从哲学的角度来说，马克思主义认为："人的本质并不是单个人所固有的抽象物体，在现实上，它是一切社会关系的总和。"认识、社会、精神三方面是有机统一在一起的，人的发展是社会发展的关键因素。在图书馆工作中，人作为关键因素能够促进自身的不断成长与进步，并能够完善图书馆的图书管理工作。因此图书馆的相关管理工作的有序进行要建立在完善系统的管理机制之上，以人为主体，将人的价值与用户的合法权益有机地结合在一起，使图书馆工作的价值得以实现。

综上所述，人本管理在图书馆应用中的客体对象主要包括两部分内容：作为服务客体的读者和作为服务主体的图书馆员。图书馆人本管理的基本内容如下：

图书馆管理工作存在诸多客体要素，人是这些要素中最为关键的一环。以人为本进行图书馆管理工作的人才培养，充分调动工作人员的积极主动性，发挥图书馆管理工作的社会职能。在图书馆管理工作中，人主要指的是图书馆工作人员与图书馆的用户。因此在图书馆的人的管理中也主要包括两方面，一是关于图书馆工作人员的管理与培养；二是关于图书馆读者的管理。

在图书馆管理工作中，要不断满足图书馆工作人员自我价值的实现，对图书馆管理人员进行再教育，以满足图书馆管理工作发展的新要求。为不断实现图书馆管理工作人员的自我价值，要不断加强和完善图书馆功能制度，从而实现图书馆管理工作的持续发展。

2. 高校图书馆人本管理的特征

（1）以馆员的自我管理为主

绝大多数图书馆工作是知识活动，其创新性和知识性相对明显，管理者难以彻底地管控其强度以及品质。在某种程度上，图书馆人员的责任感以及纪律性会影响其强度和质量。与图书馆馆员紧密相关的是对其自身的责任感以及自律性的管理和控制。在这一过程中，规章制度发挥的功效相对较小，这也是馆员的自我管理的重要性所在。但是自我管理和制度之间并不是对立的，自我管理也并不代表着无须外部管理。授权是自我管理的基础，有效的授权和馆员对图书馆价值理念的相同认知以及管理信息的共享和用户服务技能的培训紧密相关，这也是图书馆馆员人本管理的重点。

（2）推崇"以用户为本"的管理与服务理念

长时间以来，人们并未认识到图书馆当中涵盖的人文教育职能。图书馆人本管理不单单注重人文主义精神，而且在管理以及服务中始终贯彻着这一精神。我们可以从图书馆的服务内容、服务环境、服务制度以及服务方式当中感受到以用户为本的相关理念。服务环境的人性化，主要从建筑的地理位置、图书馆的格局、外部环境的设置等方面来呈现。其人性化的设置主要是为了方便用户搜寻知识，运用信息资源，并与他们文化休闲的需求相适应。服务方式方面的人性化遵照的是开放、平等、免费、满意的原则，借助知识聚类、休闲娱乐以及信息资源等手段，促使读者获得差异化的体验。服务内容的个性化和用户的偏好、习惯以及专业程度等都是密切关联的，并给予他们个性化的信息服务。特别是在新技术背景下，个性化的信息需求方式更加多样化，利用多媒体平台展开信息推送的形式十分常见。服务制度的人性化与人文关怀及合法权益是密切关联的，它强调对用户的人格尊严以及信息平等权利的关注，并借助法制形式确保以用户为本来宣传人性化的图书馆文化。

（三）图书馆人性化服务

一位名叫约翰逊的美国学者提到，在图书以及图书馆的发展历程中，最为关键的因素就是"人"的因素。受信息化时代所影响，高等院校图书馆越发注重服务的个性化，在服务过程中要求展示人文关怀。

图书馆服务始终追求人性化的服务，服务的人性化也是现代图书馆成长发展的必然，如今社会信息技术发展势头十分强劲，人类进入一个新时代。知识经济的迅猛发展需要图书馆给予用户全天候的服务与全面的服务，并与他们的多样化需求相适应。个性化服务的着眼点以及目标都是为了和读者的需求相适应，注重人类的发展以及他们价值的实现，充分彰显出人文关怀。

高等院校图书馆的基本要求是给予有温度的和情感色彩的人性化服务。图书馆服务的是有生命力的读者，并非是没有生命力的图书以及资料，所以图书馆工作需要充满理性，在给读者供应信息资料查询场地的过程中，都应该确保他们有温馨的体验，并使读者感受到亲切与有所归属。

个性化服务要求高等院校图书馆在服务过程中彰显出人文精神，站在尊重、关心、帮助、理解读者的视角来审视图书馆的服务。个性化的服务不单单是一个口号，而是应该深入到图书馆的所有服务当中，充分发挥图书馆工作者的自主能动性，给予人们多元化、有针对性的服务。尊重读者的需求，给予他们人文关怀，构建和谐关系，提供亲切、平等的服务，让读者在图书馆的服务中感受到富有人性化的精神关怀。

第二节　信息化图书馆的发展改变

一、图书馆信息化发展现状

在信息化时代图书馆建设发展的过程中，需要以图书馆的实际建设要求为主，充分体现信息技术应用的实效性。当代信息社会的发展促使信息化图书馆成为时代建设发展的产物，社会的发展节奏逐渐加快，很多信息资源都以爆炸式状态被人们传输、接收，使人们的思维和生活方式产生了一定的变化。人们在现代化社会生活的过程中，对互联网信息技术的依赖程度逐渐提升，并且逐渐开始渗透在人们的工作和学习中。

信息化时代图书馆的建设发展可在较大程度上满足时代的发展需求，体现资源查找的快捷性和便利性。图书馆作为公共文化服务的重要场所，不仅学校的教师和学生需要利用图书馆查找资料，群众也可以在社会图书馆当中查找自己需要的资料，也能够借助图书馆提高自身的文化修养。因此，图书馆需要起到传播知识及传承文明的作用。信息时代的图书馆建设可以让这种作用体现得更加显著，在满足人们实际需求的同时，可以体现其社会功能，以信息化平台作为载体拉近读者之间的距离。在这种形势下，图书馆的发展可以与社会的发展保持同步，使专业化和学术化的知识内容可以得到广泛传播，加强资源共享实效性。

认识程度较低。在信息化时代建设图书馆的过程中，很多图书馆管理人员和负责人都缺乏对信息化技术形式的认知，导致其在思想观念方面没有得到改进，仍然存在较多问题亟待解决。数字化图书馆属于最新的科学研究项目，并且与社会图书馆、高校图书馆在建设发展当中存在较大的差异，在对信息化技术的利用程度方面，也产生了较大的差距。不同区域和学校在开展图书馆建设发展工作时，缺乏对信息化技术融合形式的了解，尤其是很多图书馆的建设缺乏统筹规划，虽然在建设前期制定了信息化建设方案，但是在实践操作当中还是缺乏对各项建设方法的了解，导致最终的图书馆建设还是偏向于传统模式，达不到新的管理评价标准体系要求。

技术性问题。技术性问题在当前信息化时代图书馆建设当中层出不穷，虽然信息技术形式可以解决很多传统管理方式遗留下来的问题，但是在技术表现形式上还是存在较大的缺陷。在信息化图书馆建设当中，大量的文献资料占据了过多的文件内存，在检索的过程中经常会出现卡顿现象。管理人员和技术人员没有针对这个现象采取有效的解决方法，导致信息技术的应用无法凸显实践效果，需要使用有关资料的人员也无法在第一时间获取相应的资源。在处理文献资源时，需要以全过程的、有序化的处理为主，被使用人所利用。在信息化技术形式下，部分技术人员还没有对文献资源进行深层次的处理，导致信息处理手段实效性不高。在利用文献资源内容时，有关人员需要对文献资料进行传输和储存，但是目前的信息数字化图书馆在建设当中还是难以对资料进行科学的压缩，降低了图书馆数据库的建设效率，还会耗费大量成本，造成了海量储存问题，并且在短期建设发展当中得不到解决。

人才资源问题。信息化时代对于各个领域建设发展的要求就是需要配备充足的信息技术人才，以减少实际工作当中产生的问题并且能够合理面对及解决其中存在的问题。在当前的社会发展当中，很多行业都致力于培养能够适应社会发展的高科技人才，尤其是在互联网、计算机及人工智能迅速发展的过程中，我国亟需信息化人才。在图书馆的发展过程中，很多管理人员对于信息技术形式的了解程度较低，虽然其具有专业的图书馆管理知识及能力，但是在新时期发展的过程中无法满足信息化时代的建设发展需要。在当前的图书馆建设发展当中，工作人员的薪资待遇普遍较低，工作能力较强的工作人员不愿意长期待在岗位上，产生了人才流失现象，这也是影响图书馆未来发展的重要因素之一。

二、图书馆信息化创新技术

（一）信息化技术

智慧图书馆的发展借助信息技术的应用，涉及数据采集、存储、分析、挖掘等工作。严栋认为，智慧图书馆就是通过"物联网""云计算"和"智慧化设备"来改变用户和图书馆系统信息资源交互的方式，从而实现智慧化服务和管理的新型图书馆模式。依托现有的计算机技术、通信技术、网络技术、声像技术等高新技术，为图书馆的智能化建设赋能，提供优质和高效的基础保障，是智慧图书馆得以发展的基石。

传统数字图书馆中的数据主要包括数字资源目录、特色数据库、商业数据库等，而通过云计算等技术，可以对海量的数据进行组织、优化、共享，精准触及用户心理文献信息需求，扩大文献信息资源范围，增加文献信息资源整合的广度，并加深文献信息资源处理的深度；利用通信技术环境和网络技术，建立高速跨库检索系统，打破传统图书馆的时间和空间限制，实现不同类型、不同场所的文献信息资源的互联互通，共建共享，高效提升文献信息资源利用率。同时也可借助VR技术及其设备，为用户提供多场景、跨终端的知识体验服务，使用户沉浸于虚拟仿真的场景中，满足其对智能化、高效化的信息获取需求，将图书馆打造为智能、高效的知识传播中心。另外，借助物联网技术，可以应用于文献信息资源采集、图书编目分配、流动定位、读者自助借还书籍等工作，实现人物相联与物物相联；还可依托人工智能技术，将文献信息资源、用户与移动终端进行智能感知互联，利用可视化技术实现实体书架和虚拟屏幕的串联，使用户能够在移动端快速获取文献信息资源，比如清华大学图书馆引入"智能机器人"，为学生提供信息咨询服务，实现人机的智能交互。

（二）个性化服务

传统图书馆通常仅提供文献信息资源，并在知识储存和传播中充当重要角色，其"庄严""肃静"的形象深入人心，却忽视了对读者的个人喜好度的个性化信息服务和信息挖掘等工作。并且，随着人们生活水平的提高、高学历人才体量的扩大、获取知识的渠道扩展，传统的大众信息服务模式已然不能满足用户的信息需求，个性化信息服务模式逐步展开，其表现形式正从基于文献的信息服务逐渐过渡到基于用户的信息服务。

在渠道层面，对内打造功能齐全且个性化的智慧图书馆线上信息服务系统，利用智能推荐算法获取用户的兴趣喜好、阅读习惯、文化素养等要素，用精准化信息服务于用户，不仅满足用户的个性化信息需求，还能有效提高图书馆的信息服务质量和服务效率。同时，对外搭建网络交流平台，加强图书馆之间的交流与合作，进行优势分享、资源共享。通过官网、微信公众号等在线平台开放预约定位、线上信息服务、智能搜索文献信息资源等功能；通过各种线上视频平台提高图书馆的曝光度，打造独特的品牌形象；线上与线下联动推广，定期举办读书沙龙、艺术展览、影视欣赏、主题讲座、文学讨论等活动，打造具有文化气质的大众休闲活动，引领全民阅读的积极浪潮。另外，拓宽信息服务对象，开展面向多元化群体的信息服务，鼓励老年人、少年儿童、残障人士、务工子弟等社会群体走进图书馆；加强图书馆与高校、研究所、社区、企业、医院等单位的深度合作，通过云计算、大数据等技术为服务对象打造丰富且全面的大数据库，在此基础上优化数据库的信息检索系统，满足不同用户的信息需求，提高图书馆数据库资源的利用率。

（三）智慧化

新技术的应用，改变了传统管理模式，其对图书馆的管理也产生重要影响。图书馆通过射频识别技术（RFID）、红外传感技术对图书进行智能识别以及信息跟踪，并通过安装在各个书库的 RFID 芯片组成的传感器网络，实时监测图书馆的环境数据，如温度、湿度、照明度、烟雾探测等，有效为用户提供舒适的阅读环境与人性化服务；还可通过无线信息传输，建立电子门禁、安防监控、读者入馆流量计算系统，有效降低了人力成本，提高图书馆的工作效率。这一发展趋势下，对图书馆从业人员的素质和能力提出更高要求。因此，需要将过去图书馆的人才队伍结构重新调整，培养图书馆专业人才的体系将发生改变，与网络信息工作有关的人员比重将大幅度提升等等。馆员是连接图书馆先进服务和管理与用户的桥梁和枢纽，因此适应信息化时代，提高职业准入门槛，建设一支高质量、高水平的人才队伍，提升其专业素质是未来图书馆人事工作的重点。

三、图书馆信息化发展方向

（一）新老兼容

信息化时代图书馆未来发展不能一味地应用新的图书馆管理与建设方法，而是需要吸取传统管理方法当中的优点，结合新的建设管理方式，实现新老兼容、共同发展。因此，在建设发展的过程中，可以将传统图书馆与信息数字化图书馆相互结合，统一管理和检索方法，形成新的发展局面。图书馆建设发展可以体现知识的收集、传播和储存作用，在传统的图书馆建设发展当中，难以完全容纳大量的知识内容，主要是传统的图书馆储存系统建设比较滞后，其信息存储量有限，难以达到新时期的要求。当前信息化时代图书馆发展就可以借助新的管理形式，拓展图书馆知识存储量，以电子系统的方式存储海量数据信息。

（二）虚拟文献和纸质文献共存

尽管信息时代下的图书馆建设不断完善，但很多信息仍然是承载在纸质载体上，方便人们翻阅、查找，因此不能完全将文献内容电子化，否则会影响很多读者的阅读体验。在信息时代下发展图书馆，需要让虚拟文献和纸质文献共存，通过信息技术扩展纸质文献的收集范围，还能够以虚拟文献的方式将与文献内容有关的视频、声音、图片等收录到电子档案当中，为人们提供更加丰富的资源信息。在将两者结合起来时，图书馆可以利用信息化手段对馆藏进行整理，所以图书馆需要加强硬件资源配备，以满足用户的实际需求，较好地实现信息交流和互换。

（三）信息与环境的均衡

图书馆的现代化建设不仅需要通过信息化来优化资源内容和服务，还要为人们提供舒适的阅读环境，在未来发展的过程中，图书馆需要保持信息与环境的均衡性。在未来建设发展当中，图书馆可以拓展为博物馆、档案馆及艺术馆等形式，在体现图书馆的特征时，将不同的文化知识内容融合其中，在营造知识文化气息的同时，让人们的环境体验更加舒适。在当前信息化时代发展的过程中，图书馆还需要增强用户之间的交流，在打造文化图书馆的同时放松人们的身心，优化内部环境，使其可以成为城市区域的亮点。

（四）人才发展

人才发展对于各个行业的发展都非常重要，图书馆的信息化、智能化、服务化的发展方向，需要专业可靠的人才作为支撑。因此，图书馆需要重视人才的培养和发展。合格的图书馆人才不仅需要掌握专业的图书馆管理知识，还需要同时熟悉传统业务与现代业务。图书馆工作人员要提高自身的信息化技术水平，以充分利用计算机技术，提高图书馆建设管理实效性，同时还要做好图书馆建设发展规划，掌握更多技能，加强专业培训，做到在图书馆的日常工作当中游刃有余。

第三节　国外图书馆信息化发展经验

一、美国图书馆信息化发展

（一）重视信息技术的应用

美国大学图书馆相继制定战略规划，经美国大学图书馆设计的信息技术战略计划系统，其目的是满足教师和学生在学习和科研方面的需求，主要是为了提升学校教学水平以及科研水平，并提升图书馆的服务水平。站在战略规划视角上，组织信息技术的战略规划，是为了提高高校教学水平以及科研水平，推进知识的传播以及再创造，全面提升图书馆的服务水平以及服务质量。长时间以来，美国高校图书馆都十分注重信息化建设，同时也认识到了信息化技术在教育当中的意义。在编制信息技术规划过程中强调，信息技术要提升教学的品质以及科研品质，推进学生知识共享和知识创新，强化教师和学生在知识方面的运用。学术交流活动以及图书馆服务管理等都可以利用现代信息技术，塑造出一个方便快捷的交流沟通氛围，从而推进高等院校教育水平的全方位提升。

除此之外，美国高校图书馆越发地注重信息技术在图书馆空间以及环境上带来的转变。约翰霍普金斯大学图书馆运用了现代信息技术，其构建的教室智能化水平较高，有助于学生自主学习。美国西北大学图书馆在编制的信息技术战略规划当中，清晰地指出，图书馆要构建一个功能完备且技术前沿化的学习氛围，并与广大教师和学生多元化的信息服务和教学以及科研工作的需求相适应，同时借助社交软件以及学习平台、远程通信系统等，提升图书馆网络信息运用的水平。

美国高校图书馆在编制信息技术战略规划过程中，需要按照系统性以及整体性原则，整体思考图书馆各个服务职能的关联以及对接，侧重信息系统的集成和优化，关注并发挥整合效应。

（二）信息服务广泛

1. 服务对象

美国大学图书馆主张对社会开放，每个大学图书馆对于社会服务对象的类型设置不同。综合来看，主要面对校友、访客、访问学者、其他高校师生、家属、外部研究人员、市民、残疾人、机构组织、继续教育学生、合作组织人员、图书馆之友和退休教职工等人员开放。

2. 服务内容

美国大学图书馆的主要服务内容是入馆阅读，浏览，借阅资料，运用电子资源，使用图书馆设备，文献传输等等。拥有读者证的外来读者可以持卡进入，还可以结合个人的读者证权限来使用图书馆资源。由于知识产权受限，绝大多数美国大学图书馆准许社会服务对象在图书馆当中访问电子资源，除对校友提供特别优待外，并不对其他类型读者提供电子资源的远程访问。一些美国大学图书馆为社会服务对象提供有偿或无偿使用设施设备的服务，比如耶鲁大学在图书馆开放日允许社会读者使用图书馆。宾夕法尼亚大学图书馆提供自助打印等服务，但是需要支付相应的费用。绝大多数美国高校图书馆特地针对共享组织成员给予馆际互借服务，但是针对社会服务对象并不开放这一服务。只有很少的图书馆给予社会读者这一服务，享受这项服务的对象涉及耶鲁大学的退休人员和访问学者，另外，相关调研人员与博士后均可以享受此待遇。哥伦比亚大学访问学者和探讨会成员也可以享受这一服务。除此之外，美国的大学图书馆开展了文献传递服务，专门针对特定的外来读者提供此项服务，麻省理工学院校友可以支付相应的费用来获得图书馆的馆藏资源，涉及杂志、文章、工作文件以及技术报告等等，产业联络计划成员可以利用互联网申请获得所需资料，并提供免费邮寄到本人公司的服务。

3. 服务规则

美国大学图书馆在服务规则的制定上各有特色，美国耶鲁大学图书馆对入馆时间进行了细则划分，内容包括工作日的开放时间与周末的入馆时间，采取的是周日闭馆，不开展对外服务。麻省理工学院图书馆则把12月份和5月份设为闭馆时间，在这期间，所有访客都将不得入馆。以上关于美国大学图书馆的服务规则都提到了开放时间的问题。有些美国大学图书馆，如哥伦比亚大学图书馆的服务规则中，实行的是校友终身使用制度，只要你是哥伦比亚大学的毕业生，随时都可以回到学校图书馆免费使用，充分体现了图书馆人性化服务的一面。耶鲁大学图书馆也对校友实行了特别待遇，与其他高校图书馆不同的是，耶鲁大学图书馆在借阅规则上对校友表现出了友好的礼遇，校友可以随时回到图书馆进行图书借阅，最大借书量为15本，期限为两个月。如果出现超期未还的情况，在30天内，并不会产生滞纳金。但如果超期大于30天，系统中会进行相应的图书状态变更，把图书状态更改为丢失状态，并会收取相应的滞纳金额，此项惩罚制度也在一定程度上保证了图书的还回率。

（三）注重信息人才培养

信息人才是高校图书馆信息化建设的重要内容。美国高校图书馆十分重视馆员培训，主要通过馆员培训来提升馆员的信息素养，为图书馆信息化建设储备信息人才。美国高校图书馆在馆员培训上具有以下特征：

1. 明确图书馆的角色

美国的高校图书馆十分注重图书馆工作人员的培训以及成长，不单单制定了培训规划来协助馆员进行专业学习与实践，同时还梳理运用校内外培训资源，充分提升馆员的专业技能以及综合素养。整体来说，图书馆的主要工作就是和业务相关的，涉及培训规划、给予经费支持、业务沟通和实践。更多的技能和素质的培育均是由学校来统筹的，图书馆仅仅是把学习的机会给予馆员，馆员们再结合自己的实际需求与爱好来进行选取。关于馆员的培训和发展，美国大学图书馆有以下功能体现：是培训的主导者，也是培训规划的编制者、落实者和管控者，是馆员晋升机会的推荐人员。图书馆优先从组织发展以及工作人员发展的视角组织培训，注重和当下工作有关的专业理论以及技能的学习，开展相应的培训规划以及培训活动，并给予经费上的补贴。

2. 内容丰富且形式多样

美国的高校图书馆工作人员培训以及发展的内容是多元的，不仅仅包含了和工作有关的理论学习以及业务技能，同时还富有其独特魅力。一方面是培养他们的领导力，此领域受到了美国大学的重视，康奈尔大学指出，现如今大学环境十分复杂，变化迅猛，领导力的发展是组织成功的关键。加州大学伯克利分校把领导力看成是落实积极性的推动力，动员所有人员参加领导力发展规划。另一方面是关于综合能力的培育。馆员在自身的发展过程中，必须具备多元化业务技能。例如相关专业技能以及领导技能、自我管控技能和可迁移技能等等。

3. 进阶式馆员培训与发展体系

美国的大学图书馆工作人员的培训体系不单单是为了提升其职位技能，而是需要基于整体目标，综合考虑自身以及组织的发展，通过绩效管理和奖励等手段制定出可以提高大学图书馆竞争实力以及促进人才发展的综合体系。其起点是馆员能够胜任自己的所在岗位工作，实现工作人员自身提升与发展的策略。同时，在此项工作当中进行了进阶的设定，例如，康奈尔大学图书馆制定的关于领导力的发展规划当中清晰地指出，参与 BTLC 项目以及 DFS 项目的前提条件是参与过HDCLP 的领导者。

二、英国图书馆信息化发展

（一）重视信息化平台服务内容建设

1. 重视 FAQ 服务

英国大学图书馆在网站罗列了版权服务的相关问题与回复，便于读者根据需求进行查找，来应对相关方面难题。剑桥大学图书馆列出的版权常见问题主要从五个角度阐述，涉及面对所有人的问题、相关主题资料的问题、教职工专门问题、大学生专门问题以及图书馆专题，子问题总计 38 个。在面对所有人的问题上，涵盖了关于馆藏纸质资源复印的问题以及用户账户下的图书、扫描资料可否上传问题。关于图书馆的专题，内容上主要包含了四个子问题：一个是关于复制的规章与制度，二是在 CLA 准许下图书馆所能提供的服务，三是关于音频资源的复制标准问题，四是关于尚未发表资料复制的标准。帝国理工学院图书馆网站设置了8 个关于版权服务常见问题，包括读者怎样迅速寻找幻灯片当中的图片等等。

2. 重视教学科研中的版权问题

英国大学图书馆在版权服务上十分注重教学科研的版权。探究网站的版权指南，可以看出其涵盖了科研、学习、学位论文以及教学等等。曼彻斯特大学图书馆提供的版权指南当中，涉及了版权与研究、版权与学生、版权与教学，并且每个栏目当中详尽阐述了多个内容。例如，版权和学生栏目当中涵盖了基本阐述、考试和课程作品，以及网络和社交媒体等内容。详细而言，主要是用户怎样保护自己的作品、用户怎样复制资料、用户怎样获得课程成果的版权等等。利兹大学图书馆就调研教学出版物以及硕博论文等方面制定了相应的指南。有关博士论文的版权方面，其指出，在博士论文的写作过程中，会发生很多版权问题，这就要求读者在论文的准备期间就需要关注此方面的问题，涉及文章写作中参考的互联网上的图形与资料的来源，同时还需要思考文章中参考的第三方资源该怎样运用的问题。

3. 重视用户的反馈

英国高校图书馆注重用户的反馈，有关版权服务页面上给予了用户反馈问题的方法。萨塞克斯大学图书馆有关版权服务，构建了促进 FAQ 建议栏目，同时还指出假如用户不能搜寻到自己咨询问题的答案，可以在这一栏目下阐述自己的问题，将相应的反馈提交给图书馆。图书馆针对用户指出的问题增添到 FAQ 列表当中。同时，在这一栏目下，还设定了两个用户能够反馈相关建议的问题。首先是信息是不是有用，答案可以选取有用、无用或不知道。具体内容是页面的功效怎样及答案选项，从一到五，"一"表示的是没有用，"五"表示的是非常有用，二和三、四是介于两个选项之间。兰卡斯特大学的图书馆有关版权服务页面进行了阐述，主要是为了协助学生以及教职工在法律准许的范畴里运用相关材料，涉及版权的主题都相对复杂，因此图书馆在设定指南过程中不可能涉及各个领域，假如指南不能有效地帮助读者解答困惑，或者出现了特殊情况，读者则可以和学术科学馆员版权服务者交流。

（二）信息服务广泛

高校图书馆信息化的主要宗旨就是为了提升服务，因此，图书馆提供的服务范围是否足够广泛，成为图书馆信息化建设水平的衡量标准与尺度。很久以前，英国大学图书馆就开始面向社会提供服务，普通的大学图书馆从学校建成以后就开始面向社会开放，其最初开放是为了促使已经毕业的本校学生在进入社会参加工作以后依旧心系母校，为母校的发展贡献自己的力量，为学校创造新的课题项目或者是提供资金保障。高校图书馆拥有着充足的藏书量，加上公共图书馆和私人图书馆难以利用新技术等因素，导致了高校图书馆比较吸引社会读者。伦敦的法学院图书馆拥有英国最优秀的法律书籍，并被预言未来将没有图书馆可超越。英国高校图书馆将自己学校的教师和学生之外的读者称为外来读者，并设专门的部门来管理这些读者，体现出其对相关工作的高度关注。高校图书馆里 5% 的读者是普通市民。剑桥大学图书馆实行的是全部开架的服务手段，和学校内的读者一样，校外读者无须任何证件就可以免费上网和阅读书籍，但是不能够借出图书。

（三）信息人才培养力度大

信息人才建设是高校图书馆信息化建设中的重要内容。英国高校图书馆积极开展馆员培训，加强图书馆信息人才的培养力度，进而加快图书馆本身信息化构建的脚步。英国大学图书馆长时间以来都十分关注馆员的培训工作。要求他们不断丰富自己的理论，掌握多元的专业技能，保证其素质可以和图书馆的工作需求以及职业发展需求相适应。英国大学图书馆针对图书馆工作人员的培训工作具备代表意义，关于培训的权利、义务以及耗用的资金、资格和标准都有一定的章程，培训工作一定要确保其规范化以及制度化。所有的图书馆工作人员都可以参与培训学习，不仅如此，英国大学图书馆还特地构建了工作人员信息交流网络，每周公开培训活动，要求图书馆馆员自行选择，借助多元化的手段给予其相应的培训学习。英国大学图书馆馆员培训工作有一定的规划，并且具备清晰的培训目的。因此，英国大学图书馆在信息人才的培训工作方面成效十分显著。

第二章 信息化图书馆的建设

第一节 数字图书馆的发展与建设

一、定义与特征

（一）数字图书馆的定义

数字图书馆（Digital Library）是用数字技术处理和存储各种图文并茂文献的图书馆，实质上是一种多媒体制作的分布式信息系统。它把各种不同载体、不同地理位置的信息资源用数字技术存储，以便于跨越区域、面向对象的网络查询和传播。它涉及信息资源加工、存储、检索、传输和利用的全过程。通俗地说，数字图书馆就是虚拟的、没有围墙的图书馆，是基于网络环境下共建共享的可扩展的知识网络系统，是超大规模的、分布式的、便于使用的、没有时空限制的、可以实现跨库无缝链接与智能检索的知识中心。

（二）数字图书馆的主要特征

1. 数字图书馆数字信息存储格式多样化

书刊文献是图书馆的基础资源，数字信息资源是数字图书馆的基础。随着数据信息的飞速增长、互联网技术的普及、电子技术的发展，信息的传播和使用更加方便快捷。图书馆的信息采集、信息处理和信息存储工作不断增加。图书馆数据信息的存储单位已经达到 tb 甚至是 pb。图书馆已经由单一的传统纸质文献发展到了拥有多媒体、数字信号的数字图书馆。数字图书馆可以根据各种媒体的性质对 txt、pdf、wav、doc、jpeg、xml 等格式的文件进行数据加工、格式转换、标引、缩放等。

2. 数字图书馆不受时间和空间的限制

数字图书馆的运行要由良好的网络运行环境支撑。数字信息的存取已经不受存储地点的限制。在网络环境中，我们通过人为添加的一些限制条件，在数字图书馆中根据各种不同应用的需求划分层次，不同使用层次的网上用户检索不同层次的数据信息。数字图书馆突破了空间和时间的限制，将网络中的不同数字图书馆连接起来，读者可以随时随地获取自己所需的数字资源。

3.数字图书馆具有智能化的信息检索功能

数字图书馆通过智能化搜索引擎和交互式多媒体搜索工具，检索数字图书馆中存储的海量多媒体数据信息。通过统一的检索平台将各大数据库联系起来，按照读者需求为读者提供个性化的服务，使读者能够快速、准确地获取有用的信息，剔除大量重复的、无用的垃圾数据。解决了传统图书馆通过关键词检索、主题检索、布尔逻辑等常规检索方式无法从海量数据资源中查准和查全的问题。数字图书馆以智能化的检索方式为基础，人性化的操作界面和操作流程使读者不必预先了解检索方法，读者只需通过自己熟悉的语言与系统进行交互就可获得准确的信息，并且检索结果可以以多种形式展现出来。

4.数字图书馆支持多语言、多种媒体形式

数字图书馆收藏的信息资源不同于纸质文献，而是包括影音、图像等多种媒体形式。它的存储形式包括光盘、录音和录像带等各种数字化格式或电子装置。数字图书馆的存储信息比传统图书馆的纸质图书的内容更加生动、形象、具体。数字图书馆能够支持多种语言，能够满足不同文化背景和不同语言体系的读者的需求。

5.数字图书个性化推荐服务

数字图书馆可以对数据信息进行筛选和分析，根据读者的兴趣爱好、研究方向、检索记录等进行智能化数据分析，根据分析结果向读者推荐文献信息，并根据用户的反馈信息进一步修改推送方案。为不同的读者提供不同的服务内容，并随着客户需求的变化改变推送的信息内容，实现数字图书馆的个性化服务。

二、数字图书馆与传统图书馆的区别与联系

（一）数字图书馆与传统图书馆的区别

1.馆藏分布的区别

传统图书馆主要是将纸质作为信息的载体，可以与其他类型载体并存，其所具有的拒借率和副本概念并不会完全消失；数字图书馆主要是将数字信息、电子出版物以及网络信息等作为管理对象，其在存储介质方面不再仅仅局限于印刷体，而是具有声音、影视、文本以及图像等多种媒体，在储存载体方面也有录音带、光盘以及其他相关的电子化和数字化装置。

2.服务类型的区别

从服务的角度分析，传统图书馆主要是围绕物理图书馆为读者提供服务，具

有一定的被动性，并且经常会受到空间、地域以及时间的限制，所以只能在特定时间和地点为读者服务；数字图书馆则具有较强的开放性，属于分布式的一种图书馆群体。在实际发展中，数字化图书馆可以利用无线宽带网络技术将分布在某一范围内的大量信息资源和图书信息等组成一个整体，并且根据统一标准将各种信息形式和各地区信息等进行存储、处理和管理，采用最为便捷、简单的方式展现在读者眼前，打破了传统图书馆在时间和空间上的限制，方便读者运用网络在任意地点、任意时间跨库获取自己想要的信息资源，实现了馆内信息资源的高效共享。

3. 工作性质的区别

从工作性质的角度分析，传统图书馆主要是将编目和采购中的阅览工作、流通工作当作主要工作；而数字图书馆主要是将收集和整理信息、网络导航以及文献参考和咨询等作为主要工作内容，在图书馆信息管理工作中成为一名真正的导航员。随着技术的发展和完善，数字化图书馆已经可以在各工作站之间、数据库之间以及服务之间实现可互操作，具有较强的互动性。其主要就是运用协调性和联合性软件，在相似类型的服务对象和数据信息中获得一致性的检索内容。

4. 信息载体的区别

从信息载体的角度分析，传统图书馆主要是将纸张作为信息载体，长久以来，还没出现一种较为轻便的信息载体可以比纸质的保管更加长久，只要保管方法得当能够保存上百年；电子载体的保存条件却极为苛刻，使用寿命也相对较短，而且数字化信息通常会受到各种病毒软件的侵害，使得文献数据和信息永久丢失，当图书馆由于经费不足无法对网络数据库进行续订时，那么网络数据库中的文献内容则会全部消失，给图书馆造成严重的经济损失。

5. 经费利用的区别

传统的图书馆发展相对较慢，建设完成之后花费的费用相对并不多，而数字图书馆在建设阶段投入量偏高，资金与设备等各方面的投入都具有其特点，并且信息资源的共建与共享也需要投入更多的资金。

（二）数字图书馆与传统图书馆的联系

虽然数字图书馆与传统图书馆存在很多区别，但是这些区别并不是一种本质上的不同，而只是发展模式的不同。传统图书馆的主要任务是信息的收集和整理，与数字图书馆具有密切的联系，是其发展的基础。传统图书馆必须积极面对信息化以及数字化的挑战，适应社会发展的需要，借助于网络环境以及信息化手段不断创新图书馆管理的方法。

从图书馆发展的历史上来看,数字图书馆是图书馆发展的一个阶段性的标志,并不是图书馆的代名词,它只是说明某些开创性的技术应用于图书馆中。随着数字图书馆的普及,这些专有名词也将会逐渐消失,下一个研究的方向应该是智能化图书馆。从大的方向来看,数字图书馆只是图书馆发展的一个中间的历程。

传统的图书馆服务模式是否还有存在的必要? 答案是肯定的,在图书馆发展中,技术是推动图书馆进步的主要力量,但是决定图书馆能否生存还是要根据社会上的需求。数字图书馆中对于网络信息的获取不再受到时间和空间的限制,使得网络资源查询以及访问获取更为方便。但是传统图书馆也有着数字图书馆所不能拥有的功能,比方说传统图书馆能够为社区提供阅览等传统的信息服务,尽管图书馆中的印刷馆藏逐渐缩小,仍然有着大量的社会需求。

（三）数字图书馆与传统图书馆的优势

数字图书馆能够给用户提供更加方便快捷的服务,而传统图书馆有着悠久的发展历史,必然也具备一定的优势。

1. 数字图书馆的优势

（1）获得更多的信息记录发布途径

在信息记录和发布的过程当中,印刷并不是最佳的发布途径,数据库有可能是存储资料的一个更有优势的方式。使用计算机对数据进行分析,可以帮助人们随时欣赏到更加优美的音乐以及更精彩的影音作品,并且数字图书馆是一个能够将知识与信息以及娱乐相互交流为一体的大规模多功能文化体育教育中心。

（2）及时获取信息

印刷资料是不能够及时更新的,如果想要进行更新就必须要全部重印,同时还需要将老版本及时替换。而如果能够将不同版本以数字化的方式在计算机上进行保存,那么维持最新的版本将会较为简便,很多图书馆都具有指南以及百科全书等各方面的参考版本,一旦收到一些出版商的修订版本,那么这个修订版本就可以立即被装载到数字图书馆的计算机上,使读者能够立即查阅。

（3）检索功能便捷

传统图书馆当中印刷型的文章读起来比较容易,然而发现信息却比较难。虽然一些文献工具可以起到一定的帮助作用,但是要将一个图书馆利用起来仍然还是比较困难的任务,因而数字化的文献在组织方面就显得更具逻辑性,不仅能够及时将电子信息资源通过先进的手段提取出来,例如可以通过索引文件或者一些超文本技术等，让信息能够按照读者所需要的逻辑关系，组成一个更加直观易懂的网状结构，使用户的检索与查询更加便捷，同时使文献资料发挥出更多价值，尤其是目前检索引擎变得更加强大，不但能够进行文字的检索，同时还可以使图像的检索也变得更加便捷。

（4）信息共享优势

任何用户都可以通过数字图书馆所提供的接口或者搜索引擎来访问图书馆当中的所有文献资源，真正能够做到全球共享，让信息的传递与反馈的速度能够变得更快，并且数字图书馆可以超越时空的限制，不会因为文献借给某一个读者而造成其他读者没有办法使用，也不会被偷窃或者独占而破损遗失，无论读者是在家中还是在工作单位，数字图书馆的信息都可以产生更大的价值，让用户及时检阅，读者不需要专程去图书馆的实体大楼，只需要有一个可以联网的计算机，就能够随时借阅图书馆当中的任何文献。

2. 传统图书馆的优势

传统图书馆是人类精神文明的宝库，不管社会环境发生了怎样的转变，传统图书馆对保存人类的文化遗产以及丰富人们的精神生活都是任何一个社会机构所没有办法完全取代的。目前虽然科技在不断发展，但是印刷文献在人类的文明当中所扮演的角色仍然是非常重要的，印刷文献的信息储存以及传递的地位也是不会消失的。传统图书馆能够满足任何年龄与任何文化知识阶层以及任何经济条件的读者和用户对文献的基本需求，而传统的印刷品在众多的传统媒介当中仍然能够发挥难以取代的作用，纸质文献能够随时携带，同时也可以随时进行翻阅，更加符合人们长期以来所养成的一种固有的阅读习惯，所以传统图书馆的位置仍然是不可取代的。通过考察可以发现，在未来不管网络技术发展到了怎样一个先进的程度，纸质的载体与数字化的电子载体都会处于一个长期共存的状态。数字图书馆将作为传统图书馆的一个比较有力的补充，计算机以及互联网是传统图书馆服务功能的补充，而传统图书馆与数字图书馆之间可以进行优势互补相辅相成，能够发挥出更大的价值。随着数字图书馆的形成，其自身固有特征也逐步展现出来，对现在图书馆的建设也将会产生非常重大的影响，因此人们必须要充分了解图书馆真正的使命，使图书馆的社会角色能够变得更加丰富，从而发挥出更多的价值。

由上述分析可以看出，数字图书馆和传统图书馆将在很长阶段内处于共存状态，互为补充。随着网络技术的飞速发展，电子期刊以及门户网站移动式客户端的出现，给人们提供了日益便捷的阅读服务，以传统图书馆为基础的数字图书馆必然成为发展的主流模式。

三、数字图书馆建设现状与路径

（一）数字图书馆建设的意义

1. 有助于提升图书馆的地位

数字化建设有助于提升图书馆的地位。长期以来，传统图书馆重藏轻用，服务质量差、手段落后，满足不了广大读者的信息需求，图书馆给人留下的印象就是简单的借借还还。新型的数字图书馆改变了传统图书馆的方方面面，从纸质文献馆藏到数字化文献馆藏，从手工操作到人工智能操作，从面对面的被动服务到网络式的应答服务，从服务内容的简单性、手段的单一性到服务的知识性、多样性，它以现代化、优质、高效的服务吸引读者，提升了图书馆在读者心目中的地位。

2. 有利于推动图书馆向现代化发展

传统图书馆要向数字图书馆方向发展，走数字化道路，就必须要以现代化的设备和先进的技术为支持。现代化的图书馆能够给信息需求者带来现代化的服务方式和服务手段，只要读者需要，可以随时随地接受网上检索、浏览、咨询、馆际互借、专题研讨等服务，因此，图书馆走数字化建设的道路，向新型的、现代化的数字图书馆方向发展是必然趋势。

3. 能满足人们对信息知识的渴求

传统图书馆是永久保存人类文化遗产的重要场所，它具有许多优点，但是它的各种局限性与落后性，已远远不能满足当今人们对信息知识的渴求。而数字技术给传统图书馆带来了发展机遇，信息技术革命推动了传统图书馆向计算机化、网络化、数字化发展。传统图书馆只有抓住机遇，迎接挑战，力求变革，向现代化、数字化的方向发展，才能满足信息社会人们对图书馆的要求。

（二）数字图书馆建设中存在的问题

1. 用户服务深度不够

最初建立数字图书馆主要是为了在全球范围内共享资源，人人都能随时随地获取想要的知识资源。但现阶段实现的也只是针对部分地区的少部分人，与全球共享知识资源的理想有很大差距。在大数据时代背景下，用户具备了更高的信息素养，也提高了对信息数量和质量的要求。但目前大部分学校、公司和图书馆所设立的数字图书馆仅具备少部分功能，比如搜索、借阅等，这些功能在使用方面也对用户有诸多限制。换言之，在现在的数字图书馆建设过程中，用户仅可享受到部分功能，也只有少部分用户可享用，这就充分地体现了我国数字图书馆的落后，阻碍了当代社会的发展进程。除此之外，数字图书馆在资源数量、专业性上都有所缺乏，无法让绝大多数用户的需求得到满足，仅可满足一些用户的需求。尤其是专业数据库的缺乏，容易导致用户的数量越来越少。

2. 资源结构不合理，存在同质现象

现阶段，我国网络信息技术飞速发展，数字图书馆建设速度较快，图书信息资源数字化发展趋势明显，而部分多媒体信息（视频、音频等）的储存方式、检索方式也同过去有了很大的不同，数字图书馆建设成为必然趋势。但同时也发现，数字图书馆中一些资源同实体图书馆资料差异较小，也未加强保存，只有少部分采取半结构化和非结构化的数据储存，资源结构不合理的情况非常突出。日常生活工作中，人们对非结构化的数据依赖非常大，而缺乏此类数据就会对数字图书馆和用户的有效融合产生极大的阻碍，致使提供的服务较为粗糙。除此之外，数字图书馆在用户信息需求掌握方面，尚未有较强的敏感性，缺乏先进观念，并未真正意识到数据在各项决策中所发挥的关键性作用，从而大大阻碍了数字图书馆的建设进程。

3. 资金投入不足

虽然一些图书馆会通过企业或其他途径来筹集建设数字图书馆的资金，但也仅仅是杯水车薪，主要依靠政府的资金投入。而在大数据时代背景下，如果想顺利建设、发展数字图书馆，挖掘更多的数据信息，就离不开大量资金的支持。而就现阶段的实际情况来说，政府所投入的资金有限，一味地依赖政府拨款无法满足数字图书馆发展所需，对其长期发展和建设十分不利。面对各种数字信息资源，不可避免地会遇到一些知识产权问题，然而现行著作权法在一定程度上限制了数字图书馆的建设，加之数字图书馆带有公益性质，所以也就在一定程度上加重了其资金负担。

4. 开放性的服务不到位

之所以要建设数字图书馆，主要就是为了让人们能够随时随地利用数字化设备获取信息资源。但目前，数字图书馆建设尚无法迎合用户这一要求，所提供的服务往往局限在门户网站信息资源管理、检索服务等。虽然一些数字图书馆也扩展了自身的服务范围，但仍然不够开放和专业，不能把优质便利的服务提供给用户。同时，图书馆服务的同质化严重也在一定程度上限制了用户群体，数字图书馆的封闭式服务，不能很好地沟通共享信息资源。

（三）数字图书馆标准规范建设

1. 数字图书馆标准规范建设状况

在数字图书馆的建设过程中，标准、规范的制定与开发已经引起了我国图书馆界的极大关注。在数字图书馆建设的进程中，先后出台了一系列的数字资源标准，如《中国元数据方案》和《中国元数据标准》。中国文献元数据标准、拓片元数据标准以及文献元数据标准是由北京大学图书馆建立的；对于数字化、数理数字化图书馆的建设，清华大学图书馆提出了元数据的体系结构与设计；在此基础上，上海图书馆开展了文献数字化元数据的调研工作，并提出了《上海图书馆文献数字化元数据规划》等课题。

近几年，中国开始在全国各地推行"国家数字图书馆"项目，并制定了一系列的标准与规范。《中国数字图书馆标准化与规范化》课题是近几年来在标准化和规范化方面有一定影响的一个课题。目前，国内众多中国文献与信息组织已开始对数字图书馆标准与规范进行系统的研究，已形成一系列成果，主要内容有：数字资源的整理、元数据的研究、数字图书馆的统一识别等；同时，还将对数字图书馆标准与规范的发展策略、构建机制等问题进行研究与分析。《中国高等教育数字图书馆技术标准与规范》是由中国高等教育文献保护系统于 2004 年 10 月颁布的。该方法经多次修正、完善，现已用于 CALIS 工程。同时，CADAL 也为数字化资源的构建提供了一套技术规范。另外，在党校数字图书馆系统、军队数字图书馆系统、国家文化信息资源共享工程中，对标准规范的建设与应用进行了探索与实践。

以上对国际、国内数字图书馆标准规范的研究，为制定我国数字图书馆工程标准规范打下了坚实的基础，同时也为我国数字图书馆标准化建设提供了一些保证。但是，通过对现行标准的分析与研究，我们可以看到，现阶段我们仍然处在对数字图书馆的探索与研究之中。目前，国内尚无相关的国家标准和行业标准。同时，相对于其他数字图书馆的建设而言，它所肩负的责任与使命，也需要在资源建设、资源服务、技术与标准规范等方面起到示范性的作用。尤其是对于图书业、档案馆等行业，将起到很好的引导和示范作用。为此，在"国家数字图书馆"工程中，对数字图书馆标准规范体系的建设做了总体规划，不仅满足了国家数字图书馆建设的需求，也为其提供了一个可借鉴的标准。

2. 数字图书馆标准规范与实现

（1）信息资源标准

信息资源标准是指信息资源在生产、传输、组织、管理等各个环节中的标准，它是信息资源共享与交换的前提和基础。目前，我国已建立了许多信息资源标准，如《中国书目数据库元数据》（JMF）、《中国期刊网全文数据库》（CNKI）、《中国重要报纸全文数据库》（CNKI）等。这些标准规范了我国文献信息资源的组织和管理，有利于建立我国的电子期刊、报纸等文献资源的元数据。

元数据是指对数据的格式、内容及其结构进行描述的一种数据，可以用来描述不同类型的信息资源，它是连接不同数据库之间的一座桥梁。我国已有的元数据标准有：《中文数字图书馆元数据规范》《中国图书资料电子出版物元数据规范》《中文电子图书分类著录规则》等。数字图书馆中的信息资源通常是指以数字形式存储和管理的各种形式的信息资源。目前，我国已建立了大量数字图书馆，如中国科学院文献情报中心和北京科技大学图书馆、上海交通大学图书馆、南京大学图书馆等。

这些数字图书馆通过网络系统进行信息资源的整合与共享，可以通过统一平台进行信息资源管理与服务。这些数字图书馆通过建立统一的信息服务平台，实现用户和用户之间、用户与馆藏机构之间及不同系统之间信息资源的交换与共享，从而建立一个数字图书馆联盟。为保证这些数字图书馆联盟信息资源的共享，必须建立信息资源标准规范。从目前情况看，我国数字图书馆建设中还存在着一些问题，如在元数据规范方面，有些项目由于经费原因而未完成；在元数据规范方面，各数据库商和出版机构标准不统一，甚至出现了"一家独大"的现象；在元数据标准方面，由于技术原因而使一些标准不能适用于数字图书馆建设；在元数据标识方面，由于缺乏统一的组织机构和有效的管理机制等原因，使元数据标识难以实现。针对这些问题，我国数字图书馆建设中应加强以下几个方面的工作：一是制定统一标准；二是建立科学合理的管理机制；三是成立专门机构统一组织和协调；四是加强合作与交流；五是组织技术人员培训；六是注意与国际接轨；七是建立一个由政府主导，科研机构、企业、信息服务机构等共同参与建设的数字化资源平台。

（2）文献资源数字化技术标准

文献资源数字化是指将传统的纸质文献、缩微文献、影像文献和其他类型的数字资源通过一定的方式转换成数字形式，实现存储、检索和利用。我国数字图书馆建设首先从文献资源数字化入手，制定了相关的标准。《信息资源数字化技术要求》（DL/T936-1994）、《信息资源数字化技术要求》（DL/T935-1999）等标准对文献资源数字化过程中涉及的设备、技术、工艺、操作方法、质量保证等方面都做了具体规定。其中，《信息资源数字化技术要求》提出了信息资源数字化过程中需要采用的各类标准，其中包括文件格式、存储介质和处理技术等；《信息资源数字化技术要求》还规定了各类数字信息的元数据标准，其中包括：图像元数据、元数据描述格式规范等。文献资源数字化标准的制定为数字图书馆建设提供了重要的技术支撑。在这方面，我国还有《文献信息处理数据库格式规范》（CEB），其对各种数据库格式进行了规定，如 PDF、TIFF、PNG 等格式；《文献信息著录规则》（GB/T25824-2010）也是对文献信息数字化过程中著录规则的规定。

（3）数据库技术标准

数据库技术标准是数据库建设和数据库管理的技术依据，它主要规定了数据项的表示格式、数据项之间的关系、数据项与字段的关系等，以保证数据项的有效连接和数据的一致。数据库技术标准是数字图书馆建设中一项重要的基础性工作，是实现数字图书馆信息资源共享的基础条件，也是数字图书馆标准规范体系建设的重要组成部分。目前，我国已经制定了一系列与数据库技术相关的标准。主要有：《数字化全文信息资源描述规范》（Data Description Framework for Digital Language Resource，简称 DSDF）、《基于 XML 数据交换格式规范》（Data Exchange Framework for XML Data Transfer）、《电子文件元数据标准》（Data Meta data Standard，简称 DMA）等。其中，《电子文件元数据标准》是由我国国家标准委于 1999 年批准立项的国家重点标准研究项目。该标准已于 2001 年 8 月 1 日实施。《电子文件元数据标准》规定了电子文件元数据（包括主题、内容、机构、载体等信息）的基本结构和内容构成及相关元素。

（4）网络环境下的信息共享与交换标准

信息资源共享与交换标准，是指在网络环境下，利用计算机技术、网络通信技术，实现资源共享的标准规范。它主要包括元数据标准、描述方法、应用集成等内容。元数据标准是指各种类型的资源之间如何进行信息交换与共享，制定的一种描述资源特征的方法，是元数据规范的核心。

描述方法是元数据规范的灵魂，它为制定元数据规范提供了基础和依据。元数据标准是一种规范，它规定了如何对各种类型的信息进行描述，定义了元数据格式及其功能结构。元数据标准为各种信息资源之间如何进行共享与交换提供了基础和依据。应用集成标准是指在网络环境下，如何将各种类型的资源集成到一起，实现资源共享。应用集成标准是信息资源共享与交换的具体体现，它为各种类型资源之间如何进行共享提供了技术基础和依据。

因此，在网络环境下制定应用集成标准十分必要。网络环境下信息共享与交换标准包括数据交换标准、数据管理标准、计算机网络安全标准等。我国在制定数字图书馆应用层的信息共享与交换标准方面，主要是依据国际电信联盟（ITU）和美国国家标准与技术研究院（NIST）等制定的有关电子政务、电子商务和信息资源共享与交换方面的国际标准，如《电子政务信息资源共享与交换通用规范》（即 EC-JXTA，目前正在制订）、《电子商务信息资源共享与交换通用规范》（即 EC-JXTA，目前正在制订）、《信息资源管理规范》（即 EC-JXTA，目前正在制订）等。我国在制定数字图书馆数据交换标准方面，主要依据了由中国计算机信息处理标准化技术委员会（CCSI）和国家电子政务工程技术研究中心（CENI）联合编制的《电子政务数据交换技术规范》（即 CCDT，目前正在制订）。该规范是我国关于信息交换的第一个全国性标准，为我国电子政务信息资源共享与交换提供了一种通用的、统一的标准。

（四）数字图书馆建设路径

1. 完善用户服务制度

数字图书馆带有服务性质，其面对的用户来自于各行各业，而目前单一的平台网站根本无法保证用户的需求得到满足。就现在的实际情况来说，我国在配置科技资源方面还缺乏合理性，利用效率不高，而作为技术创新的主体，企业尚未拥有较强的市场配置创新资源的力量，诸多科研成果均无法转化为应用技术。所以，在建设数字图书馆时需将自身的网络服务平台不断升级，除了满足用户的资源需求外，还需对用户的使用意见、用户提出的建议展开收集。数字图书馆这一项目非常庞大，涉的行业较多，所以应实时听取用户所提供的意见或建议，并积极改进，使用户的满意度更高，进而在大数据时代下推动数字图书馆的更好发展。

2. 延伸数字图书馆的资源

毋庸置疑，对数字图书馆来说，最重要的内容就是数字资源。如果想将图书馆整体服务质量和能力切实提高，就必须在数字资源的延伸上做大做强。很长一段时间以来，图书馆均对资源建设工作非常重视，但很多时候都局限于文献的资源层面，简单来说，就是仅对图书、期刊以及学位论文等资源较为注重。在大数据时代背景下，图书馆负责人应不断拓展自身的创新思维，对数字图书馆的意义有充分认识，而不能只是对数据库资源做简单的扩充。数字图书馆需要充分囊括多方信息，包括中央和地方、国内和国外的政府信息，以及社会关注的热点信息、网络新闻等。另外，数字图书馆在资源采集方面也可参考使用者应用的数字图书馆、检索信息的历史行为等，真正实现对数字图书馆数据资源领域存在格局的延伸。

3. 强化知识产权意识

时代的不断进步，也增强了人们的法律意识，慢慢重视自身合法权益。自身权益一旦被侵害，可以自觉地拿起法律武器进行维护。在数字图书馆构建中，应注重知识产权这一关键性问题，避免损害他人合法知识产权。为了能够避免这一情况的出现，数字图书馆应高度重视，以强化图书管理者综合素养为切入点，提高知识产权保护意识，明确其在知识产权维护中必须履行的职责。同时，设立知识产权宣传专员的岗位，安排专业人员广泛宣传知识产权相关法律知识，加强教育与培训，进一步强化数字图书馆工作人员、用户知识产权意识。另外，也可成立专门的著作权、版权以及知识产权管理机构，负责第一时间同多方进行联系沟通，包括资料的原作者、出版商、发行商等，确定合作事项，尽力地控制信息获取与使用投入，对公民合法文化权利进行保障与维护，有效使用数字信息资源，确保公众可顺利地查询到所需信息。鉴于此，可采取多样化方式保护用户知识产权，包括有限度控制访问客户端，限制用户功能以及发行用户卡、添加数字水印等，以此来确保数字图书馆顺利建成。

4. 不断完善资金投入机制

建设数字图书馆不能一味地依赖政府，需进一步扩大投资渠道。随着大数据时代的来临，在一定程度上也增加了数字图书馆的建设压力，经常发生资金紧缺的情况，一旦资金无法保障，那么数字图书馆资源的更新就不能与时代发展的脚步保持一致。因此，一定要加强应用大数据，创造一个好的趋势，帮助企业更好地做长远规划。同时，还要集合科研力量，加深对企业发展的了解，再将完整的创新体系构建起来，技术与生产协同配合，这对数字图书馆现代化建设目标的实现提供了极大的帮助。除此之外，还应对资源来源予以丰富，鼓励各大企业、专业机构和个人积极投资。只要资金的连续性得到保证，便能为各种建设问题的顺利解决提供保障，更好地实施各项计划。数字图书馆珍藏的内容和各个行业有极为密切的联系，借助投资可以把诸多优势力量集合起来，促进相关咨询服务水平大大提高。为让不同用户的阅读需求得到满足，可购买专业的数据资源，这会对其他企业产生较大的吸引力，进而吸引其前来投资，就会进一步完善大数据时代数字图书馆的投资机制。

5. 保证数据信息的质量，健全信息共享平台

迅猛发展的时代，促进了大数据的数据容量显著增大，更新周期越来越短，资料类型更加繁多和复杂，既为数字图书馆建设提供了有利条件，也带来了极大的挑战。现阶段，数字图书馆的数据管理工作在数据的处理、归纳以及整合方面还存在管理不到位的情况。为此，就要求数字图书馆以客户需求为基础，合理调整数据信息布局，提升数据信息质量，合理存储数据信息，进行科学管理，同时通过整合，使其成为全新的数据信息平台。在大数据时代背景下，图书馆很难彻底做到数字化，但可系统科学地归纳整理部分重要内容，以充分实现图书馆的数字化，促进图书馆效益的提升。所以，应深刻理解大数据的内涵，针对多方内容展开深入研究，包括数字图书馆的数据存储分析、客户怎样对数据信息予以有效挖掘等，从而促进数字图书馆的信息服务水平显著提高，推动其良好发展。以湖北省为例，其便将现阶段数据信息的特点（"大而全"向个性化发展）结合起来，立足于该省经济与社会发展的需求，对地方文献展开了详细收集，进而对自身特色鲜明的数据库进行构建，如数字化扫描加工家谱等。还构建了武汉1+8城市圈图书馆联盟，并同国家图书馆、其他省市图书馆加强合作，与之一起开展馆际互借业务，共建共享资源，形成一个大型的信息资源保障体系。

6. 改进数字服务方法

现阶段，数字图书馆的服务内容与项目单一，也未形成深加工数据信息的意识，相关项目更是无从谈起，所以在大数据时代背景下，数字图书分馆一定要及时更新服务理念，从过去的老旧服务观念中走出，竭尽全力满足不同用户的不同需求，开启多业务融合项目，进一步拓宽道路，开辟新"航道"，为数字图书馆的良好发展提供保障。随着大数据、云计算和物联网等技术的应用范围不断拓宽，数字图书馆就可把这部分新技术、新方法运用起来加强建设，同时对存储的数字信息资源进行充分开发，以增强数字信息管理系统的操作性，立足于用户的不同需求，设置相应的定制项目，从而促进数字图书馆良好发展。应在第一时间对海量的原始数据进行数字化转换，归类、整理、组织和统计采集到的数据信息资源，对其所包含的信息展开深度挖掘、解析、介绍和梳理所有资源的发展历史、现状

和趋势，利用可视化流程将其呈现出来，为用户提供清晰的信息感知。

除此之外，数字图书馆还应加大创新力度，避免与传统图书馆走一样的发展道路，最大限度地发挥出自身在数字方面的优势，加强各大出版集团和出版社的合作，同时保持良好的关系，同时还应加强与各大数据供应商之间的合作，积极拓宽自身的数据来源渠道，确保自身数据服务项目更加丰富，增加自身的数据服务流程，积极拓展类型多样的信息增值服务项目，促进服务能力和水平显著提高，以坚实的基础助推数字图书馆建设工作良好开展。

第二节　智慧图书馆的发展与建设

一、智慧图书馆概述

芬兰学者艾托拉虽早在 2003 年就提出智慧图书馆的概念，但由于当时技术水平的局限，使得相关研究难以进一步深入，因而无法在学界产生广泛影响。2010 年严栋发表《基于物联网的智慧图书馆》一文，是国内图书馆学界首次对智慧图书馆进行的理论探讨，他从感知计算角度对智慧图书馆进行了定义，使智慧图书馆概念进入了国内学界的视野，这也是 IBM 提出的智慧概念开始推广和应用的时间节点，此后国内外对于智慧图书馆的探讨便逐渐形成规模，王世伟在物联网的基础上对智慧图书馆做出了更具体的描述：智慧图书馆是无所不在、无时不在地实现书书相联、书人相联、人人相联的新型图书馆模式，其内在特征是数字化、网络化、集群化。储节旺、曾子明等又从服务、建设等方面进一步充实智慧图书馆概念的相关内容。

由于技术发展与理论深入使得智慧图书馆的认识持续深入，对于智慧图书馆的理论研究处于初始阶段，所以图书馆学界目前暂时未对智慧图书馆形成较为统一的认识。从时间角度看，智慧图书馆概念的提出虽然最早，但智慧图书馆概念在随后的发展中受到之后提出的智慧星球、智慧城市概念的深刻影响，从早期强调移动服务逐步发展为强调互联互通的全方位服务。可以说智慧图书馆正在向智慧星球、智慧城市的高效、可持续发展理念逐步靠近。三者在本质上都强调了人与资源的互相连接，服务及功能的优化。也都拥有共同的技术基础——以人工智能和物联网为代表的新一代计算机网络技术。同时智慧星球、智慧城市、智慧图书馆三者间也构成了一种包含关系：即智慧城市是智慧星球概念的一个关键组成，由城市开始构建智慧地球，而图书馆又是城市的组成部分之一，若要形成智慧城市体系，就必须使城市中的组成机构也实现智慧化，所以构建智慧图书馆是推动智慧城市形成的重要前提。可以说现阶段的智慧图书馆概念是受智慧星球、智慧城市概念影响而形成的继发概念，也是智慧星球、智慧城市理论在图书馆学界的延伸。

（一）智慧图书馆的形成原因

1.技术驱动

人类社会自第三次科技革命以来，不仅极大地提高了传统产业的生产效能，同时也催生了一大批诸如原子能技术、空间技术、电子计算机技术等新兴技术。其中尤其以互联网、计算机为代表的信息通讯技术更是取得了长足的发展，日趋成熟的信息通讯技术使得人、信息资源突破了时间与空间的限制，真正使地球完成向"地球村"的转变。进入21世纪以来，大批的技术成果例如人工智能、物联网、虚拟现实、云计算等雨后春笋般进入人们的视野，并不断刷新公众对科技的认知。在这种技术快速发展的环境下，图书馆也在受其影响，持续更新着自身的工作理念。反之，各种新兴技术也在促使图书馆改变着原有的工作方式。从传统图书馆到数字图书馆再到现在引起各方关注的智慧图书馆，可以说各种功能完善的技术装备为图书馆从纸质到无纸化、从线下到线上、从孤立到开放的每一次跨越奠定了强有力的基础，而智慧图书馆的提出也是得益于众多无人化、自动化设备在日常生活中的广泛应用，正是这一技术准备为图书馆的未来发展提供了可以参考的新道路。

2.理论引导

图书馆学自创建以来，经历了不断的深化和发展，研究内容从过去的工作方法、人员管理逐步发展到探讨图书馆事业建设、揭示图书馆的本质特征与发展规律，在长期的发展中总结出了属于自己的一套科学理论。图书馆学从来都不是一个故步自封的学科，为了与不断变化的外部环境相适应，指导图书馆学发展的相关理论也在不断更新、延展。技术的进步为图书馆工作带来了巨大的改变，同时也为图书馆学理论的发展提供了新思维、新方向。现阶段，科学向综合性发展的趋势越来越明显，图书馆学作为一门实用性强的科学也逐渐在相关技术的基础上与其他学科不断交互、融合，其理论研究的纵深也在不断得到延展。智慧图书馆的出现既是时代特征在图书馆学上的投映，也是图书馆学自身理论日趋完善的体现、更是图书馆学与计算机科学、通信科学相互作用的必然结果。因此在这种理论环境下，智慧图书馆的出现有其必然性，是图书馆学顺应信息、智慧时代的成果，智慧图书馆理论将促使图书馆学向着更高层次和更高水平发展。

3. 社会需求

改革开放以来，我国经济持续发展，人民生活水平不断提高，习近平总书记在党的十九大报告中指出，我国社会主要矛盾已经转化为人民日益增长的美好生活需要和不平衡不充分的发展之间的矛盾。伴随着物质生活的极大丰富，人民文化素养不断提升，对于作为满足精神文化需求场所的图书馆自然提出了新的要求。民众对于图书馆的需求从过去那种简单的读书看报、提供自修空间，已经逐渐转变为答疑解惑、学习数字技术、获取高价值信息资源等方面。同时，不同类型用户也对图书馆提出了更具有针对性的要求，例如高校师生要求图书馆提供可靠的学术资源以满足其科研需要；家长需要图书馆为儿童举办有趣、可参与性强并具有教育意义的娱乐活动；中老年希望图书馆教授他们使用日常的技术设备等等。因此传统的图书馆已经难以满足各类用户群体日益多样的需求，针对这种情况，图书馆方面势必要与时俱进，对自身进行思考与变革，在此背景下诞生的智慧图书馆概念则是能进一步满足用户需求，承担社会责任，发挥图书馆功效的新构想。

（二）智慧图书馆的构成

1. 服务

智慧图书馆体现在服务层面表现为在感知和分析的基础上实现与用户需求的精准对接，这种服务即在合适的时间、合适的地点以合适的方式向用户提供最符合其需求的资源的服务。整个模式在运作过程中表现出一种个性化和交互式的体验方式。在高度自动化与智慧化的技术环境中甚至并不需要用户提出明确的服务请求或输入完整的检索指令，就能通过聚合多种数据来源，感知用户所在的物理空间和网络空间，分析其潜在的资源需求并提供有针对性的互动与反馈，从而形成高品质的图书馆服务。

目前已有部分智慧图书馆可以将互为独立的不同地域、不同类型图书馆的馆藏文献与资源进行有机串联，使各种实体或虚拟资源在每一位用户之间形成立体化的流动，实现用户与图书馆前后端平台的无缝对接。同时针对用户的不同需求来提供空间的规划使用、设备的获取以及个性化的信息建议，实现信息资源乃至知识的共通共享。目前智慧图书馆服务正逐步发展为开发用户对信息资源的自查自检能力，在有效使用图书馆提供的各种类型的智慧设备的基础上，逐步引导用户构建适合自身的知识获取体系，形成结构化的信息素养。

2. 管理

智慧图书馆在管理层面表现为人、物与数据流的多向交互，智慧图书馆能够基于各方数据对图书馆的运作自动地、实时地、周期性地作出评估并提供动态的修正方案，从而提高决策与服务质量，达到预想目标。例如用户参与的决策流程、自动优化的管理程序、图书馆大数据的实时分析等都是智慧图书馆较为直观的表达。此类管理的重点在于将包括馆员、用户、机构在内的社群在科研与业务工作中所积累的互动、反馈信息集中起来，从而形成具有通用性的图书馆学研究和业务工作方法论。这种管理使得图书馆既可以通过该方式来不断完善用户获取相关信息及公共服务的质量，在一定程度上持续优化图书馆的本质工作，也能够使图书馆决策层发挥、利用图书馆的信息优势，进一步融入包括用户、多方信息机构在内的广域信息生态系统，并成为其重要组成部分。从而改变以往传统管理中被动、孤立作出决策的情况。

3. 馆员

印度图书馆学家阮冈纳赞说过，图书馆是一个不断生长着的有机体，智慧图书馆作为图书馆在适应后工业时代发展中所形成的一种新的表现形式，与其相适配的馆员则更是其重要组成，伊安·约翰逊说过"除了智慧的图书馆员没有人能创造出智慧图书馆"，所以智慧的馆员也将是这一有机体中的核心要素。图书馆不是工厂，它所从事的也不是流水线般的生产活动，它是信息交换的场所，图书馆所代表的也不仅仅是几本书、几个数据库那么简单，在这些资源的背后蕴含的是整个人类社会的伦理、道德、法律……这些社会理论问题也无法依靠技术设备解决，所以即使是在智慧图书馆的发展中，馆员依然是日常运作和充分发挥各项职能的基础。目前具有更加良好的职业品质与专业素养的学科馆员正不断加入到建设智慧图书馆的队伍中，这些馆员的存在一方面将使图书馆工作逐步摆脱过去由于缺乏专业人员而造成低水平的重复建设，另一方面也将极大程度地弥补图书馆在与日俱增的技术环境下产生的人文情怀的缺失。

二、智慧图书馆的实现载体

（一）感知技术

目前国内外智慧图书馆建设中应用最为广泛的便是众多类型的感知技术，例如 RFID、Zig Bee、i Beacon 等，而这些感知技术中又以 RFID 技术最具有代表性。RFID 技术在图书馆的应用形式多以 RFID 标签出现，主要用于图书排架、自助借还以及藏书清点等工作，其使用对象多为图书馆的各类馆藏资源。根据杰伊的调查，早在 2006 年全球就有超过 3000 万个图书馆项目使用了 RFID 技术，由此可见 RFID 在智慧图书馆建设中发挥的重要作用。这些感知技术为用户和图书馆都带来了巨大的改变。对于用户而言，感知技术整合了物理空间和虚拟空间，实现了用户与图书馆的主动连接，不仅简化了用户对资源的获取过程，也创新了获取方式，丰富了用户的使用体验，同时可以针对用户的不同需求和意愿提供更具个性化的服务。对图书馆而言，感知技术提升了图书馆的自动化水平。不仅优化了图书馆整体的运作与管理效率，也将图书馆员从繁重的劳动中解放出来，从而提高图书馆的有效供给能力。

（二）传感技术

传感技术则与建筑物相结合，为智慧图书馆构建智慧馆体。具体表现为通过将不同类型、不同功能的传感器接入图书馆的物联网中，根据传感器实时收集的监测数据，利用物联网对照明、温度、通风等系统进行远程触发等操作，自动控制光度、温度、湿度、空气质量、声音等——如国家图书馆采用的电子可控伸缩式屋顶窗帘，从而对馆体建筑物进行高效、绿色的动态管理，以最大程度地减少能源消耗，节约图书馆运营成本。图书馆也可以通过部署的传感器体系收集人员情况、动作行为及建筑物情况等信息，提供类似表盘式的信息展示，用以体现图书馆正在发生的实时情况，以快速应对突发事件。此外，传感技术在智慧图书馆的另一种表现为向用户提供路径导航服务。例如美国伊利诺伊大学香槟分校基于移动技术与低功耗商用蓝牙技术所开发的 Estimote 信标案例，香槟分校将 Estimote 信标纳入大学图书馆的书库中，以便对图书馆环境不熟悉的学生可以看到他们的位置，在用户接入图书馆网络的移动设备上构建交互式的地图，为用户提供基于位置的定向导航服务。

（三）人工智能

人工智能技术是时下最热门的技术之一。它是以机器学习为基础，通过海量数据的训练，以实现对人的意识、思维的信息过程的模拟。人工智能的主要目标是使机器能够胜任一些通常需要人类智能才能完成的复杂工作，其作用体现在多个方面如智能机器人、语音识别、机器学习平台、生物特征识别技术等。由于人工智能可以有效解决标准化程度高、业务量重、重复性强的工作，同时又与智慧图书馆互联互通的建设理念较为契合，所以人工智能正逐渐成为智慧图书馆建设中所需要的关键技术。目前人工智能在图书馆中的应用重点表现为通过各种类型的机器人实现智慧服务，这些机器人基于图书馆场景，整合了迎宾、讲解、指引等功能，给予用户开放式的互动体验，例如国家图书馆的多功能机器人"小图"、上海图书馆的参考咨询机器人"图小灵"、深圳宝安图书馆的分拣和运输机器人等，都是人工智能在智慧图书馆中的体现。此外，人工智能也体现在 CNKI 数据库中，如 CNKI 可以根据使用者的检索要求，生成文章作者、发文时间、主题等不同类型的可视化图谱，以帮助使用者更好地分析文献情况，也为其更好地应用于智慧图书馆建设提供了新的思考——图书馆能否利用自身的资源优势，为用户提供更加简洁、直观的信息展示。

（四）读者与馆员

图书馆是由人管理、为人服务的，这是图书馆无论发展到何种阶段都不能忽略的本质属性，任何技术、资源的存在意义都是被人使用。一直以来图书馆都把重点放在馆藏资源建设上，由于挖掘难度大、资源有限而淡化了读者和馆员对于图书馆的价值。王子舟认为读者对于图书馆而言是一种隐形的、具有不稳定性的活态资源。刘兹恒认为图书馆的天职是提供服务，而服务的优劣从来取决于图书馆馆员而不是技术或设备。毋庸置疑，"人本位"理念将始终是指导图书馆事业发展的核心理念。在这一理念的驱动下，读者与馆员将逐渐成为图书馆最具有开发价值的资源，也将成为智慧图书馆非技术性的智慧来源。例如芬兰的 Oodi 图书馆，在建设之初便广泛征集来自读者、馆员的意见，从而使 Oodi 获得了巨大的成功。智慧图书馆通过技术手段将读者与馆员与图书馆相连接，发现读者和馆员思维模式、行为模式，不断剖析读者和馆员的需求，整合读者和馆员在长期的使用和管理过程中所形成的知识资源，以指导智慧图书馆未来的建设方向，使得智慧图书馆在服务与管理工作中保持长久良性的发展。

三、智慧图书馆建设合作模式

（一）馆企合作模式

智慧图书馆运行高度依赖人工智能、区块链、机器学习、增强现实等智慧技术的应用以及 RFID 自助设备、智能门禁系统、智能监控系统、智能咨询机器人等智能设备的引进。然而，除极个别图书馆具有一定智慧技术研发与智能设备设计实力外，我国多数图书馆并不具备全方位构建智慧图书馆的条件与能力，往往要借助高新技术企业在技术、业务、网络和产品等方面的综合优势。我国已有不少图书馆选择与企业合作建设智慧图书馆，比较典型的有国家图书馆。

国家图书馆在 2019 年与华为签署全面合作框架协议，成立"国家图书馆华为联合创新实验室"，共同探索公共文化服务中的智慧技术运用，打造智慧数字图书馆新业态；2020 年与中国图书进出口（集团）总公司（以下简称"中图公司"）签约建立了战略合作关系，在 5G 新阅读、知识服务、数字资源战略保存等方面深入合作，面向公众多层多样阅读需求提供智慧服务。三方联合建设了兼具场景化和体验感的"沉浸式"阅读体验区，该体验区融合了 5G、全景视频、VR 等先进技术，拥有可实现巨幕裸眼 VR 效果的"全景展厅"，以及有机结合了移动智能设备、VR 设备与树形展架的"阅读树"，读者可以利用现场各式 VR 设备终端观赏古代典籍和文物古迹等视频资源。国家图书馆还利用企业技术知识优势开展馆员智慧化培训，如举办新技术应用培训活动，由华为公司讲师向馆员讲解云计算和 5G 技术在各行业的案例应用情况。华为公司的通信网络、信息技术、智能终端和云服务等优势以及华为生态圈的 AR、VR 等能力，中图公司的内容资源优势、知识服务和应用创新能力，是国家图书馆建设智慧图书馆的重要依托。

上海图书馆与上海人民广播电台阿基米德传媒达成战略合作，共建广播馆，组合智能有声化荐书和场景化阅读，打造智慧图书馆新阅读场景；青海省海南藏族自治州政府借助华为大数据建设成果优势，合作建设 5G 图书馆，涉及 5G 机器人、5G+VR 智慧阅读、5G+4K/8K 远程阅读、5G+MR 互动体验等；江西省图书馆新馆与阿里云公司、江西联通公司合作搭建省级智慧图书馆，引进云计算、大数据、物联网等新兴技术以及智能书架、智能球幕等高端设备，并建设 3D/5D 影院、智慧教室等智慧空间。这些实践是图书馆行业与互联网机构、知识信息服务机构深度合作的典范，可为馆企合作建设智慧图书馆提供有效经验，也有助于吸引更多企业参与智慧图书馆事业，促进企业技术优势与图书馆文化优势共融。

可以看出，馆企合作模式具有定向委托特征，主要是图书馆借助企业成熟的技术、产品和理念等多方优势实现自身"物"的智慧化，进而实现"服务"智慧化。相比传统图书馆、数字图书馆建设时的馆企合作，智慧图书馆建设中的馆企合作因所需技术研发与运用难度更大、服务平台与系统性能要求显著提升，合作关系更加强调战略性，图书馆也更易对企业产生深度依赖，须考虑如何提升图书馆的合作主导权。

（二）馆际合作模式

"十四五"时期，"全国智慧图书馆体系"项目将引领全国各级图书馆智慧转型，包括建设全网知识内容集成仓储、全国智慧图书馆管理系统、全域智慧化知识服务运营环境以及普遍的线下智慧服务空间。搭建智慧图书馆建设馆际合作网络并形成全面互联发展格局是"全国智慧图书馆体系"的题中之义，比较典型的有苏州图书馆与上海图书馆的馆际合作。

在"沪苏同城化"战略背景下，基于地缘相近、人文相亲的基础优势，苏州图书馆紧扣"沪苏同城"和"江南文化"两个关键词，通过规划共绘、服务共联、行业共构、产品共兴、品牌共推、环境共建、发展共谋、开放共助、社会共享、机制共创十个"同城化"实现沪苏公共图书馆共建共享。一方面，苏州图书馆全面对接上海图书馆，双方通过签约形式共享联合书目数据，共推阅读活动，实现沪苏公共文化服务一网通，并建立馆际交流机制，开展高层次、高频率的互访交流。另一方面，苏州图书馆加入了上海市图书馆行业协会 FOLIO 技术及应用联盟和复旦—阿法迪智慧图书馆学研究中心，参与 FOLIO 系统开发、智慧图书馆学术研究及应用体系建设，并主动承接科技成果转化。2021 年 4 月，双方以"下一代图书馆智慧服务平台研讨暨长三角智慧阅读圆桌会议"为契机，加快构建公共图书馆领域科技创新共同体，致力于打通数据应用瓶颈，促进应用场景开发激活，加速打造具有国际影响力的智慧图书馆典范。特别地，上海图书馆、南京图书馆、浙江省图书馆和安徽省图书馆在此会议上联合发布了《长三角智慧阅读倡议书》，倡议协同开发基于微服务架构的下一代图书馆服务平台，建立多层立体智慧服务体系，加快特殊群体共享智慧阅读，实施读者数字技能培训以及智慧应用学术研究。这对于促进长三角地区智慧图书馆共建具有标志性意义，展现了智慧图书馆建设的区域性多馆合作趋势。

可以看出，馆际合作模式具有多维交流的特征，即区别于馆企合作以实现单体馆技术与设备智慧升级为主，馆际合作内容涉及技术共研、资源共享、服务共创、体系共建、理论共探等多维度。当图书馆地理空间距离较接近、经济条件较相似、地方文化与民众需求较一致时，图书馆在发展经费、资源基础、办馆功能等方面也具有共通性，能够更好更快地达成馆际合作。并且，馆际（多馆）合作有潜力形成区域智慧图书馆体系，进一步为"全国智慧图书馆体系"奠定基础。

（三）联盟合作模式

为有效参与行业竞争，个体图书馆常以联盟成员身份借助联盟的规模效应和议价能力获得发展机会。然而，我国现有图书馆联盟建设尚存在标准不一、数据孤岛、资源不均等问题，技术快速更新与用户多样需求也使得原有数字联盟的功能和模式无法完全保障智慧图书馆建设。以协同建设智慧图书馆为目标构建智慧图书馆联盟是有益选择，比较典型的有智慧图书馆技术联盟（筹）和智慧图书馆协同创新联盟。

智慧图书馆技术应用联盟（筹）（Chinese Alliance for Library Service Platform，CALSP）是由从事开放平台技术和应用的系统开发商、集成商和对开放平台技术及应用有兴趣的图书馆及各类组织机构自愿结合组成的全国性、行业性、非营利性的社会团体。CALSP 以"开放共享、合作共赢"为宗旨，以"构建一个开放、可动态扩展的个性化图书馆智慧服务平台，共创一个集应用者、开发者于一体协同联动的图书馆系统研发机制，创立一个共享交流的图书馆服务平台生态联盟，参与智慧图书馆体系建设"为联盟目标，致力于发展成为融合各方资源和力量的生态联盟。CALSP 重视培育图书馆应用开发社区，鼓励价值贡献，现有上海图书馆、陕西省图书馆、苏州图书馆、深圳市盐田区图书馆、上海交通大学图书馆等共 13 个成员组成的应用社区，负责为联盟产品提供需求对接、应用实践、标准探索、产品质量监督等；北京万方数据股份有限公司、杭州麦达电子有限公司等共 11 个成员组成的开发社区，负责技术开发并维护社区平台及产品套件，丰富平台产品应用，提供运维服务等（数据截至 2022 年 7 月 19 日）。在联盟运作上，由管理委员会明确联盟具体工作目标、工作方针和任务，领导联盟各分支机构开展工作；由专家委员会指导联盟工作，制定和规范各类技术、应用标准以及进行相关咨询指导；由秘书处协助两委员会工作、筹备联盟会议、进行宣传培训、文件起草、联络交流等。

CALSP 的具体业务包括组织成员共同开发及维护下一代图书馆服务平台（云瀚）的核心版本与标准化套件，制定平台应用规范与技术标准，带领成员共同构建并维护一个开放的、可持续发展的社区以及与国内外各地区组织机构合作交流等。为帮助国内社区与行业同仁了解国内外智慧图书馆建设资讯与前沿实践知识，CALSP 每月举办《智慧图书馆技术应用讲座》，邀请专家做前沿报告，讲座可供在线观看与回顾；其官方网站及时更新 FOLIO 国内外开发与运用进展，持续提供联盟视频、FOLIO 相关文档、讲座会议课件、图书馆知识技术文档、专业论文等资源，并开放留言通道，解答 FOLIO 与云瀚的具体模块应用、开发进度、商业化参与、经费投入及其他相关基础问题。CALSP 的这些工作与努力有助于汇集图书馆界智慧和实践，促进业界与学界交流并激发行业内外合作兴趣，吸引更多机构加入联盟，逐步扩大应用开发社区规模，构建起我国智慧图书馆生态系统建设共同体。

四、智慧图书馆建设路径

（一）智慧图书馆的建设原则

1. 以人为本，服务用户

现代信息技术的不断更新升级使得人类现有的知识体量急剧扩展，再学习周期不断缩短。若要与高速发展的信息社会保持同一频率，每个人必须不断将已知信息及时转换为自身可以了解、可以使用的知识，并不断淘汰过时信息与知识。相应的，智慧图书馆所要做的也应该是为帮助每一位用户拥有此种能力而努力。若将图书馆用户按信息素养高低来划分，一方面是简单了解或不了解现代信息技术，但有一定知识学习诉求的用户群，可以称为学习者群体。另一方面是能熟知现代信息技术理论，并能熟练运用于日常科研学习中，在某一或某些知识领域有特定的、专指的深度知识需求的用户，可以称为研究者群体。

智慧图书馆在面对这两类用户时要确定的原则就应该是——以人为本，服务用户。即让图书馆的使用价值跳出传统的存储、借阅等层面。让图书馆通过分析数据，发现潜在的问题，区分出共性和个性的需求。在共性需求方面，针对于学习者可以以熟练掌握图书馆提供的信息工具，完善信息素养，培养其独立发现、解决问题的能力为基本目标；对于研究者以在更少的使用时间内，令用户获得更丰富、更准确的信息资源，提供更加有效、简洁的信息工具辅助其更好地完成研究对象为基本目标。在个性需求方面，可以基于定期采集的用户数据和统计资料，为不同类型的用户提供定制化、人性化的相关资源。同时也要在综合两种需求的基础上进一步制定出体系化的解决方案。

2. 降低门槛，强化功能

从互联网进入每个人的生活以来，各种类型的用户根据自身实际情况对互联网提出越来越多的诉求，而以用户为导向的互联网商用技术越来越成熟，以微信、微博、抖音为代表的社交软件更是占据了绝大部分人移动终端的使用时间。这些社交软件为人们营造出了一个个区别于现实生活的社交场所，这种线上社交已经逐渐成为生活在信息时代人们的一种独特的生活方式。以往需要通过语言交流、浏览实体文献来提升认知、拓展视野的传统方式已经逐渐被各种类型的社交软件所取代。社交软件之所以能在互联网浪潮中始终占据一席之地。

究其根本，一方面是社交软件提供了十分丰富并且强大的功能，用户要的不是简单的功能叠加，而是能切实解决他们的需求的存在。社交软件在长期的应用中积累了海量的反馈数据，并以此归纳出数据背后的真实需求，根据用户在通讯、社交、支付、娱乐等不同方面的要求，有针对性地开发出最贴合用户实际的功能。

另一方面，社交软件对于大众的使用门槛极低，绝大多数软件只需要一部手机和一条短信验证码就能开始使用，并没有想象中烦琐的操作流程。反观现阶段的图书馆在用户的既有印象中多数都没有突破储藏场所、阅览场所、自修场所的情景设定，当使用图书馆时也是围绕这三种场所延伸出的需求而开展的。当用户有更高层次、更加专指的资源需求时，往往因为不了解具体的使用流程或使用要求较高，转而去寻求诸如百度、谷歌等互联网检索工具的帮助，进而使得互联网数据库成为大众获取信息、知识的主要方式。

在与互联网背景下众多新型信息媒介的竞争中，图书馆在很多方面确实处于不利地位。但图书馆在版权方面、资源权威性、历史性资源方面却拥有得天独厚的优势。因此怎样缩短用户与资源之间、用户与用户之间的距离，如何让图书馆成为低门槛的功能性场所是能否让这种优势得到最大程度发挥的关键所在。

3. 突出试验，启迪创新

我国著名物理学家冯端院士说过："实验室是现代化大学的心脏。"自现代意义的大学建立以来，不管是理论体系的总结还是实体成果的发明，都不可否认实验室为这些学术成果的诞生做出了突出的贡献。实验室无论是在学术研究还是在培养创新精神方面都具有无可比拟的地位。然而面对基数庞大的民众群体，社会教育这一重任仅靠大学、研究院等教学科研机构发几篇文章、做几个项目是远远不够的。目前我国的教育困境是缺乏创新意识，各个阶段的学生总是过于相信书本，被动地接受知识，从教师到学生，始终接受的是第二手的知识。长此以往，无论是教育行为的发起者还是接受者，都一直停留在已有的知识层面，因而导致了创新意识的缺失。图书馆作为除学校外另一个重要的教育主体，也应积极参与到社会教育这一事业中来，要努力向实验室体系看齐，之所以要这么做是因为不同于科研机构，图书馆具有普惠性，没有对用户群体的年龄、所从事的工作等方面加以限制，无条件地向任何有需要的人提供馆内一切资源。图书馆空间应该是一个室内实验室，无论是学生、研究人员还是企业家都可以在此开发、测试和展示他们的智慧技术，分析收集到的数据并指引相关项目的开展。

这样的好处是，当服务正处于提升认知年龄段的学生群体用户时，若图书馆能发挥和实验室一样的功效，让他们自主地发现问题、分析问题、解决问题，便能够使他们从小埋下独立思考的种子，在以后的实践中更好地让这种思维开花、发芽，最终在长期的学习生活中逐渐发育成创造思维。另一方面对于非学生用户群体，通过形成和实验室一样的求知氛围，让这类用户被这种气氛所吸引，通过引人入胜的学习过程，对存在的问题能够提出质疑，敢于质疑，这样才会对反复思考后获得的知识留下更深刻印象，使形成的智慧更好地为自身所用。

4. 打造"智慧"共同体

智慧图书馆不是个孤立的个体，它是"智慧城市"理念下的产物，也是未来智慧格局的重要组成部分。所以智慧图书馆的建设应考虑到体系问题，不能只突出智慧图书馆个体的作用，而忽视了智慧图书馆在整个智慧体系布局中的定位。智慧图书馆是与用户相连接的资源媒介，图书馆一直以来在资源体量和权威性方面有着无可比拟的优势，所以智慧图书馆要切实发挥这种优势，要在"智慧城市"环境下尽可能多地为用户提供知识获取途径，有效引导民众高效率地获取、使用知识以适应智慧时代下社会的快速变化。同时也为用户打造学习、交流和创新的融合空间，培养其创新能力；另一方面也是智慧城市的又一重要教育场所，智慧图书馆能以全天候、无门槛的特征实现对学校教育的衔接和补充。所以智慧图书馆在建设时，除强化自身功能外，也要推动以图书馆、博物馆为主体的文化系统与以中小学、本专科高等院校为主体的教育系统的联合，有效借鉴智慧图书馆实践经验，共同形成智慧发散、交流创新、共享包容的"智慧共同体"，促使用户群体完成向"智慧公民"的转变。

（二）智慧图书馆的建设目标

1. 总体建设标准化

国务院办公厅印发的《国家标准化体系建设发展规划（2016—2020年）》指出，标准是经济活动和社会发展的技术支撑，也是推动社会治理体系和治理能力现代化的基础性制度。近年来国家层面不断出台关于标准化的规章制度、成立相关标准化组织，例如2014年成立的国家智慧城市标准化总体组，2018年成立的国家人工智能标准化总体组和专家咨询组等。这些都表明了智慧型社会发展的标准化趋势，未来包括智慧图书馆在内的众多智慧体也将依托标准化方法成为智慧城市的映射机构。智慧图书馆建设的标准化可以在宏观层面上对智慧图书馆建设做出系统布局，做到有理可循、有据可依，科学、规范、有序地指导全国智慧图书馆建设工作的开展，构建有效的工作机制和模式，助推图书馆事业的转型升级，不断总结经验，共同探索创新。使智慧图书馆形成服务管理有标可循、用户利益有标可保、创新驱动有标引领的良好格局。

2. 区域探索特色化

智慧图书馆不是流水线上生产的产品，作为知识传播媒介，要依据不同的地域、不同的文化甚至不同的人群开发出体现本馆独特性的特色功能、特色资源。以此提高对用户群体吸引力，形成对搜索引擎、社交软件的竞争优势，真正做到"因人制宜""因地制宜""因馆制宜"，为智慧图书馆塑造其独有的魅力，改变公众对图书馆"千篇一律"的固有印象。作为文化承载机构，智慧图书馆也将突出其保存文化遗产的职能，利用好整合好辐射区域内的有价值资源，将对传统文献资源的保存保护拓展到神话故事、戏剧、曲艺、口述历史等方面，探索出智慧图书馆对不同类型文化遗产的独特保护方式，以此不断丰富馆藏资源结构，打造属于图书馆自身的品牌优势，形成以智慧图书馆为中心的，面向每一种富有特色的文化资源的挖掘、开发、保存、利用之间的良性循环，并不断探索智慧图书馆在未来多种文化资源体系中的新定位。

3. 用户服务赋能化

智慧时代背景下，唯一不变的就是每天不停的变化，为应对这种高速的变化，服务赋能将成为智慧图书馆最理想的服务模式。图书馆从来都是人们进行交流和学习的空间，智慧图书馆也不例外。这种新的服务类型在用户层面表现为通过利用智慧图书馆内成熟的技术设备来提高信息资源使用效率的同时，也形成相应的反馈与思考，从而间接赋予用户搜索知识、定位知识、创造知识的能力；在图书馆层面表现为除了提供信息获取功能之外，也要为增加工作机会、提高创业能力、提升生活品质而做好服务准备。服务赋能化不仅可以使用户实现自我增值，同样使得智慧图书馆也因此而增加了价值。传统图书馆的增值体现在纸质信息资料的流通上，未来的智慧图书馆则体现在知识交流上，通过用户与智慧图书馆的双向交流，将知识传承下去，这也体现了智慧图书馆在跨入高技术领域的同时，也在回归其本身的意义。

4. 管理控制精准化

智慧图书馆的逐步建成也伴随着信息量的高速增长，为保障智慧图书馆各种活动的正常开展需要对海量的信息做出精准的管控。这种管控是指智慧图书馆充分适应新环境、新形式，对管理过程做出有序化、结构化、精确化的转变。智慧图书馆的管理控制系统可以充分利用信息技术对实时产生的信息数据实施动态管控，使智慧图书馆能够深度挖掘出信息数据背后所蕴含的知识资源，也能更好对突发情况做出反应和处理；对离散式信息数据做出准确观察和精确管理，帮助图书馆发现用户思维模式、行为模式，指导技术设备的研发与新技术方向；对因管理不善而造成部分损毁的数据资源，可以利用已知数据对缺失的部分数据进行估计，最大程度为智慧图书馆挽回由于数据缺失所带来的损失。通过精准的管理控制持续改善内在的发展环境，使其业务流程、组织框架等能够做到可靠运行的同时又具有一定的灵活性，使智慧图书馆的战略规划能有效地贯彻到每个细节，切实提高其整体运作能力。

（三）智慧图书馆建设路径

智慧图书馆建设是智慧社会建设的助推器，也是图书馆依托现代科技自我革命实现可持续发展的需要。因此，图书馆要主动求变，积极朝着智慧化方向转型，不断提升智慧服务能力。

1. 空间再造

随着 5G 网络、人工智能、边缘计算等现代信息技术加速迭代，人们越来越习惯于智慧化生活、学习和工作场景，因此，图书馆必须适应这一变化，利用数据化、智能化管理手段，为用户量身打造无感便捷高效的知识获取与交流环境。它并非要求图书馆抛弃现有的建筑和实体空间，新建一座智慧图书馆；也不是要求在现有图书馆建筑中划出一片空间或一个区域，对智慧图书馆做示范性展示。它应该是实体空间的优化，并辅以虚拟空间的加成。

实体空间要因地制宜，打造舒适的学习环境，同时借助各种生物识别和传感技术，感知用户行为，形成个性化服务，提高用户获取知识的效率。虚拟空间是实体空间的数字孪生体，是实体空间的镜像，它不但要向用户提供全时全域的可视化展示与沉浸式功能体验，还要收集实体空间的真实映射数据，用以分析和模拟实体空间，对变化做出仿真推演，制定解决方案，提高实体空间运营的整体效率，辅助管理人员对服务进行改进。智慧图书馆的实体空间与虚拟空间应无缝连接，实现物理数字、现实虚拟、线上线下互联互通，为用户获取知识打造良好的空间基础。值得注意的是，在再造智慧图书馆空间时，不能忽略"交流空间"。"交流空间"是图书馆空间价值的进一步升华。实体空间应该注重为用户提供开放自由的知识交流场所，虚拟空间则应该注重为用户提供知识交流的服务平台，使用户在泛在环境下获取资源的同时，可以对获取的知识展开讨论，在思想碰撞下，促进知识价值的转化和创新。

2. 技术升级

现代技术是打造智慧图书馆的重要驱动器。当前，已有少量图书馆采用红外光幕技术、人脸生物识别技术、无线射频识别技术（RFID），实现无感化借阅；通过建设智能书架，实现在架图书的智能检索、精准定位和实时盘点功能；引进人工智能机器人，通过前期设置关于图书馆咨询导读的问答，同时利用机器人自主学习的能力，实现对读者的咨询引导服务。但要实现全面感知、互联互通、智慧管理与智慧服务，应用这些技术和设备还不够。现在以及未来相当长一段时间内，RFID、5G通信、大数据、人工智能、云计算、传感、物联网、区块链、虚拟现实（VR）、增强现实（AR）等新技术都将是图书馆技术升级的重点。将新技术应用到图书馆内部管理、维护和对外服务工作中，对图书馆资源、空间、设备、用户行为等数据进行动态采集、清洗、重构，让用户、图书馆、前台、后台实现智能连接，为用户量身订制个性化、智慧化解决方案，节约用户时间，为馆员提供更加便捷的管理方式。

智慧图书馆技术升级的重中之重是保障数据与应用的安全，主要包括数据的安全使用和管理、用户数据的安全使用与管理以及与数据资源安全相关的应用软件和硬件设施设备、网络的安全运行管理。为此，应制定相应的数据及应用安全管理制度，规范工作人员准入权限，优化设备运行环境，及时修补系统漏洞，防范病毒软件攻击，以免数据泄露。还应定时对数据与应用的安全性进行评估，针对评估发现的制度漏洞及管理漏洞及时采取补救措施，提高安全管理水平。

3. 资源整合

智慧图书馆的资源涵盖广泛，所以智慧图书馆的资源整合是一个较为庞大的概念，既包括对知识、信息资源的整合、分析与发现，也包括对物理空间功能的细分与管理、对虚拟空间的功能拓展与优化，还包括对馆员智慧服务能力的提升与应用。在智慧图书馆建设的初始阶段，首先应拓宽资源的来源渠道，除了常规收集的文献信息数据、用户数据、基本环境监测数据等原始情境数据外，原生数字资源、可检索的诸如研究成果和社交媒体等创新型数字资源等都应纳入收集范围，建立多元立体的知识资源体系。其次，要对多元异构数据进行结构化处理，对多源多模态数据进行整合、碎片化处理，通过分析与计算，实现细颗粒度的语义关联，形成面向深度学习和智慧决策的知识图谱，便于用户获取高质量知识资源。最后，要在数据分析推演的基础上，形成空间管理、业务流程和用户服务的最优方案，提升资源整合后的规模效应和效能，使各项资源的功能都得到最大程度的提升，提高智慧服务效能，缩短读者"抵达"知识的距离。

4. 馆员重塑

党的二十大报告指出，教育、科技、人才是全面建设社会主义现代化国家的基础性、战略性支撑。人才是第一资源。在社会发展进程中，人才始终是社会进步的核心动力。功以才成，业由才广。智慧图书馆建设也不例外。空间再造、技术升级、资源重组都需要馆员，智慧图书馆员是智慧图书馆建设最有力的推手。

培养智慧图书馆员，第一，从招聘上下功夫，优先引进具备图情、心理学、教育学、社会学、计算机、数据挖掘分析、知识发现等专业知识的复合型人才，使其把自身的知识、经验和方法运用到实际工作之中，充分发挥工作的集聚效应、知识的辐射作用，使其他工作人员耳濡目染，在工作实践中掌握相关知识和技能，从而构建完备的人才体系。第二，营造良好的创新环境和学习氛围，通过在职培训、实地考察、经验交流、业务竞赛、品牌创建等方式，对馆员开展多频次、多维度的专业培训，使馆员不断更新知识结构，逐步从具备专门学科知识的人才向具备多门学科知识的复合型人才转变，提高智慧服务能力。第三，增强馆员的归属感、使命感，让他们为成为智慧图书馆的建设者而骄傲，从而主动提高学习、服务意识，增强开拓创新能力，主动发现用户随时代发展而不断变化的需求，并根据新的需求及时提升服务技能。

5. 效果宣传

图书馆员多数习惯默默奉献。但在信息爆炸时代，"酒香也怕巷子深"，图书馆应注重收集智慧服务成果，通过网站、微博、微信、电视台、报社等多种媒体向社会公众进行展示、宣传，增进社会公众对图书馆的了解，吸引更多用户前往使用，从而引起上级部门的重视，并促其加大政策、资金、人力等方面的支持，促进智慧图书馆的可持续发展。

图书馆拥有海量资源，具有知识集成优势，具备专业资源挖掘分析技能，可以开展智库服务，向政府、企业、个人提供专题研究报告，为决策提供参考；可以将知识应用于实践，通过信息分享与创建，支持社会经济领域的创新发展，满足市民的学习、生活等需求；可以发挥知识宝库作用，保护和传播人类文明……智慧图书馆必须充分发挥这些功能并将其广而告之，使政府、企业和个人都充分感受到，图书馆于社会生产生活而言是不可或缺的，这有助于满足人民对美好生活的向往，推动智慧社会的建设，还可以帮助图书馆争取上级部门更多的投入和支持，为形成智慧图书馆发展与人民幸福感提升的良性循环提供有力支撑。

（四）智慧图书馆构建中的智能技术应用

1. 智慧图书馆对智能技术的服务需求

在信息技术夜以继日高速发展过程中，智慧图书馆的建设速度不断加快。为行之有效地提升智慧图书馆的建设实际效果，与此同时也为了更好地发挥智能技术的作用，应该充分明确智慧图书馆对智能技术的服务需求，更好地提升以及优化智能技术的发展水平。可以说，智慧图书馆本身就是在智能技术的支撑下发挥科学作用的。为更好地实施智慧图书馆的建设，应当全方位加强对智能技术的应用，准确把握智慧图书馆对智能技术的全面需求，以此来更好地夯实智慧图书馆的建设实效，全面保障智慧图书馆作用的发挥。

（1）服务需求

在智能技术的全面发展以及广泛运用下，积极推动智慧图书馆的建设以及发展，应该充分全面地把握好读者的实际需求，精准全面地挖掘用户的个性需求，积极满足用户自身的发展需要。可以说，智慧图书馆的建设，本身就是为满足读者用户为服务的。在传统时代背景下，传统图书馆在服务读者用户的过程中，其服务的方式是较为单一的。但智慧图书馆在建设实践中，应该着力拓展用户的需求，并以此来实现对智能技术的开发和应用，切实有效地提升以及优化智能技术的应用实效。智慧图书馆的建设关乎用户某一专业或某一方向的要求和需要，所以，智慧图书馆的用户服务形态以用户的具体专业知识方向为导向。为此，在智慧图书馆的建设过程中，理当依托于用户所需要的服务要求，主动全面地进行信息资源的筛选以及应用，充分全面地挖掘并把握读者用户的不同需要，更好地满足他们的发展。可以说，对于智慧图书馆而言，在服务读者用户的过程中，只有以科学和多元化的智能技术为平台，才能够进一步夯实自身的服务功能，也才能够为读者受众提供多元化且广泛的信息，真正满足他们的需要。比如在智能技术的支持下，智慧图书馆在为读者用户提供服务的过程中，能够根据读者用户的信息使用需要以及信息需求方向等，为他们建立科学化的需求模型，通过需求模型的方式来实现个性化的信息推送以及服务等，这就能够在很大程度上降低读者用户进行信息检索的时间，也能够有效提升读者用户的整体满意度。

（2）空间建设需求

在智能技术的全面加持下，智慧图书馆的功能日益多元化和丰富化。可以说，智慧图书馆是现阶段主要的发展趋势，能够全方位为广大的读者用户提供丰富且多元化的信息，真正满足每一位读者用户的实际需求。在智慧图书馆的建设实践中，智能技术是重要的技术体系。依托于高效且科学的智能技术，能够行之有效地推动智慧图书馆的科学建设，能够更好地发挥智慧图书馆的作用以及功能。在智慧图书馆的建设实践中，依托于智能化的技术体系，能够满足它空间建设的实际需求。智慧空间的建设能实现智慧图书馆的数据库与用户服务系统之间的知识资源共享。传统意义上的图书馆在进行资源建设的过程中，虽然也能够在某种程度上满足读者用户的实际需要，但因缺乏良好的智能技术支持，使得智慧图书馆的建设明显缺乏关键且可靠的数字技术，以及缺乏数字空间支持，无法为读者用户提供高效的导航服务，这就会在某种程度上影响读者用户的体验，也难以优化信息的利用率。依托于智能技术，智慧图书馆的功能更加多元化以及全面化，智慧图书馆的作用也更加充分且全面。在智能空间技术的科学引导下，智慧图书馆的馆藏空间以及阅读空间等变得更加智能化且更高效。特别是能够为不同的用户提供精准化的服务，实现高效的信息检索以及信息利用，真正满足读者用户的现实需要。

（3）用户分析需求

在智慧图书馆的建设实践中，智能技术的高效化应用，还能够实现对用户分析的精细化。在智慧图书馆搭建的初始阶段，因缺乏对读者用户信息的全面利用以及综合研判等，在某种程度上影响和制约着智慧图书馆的作用发挥，也难以推动智慧图书馆的持续发展。但伴随着智能技术的持续深入，智慧图书馆在建设的过程中，可以实现对用户的精细化分析以及全方位研判。在对用户需求的分析实践中，智慧图书馆可以根据用户的性别、年龄、专业知识、职业活动、教育背景等，用智能技术进行科学的分析，进而科学建立高效化的服务模型。依托于这一服务模型，便于智慧图书馆更有导向地开展工作，也便于智慧图书馆更有目标地进行服务，切实有效地提升智慧图书馆的整体应用实效。

2. 智能技术在智慧图书馆的功能应用

在智能技术全面快速发展的今天，积极有效地推动智慧图书馆的建设以及发展，切实有效地丰富以及拓展智慧图书馆的功能，具有重要的现实意义。可以说，智慧图书馆能够依托于智能技术，更加便捷且高效地满足读者用户的现实需求，能够为不同的读者用户进行精准化的画像，进而全面满足他们个性化的发展需要。在实践过程中，应该着力推动智慧图书馆功能应用的建设以及发展，持续有效地推动智慧图书馆的持续发展，更进一步完善它的相关功能以及作用。

（1）智能检索

对于广大的读者用户而言，他们在利用智慧图书馆的过程中，需要面对相对烦琐且复杂的信息，应对广泛而全面的信息，如何在纷繁复杂的信息中寻求最有价值的信息，这就需要对信息进行必要的检索。智慧图书馆在建设过程中，有必要依托于智能技术来实现快捷且高效化的检索，高效提升智慧图书馆的整体应用效果，快速地推动智慧图书馆的发展进程。

在智能技术的加持下，智慧图书馆智能检索主要是通过数据挖掘和利用语音识别系统、用户挖掘、智能信息检索、神经网络技术设备、自然语言处理等技术为用户提供更加准确的检索词，从而充分全面地应用于读者用户的不同需求，切实地为读者用户提供更有效的信息。在智慧图书馆功能建设的过程中，智能化的检索技术是非常重要且关键的。依托于检索技术，能够快速高效地获取相关的信息数据，也能够切实有效地满足读者用户的实际发展需要，更能够提升信息资源的利用率。为此，智慧图书馆应该注重充分发挥智能检索技术的关键效用，积极提升检索的整体成效，全面优化检索的整体力度，切实满足读者用户的实际发展需求。

（2）智能信息推送

在智慧图书馆功能的建设以及完善的过程中，应该始终将读者用户摆在重要的中心位置，一切为了读者用户的需要，一切满足读者用户的发展需求。如果说检索是一种被动性的技术，是需要读者用户进行自主的检索利用的技术，那么智能信息推送则是一种主动性的服务技术，它能够充分利用大数据技术手段，充分全面地整合多元化的技术内容，以此来实现智能化的信息推送，真正把握不同读者用户的信息诉求以及实践需要，科学全面地做好智能信息推送。读者用户在使用智慧图书馆的进程中，无论是登录环节，还是在信息检索的环节，都会留有非常重要的印迹。可以说，这些关键性的印迹，是用户信息检索以及利用的重要痕迹，也是智慧图书馆进行服务的关键参考。在智慧图书馆的建设过程中，依赖于高效化的技术体系，充分全面地搜集以及把握重要的信息数据，进而为每个不同的读者用户来进行精准的建模或者画像，一旦系统中出现读者用户所需要的信息，那么智慧图书馆就可以主动将这部分信息予以推送。同时，当系统发生更新或者变化时，智慧图书馆也会依托于智能技术来为读者用户推送相关的信息，以此来充分满足读者用户的实际需要，真正满足读者用户的发展需求。

（3）机器人服务

在智慧图书馆发挥作用的过程中，机器人是智能技术集中应用的主要体现。在信息技术以及智能技术全面快速发展的进程中，机器人技术的水平以及效用越来越高，机器人技术的应用范围也越来越广泛。在智慧图书馆中，机器人服务技术的应用，能够在很大程度上降低人工作业的难度，同时也能够极大程度地便捷智慧图书馆的管理以及运营发展等。比如在智慧图书馆中，依托于机器人服务，能够实现对图书馆信息的存储、分类、管理等。同时，依托于机器人技术，还能够全面优化图书馆的整体功能以及作用。比如依托于机器人技术，能够实现智慧图书馆的人机互动，便于智慧图书馆解答读者用户的咨询、访问等。如在智慧图书馆中，可以设置自动回复的板块，引导读者在有所需求时，可以利用机器人来进行自动回复，全方位提升智慧图书馆的整体服务质量，不断优化智慧图书馆的整体使用效能，积极为读者用户提供多元化的科技体验。

（4）个性化订阅

在智慧图书馆的建设过程中，智能技术的广泛且科学化应用，能够在很大程度上拓展以及优化智慧图书馆的功能，能够进一步发挥智慧图书馆的关键作用。在智能技术高效化应用的背景下，个性化订阅已经成为重要的技术形态。可以说，个性化订阅是智慧图书馆的核心功能之一。在智能技术全面发展的进程中，依托于 RSS 技术的应用解决了这方面的诸多问题，为网络资源的个性化订阅服务提供了技术支撑，它是在线共享信息的一种简易方式。为真正有效地满足读者用户的个性化需求，智慧图书馆应该在不断拓展自身的功能以及作用的进程中，着力实现个性化的订阅，更好地满足读者用户个性化的需要，进而全面推动智慧图书馆的建设以及发展。

（5）三维实景地图

在智慧图书馆的建设实践中，依托于智能化的技术，还能够全面建立三维实景地图。可以说，三维实景地图的建设，主要是一种空间模拟技术，它所采用的技术核心是虚拟现实技术，能够精准地测量地物空间位置及大小。在智慧图书馆的实现以及长时间的实践应用过程中，依托于有效和科学化的技术体系，能够科学全面地建立三维实景地图，能够为读者用户提供高效的导航服务。用户可以通过智能化的触屏实现技术实操，看到真实而全面的内外环境，还能够俯瞰图书馆的各个功能分区，进而更好地获取信息资源，更加贴合且满足技术的实践发展需要。因此，在智慧图书馆的建设实践中，应该注重充分全面地利用智慧技术，全面建立三维实景地图，更好地满足读者用户的实际需要。

（6）虚拟参考咨询

在智慧图书馆的功能建设过程中，为真正满足读者用户的发展需求，有必要真正利用好智能技术，更好地为读者用户提供多元化的虚拟参考咨询服务。在图书馆传统参考咨询服务的过程中，其重要的渠道是依托于人工方式，不仅耗时费力，也容易造成较为严重的社会资源浪费。在智慧图书馆功能的拓展以及开发过程中，积极利用高效且科学化的智能技术，积极提供虚拟参考咨询，更好地满足读者用户的信息使用需要。

（7）实施高效化的互动交流

在智能技术的全面加持下，智慧图书馆在真正发挥作用的实践中，应该积极主动地同读者用户进行交流以及互动，更好地满足读者用户的现实需要。传统的图书馆在进行读者用户交流的过程中，交流方式较为单一，交流渠道较为简单，这不利于读者用户的现实需要。但依托于高效的智能技术，则利于实现广泛全面化交流以及互动。此外，伴随着移动互联网技术的深入快速发展，移动式阅读成为现阶段读者用户的主要选择。在实践过程中，智慧图书馆还应该依托于高效的智能技术，积极拓展移动式阅读，满足读者用户随时阅读、随时进行信息查阅的实践需要。

3. 创新技术应用

（1）物联网技术及应用

物联网就是通过 RFID、红外感应器、定位技术、激光扫描器等信息传感设备，按约定的协议，把物品与互联网相连接，进行信息交换和通信，以实现对物品的智能化识别、定位、跟踪、监控和管理的一种网络技术。物联网技术应用领域广泛，主要有公共事务管理、公众社会服务、经济发展建设。作为新一代信息技术的重要组成部分，物联网技术也被广泛应用于图书馆。

RFID 在图书馆的应用：

射频识别技术 RFID，又称无线射频识别，是一种通信技术。在图书馆应用中，RFID 电子标签取代了传统的条形码和磁条，被附在纸质书刊、音像制品、借书证等一切需要管理的物品上，用来识别唯一性的电子编码。这样每一个物品都成为一个终端节点，经过授权的馆员可根据工作需要对电子标签中记录的物品信息进行操作。目前，RFID 技术被广泛应用于图书馆的日常业务中，使得系统更加便捷、高效、省时省力，显著提高了图书馆的服务质量和工作效率。

Wi-Fi 在图书馆的应用。Wi-Fi 技术也是一种无线通信协议，在图书馆的日常工作中，实现智能定位是提高图书馆智慧化水平的途径之一。智能定位最大的优势就是对整个图书馆的馆舍、书籍、人员、设备等进行全面感知，将整个图书馆连通起来。对人员的定位可分为两种，一是对入馆的读者当前位置定位，二是对馆员当前的服务位置进行定位。对读者的定位可以更好地了解读者的需求并提供更好的服务；对馆员定位可以了解馆员的行为信息，有利于高效管理和准确考勤。相对于其他种类的室内无线定位系统，基于 Wi-Fi 的室内无线定位系统具有抗干扰能力强、良好的网络稳定性、高速高质量的数据传输等特性，能够通过 Wi-Fi 通讯模块在智能移动终端上的普遍采用，把室内无线定位变成一项低成本且容易实现的技术。

（2）云计算技术及应用

创建虚拟机的办法是用量评定不同的开放源码新项目，如 KVMvm 虚拟机和 XENvm 虚拟机。一部分功能测试早已完成，开放源码 vm 虚拟机的使用性能要好于 XEN。

复制技术：

在智慧图书馆的信息存储服务当中，复制技术的应用可以说是该服务的核心技术之一，也是体现出智慧图书馆信息存储服务高可用性特征的关键所在。而其中，数据访问模块可以针对不同级别的数据体现出相应的组件功能作用。就目前来看，复制技术多以如下几种复制策略最为常见：

无复制策略。多见于容错级别最低的情况，一般需要将原始文件版本存储于磁盘池之中。因此在采取无复制策略过程中会结合循环分配策略、循环链接列表进行负载分配。在这其中还要能够考虑磁盘的可用性。应用无复制策略可以避免所有文件均分配在同一台服务器当中导致服务器出现故障现象，引起容错能力十分低的问题。

镜像策略。镜像策略相对比较简单，具有较高的可用性，并且不会损耗过多的资源。在镜像策略复制过程中，文件每存储于磁盘一次，数据访问模块便会在其中创建相应的副本，并将其置于不同磁盘之中。

总体复制策略。属于最高级别的数据可用性方法，在应用总体复制策略过程中，副本文件会被存储于所有可用的文件服务器当中，并且其资源消耗量也相对较高。

基于信息分散算法复制。为了能够体现出更高级别的数据可用性优势，同时在消耗资源量上也相对比较小，可以采取基于信息分散技术的复制方法。在图书馆的信息访问模块中，不同复制技术的应用，可以对云存储原型的数据可用性级别产生不同的定义和功能，在此之后才能够客观评价集中式存储系统与分布式存储系统的应用优势所在。以集中式存储系统而言，数据访问模块仅仅需要一台虚拟机就可以针对单个磁盘、单个文件服务器进行访问。而在分布式存储系统应用中，一般会采取分布式进程的方式，在八个虚拟机访问中，分布存储系统中有五个磁盘，并且分布在不同的存储服务器当中。而应用信息分散算法技术在复制过程中，与混合云服务相比具有更强的吸引力。所以在两种情况下需要进行对比，选择适当时机访问私有存储云、私有云以及公共云服务器。在不同复制策略的应用对比中，需要考虑响应时间以及服务时间两大指标。以响应时间而言，在用户下载文件到下载完毕期间所用的时间长短即响应时间。而服务时间指的是在智慧图书馆的云计算环境下的文件存储服务时间，也是数据访问模块搜索相应文件所消耗的时间，系统组间读取所用的时间同样被计算于服务时间之中。

混合云复制技术：

对于混合云存储而言，信息分散算法技术具有更强的吸引力，这是因为以往的共同图书馆信息存储提供商中存在着一定的限制，导致所生成的请求数量相较于原计划而言数量明显更少，因此信息分散算法技术体现出了更强的应用优势，该技术可以体现出一定的容错性、数据可用性以及隐私级别特征。信息分散算法技术不会将完整的信息资源文件副本发送至公共云存储当中，因此在混合云存储中应用混合云复制技术，一般需要考虑文件上传与文件下载过程中的响应时间以及服务时长等指标。从现有私有云存储的信息分散算法技术应用中可以看到，在访问外部存储设备过程中一般所消耗的响应时间相对比较长，即便在下载过程中体现出了一定的性能优势，然而在同时访问多个外部存储器过程中也会限制其响应时间。所以在混合环境下，应用信息分散算法技术所产生的损失，多是在外部基础设备的文件发送与文件接收过程中的文件碎片、互联网连接所引起的。其中需要特别注意的是，从外部基础架构中存储部分文件片段，可以保障私有云存储空间更为充足，同时在处于安全条件的影响下，对于所发送至公共基础设施的资源文件片段数量不会超过 m 个单位，即在构建原始文件中所用到的片段数量参数。

弹性服务：

所谓弹性服务指的是，在智慧图书馆服务器工作过程中，其负载量超过原有的上限之际，会在其中建立新的虚拟机，相反在响应时间明显低于标准阈值的情况下，这些新建的虚拟机将会被释放出去。所以在其中需要准确评估响应时间限制数量，从而确认实例化或释放虚拟机所用到的最佳时间，针对所生成的不同图书馆服务器工作负载量进行合理评估。在应用单个磁盘接收工作负载量越来越高的物理机所传输的信息过程中，可以与相同工作负载量的虚拟机与物理机进行相互对比，在测试对比中发现，其中的服务器工作负载量主要由动态生成的 PHP 网页所请求组成，在运行排序算法的应用中模拟服务器处理时间。同时通过发送相应的元素列表来模拟不同级别的负载量。在测试中将响应时间上限与下限分别设置为 15 秒以及 5 秒左右，但是在分析中看到弹性服务响应时间在不断减少，主要是因为存储服务中负载平衡器所生成的新的虚拟机所产生的。在评估阶段结束后，弹性服务往往可以提供适宜的工作负载量，但是在这一过程中固定服务出现崩溃现象，无法响应客户端发送的任何请求。

（3）大数据技术及应用

近年来，随着物联网和云计算的兴起，大数据已然成为当下最时髦的词，大数据被人们誉为未来的石油和黄金，在数据背后隐藏的世界越来越多地激发人们的兴趣，可以说目前人类社会已经初步迈入了大数据时代。在图书馆方面，图书馆服务经历了漫长的以传统文献服务为特征的第一代图书馆阶段，随着网络化和信息化的快速发展，数字信息服务成为与传统文献服务并重的第二代图书馆的必备功能。而如今，随着智慧城市、智慧校园的兴起，第三代图书馆如智慧图书馆的建设如火如荼，把大数据技术应用于智慧图书馆建设已经成为必然选择。在图书馆利用大数据时，一般情况下，第一，要对图书馆的结构化数据、半结构化数据和非结构化数据进行采集，然后利用 Hadoop 技术、关系型数据库、云计算等技术对数据进行存储；第二，对数据进行清洗、加工组织备份等处理；第三，利用专家系统、知识发现、数据挖掘等技术对智慧图书馆的数据进行分析、科学研究、批处理，挖掘数据潜在的价值，考察用户的年龄、阅读兴趣、行为特点等特征，了解他们不同时期的阅读需求，以便为馆员用户和读者用户提供相应的智慧管理和个性化服务。从总体上看，图书馆利用大数据技术还处于探索阶段，这些案例为图书馆的管理、决策以及服务提供了良好的参考，为以后实现全面的大数据分析和挖掘，实现图书馆的全面智慧化做了有益的探索。

（4）人工智能技术及应用

人工智能是研究人类智能活动的规律，构造具有一定智能的人工系统的技术。目前人工智能技术在图书馆的应用中分为智能管理层和智能服务层两个层面。智能管理层包括智能入馆、智能监控、智能采购、智能典藏、智能建库；智能服务层包括自助借还、智能咨询、智能阅读等。无论是物联网、云计算还是大数据，最终都可以为人工智能在图书馆的应用提供基础，实现图书馆业务的智能化和智慧化，而在图书馆各项业务智慧化的前提下，才可能实现图书馆全面全方位的智慧化。总之，人工智能在图书馆的应用还处于初级阶段，目前正是尝试阶段，对图书馆来说，要结合本馆的实际情况进行研究，并把人工智能技术应用于图书馆的管理或服务中。

在文献资源分类中的应用。对于传统的图书馆而言，通常需要在文献、书籍等资源的保存、分类及保护上耗费大量的人力与物力，并且由于人工保管存在着一定的缺点，很容易出现书籍损坏、分类不明的情况，使得图书资源的保护工作难以开展。而人工智能技术的学习能力和数据分析能力均较强，能在一定程度上改善这一情况。在建设智慧图书馆的过程中，通过对人工智能技术的应用，可以在图书馆数据分析算法的基础上，利用人工智能技术进一步分析词语、语义、语法，借助这个分类可以实现高效率利用不同类型文献的目的。比如，在建设高校的过程中，通过对智能书架的应用，能够动态化全过程管理书架图书，同时识别书架图书单品及物品，进而实现准确查询定位、清点、监控馆藏图书等。智能书架系统的主要优势表现为较快的检测速度、准确定位等，在文件、档案、图书等领域均可进行应用。在此过程中，能够发现智能图书馆具有分类效率高、分类错误率低的优势，同时也可以大大节省图书馆的人力开支。

在图书资源保护中的应用。人工智能技术的应用可在很大程度上提升图书馆资源管理的安全性。相关人员在对图书资源进行管理的过程中，要输入密码并通过智能核验，才能够对图书资源进行管理，例如智能图书馆人脸识别。除此之外，部分图书馆还研发了自动借还图书的机器人，借助自动识别条形码，实现自动归还图书的目的。借助扫描识别条形码，可以识别图书种类，借助预先安装的移动装置，在指定区域放置好图书。此种方式可以省略图书管理员整理图书的环节，从而大幅度提高图书馆工作人员的工作效率。

提升信息咨询服务体验。信息咨询是图书馆解决用户疑问的基础服务，虽然图书馆对用户的服务方式在不断升级与完善，但无论是面对面咨询还是虚拟的咨询，都无法脱离人本身，不能做到实时响应。另外，由于检索的核心是基于关键词匹配机制，因此用户必须要有专业的检索技能才能获得机器模式化的回复，而对于问题的追问、分支问题、异常流程的处理等则无法给出具体的回答。而人工智能不仅可以全方位地为智慧图书馆提供各项业务功能的导航，还可以提供智能化的信息咨询服务。智能化的信息咨询提供了快速、便捷、全面可感知化的用户服务，在节约人力成本的同时，提高了服务效率。人工智能情境下的信息咨询服务，不仅在服务方式、服务时间及服务空间上摆脱了对图书馆馆员的依赖，还可以在用户咨询上通过对用户表情、情绪、语态、语义的识别，更精准地响应用户需求，减少因字符匹配带来的误检及漏检，对于用户问题的追问和异常流程的处理也可以按智能化的方式处理。

自主智能监控。自主智能监控系统主要是由运动、控制以及网络通信等多个模块组成的。其应用了嵌入式的采集方法，对图书馆的图像信息进行采集，并连接到图书馆无线网络，操控台在通信模块的支撑下可以实现远程遥控，能够对监控角度及像素等进行动态化的调整。在智慧图书馆的建设中应用人工智能技术，可以构建自主智能监控系统，实时化、动态化地监控图书馆的运行情况。例如，当图书馆出现突发事件时，自主智能监控系统会发出警报，并将报警信息反馈到管理中心，以此为工作人员提供方便，便于问题的及时解决，避免影响到图书馆的运行。此外，自主智能监控系统还可以监控图书馆馆藏资源的数量，如当监测到馆藏资源过少、破损等问题时，能够及时反馈给管理人员，并结合实际情况确定增补阈值，并确定需要增补的书目。除此之外，自主智能监控系统还能智能化感知图书馆环境，例如，可以通过感知馆内的人员数量、位置等，来调节灯光亮度，满足阅读需求。如果没有人阅读，灯光的亮度就会调低或者自动关闭，实现节能化、环保化的阅读。

智能学习中的应用。按照学习内容，智慧图书馆的机器学习方法可以分为以下几种。随着人工智能对读者阅读规律的深入了解，可以为更多读者带来个性化和精准化的阅读服务。基于统计学的角度，根据读者的需求进行学习，人工智能技术能够按照读者不同的特征和类型，准确判定各个层次的读者阅读偏好与阅读需求。

对馆藏知识进行学习。人工智能结合知识的描述层次，清楚掌握图书馆馆藏资源的情况，按照不同图书标签中的描述信息，掌握图书馆内部知识分布情形和具体状态。

对外部出版物进行学习。由于出版新书类型较多，人工方式不能有效、全面、准确地识别，而借助人工智能技术，可以按照出版社、图书分类等相关标签的描述信息实施首次筛选，然后将其与图书内容结合，再次进行准确识别，最后与图书馆的采购经费额度相结合进行合理选择。馆藏建设的基本要求是按照读者具体需求以及图书馆服务宗旨来执行的，其约束条件一般为采购经费额度。

五、智慧图书馆数据风险管理

（一）智慧图书馆数据风险治理功能

1. 事先预测分析功能

数据预测是指通过建立分析模型，发现事物发展的关联性关系，进而辅助决策者进行决策方案的制定与选择。图书馆数据风险治理的本质是将数据分析方法包括数据收集、挖掘、汇聚、提炼等融入风险治理中，进而勘测风险源、预测风险趋势规律，为决策者们提供预防、解决问题的方案。事先预测分析功能已在舆情领域获得广泛应用，例如网民情绪会在舆情传播过程中相互影响，甚至产生"群体极化"现象，准确把握网民情绪演化机理并预测其演化趋势是网络舆情治理的重要内容。与此同时，数据预测模型在有效指导商业决策、优化资源分配、降低管理成本并提升教育科研水平的同时，也存在结果预判挑战自由、隐私披露挑战尊严、信息垄断挑战公平、固化标签挑战正义等伦理背叛问题。在分析计算转移到云计算以降低成本的大趋势下，非本地化的数据传输与存储都涉及严重的隐私问题，例如读者身份泄露导致对图书馆的信任度降低，非必要的第三方参与者增多、数据滥用与数据泄露等，所以，事先预测分析的"本地化优先"是智慧图书馆优先考虑的方案。智慧图书馆的事先预测功能包括预测发展规律，例如用户的显性、隐性需求等，同时也可预测风险，例如分析系统运行的异常等。

2. 追踪风险痕迹功能

"雁过留声、人过留名"指的是人的活动必然会产生一定影响，留有痕迹可循。互联网空间更是如此，人们的网络活动必然会留下数据痕迹，例如网页浏览的历史记录、网络购物记录、网络搜索的关键词记录等。从在线社区到企业信息系统，社交网络分析方法与通过信息技术进行社会互动产生的数据源之间存在着自然匹配，信息系统研究人员也欣然接受了这种与数据结合的方法，这类系统为"追踪痕迹数据"提供了更多的研究机遇。追踪痕迹数据（即在线用户活动的证据，如超链接和转发）归属于一个新的方法论前沿领域，然而伪造与诱导等行为逐渐成为痕迹数据的"价值陷阱"。痕迹数据对图书馆智慧服务发挥着至关重要的作用，一方面，痕迹数据直接关联着数据隐私问题；另一方面，痕迹数据也能够帮助图书馆等机构追踪风险问题，以及根据用户的痕迹数据，通过特定算法预测用户可能有某种效用的因素。

痕迹数据为智慧图书馆数据价值的发掘提供了"原材料"，同时也为数据风险治理提供了目标。用户画像、学习分析等推荐算法模型是根据用户痕迹数据，运用一定算法来预测对用户有某方面效用的内容，例如图书馆可用来推荐图书、电子期刊甚至提供其他服务等。风险痕迹追踪还可以帮助智慧图书馆预测风险，避免出现数据安全、隐私泄露等问题。

3. 数据共享治理功能

"社会 5.0"提供了基于人、机器以及代理之间的数据共享交互服务，这需要利用多种学科方法来推动以此为基础构建的"智慧"模式，例如"智慧城市""智慧社会""智慧图书馆"等，这将有利于解决知识发展的一般性与长期性问题，包括智慧图书馆转型发展面临的挑战。"社会 5.0"时代为数据共享、行业协同、社会治理以及科学决策提供了千载难逢的机遇，同时也带来了新的挑战，思维困境、管理困境、法治困境等成为数据共享治理的主要风险。数据驱动发展即以数据为中心的思维模式，从数据中分析、理解、解决问题，用数据来管理业务活动、实施科学决策，这一切都需要以数据共享治理为前提。数据共享治理的实现需要有标准接口、数据共享系统、数据资源库等。数据共享是在大数据、云计算、人工智能等网络智慧环境下，汇聚不同系统载体的数据，形成发掘"价值"的过程，其中对数据共享关注较多的内容为用户的数据隐私。智慧图书馆数据共享治理是建立在数据安全、用户保护基础上的数据汇聚，最终会释放数据价值，数据共享风险治理是其重要的组成部分，包括数据传输、存储安全以及用户数据隐私保护等。"社会 5.0"是一个共享社会，其通过物联网等方法连接人、事以共享各种知识与信息，形成了新的共享价值，实现虚拟与现实空间的充分融合。智慧图书馆的发展目标也是如此，即实现人、书、空间等因素的共享，创建新的共享价值，最终实现服务的智慧化。

4. 价值数据保障功能

大数据、人工智能、区块链等新技术在信息社会环境下创造了新的科技、经济与政治价值，但并未创造一定的社会价值。"社会 5.0"将网络空间与物理空间有效关联起来，并产生价值数据，进而创造社会价值。2021 年 9 月 1 日开始实施的《中华人民共和国数据安全法》为数据安全保护与数据价值利用提供了前瞻性指引。价值数据保障是数据治理的核心要求，体现在数据共享、数据利用以及数据预测等方面。例如智慧图书馆通过数据的收集、清洗以及整合与共享，消除数据的质量缺陷，再关联汇聚数据，最后释放数据价值。智慧图书馆对数据的需求主要集中在价值数据方面，然而价值数据要根据业务需求来辨别。因此，"人""资源""空间"的数据化关联，实现数据收集、挖掘、分析以及知识发现，将原本独立的要素相互关联，并在数据生命周期内辨别可供"智慧服务"的价值数据，以上是智慧图书馆价值数据保障体系建设的关键流程。

"社会 5.0"时代智慧图书馆数据风险治理的风险预测、痕迹追踪、数据共享等都是为了获得价值数据，进而释放数据价值，以满足智慧图书馆的发展需求。智慧图书馆数据风险治理的维度可以分为数据关联共享、数据安全预警、用户隐私保障以及数据价值释放等四个方面。

（二）智慧图书馆数据风险治理维度

1. 数据关联共享维度

从以"数据资产""数据驱动"为代表的数据价值研究转向要素独立的数据治理研究，数据所能产生的价值获得了更多关注，研究人员开始聚焦图书馆大数据的智慧表达与价值实现。数据汇聚是智慧图书馆伴随互联网社会发展的必经之路，也是智慧服务得以有效实施的基础。与此同时，图书与期刊等传统文献资源价格的快速上涨，进一步激发了全球范围内学术信息开放获取与数据共享需求。开放科学、开放数据成为数据关联共享的主要模式。美国 2018 年发布的《开放科学设计：实现 21 世纪科研愿景》、法国 2018 年出台的《国家开放科学计划》等引领了世界范围内的开放科学潮流。2017 年，中央全国深化改革领导小组下发《关于推进公共信息资源开放的若干意见》，将开放数据提升到国家战略层面。2014 年，我国自然科学基金委员会以及中国科学院分别发布了公共基金资助的科研论文开放获取的政策声明。与此同时"开放获取 2020 计划（简称 OA2020）"倡议的《关于大规模实现学术期刊开放获取的意向书》受到了国家科技图书文献中心、中科院国家科学图书馆、北京大学图书馆等单位的积极响应。作为新生产要素的数据以及技术正在推进开放环境下社会的数字化转型。图书馆传统资源共享服务包括文献传递、联合目录、专题以及预约服务等，是通过在图书馆之间构建合作关系来实现知识、资源的共享，例如中国高等教育文献保障系统（CALIS）提供联合目录数据库共享数据以及高校图书馆馆际互借与文献传递服务，然而随着互联网的发展与知识分享能力的进一步提升，图书馆传统服务已难以满足民众对数据的需求。

2. 数据安全预警维度

用户画像、学习分析等基于数据分析的应用逐渐普及，这对智慧图书馆转型起到了至关重要的作用。用户画像、学习分析等都是基于一系列真实数据建立的目标用户模型，也是能够描述用户特征形象的集合，其本质就是以数据分析为基础刻画用户的特征，并最终以标签化的形式加以表达。数据的真实性是用户画像、学习分析的基础，同时真实数据的安全也是智慧图书馆关注的重点内容。智慧图书馆数据安全不仅是精准服务、个性服务以及智慧服务开展的基础，也是系统安全、数据隐私以及用户保护的关键所在。目前对数据安全的处理态度可以分为两种：一是安全数据必须扩大并且要严格保护，不允许进行数据共享、交换或者交易；二是安全数据应当在合理、合法范围内得到有效利用，数据安全过度保护会降低大数据的效能与价值。智慧图书馆数据安全保护的难点在于如何满足在保障数据安全的基础上，实现数据价值的最大化。智慧图书馆的数据安全预警建立在充分利用数据价值的基础上，强调数据安全与价值平衡。数据安全预警保障了数据共享、数据开放、数据挖掘等可最大程度发挥数据价值的行为，其既可对数据的真实性、可靠性进行防护，又可对数据隐私、用户信息起到一定的保护作用。

3. 用户隐私保障维度

用户隐私保护是图书馆用户信息资源化的前提和基础，图书馆领域的学者大多从法律、技术等角度来解决用户隐私保护问题。《中华人民共和国公共图书馆法》《中华人民共和国网络安全法》《中华人民共和国数据安全法》《中华人民共和国个人信息保护法》等为智慧图书馆用户隐私保护制度的完善提供了依据；隐私加密技术、敏感数据掩盖技术、匿名化技术等为智慧图书馆用户隐私保护提供了技术支持。其中对图书馆智慧服务用户偏好方面的隐私保护方法有如下要求：用户行为隐私在不可信环境下的安全性；隐私保护技术不影响智慧服务成效；隐私保护技术满足智慧服务的实际需要，不影响服务效率等。"社会5.0"时代，我国图书馆为了满足新环境下用户的多元化、个性化服务需求，都在积极探索转型，然而，在转型理论与实践探索过程中，存在着利益与风险并存的情况，用户隐私便是其中之一。图书馆在保护用户权益时，应该清晰地表明采集相关者的权益，包括来源渠道和所有者的权益，征求数据主体的意见等，做到"知情—同意"方可采集使用，进而有效释放数据价值，保障图书馆智慧服务的精准实施。

4. 数据价值释放维度

数字经济时代，数据已经成为创造和捕获价值的资源。智慧图书馆的发展离不开数据支持，开展数据风险治理就是为了有效释放数据价值。"社会5.0"环境下，图书馆面临着一系列风险挑战，包括平台建设、科学交流、政策落实、资源建设、服务拓展以及内部管理等方面，这些都影响着数据价值的释放，从而进一步影响到智慧图书馆的转型发展，所以安全、稳定的外部环境是图书馆数据价值有效发挥的基础。图书馆的数据价值可从资源、场景、用户三个方面体现，即资源价值、场景价值以及用户价值。大数据价值源自其中蕴含的各种知识关联，研究者发现大数据价值的核心在于对关联知识的刻画、揭示与利用。由此可见，数据关联共享、数据安全预警、用户隐私保护等为数据价值的提升创造了条件，也为"社会5.0"时代智慧图书馆数据风险治理提供了重要基础。

（三）智慧图书馆数据风险治理路径

1. 数据风险治理"技术化"

大数据时代，数据本身已成为一种生产要素和治理要素，是直接提高决策科学性及施政效率的工具。个人数据是智慧图书馆治理的主要内容之一，欧盟对个人数据采取的是情境定义，即结合数据场景认定个人数据，这就决定了匿名数据与个人数据之间的界限是动态的。对于个人数据匿名化的问题，欧盟从宏观上规定了治理的基本原则，并从微观上提出了具体的操作指引。个人数据能够帮助智慧图书馆实现用户需求的"感知"，即通过发掘个人数据的价值实现对用户"显性"和"隐性"需求的感知，进而提供精准化、个性化的智慧服务。然而，个人数据在被广泛应用的同时，也会带来隐私风险，个人数据的隐私加密技术、敏感数据掩盖技术、匿名化技术成为数据风险治理"技术化"的主要途径。其中MPC安全多方计算、全同态加密、TEE可信执行环境、零知识证明是主要的隐私加密技术；数据脱敏是敏感数据掩盖技术实现的主要模式；数据随机化、数据概括化是数据匿名化的两种主要形式。智慧图书馆数据风险来自安全问题，其中有关用户的数据是治理的重点目标，所以"技术化"数据风险治理也需要关注数据应用问题，即不能对数据价值的发掘产生负面影响是智慧图书馆数据风险治理的理想目标。

2. 数据风险治理"制度化"

《中华人民共和国数据安全法》为我国数据风险治理提供了法律依据，其中第二十一条规定了"各地区、各部门应当按照数据分类分级保护制度，确定本地区、本部门以及相关行业、领域的重要数据具体目录，对列入目录的数据进行重点保护。"当前我国智慧图书馆建设缺乏相应的制度保障体系,尤其是数据标准体系,其关键举措在于充分融合图书馆内的资源数据、管理数据和用户数据,形成依托数据生命周期模型科学的体系框架,并从数据标准的组织性、管理性以及实用性这三个方面深化标准体系的内容建设。智慧图书馆数据标准体系建设,有利于规范使用图书馆智慧服务数据,同时数据安全、用户利益也将得到一定的保障,进而营造出良好的发展氛围。目前我国图书馆界缺乏行业标准,需要围绕《中华人民共和国公共服务保障法》《中华人民共和国公共图书馆法》并借鉴《中华人民共和国网络安全法》《中华人民共和国数据安全法》《中华人民共和国个人信息保护法》等法律以及《信息安全技术个人信息安全规范》《信息安全技术大数据安全管理指南》《信息技术服务治理第 5 部分:数据治理规范》等国家标准来完善智慧图书馆制度体系,以实现数据风险治理的"制度化"。

3. 数据风险治理"伦理化"

智慧图书馆的最终服务目标就是实现"智慧化"。人工智能是支撑图书馆提供智慧服务的主要技术之一,有助于提升图书馆的服务效率并推动其服务模式的变革。例如重塑服务模式,由传统服务向智慧服务转变;重塑文献资源,由纸质资源向数字资源转变;重塑人力资源,凸显"机器 + 人"的智能;重塑服务空间,由阅读空间向多重空间转变,进一步突出网络空间;重塑用户群体,人工智能在改变传统服务模式的同时,也让虚拟现实、增强现实等新技术获得了广泛应用,丰富了公共文化服务的类型,改变了用户传统的知识获取习惯,用户群体也在发生改变。

新技术不仅给用户带来了新体验,也使用户产生了伦理方面的担忧、顾虑,还改变了图书馆传统的服务模式。在资源载体方面,用户的阅读模式需要从传统的纸质图书转变为电子书;在用户身份识别方面,需要从传统的物理借书证转变为二维码、人脸识别等。这一切在方便用户的同时,也给图书馆提供了用以实现智慧服务的数据资源。随着大数据、物联网、深度学习等技术的发展,一个"万物互联、人人在线、事事算法"的人工智能时代对智慧图书馆的发展起到了一定的促进作用。数据是人工智能得以实现的基础,人工智能也将在智慧图书馆中获得广泛运用。智慧图书馆的数据风险治理还需要从伦理角度遵循相关原则,包括问责原则、隐私原则、平等原则、透明原则、不伤害原则、非独立原则、预警原则与稳定原则。

第三节　移动图书馆的发展与建设

移动数字图书馆是图书馆服务的一种便携模式。随着大数据时代的不断演进，信息膨胀不断加剧，信息用户的泛在化导致了读者难以满足于到图书馆获取信息或使用计算机终端检索信息。智能手机、平板电脑等移动终端的快速发展和移动互联网的迅猛进步，都促使移动数字图书馆将要或已经成为图书馆系统中重要的一环。移动数字图书馆让许多原本复杂的业务能够轻松在移动终端解决，对于现下快节奏的社会环境而言，节省了许多时间，读者可以轻松在手机上了解需求图书的借还情况或是直接在线借阅电子图书等，这些都是移动数字图书馆能带来的便捷服务方式。

同时，移动数字图书馆也是一种对图书馆活动的延展方法。在移动数字图书馆的 WAP、App 端或公众号平台，都可以了解图书馆各种线下活动的介绍资料，对于图书馆活动的推广起到了很大的作用，用户可以根据了解到的详细信息来决定是否参与图书馆活动，增加了图书馆各类活动的推广渠道。各类图书推荐也是移动数字图书馆的特色之一，相比实体图书馆推荐区的推荐书籍，移动数字图书馆主页的推荐书目更能吸引读者的注意，而由于移动数字图书馆需要用户注册登录的特性，相比实体图书馆的无目标群体统一推荐而言，移动数字图书馆的书目推荐依靠大数据技术，可以根据用户的过往搜索记录以及阅读历史相同的用户进行针对性个性化推荐，更能满足读者的读书需求。

此外，移动数字图书馆能够更好地唤起民众的阅读兴趣。作为终身学习的承载单位，图书馆有责任努力提升民众的普遍阅读兴趣，而在当下，相比于慢节奏的图书馆翻阅图书，更多的读者倾向于利用闲暇时光在各种场合使用手机等移动设备进行信息的获取，由此，移动数字图书馆的发展是图书馆现阶段发展过程中重要的一环。

进入 5G 时代，人们的生活节奏越来越快，利用碎片化时间在移动终端进行兴趣阅读以及在学习、工作场所直接利用移动网络进行信息检索，才是更适合当下生活的图书馆服务提供方式。移动数字图书馆的发展，能弥补图书馆在现代人生活中的缺位，人们不是失去了阅读的兴趣，而是需要一种更加便捷、更能适应当下生活节奏的阅读方式。

移动数字图书馆的个性化设置功能也是其适应当下发展的一种应用模式，相比于漫无目的地寻找图书或是文献，个性化技术能够根据以往的搜索记录，为每个用户提供更贴切需求的图书推荐或是提供研究者常研究领域的资料。同样，移动互联网技术的快速发展也为移动数字图书馆的发展提供了助力。移动互联网技术由移动通信技术与互联网技术组成，包括移动终端技术、移动网络技术以及应用服务技术等。第五代移动通信技术已经投入使用，它拥有以往技术难以匹敌的更快数据传输速度、更大接入容量和更短的数据传输时延，能够支撑更多的移动设备同时在线操作。并且，移动搜索、二维码编码、移动社交网络等技术和移动终端的触控技术、语音交互技术、面容识别技术等新技术都在飞跃式发展，这都为移动数字图书馆的进一步发展提供了助力。

一、移动图书馆概述

随着互联网的快速发展和移动设备的不断升级，移动图书馆应运而生。所谓移动图书馆是指依托移动通信技术、互联网技术以及多媒体技术等，使读者不受时间和空间制约，使用各种移动设备即可自由检索和获取图书馆各类信息数据的一种新型信息服务模式。

（一）移动网络和 Wi-Fi

建立移动图书馆的首要条件是"移动"，能够让图书馆"移动"起来的是先进的无线网络技术。4G 网络是第四代移动通信技术，包括 TD-LTE 和 FDDLTE 两种制式。4G 网络将上一代移动通信技术与 WLAN 融为一体，能够以 100Mbps 以上的速度快速传输文档、音频、图像和视频等信息，速度比家用宽带 ADSL 快 20 倍（理论值），能够满足大部分用户对无线通信服务的要求。而目前已普及的第五代移动通信网络——5G 网络——理论传输速度峰值每 8 秒可达 1GB，是 4G 网络传输速度的 10 倍以上（理论值）。Wi-Fi 是将有线网络信号转换为无线信号，将个人电脑、手持设备等终端以无线方式连接的网络传输技术，是无线局域网技术的应用。移动网络技术的快速发展为移动图书馆的产生提供了技术支持。

（二）移动阅读的优点

近年来，随着智能手机和移动网络的发展，越来越多的人加入移动阅读的队伍。移动阅读具有以下特点：

突破传统阅读对时间和空间的制约，人们可利用一切空闲时间进行阅读，如乘车、排队时都可进行阅读。

可以通过各种多媒体形式提升阅读体验。传统纸质媒介只能承载文字和图形，移动终端除文字和图形外还可承载音频、视频等更多信息。"听书"是请专业人士将纸质图书朗读出来，转换为有声读物，更方便人们获取信息，是当前欧美等国非常流行的一种新型阅读方式。"听书"在我国历史悠久，评书、评话、评弹等都属于听书的范畴。"听书"对于残障人士以及视力衰退的老人、识字不多的儿童等人群尤其方便，而且操作简单。

互动性及参与性较强。移动阅读平台基于互联网的开放性建立，具有互动性强的特点，能够让读者参与创作和阅读等环节，读者可以实时交流讨论对作品的见解，从而提升自己的写作水平和文学素养。

（三）移动图书馆的主要功能

远程服务。读者通过移动图书馆注册，将个人信息加入图书馆系统数据库，无须亲自到实体图书馆，随时可以通过移动终端进行图书查询、预约图书等，极大地提高了阅读的便利性。

移动阅读。对于图书馆的电子资源，读者既可以随时随地通过移动网络进行阅读，也可以下载到移动终端进行阅读，从而真正实现随时随地阅读。

移动下载。对于图书馆的古籍或是特藏图书而言，移动阅读方式不但可以对其起到保护作用，还省去了读者到馆查找、复印的麻烦，读者在浏览过程中可自行下载所需的内容。

"听书"服务。当前，"听书"已成为一种常见的阅读方式，对于老人、儿童和视障人士来说，"听书"服务无疑是一种很好的选择，可以使他们更快、更好地获取所需的视听资料。

掌上课堂。随着网络的普及，慕课教育有可能成为现代教育的一个转折点，教育不再局限于课堂，更多的人可以通过慕课学习更多的知识，并与来自世界各地的学习者共同开展研究和讨论。

提升工作效率。传统图书馆的借阅方式多是通过人工手动登记完成，不但浪费人力物力，还容易丢失读者信息。读者通过移动图书馆即可借助自助借还机、自助分拣机等智能设备自行完成图书的借还手续，不受时间和地点的限制，不但方便了读者，而且极大地节省了图书馆的人力资源，提升了图书馆的工作效率。

（四）移动图书馆的局限性

1.设备的制约

制约移动阅读设备的主要因素是无线信号以及兼容性，如果一个地区长期没有无线信号，那么移动阅读设备便会处于"瘫痪"状态，没有无线信号就没有数据的交互，因此无法通过移动阅读设备获取任何信息和服务。目前，移动设备的操作系统主要包括 IOS、Android、Windows 等，不同的操作系统对移动图书馆的开发有着不同的要求，同时由于不同型号设备的屏幕大小不统一及分辨率不同，也会对文字和页面等显示效果有不同的制约。

2. 经济的制约

读者享受传统图书馆的服务都是无偿的，而且不需要过多的硬件设施，但移动图书馆必须要有移动设备作为载体，相较于传统图书馆纸质图书的借阅成本偏高。此外，使用移动服务还需交纳一定的通信服务费用，这无疑又增加了读者使用移动图书馆的经济成本。

3. 信息素养的制约

在全球信息化时代，信息素养是人们须具备的一种能力，以判断什么时候需要信息、懂得如何获取信息以及如何评价和有效利用所需信息等。读者信息素养程度的高低直接影响他们获取资源的效率，青少年、老年人、进城务工人员等都是公共图书馆要面对的服务群体，但这些群体由于年龄及受教育程度不同等因素的影响，信息素养普遍不高，信息获取能力较弱，降低了其使用移动图书馆的有效性和积极性。

二、移动图书馆的发展现状

（一）数字资源在移动网络下的获取

移动数字图书馆的发展在各类信息技术的飞跃带动下不断进步，随之而来的就是资源供给问题。文献资源是图书馆存在的基础，移动数字图书馆也不例外，资源的丰富与否会直接影响用户的使用体验。当下，数字图书馆还在不断完善中，与传统图书馆相比，数字图书馆资源获取的便捷程度大大上升，但同时也有难以克服的各种阻碍。在此基础上发展的移动数字图书馆优势在于能够给用户提供更加便捷的资源获取渠道，但反之，对图书馆而言，各种阻碍也更大。移动数字图书馆需要大量的数字资源来支撑自身的运转，而单个图书馆的文献资源数字化效率在很大限度上难以满足现在的用户需求。同时，图书馆还要面临着纸质作品数字化的版权问题，在重重困境下，一部分移动数字图书馆甚至难以提供在线阅读的服务，更不能保证资源的数量以及质量。

（二）用户使用移动数字图书馆的需求

当下，由于快节奏生活的影响，部分用户倾向于在选择书籍等文献资料时事先了解内容概况，同时人们对线上互动的需求也越发强烈。目前，移动数字图书馆在该方面的设计还稍显欠缺，数字书籍页面中多数图书的简介页面空缺，也没有可供发表评论的书评区等，缺乏让用户表达想法的平台。

（三）移动数字图书馆服务

1. 移动图书馆信息服务的建设尚不完善

目前，虽然各大图书馆争相从传统图书馆服务模式向移动图书馆信息服务模式转换，但是有相当一部分的移动图书馆信息服务建设仍处于起步和测试阶段。有些图书馆仅仅建立了图书馆官网，对此进行信息发布并作为主要信息服务方式。这种仅依托官网进行信息服务的方式显然是不理想的，存在信息发布不及时、信息服务方式单一、信息积压等问题。此外，技术水平的不足也在一定程度上影响信息服务的建设，例如信息服务的建设必须依据大数据平台，那么如何建设和完善大数据平台从而实现更高水平的信息服务，是一个值得深究的问题。总的来说，这种尚不完善的移动图书馆信息服务势必会影响图书馆移动信息服务的质量。

2. 读者的个人隐私存在泄露风险

在大数据技术不断普及的今天，图书馆的移动信息服务也要依据大数据技术平台。存储在大数据平台的数据一旦泄露将会给客户带来巨大的负面影响，例如：若黑客利用外部代码托管网站盗取用户个人账号，查询、收集这些资料获取读者个人隐私信息并利用读者账号登入图书馆信息服务系统，将版权书籍进行随意分享，会扰乱图书馆信息服务的正常秩序。此外，某些移动图书馆信息服务平台上的部分功能需要用户充值付费才能实现，当黑客获取了那些充值用户的 ID 后，将会给该类用户带来个人信息和个人财产的双重损失，从而降低该类用户对移动图书馆的信任度。

3. 缺乏对用户需求的了解

移动图书馆这一新兴产物可以说是一夜之间悄然而至并迅速走红的。它出现之突然，创建前缺乏调研且并未与读者进行沟通，未了解过读者的真正需求。目前，大部分图书馆的移动信息服务仅限于图书借还、报纸杂志订阅、图书馆讲座会议公示等，并未形成以读者用户为中心的个性化服务或定制服务；移动图书馆在数字化阅读形式和内容资源方面也比较单一，未能实现优化读者用户体验、推进移动图书馆信息资源的交流与分享、考虑读者的社交性需求、增加客户黏性等。另外，对于读者的意见，大多数图书馆没有引起足够的重视，未能依靠 QQ、微信等聊天系统建立双向互动平台，积极记录读者用户的反馈意见。

三、移动图书馆建设完善对策

（一）完善移动图书馆信息服务的建设

构建移动图书馆的信息服务，有助于提高读者用户的阅读体验和阅读效率。然而，各大图书馆信息服务还存在着许多不足，其中，移动图书馆的服务内容和技术水平这两方面问题尤为突出。就移动图书馆的服务内容而言，移动图书馆在建设的过程中需要注重打破形式主义，真正从本质上构建一个全方位的线上图书馆，增加移动图书馆的功能，如查询图书馆开放时间、电子文献下载、纸质图书查询等功能。此外，还需要及时更新网站信息，做到信息不积压，便于读者更为快捷地查询最新的图书馆资讯。从提高移动图书馆技术水平方面来说，应当注重在传统的 SMS 模式和 Wap 模式下，采用新的技术手段，将技术的重点放在移动客户端和掌上移动技术上，如电子图书阅读器、平板电脑等。

（二）加强读者个人隐私的保护

加强图书馆移动信息服务过程中个人隐私的保护，就是加强图书馆移动信息服务依据的大数据平台的用户隐私保护。为了避免大数据平台信息泄露、保护用户隐私，可以从以下两个角度来完善大数据技术。第一，相关领域的管理者需要重视信息设施的建设工作，安排专门的工作人员对信息系统以及信息设施进行检测和维护，保障信息系统的正常运转，同时重视信息设施的实时更新，对于老化的信息设施及时淘汰，减少对信息数据使用的影响。另外，也需要针对自身经济运行和发展现状，制定针对信息系统的应急措施，突发事件一旦发生，应及时预警，并做出反应，保障信息使用的安全。第二，对已有的信息技术，如加密技术、防火墙等，平台管理者需重视这些技术的使用，减少黑客、病毒的入侵，确保信息数据在日常经济运行中的应用效果。

（三）逐步实现以用户需求为中心

实现以用户需求为中心，不仅需要在构建移动图书馆前进行调研，了解读者用户需求，还需要对读者反映的意见和建议尽快落实。例如：将能提供 24 小时文献传递服务的共享服务体系作为信息服务建设的核心，并采用元数据整合技术将期刊、报纸、会议记录以及中外文图书有效融合到信息服务系统中，实现移动终端全面搜索和便捷的文献传递服务，极大地提升了读者的用户体验；将实体图书馆的位置信息融合到移动图书馆中，利用定位技术、全景地图技术，将实体图书馆与读者用户的物理位置相匹配，从而为用户提供更多与其所在地有关的移动信息服务。如在移动图书馆系统中提供图书馆位置导航服务，主要包括：图书馆每层楼的位置及图书分类信息、阅览室自习室的向导、用户所在位置周边的公共交通路线等；此外，还可以利用图书馆的全景地图技术，以 3D 全景的方式浏览图书馆的内景，给用户提供身临其境的体验；广泛利用二维码技术，在移动图书馆下载文献的界面插入一个对应二维码，读者通过移动设备终端识别该二维码可以获取与此文献相关的信息资源，如音频资源、图书背景介绍等；为读者提供个性化的定制服务，如利用大数据追踪技术，以读者用户的搜索关键字频率为依据，向读者推荐相关文献或可能感兴趣的图书期刊。

（四）做好图书馆移动信息服务的推广和普及

2009 年，美国高校的移动图书馆普及率已达到 75%，与美国便携式数字图书馆相比，中国移动图书馆的普及率并不高。因此，要提高我国移动图书馆的普及率，应当从以下几个方面入手。

首先，加强移动图书馆信息服务平台与其他技术公司的融合。移动图书馆功能的多样性依靠馆内技术人员可能难以实现，在此情况下，若移动图书馆信息服务平台与信息技术公司或资源丰富的数据库供应商合作，那么给读者提供更为强大的移动信息服务的同时，还能够借助数据提供商的数据资源增加在线书刊的内容，给读者以全新的阅读体验。

其次，政府或有关机构应加大对图书馆移动信息服务的投资。作用于移动图书馆上的信息服务受制于资金，如果图书馆本身经费不足，最新的技术软件和文献资料将无法被购买，从而造成网站更新滞后、信息服务功能不全等问题。

最后，应加强对移动图书馆工作人员的培训。移动图书馆工作人员业务知识的缺失也是造成移动图书馆普及率不高的重要原因。移动图书馆人员的业务素质直接关乎读者的用户体验，例如：若读者进入移动图书馆的客户服务界面并向工作人员咨询与图书相关的问题，在这一情况下，若工作人员回答模棱两可、业务知识不熟悉，势必会给用户留下不好的印象，削弱移动图书馆的服务效果。

此外，就加强图书馆移动信息服务的推广而言，除利用微博、微信等公众平台扩大各大图书馆的知名度外，还应当从丰富信息资源内容方面入手，使得内容方面紧跟潮流，并在移动图书馆用户界面上增加评价、分享、转发等功能。另外，各大图书馆还应结合自己的馆藏特色提供电子信息资源，并提供视频、音频等更为多样性的特色信息资源。

（五）构建移动数字图书馆联盟

针对移动数字图书馆资源的短缺问题，构建一个多图书馆联合的合作平台，能够最大限度解决这个资源供应问题。由多家图书馆成立一个联盟，共同建立线上移动平台，各图书馆可以负责自己的主要藏书方向，结合了多馆的馆藏后，每个移动数字图书馆联盟平台都将成为藏书量更丰富、更便于读者统一查找资料的场所。同时，联盟成立后，各联盟成员可以整合资源，以联盟的名义与出版社等相关领域的一些其他机构合作，创新数字资源建设形式，拓宽资源获取渠道、维护图书馆自身的权威性，提升竞争力，吸引更多用户。

（六）搭建移动数字图书馆社交平台

当下，图书馆致力于向知识交流、知识共享等方向发展，可以将移动数字图书馆作为一个合适的知识交流线上平台，为读者提供交流机会，对文献资源等内容进行交流评价，给用户发表评论的空间，使移动图书馆成为一个可供线上互动的社区。社交的、本地的、移动的概念被业界认为是互联网未来的发展趋势，移动数字图书馆也应当注重该方面的发展。基于实体和虚拟的馆藏资源，结合网站、手机应用程序、公众号等形式，完善移动服务模式，促进用户与用户间、用户与图书馆间的沟通，使图书馆的移动服务更加深入读者群体，更好地服务读者用户。随着移动互联网的飞速发展，5G 技术支持下，使用新兴科技对于移动数字图书馆的发展大有裨益。比如在移动数字图书馆中更多地应用 AR、VR 等技术，能够让用户与图书馆进行超高清的全景互动。此外，对于移动数字图书馆平台，需要及时更新符合多系统的客户端，让不同用户都拥有更好的使用体验。

（七）转变移动数字图书馆服务意识

当下，很大一部分读者会选择使用移动数字图书馆进行咨询服务，加强移动数字图书馆的服务意识，能够给用户更好的使用体验。移动数字图书馆作为移动线上平台，应该转被动为主动，利用大数据收集用户信息，提供更贴心的、全方位的服务。图书馆应该培养更多适应大数据环境、擅长移动互联网技能的馆员，利用大数据来收集用户的喜好，为用户提供个性化的推荐服务，增强用户黏性。图书馆的移动化服务本身是大数据技术和移动技术结合的产物，只有熟练掌握相关技能，才能更好地建设移动数字图书馆。

第三章　图书馆图书资料信息化管理

第一节　图书资料的信息化管理

一、图书资料信息化管理意义

（一）有助于推动馆藏资源共享

在图书资料传统管理模式中，各地图书馆以纸质信息作为图书资料的存储载体，需要消耗大量的时间、费用来收集和保管纸质资料，馆藏资料数量有限。同时，各地图书馆的服务对象以周边城区人民群众为主，读者在往返图书馆期间会产生一定的时间成本及交通成本。相比之下，对信息化技术的应用，大幅降低了信息获取成本，彻底打破了时空限制，提出馆藏资源汇集共享的概念，构建全国性与省域级的图书资源数据库，在数据库内收集各地图书馆的数字版馆藏资源。从读者角度来看，借助计算机或手机等终端设施，直接访问图书资源数据库，足不出户即可查阅所需资料文献。而从图书资料管理角度来看，既可以向读者提供更为丰富的图书资料，同时，还可以减少管理成本，无须投入大量资金来保管纸质文件，仅需维护信息操作系统、定期升级改造系统功能即可。

（二）有助于充实馆藏内涵

一方面，在图书资料数据库中不断存储多源异构数据，除电子文档形式外，还将向读者提供视频、图像图片、音频等多种形式的馆藏资源，帮助读者以可视化形式了解图书资料。同时，借助虚拟现实技术，可以构建与图书资料历史背景相符的场景，读者佩戴虚拟现实眼镜、虚拟现实一体机等设备，沉浸到所构建虚拟场景当中，身临其境般感受时代变迁、历史特色。另一方面，借助大数据技术，替代人工持续采集相关资料，如新出版电子期刊、网络文学著作、时政新闻等，系统基于程序运行准则，对所采集资料信息进行筛选提炼、关联属性分析，筛除内容重复和失真的资料，将剩余资料分类导入数据库中进行存储，起到充实馆藏内涵的作用。

（三）有助于完善检索服务

随着读者数量与馆藏资料数量逐年稳步提升，在图书馆影响力日益扩大的同时，也加重了图书资料管理负担，需要组建一支规模庞大的管理团队，将大部分人员投入到图书资料检索工作当中，才能满足实际管理需求和读者阅读需求，这也是图书资料管理期间亟待解决的重要问题。信息化技术的应用，从根本上改变现有的资料检索方式，管理人员提前将纸质馆藏资料以数字文档形式上传至数据库，并搭建配套的数字索引系统。如此，读者与管理者直接访问图书馆信息系统，在界面上输入作者名、书名、发表年份等关键信息，即可从数据库中的海量图书资料中快速检索出指定资料，提供快速检索服务。同时，在不了解作者名、书名等关键信息的前提下，也可以在检索系统中设置特定情境、出版时间、语言，以此来缩小范围，从中查找图书资料。

二、图书资料管理网络化建设

（一）图书流通系统

图书流通系统主要是为读者提供图书进入图书馆后的借阅服务管理，主要包括图书借阅功能，主要针对图书借阅过程和图书保存情况。帮助读者了解图书流通中的即时情况（如博物馆收藏什么书、借什么书等），并实现网络借阅。预约处理功能主要是读者通过网络预约借书，包括预约注册、预约取消、预约借用功能。系统维护功能主要是维护读者和图书的各种数据，确保图书借阅工作正常运行。图书分配功能主要用于图书分配、库存和补充。

（二）图书采编系统

图书馆图书编辑系统主要管理图书的采购、验收、分类、编目、编纂和维护。

（三）公共管理系统

公共管理系统主要管理图书馆工作人员的各种信息，包括人事管理——主要是图书馆工作人员的登记，对图书馆相关人员进行日常考核；工资管理——主要面向图书馆员工的工资绩效，可以确保员工工资到位。

（四）图书检索系统

图书检索系统主要是读者和管理人员检索图书信息的系统，允许多个检索点的检索，这些信息可以准确地显示与要检索的书籍相关的具体信息，主要包括图书馆的情况、图书数量、非图书馆状态、图书归还日期等。该系统能够更好地为用户提供服务，使读者能够通过互联网借书，节省时间，提高效率。

三、图书资料信息化管理建设的实施策略

（一）完善基础设施，重视云端技术应用

在信息化背景下，图书资料信息管理要紧跟时代发展形势，把握信息化契机，于日常管理中充分发挥互联网的优势，做好图书资料信息化管理建设工作，而拥有完善健全的基础设施体系，则是图书资料管理信息化建设推进的有力保障。因此，要立足于信息化背景，在利用现有基础设施的前提条件之下，将其与云端技术相结合，搭建以大数据技术、云计算技术等为支撑的云端化服务体系，借助数据库的形成，满足广大读者的实际需求，促使图书资料管理方式朝着多元化、创新化、信息化的方向发展。也就是说，要重视人工智能、大数据等现代化技术的应用，建立"本地＋云端"智能化服务体系，实现线上服务与线下建设的紧密联系，在基础设施建设方面，促进实现转型升级。

（二）开发图书资源，加强数字化资源建设

在信息化时代下，还应用纸质化图书资源，难免会存在一定的传播局限，不仅无法迎合信息化时代发展的客观诉求，也难以满足读者的个性化需求。在此种情况之下，要立足于信息化时代，加强数字化资源建设，不断增加图书资料的资源储备，以信息化技术为载体，实现真正意义上的图书资料资源共享，这对图书馆竞争力的增强及图书资料管理模式的转型升级具有至关重要的现实意义。一方面，要以数字化为主要方向，将纸质图书资源转化为数字化资源。依托光盘、硬盘等载体，将其进行有效存储，上传至网络云端之上，于互联网中建立图书资料数据库，实现信息技术与图书资料管理的深度融合，从而有效提高图书资料的利用效率，促使所提供的服务朝着综合性的方向发展。另一方面，在信息化时代环境之下，要加强现有的基础设施建设，包括人力资源、物力资源、财力资源等。从硬件和软件两个方面入手，巩固图书资料管理成果，提高读者对服务的满意程度。

（三）深挖数据价值，推进图书资源共享

媒介融合时代的到来，既是机遇也是挑战，现代化阅读方式对传统纸张阅读方式造成了冲击。这就需要迎难而上，把握住发展的新机遇，构建数字阅读体系，利用符合用户需求的方式提高数字阅读服务的推广效果。

在新媒体平台之上发布短视频之后，则需要由专门人员对短视频进行及时有效的管理。利用大数据技术收集整理相关数据，对数据的价值进行深入挖掘，筛选用户阅读量较高、关注较为集中的信息。反馈用户的评论，解答用户的疑虑。

在此基础上，进一步优化数字阅读推广视频的内容。与此同时，管理人员要加强与用户之间的沟通交流。

了解用户的偏好，以多种方式鼓励用户对短视频及时进行转发，充分挖掘潜在用户群体，提高资源共享效率。不仅如此，还需要以用户的需求反馈数据为切入点，对其价值进行深层次挖掘，对现有的短视频加以创新和优化，及时发布新的短视频。借助用户之间的社交属性、人际传播效应等优势的充分发挥，逐步扩大数字阅读推广模式的覆盖范围，为全民阅读推广工作及图书资料管理活动的有序开展奠定基础。此外，要利用短视频加强与用户的沟通交流，确保用户处于持续化参与的状态，这对用户黏性提升、数字阅读推广效果强化，均具有积极推动与促进作用。为此，要构建"线上＋线下"的互动沟通交流模式。在线上，鼓励用户在短视频下方的评论区积极沟通，参与线上话题讨论，分享数字阅读成果和交流心得感悟。在线下，要注重对用户阅读体验的强化，开展阅读沙龙活动。通过两种方式的融合应用，提升用户对数字阅读服务的满意度，推动图书资料信息管理服务的转型升级。

（四）明确发展目标，提供个性化读者服务

在信息化时代，不仅要做好图书资料管理工作，还需要紧跟时代发展步伐，明确信息化时代下的图书资料信息化管理建设发展目标，意识到读者在图书资料信息化管理建设发展中所占据的主体地位。在了解读者实际需求的基础上，为其提供个性化的服务，从而不断增强市场的竞争力，吸引更多的读者在线上进行阅读。为此，要做好读者服务这一工作，面向广大读者，以其为主要对象所提供的服务，要凸显个性化、针对性的多重特征。紧跟时代发展步伐，推动各项事业的可持续发展，加强图书资料管理与现代互联网技术的深度融合，使得所提供的信息获取路径朝着多元化的方向发展，力求通过便捷的线上服务满足读者的个性化借阅需求。

数据库是图书资料存储的重要组成部分，这就需要把握住信息化时代发展的契机，利用多种途径做好读者阅读需求调研工作。在归纳总结各项数据的基础上，划分不同的信息类型，并设置相应的数据库，满足不同偏好的读者实际需求，确保所提供的借阅服务朝着精细化的方向发展，强化受众阅读体验。以老年读者为例，所建立的读者数据库，应倾向于音乐、养生、戏曲等方面；而对于少儿读者来说，所建立的图书资料数据库应倾向于童话故事、动漫类等。通过这样的方式，可充分发挥图书资料信息的优势。并在信息化时代将这一优势进一步扩大，满足读者的个性化阅读需求，这对图书资料信息管理的可持续发展大有裨益。

（五）模式转型升级，拓宽文献检索的路径

当前面向广大读者所提供的文献资料检索方式以传统检索方式为主，读者需要进入图书资料信息管理系统当中，依托书目检索系统数据搜索引擎等方式，根据自己的实际需求输入关键字，进行文献检索。虽然此种方法可以满足读者的文献查询需求，但是存在方法单一的问题，在资料分类方面也会陷入详细程度不足的困境。因此，在信息化时代，要正视当前读者文献检索的现状，对现有的图书文献搜索方法加以创新，拓宽文献检索的路径，使得读者可根据自己的实际需求输入关键词，从而快速检索到所需要的文献，进而获得良好的文献检索体验，满足读者的个性化阅读需求。与此同时，通过这样的方式，还可以有效加工信息文件格式，确保其适用于不同的数据设备，为读者个性化借阅提供便捷的条件。在系统建设时，还可将读者的兴趣偏好融入其中，读者登录系统时，根据已有的浏览记录或者提前预设的偏好信息，系统会向其推送相关的图书文献资源，在为读者带来良好个性图书服务体验的同时，还可进一步提高图书资源的利用效率，这对图书文献资源利用价值的升华具有至关重要的现实意义。此外，在文献情报服务方面，要重视人工智能技术的运用，结合投稿者的实际情况，如身份、研究方向、学科建设情况等，为其提供相应的目标期刊，促使图书文献情报服务朝着信息化、精准化、智慧化的方向发展。

（六）积极引进先进设备

面对图书资料管理设备老旧等问题，管理人员关注资料信息化管理中的基础建设和设备引进尤为重要。计算机能够有效替代大量人力操作，并且将原本工作量大、周期长、过程复杂的工作变得更加简单高效，更有利于提高图书资料管理质量，具体可以引进以下设备：

1. 标签

可以为图书资料添加疏耦合 RFID（射频识别）标签芯片，设计标准为 SIO/IEC15693，设计防电磁屏蔽的专用信息标签，让图书资料实现精准定位，管理更加便捷，也能够优化读者借阅归还程序。在图书资料借阅归还后，借阅的资料信息可以记录在图书 RFID 标签之中形成相关数据，为管理人员对读者信息的分析提供条件，借此来实现后续的个性化服务。利用该技术不仅能够提高阅读者的阅读体验，还能够为图书管理工作带来便利。

2. 电子扫描设备

在纸质图书资料电子化处理期间，管理人员可以利用电子扫描设备来实现纸质资料与电子资料的转换，充分拓展图书馆电子图书资源，并做到对图书信息的精确记录，为读者提供更高效便捷的服务。

3. 自动借还设备

自动借还设备可以安放于图书馆空旷且显眼的位置，这一设备同样配备了RFID标签扫描功能，读者在归还图书资料时可以按照提示进行操作，大大降低了管理人员的工作压力，也提高了图书资料管理的信息化水平。

4. 智能安全门

图书馆出口位置可以安装智能安全门，读者在完成借阅程序后可以通过RFID借书凭证扫描通过，否则将触发报警。智能安全门的应用可以准确识别图书上的RFID标签与RFID借书凭证，提高图书资料的安全性。

（七）加强网络安全管理

虽然图书资料信息化管理可以优化图书管理程序和提高管理效率，但由于网络的开放性，导致电子化的图书资料可能面临网络安全风险，所以，应当做好图书馆网络安全管理措施。为此需要加快图书资料数据库建设，应用数据库来实现图书资料的分类与管理。并对数据库访问权限进行明确划分，避免不法分子通过非法手段盗取或篡改图书信息。同时还要加大必要的人力与资金投入，让数据库可以长久安全运作。例如成立数据信息安全部门，进一步保证图书数据安全。此外还要加强网络安全监管，使信息传播范围进一步拓展，提高图书资料信息的传播速度。而有关部门也要加大网络信息的监督力度，对网络信息内容进行科学分类，规避网络病毒和黑客入侵带来的重要资料泄露等问题。

（八）提供人才支持，打造专业化管理团队

在信息化时代，若想要确保互联网技术与图书资料管理工作处于深度融合的状态，并且获得理想的工作效果，则需要依托专业化管理团队。借助专业化管理团队的支持，不断提高图书资料管理的质量。因此，图书资料管理人员不仅要具备较强的专业岗位能力，还需要拥有较高的职业道德素养，包括敬业奉献精神、学习进取的毅力、高度的责任心等，要紧跟时代发展的步伐，善于利用多种方式对自身已具备的知识量加以丰富，以便更好地应对信息化时代文献资料管理的新要求，从而获得社会大众的认可。为此，要结合自身的实际情况，建立健全人才培养制度，将人才培养工作全面贯彻落实到实际当中。从人员的专业业务能力、

信息技术素养、职业道德素质、服务意识等方面入手，不断提高图书资料管理人才的专业水平，打造专业化图书资料管理团队。在优化图书资料管理工作效果的同时，还可为读者提供优质良好的服务。与此同时，要建立健全图书资料管理人员的奖惩机制，对于工作表现良好并且积极进取的人员，要予以相应的物质奖励和精神奖励，而对于表现较差、绩效考核不达标的人员则需要予以一定方式的惩罚。通过这样的奖惩机制，可充分督促图书资料管理人员对自身的工作理念及工作态度加以转变，优化工作行为，从而达到提高图书资料管理效果的目的。

此外，图书资料信息化管理是一个系统且长期的过程，虽然大数据、云计算、互联网等现代科学技术的应用，可以实现图书资料服务的智能化发展。但是，依旧要从思想观念中认识到服务人员在这一环节所扮演的重要角色，构建一支信息素养较强的高素质图书资料管理队伍，满足图书资料管理信息化建设的内在需求，为其管理水平提升提供复合型人才支持。因此，立足于信息化时代，要投入大量的人力、物力、财力，加强信息化服务人才的培养，从职业道德素养和岗位业务能力两个方面入手，将信息化服务内容、信息化技术等融入其中，加深人才对信息化专业基础知识的理解，并将其灵活运用于图书资料管理工作当中，指导人才掌握信息技术技能，力求通过优质良好、高效便捷的图书文献资料管理服务，满足读者的实际需求，为图书资料信息化建设进程的加快创造有利条件。

第二节　图书资料的开发利用

随着信息时代的来临，以及人们生活节奏不断加快，随着网络信息传输速率的提升，社会各个方面也就必须顺应着时代发展，随着科学技术研究的进步日益深入，图书馆信息也就必须顺应其发展，所以，积极进行图书馆信息的传播利用工作就是十分必要的。目前大多数图书馆资源均能在网络平台上检索，但图书馆资源也有着其他资源所没有的优越性，书籍本来就是人类在纸张上能够体会到的一个非常宝贵的资源，它的美，有着人们在网络上体会不到的精神内涵。图书馆资源的好处在于方便使用和查阅，但是检索这些资源却仍没有检索网络资源便捷，所以，在图书馆藏书资源全面开发利用的新时代，要发挥传统图书馆资源的优点，贯彻以人为本的图书管理理念，按照读者的实际需要调整图书馆管理策略。另外，还要加强与优化硬件资源，进一步发挥传统图书馆资源的教学与科学研究功用，以提高传统图书馆资源的安全性与应用水平。

一、图书馆图书资料开发与利用方法

（一）资源的开发利用

图书资源的开发与利用就是对图书馆的图书资料进行深入地发掘，以此来提升图书资料的内在价值。在对图书资料里的资源进行开发与利用时，需要将收集整理的资料进行筛选、分析、归纳、整理，从收集到的资料里面选出学术价值最高的资料，将内在价值最高的资料编制规整在一起，可以在图书索引里面录入相关的书目、文摘以及相关的资料参考等等，不仅可以有效减少读者图书搜索的时间，还在另一方面提升了图书馆服务人员的整体素质。节省读者搜索时间可以有效地引起读者的兴趣，读者就会选择去图书馆进行资料的借阅，从而形成一个良性的借阅循环。

（二）专题的开发利用

图书馆包含非常丰富的图书资料种类，并且具有大量的图书资料，其中涉及的知识信息又十分庞大繁杂。所以我们可以对图书馆的图书资料进行专题管理。将同一类型主题的图书资料进行统一的收集、归纳、整理加工，将汇总的主题编制到一起，方便读者的搜索与查阅。有效地加强图书馆的图书资料的专题开发与利用，不仅有利于开发相关专业的课题知识，同时有利于相关主题专业的良好发展，有效地节省了读者对图书馆内相关专业图书的大量阅读搜集以及了解过程。精简提炼后的知识信息汇总形成学术性较强且观点分析较为全面的论文资料。专题开发具有信息全面且利用性强的特点，所以广受读者的欢迎。但对图书资料进行专题的开发利用需要相关工作人员具有较高的综合素质水平，所以对相关人员的技能水平进行有效的提高是十分必要的。

（三）外语资料的开发利用

通常情况下，为了更好地促进我国的科技发展，会借鉴相应的外文资料，深入了解掌握外国的科研成果以及理论知识，才能在此基础上促进我国的科学技术有效发展。为了更好地服务读者，提高外文资料的使用价值，就需要有效地提升外文资料的开发利用率。对外文资料的开发利用主要是从语言入手，主要是对外文资料进行翻译，而外文资料中专业的术语相对较多，需要相关工作人员具有一定的外语水平以及相关的专业知识，否则翻译起来非常困难。需要注意的是外文资料主要是理论知识，而不是文学创作，需要在翻译时注重翻译的合理性，不宜加入过度的解读。

二、图书馆图书资料开发和利用现状

（一）文献资源建设不科学

目前我国的图书馆情报网络处于发展的初期，所以图书馆的文献建设方面还存在着很多问题，就比如图书馆的整体文献建设仍旧处于一种各自为政的局面，因而产生图书资料的信息的垄断，给读者的阅读搜索带来较大的困难。图书馆仍旧沿用传统的管理制度，使图书馆的工作人员对图书资源的开发与利用工作不够重视，对于数字化管理的模式以及管理手段不够了解。没有较为完善健全的管理制度，导致图书馆的图书资料开发与利用与读者的实际需求相脱节。

（二）文献管理存在漏洞

图书馆的管理制度不健全就会导致管理存在一定程度的漏洞，首先就是缺乏对图书结构的规划与建设，这就会导致图书馆的文献资源建设非常随意且盲目，不对资源进行统一的规划整理，就会出现图书结构不合理的现象，导致专业性的图书管理十分混乱，缺乏科学合理的种类划分；其次就是文献资源建设的缺失，数据库以及图书的检索系统远不能满足现在读者的需求标准；最后就是图书文献资源的更新速度非常缓慢，导致图书资源的严重缺乏，图书资源的质量较差、内容较陈旧，这在一定程度上影响了读者的搜索兴趣，导致恶性循环。

（三）资源检索方式较为落后

图书馆的文献搜索系统应该顺应社会的发展，与信息化手段结合，更好地满足现代读者的需求，对传统的人工检索方式进行改革创新，对现代手段的图书检索系统进行升级改造，可以为读者提供更为便捷的检索图书资料的方式。但目前我国还有部分的图书馆仍旧采用传统的人工检索工作模式，人工检索的方式在基层图书馆中尤为常见，基层图书馆的工作人员知识水平有限，对于互联网技术的使用不够熟练，导致图书馆中图书资料的利用率极低，从而影响资源库构建工作的顺利开展。

（四）读者用户意识淡薄，服务人员素质参差不齐

科技革命的深入发展，与我国的服务信息水平之间出现巨大的差异，导致读者的信息需求意识较为淡薄，普遍缺乏创新精神。处于大数据的时代背景之下，庞大的信息量直接影响了读者的决策力，读者面对读不完的资料信息，会产生焦

虑等不良情绪，进一步则影响读者的决策能力。同时图书馆中相关工作人员的综合素质参差不齐，就会影响到图书检索的工作效率，无法提供更好的服务质量，且互联网涵盖的知识广泛效率极高，就会将读者进一步地推向远离图书馆的地方，导致公共文化建设的发展停滞不前。

三、图书馆图书资料的开发和利用措施

扩展数据开发渠道和来源。为了满足读者的需要，应努力拓宽图书馆资料的收集渠道，使其能够丰富书籍的内容。扩大资料检索，不一定需要收集新的图书馆资源，也可以通过内部沟通等形式，确保图书馆资源的循环利用，需要注意的是，内部共享对象必须是具有与该馆类似特性和功能的存储库。图书馆资料的内部交流具有重要意义，开辟了新的前景，这些数据独树一帜，数量虽然不多，但可以通过内部交流大大提高图书馆资料的质量。

建立自动信息收集系统。随着科学技术的发展，各方面的技术水平逐渐提高，信息技术在今天得到了更广泛的应用。使用信息技术已成为自动化数据收集系统的新趋势。作为图书馆资源管理终端，该系统可以实时记录服务器支持的所有用户的身份、操作和图书馆信息。记录的信息将同时存储在数据库中，并根据预先设计的分类进行对称处理，以消除信息不对称。例如，在自动数据收集系统中，读者作为用户将识别图书馆软件，读者只能通过识别来访问图书馆数据。同时，当识别出读者时，系统将记录他们的行为。所有这些信息都存储在"一般读者身份信息"部分并实时更新，这不仅可以避免信息不对称，而且可以使系统更好地为读者服务。

优化图书馆服务体系。图书馆在大数据背景下，信息管理的科学性和合理性得到了提高，为读者提供了全新的阅读体验。利用大数据分析读者所要求的信息，还可以提供更精确的读者服务系统，有利于形成良性循环。大数据处理技术可以准确地分析读者的喜好，并为他们提供相应的建议，在不同的读者面前，大数据处理技术通过之前的内容浏览，可以方便读者选择。智能分类可以按详细的计划对书籍进行分组，关键词搜索可以让读者很容易地获得所需的信息，大数据处理技术使读者能够根据作者的范围和姓名获得更方便、更快捷的服务，读者可以随心所欲地搜索关键词，在众多书籍中快速找到资源，丰富阅读体验。

改进数据库。为了实现信息资源的共享，需要不断改进技术数据库，以及能够更清楚地了解数据库，并进一步提高效率。在数据库的基础上，许多印刷材料

可以转换成信息形式，以数字形式进行演示和保存，在这种情况下，读者可以更方便快捷地查阅资料，亦可更有效地搜寻资料，而图书馆负责管理资源资料的人员，在一定程度上可以适当地减少工作量，同时，在建立数据库的同时，图书馆资料的数量可以不断增加，从而使读者获得更全面的信息。

扩大馆内业务的内容。图书馆自身必须主动谋求变化，运用网络信息技术进行革新和优化功能，尤其是由于馆内网络资源丰富，可以集中精力开展信息交流活动。同时，图书馆自身也应积极建立网络，成为与读者交流的重要媒介，以及在图书馆内部传递资讯的重要媒体，以增加与读者之间的信息交流。而在此基础上，本馆也可与其他图书馆积极合作，进行信息网络资源的互联互通，并以此推动馆内信息资源的丰富与多元化，为读者提供良好的信息，提升读者的专业知识能力。

宣传图书馆新的阅读模式。移动互联网时代的到来，对传统的阅读模式产生了巨大的影响，在社会阅读水平不断下降的情况下，宣传成为图书馆工作者的必备之务。这项工作的主要目的是提高读者的舒适度和自由度，吸引更多的读者到图书馆读书。通过利用新媒体引进新的阅读和传播方法，以及编写图书馆阅读和传播指南，使越来越多的人获得了良好的阅读技能。

重整图书馆文件管理制度，提高管理制度的服务效率。图书馆管理人员要不断增强对信息资源的信心，消除传统文献管理模式对读者获取资料的诸多限制，始终坚持公平透明、合法管理的原则，形成文献管理体系，充分认识到读者个人阅读需求，进而做出优化图书馆系统服务结构的最优管理决策，全面提高图书馆资源的实用性。

善用资讯科技，改善图书馆资讯服务的功能。一是积极推动图书馆信息网络发展。互联网与公共信息资料交流网络的发展，为信息技术互联互通工作的全面开展创造了平台，图书馆将成为全国公共信息资料的重要配送中枢，将与图书馆间交互信息的内容迅速开展并紧密联系，全面集成互联网信息技术与图书馆数据资源，拓展信息技术在网络上的广泛应用，进一步提升了图书馆的信息数据收集与传输质量。二是充分承担图书馆的服务功能。因为图书馆拥有自己的数据资源，信息服务带动了它的发展，现代计算机技术在文献资料管理上的进一步应用也对图书馆的服务经营提出了共同的新挑战。图书馆不但为读者提供了必要的资讯使用平台，同时运用现代技术丰富了馆内业务，提升了馆内资料的利用效率，形成了更加鲜明的服务体系。三是提升了图书室服务的效能。图书室的建立，主要是为了为读者提供借图书的渠道，但随着社会信息服务的转变，图书馆的传统业务也需要重新定位，并研究读者的个别需求，在提升馆内社会信息服务水平的同时，图书馆信息也需要尽量符合读者的实际需要。

转变服务方式，提高服务质量，加强与读者间的交流。在进行图书管理时，管理者要主动与读者之间进行信息交流，并主动与读者之间就图书资源问题展开交流，并意识到管理图书资料的必要性，从而改变传统的图书馆管理咨询方法，这样才能更有效地提高对图书信息工作的管理水平。

提升信息服务效益。在对图书服务开展管理前，应加强对图书资料的管理，并改变原来的被动服务方式，通过主动服务的方法进行图书服务。此外，在进行图书服务管理时，也要围绕着图书馆的馆藏目标进行服务管理，以保证对图书资料服务的目标能够实现预定的任务，同时在开展书刊服务教学过程中，教育工作者也应根据研究、教学的实际需要制定服务方案，以提高学校现有的图书资料服务水平，适应读者对书刊资源服务的需要。

提高研究能力。在进行藏书管理前，管理者应参加藏书管理学习，以提高自己的技术水平，对本馆的科研工作进行细致了解，为用户创造更高品质的藏书信息咨询服务。另外，图书馆还要进一步扩大自身的服务范围，并对与本馆工作有关的科研项目加以整合，撰写有关的学术论文，掌握有关的基础知识，认真研究现有的图书馆业务管理制度，从图书馆日常的管理工作中跳出来，对图书资料管理工作加以深入研究，运用该馆本身的馆藏资源优势，把科学研究与馆内管理工作融合到一起，逐渐形成现在的中国图书馆科学研究管理工作的主力。

加强社会服务人员的培训。图书馆要培育优秀的人员，就必须提高他们的服务质量，提高图书管理结构的合理化。建设良好的图书馆员队伍，做好对馆员的持续培育工作，图书馆才能顺应 21 世纪全球信息化的进程。

第三节　信息化技术在图书资料管理中的应用

一、在文献检索中的应用

（一）信息化技术下文献检索的过程

在文献检索场景中，借助人工智能与大数据等技术手段，在图书资料管理系统中建立数字索引子系统，由用户输入关键词，系统从数据库中调取与关键词的关联系数较高的图书资料，按照关联系数，在界面上排列显示，再由用户根据图书资料的文件名称进行查阅，以此来提高文献检索效率，无须从海量馆藏资料中手动查找。例如，用户在索引系统上输入作者名，即可在短时间内查找出该名作者已经发表的全部文章著作，按照关联度或发表日期的形式顺序排列，用户还可以设置额外检索条件缩小范围。同时，部分图书馆还建立绘画文献检索系统，用户在系统中上传绘画作品，系统从作品中提取有关图案形式、色彩搭配的特征量，从中查找高度相似的绘画作品并加以显示。

（二）导航系统建设

文献检索服务能否高质量提供受到导航系统建设的直接影响，为此图书馆可基于对电子参考资源、电子期刊、网络学术、二次文献数据库等资源的整合、重组，在此基础上以不同文献单位进行资源的序化，对导航形式的设置，可视情况以主题、字顺、学科等为基准进行设置，通过对检索系统的多元化设置，为用户提供动态、多元的数字资源环境。

1. 电子期刊导航系统

通常情况下，大出版社全文集成数据库、全文期刊数据库中涉及了电子期刊的大量收录，但数据库之间存在检索方法、界面不同的特点。且不同数据库以学科的不同侧重为主进行期刊资源的收录，所以读者难以做到对数据库收录期刊类型、种类等的全面掌握。同时，现阶段电子期刊在不同大小、类型网站中均有一定程度的分布，为此需依托于电子期刊导航系统的设置进行期刊资源的整合。基于对相关数据库的订购，导航系统依据实际需求进行数据库资源与出版社网页期刊资源的整合，序化后以统一界面进行资源的集中，用户在浏览时可以学科或字顺为基准进行期刊的浏览。在实际检索期间，可将刊名、出版社、学科、来源数据库、主题、收录年限、期刊介绍等作为描述字段进行检索。

2. 数据库导航系统

当前，对于相关学科文献的收录通常无法以数据库名称作为体现，且部分数据库存在子数据库大量下设的情况，如 CSA、SilverPlatter，若在网页中罗列两个文献资源时以数据库名称为基准，无法做到对数据库内容的全面体现。为此，可基于数据库导航系统的设置来进一步促进文献检索功能的发挥。以数据库的分离、解剖为前提，以主题、学科为基准进行数据库资源的重组，在不同类目设置的前提下将多学科数据库重复归入其中，主题、学科类目设置下以字顺为基准进行数据库排列，以此为导航系统增设按学科、字顺检索的功能。对此类导航系统的设置，目前已被北大、复旦、清华等学校所采用。

（三）文献检索途径创新

文献检索服务质量受到检索途径设置的直接影响，所以要想进一步促进文献检索服务创新，需以文献检索途径拓展为切入点，结合以下方面来优化文献检索功能。

1. 完善著作途径

图书馆可结合用户读者需求分析，对专利文献检索、制作检索、机构索引等进行整合，实现在检索过程中以专利权人姓名、索引从著者、机构团体名称、编者与译者为途径完成文献检索。

2. 分类途径

在文献检索时以学科分类为基准，相较于其他检索途径而言，分类检索途径在体现学科系统性方面存在显著优势，并做到对不同学科间平行、派生、隶属等关系的客观体现，可让读者依据自身学科专业来实现对文献资源的精准检索。

3. 专门项目途径

文献检索可以文献资源所含名词术语、机构名、人名或地名、年代、商品名等作为基准，在满足用户个性化检索需求的同时，实现对特别文献的高效、精准检索。

4. 序号途径

文献检索以特定符号为索引标准，因部分文献在标准号、专利号、国际标准书号、合同号、报告号、刊号等方面存在特殊性，所以可以序号为基准进行特定文献的检索，在优化文献检索功能设置的同时，满足不同人群对文献资源的差异化检索需求。

（四）智能化检索模式设置

为有效解决现阶段文献检索功能同质化问题，图书馆可借助智能化技术构建具备个性化、差异化特征的检索模式，依据对读者需求、特点的分析，以智能化技术为载体构建互动性、智能化的检索服务系统。分析以往图书馆信息检索功能设置，具体组成涉及信息需求、页面分析器、数据源、检索器、结果集等，以用户查询请求为基准，通过文献索引进行相关文档的整合、分析，最终按照用户需求进行查询结果的展示。此种检索方式的应用已无法满足读者个性化检索需求，为此可利用智能化检索系统加以取代。在实际文献检索期间，视情况在文献检索页面进行数据源选择、用户兴趣、提问等模块的设置，以凸显出文献检索功能的个性化、人性化。实现在检索期间依据文献检索需求，通过对用户个性化信息的提炼，借助数据挖掘、人工智能、云计算等技术实现对文献资源的有效检索，实现以智能检索为读者与文献检索构建双向互动的过程，进一步提升文献检索的精准性，并保证文献检索服务的提供满足用户个性化、多元化需求。另外，若条件允许，图书馆可视情况开设电子阅览室，并通过联机检索终端的设置来实现文献资源的智能化检索。此外，图书馆可结合读者需求进行信息传递方式的拓展与创新，例如结合读者需求，对所需的相关专业文献资源的更新以邮件、QQ、微信等终端进行信息传递，通过文献检索创新为读者提供多样化选择。

（五）实现跨库检索功能服务的措施

尽管现阶段不同数据库在构建之初会进行检索功能的设置，以确保用户可通过关键字词检索自己所需内容。但数据库之间独立、分散的状态使得文献检索无法做到整体性检索。且用户需在明确目标的前提下，通过数据库逐一检索来获取结果。所以，如何实现文献检索的"一站式"服务已然成为图书馆的重点研究课题。鉴于此，可结合以下几点为用户提供更为便捷、高效的跨库检索功能服务。

1. 检索平台统一管控

以清华大学为例，为实现对文献检索功能服务的优化，以清华同方统一检索平台为载体对超过 30 个数据库进行整合，再如南京大学结合用户需求推出一站式检索功能，通过对数字图书馆、清华学术期刊、超星数字图书馆、ElsevierSDOS、维普中文科技全文期刊、书生数字图书馆等的整合，为用户提供跨数据库检索服务。基于对检索平台的统一，可为用户检索信息系统更为理想的环境。

2. 数据库网络构建

对不同数据库采用应对层次链接进行集成，结合对系统结构的优化设置来实现对数据库网络的整体性构建，为用户一站式检索提供技术支撑。在实际检索期间，用户登录图书馆网络后，能够在链接的引导下完成对相关信息的跨数据库检索，实现用户在终端上做到对相关信息、文献等资源的全面检索。

3. 优化馆藏资源建设与管理

以高校图书馆馆藏资源建设与管理的优化为例。高校图书馆能否发挥出应有的功能与价值，受到馆藏资源建设与管理的直接影响，且文献检索服务的提供以丰富馆藏资源为基础。鉴于此，图书馆需结合高校能力条件的分析，充分遵循配置优化、用户第一的原则，依据当前高校教学、科研开展现状，制定契合文献检索需求的采购计划，加大对馆藏资源的建设力度。在馆藏资源采购、整合过程中，图书馆需做到对文献资源的精品化控制，即在全面掌握师生文献资源需求的前提下，重视对优质、精品、核心文献资料的采购与搜集，以确保图书馆文献检索发挥出应有的作用。另外，需加大对馆藏管理的重视度，在完善制定细则规定的前提下，做到对图书馆馆藏资源的科学分类，以此为文献检索服务优化提供保障。

二、在文献分类中的应用

在文献分类领域，借助于智能算法，对所采集资料信息的关联属性进行逻辑分析，将关联属性较强与相似度较高的资料划分为一类，形成多类别的图书资料，再将分类整理完毕的图书资料上传至特定类别数据库中，由文献自动分类＋人工评价方式彻底取代传统的手工分类方式，图书馆工作人员仅需在分类完毕后，对分类整理结果进行检查，纠正资料分类错误，即可将分类成果上传至数据库。例如，在中国地质图书馆，由文献资料分类子系统、地质资料分类子系统共同构成文献分类系统，模拟 DOS 环境，采取产生式表示法来提取特征量，通过计算资料的向量近似度，将资料分类为近似度偏向文献资料与中文地质资料，完成文献自动分类任务。

（一）图书馆文献分类编目的重要性

图书馆文献分类编目工作主要涉及文献查询、辨类、分类、编目、审核、加工等环节，在工作中要严格遵循分类规则，保证归类准确，避免因分类编目错误造成文献检索疏漏。具体原则包括：文献分类要根据文献内容和主题进行分类；科学文献要以辨别文献所属学科性质为基础，按照形式载体进行归类；文献分类编目要保证揭示文献的主要内容和思想观点；按照分类法要求的系统性、逻辑性和专指性原则进行文献分类；文献分类要符合图书馆性质和服务特点，保证分类与著录一致。

有助于文献资源开发利用。在图书馆文献资源管理中分类编目是基础性工作之一，能够为文献信息组织与服务提供执行依据。在文献分类编目时，工作人员要根据本馆的馆藏资源现状、服务范围、读者需求以及学科专业特点明确文献分类编目工作宗旨，突出文献资源开发利用的重要性，发挥出文献资源最大的利用价值，进而保证图书馆文献资源管理与服务的质量。分类编目工作具备细致、繁琐、专业性较强的特点，要求图书馆制定规范化的文献分类编目流程，严格执行文献采购、查重、归类、审核和校对的程序，高质量完成分类编目工作。当图书馆获取文献信息资料后，需要工作人员按照科学方法分类编目文献，方便读者快速检索到所需文献资源，从而为文献资源开发利用打下基础。

有助于规范组织文献目录。文献目录是帮助读者快速了解文献信息内容的工具，在图书馆文献资源组织中，通过正确归类文献，细化文献编目，能够为读者展现图书馆的文献资源体系，向读者提供以类求书的途径。在组织目录中，分类编目工作人员要将种类烦琐的文献按照分类法进行分类，正确归类文献所属的类别，保证文献分类编目的一致性，为目录组织奠定基础。如果在文献分类工作中遇到同一主题文献分属两个分类号时，应根据读者利用频率的高低，将文献归类到利用频率高的分类号中，提高检索效率。文献分类编目严格遵循一书一号的原则，要求分类编目人员做好文献分类、辨类和归类工作，认真核对分类目录和索书号是否正确，从而保证文献目录组织的有序性。

有助于图书馆文献科学排架。索书号是图书馆文献排架的依据，能够确定文献在排架中的唯一位置，便于图书馆馆员和读者快速找到文献资料。索书号主要由分类号、书次号和辅助区分号构成，规范编制索书号，有助于提高图书馆对读者的服务质量。在分类编目中，如何确定书次号是一项谨慎的工作，关系到图书馆整体藏书组织体系和排架结构的科学性，当图书馆确定书次号后，一般情况下不得轻易变更。对于实施开放式管理的图书馆而言，在文献分类编目中可以优先选用著者号，集中归类同一作者的同类作品，将这些文献给予相同次号，再利用辅助分号对不同作品进行区分，当需要著录图书时，可以著录图书的著者号和种次号，不仅有助于图书的科学排架，而且有助于提高目录检索准确性。

有助于推进图书馆数字化建设。图书馆数字化建设是提高文献资源利用率的重要途径，在数字化建设中需要建立书目数据库，规范文献信息采集、标引、加工和录入等各项工作。文献标引是数据库建设的核心环节，主要包括文献分类和文献标题标引两项工作，通过控制文献标引质量，有助于提高数字图书馆的检索效率。这就要求分类编目工作人员必须掌握数据库的操作规则，按照建库要求标引、著录、录入和校验书目，保证书目能够全面揭示文献信息。在分类编目中，工作人员要从读者服务需求和检索习惯的角度出发，对同一本书设多个检索点，满足读者的检索需求。

（二）图书馆文献编目数据化发展

1. 记录与数据

一直以来，图书馆目录基本以条目为单位，一件在编文献（如一本或一套书）对应一个条目或书目著录（Bibliographic Description），在MARC格式中就是一条"记录"。MARC（2709格式）以记录为基本单位，记录是不可分割的整体，一条记录中保存书目数据内容的"数据区"，只在有"头标区"以及"目次区"配合使用的情况下才有意义。对于书目信息，数据化的要求，就是由"记录"细化到记录中包含的"数据"或书目数据，此处书目数据指"描述并提供对书目资源检索的数据元素"。

（1）从记录到数据

数据（或数据元素）原本存在于记录中。在编目领域，关注点从记录到数据的转变，发生在21世纪的前十年，在国际图联（IFLA）"功能需求"系列概念模型的发展过程中。可以清晰地看到这种变化。1997年发布系列第一种《书目记录的功能需求》（FRBR）后，IFLA在1999年和2005年先后准备编制《规范记录的功能需求与编号》（FRANAR）和《主题规范记录的功能需求》（FRSAR），从题名可知，三个模型的中心都是"记录"。但此后确定模型将"着重于数据本身，不注重如何打包数据"为记录，最终两个报告在发布时题名分别改为《规范数据的功能需求》（FRAD）和《主题规范数据的功能需求》（FRSAD）。实际应用中，新ISSN门户采用基于BIB. FRAME的应用配置文件，其发布的关联数据以"ISSN资源"为中心，而不是围绕"ISSN记录"，也是着重点从记录到数据的体现。

（2）记录从完整到可选

从关注记录到关注数据的这种变化，也体现在编目标准最近的更新上。一直以来，编目条例、著录规则都强调记录的完整性，著录详简级次也是评价书目数据质量的重要指标，如《中国文献编目规则》和《英美编目条例(第2版)》（AACR2）都规定了由简到详的第一、二、三级著录，就是典型例证。FRBR的研发初衷之一，是在因经济压力需要降低编目成本的环境下，为合作编目提出基本或核心级记录标准，也就是"基本级国家书目记录"。2011年发布的《国际标准书目著录》（ISBD）统一版，依据FRBR的基本级国家书目记录，在"ISBD概要"部分标记了各著录单元的必备状态。

然而，2017年发布成为IFLA标准的《国际图联图书馆参考模型》（LRM），不再有与FRBR中"国家书目记录基本需求"对应的内容，并声称"尽管实体作品、内容表达、载体表现和单项之间的结构关系是模型的核心. 但在实施中不需要模型中声明的这些属性和其他关系。假设特定应用中因不需要而省略某些属性或关系，生成的系统仍可被视为 IFLALRM 的实现"。

最新编目规则 RDA 在 2010 年发布时仍延续传统，强调核心元素，也就是一条记录中的必备元素。然而，自 2017 年起历经一年多修订于 2018 年发布的测试版（被称为"新 RDA"）中，RDA 遵循 LRM、放弃核心元素概念。也就是说在规则中所有元素都是可选的，这是"数据化"在编目规则中的首次体现。对新 RDA 来说，它只关心每一个数据，甚至数据形式也不强求统一，可以用不同方式表达，它规定了具有普适性的四种元素记录方法，被称为四路径（4-fold path），即记录非结构化描述、结构化描述、标识符和 IRI（国际资源标识符）。至于如何选择记录方法、如何集成数据形成一条"记录"，则由数据制作机构通过应用配置文件来决定。

（3）数据从混同到明确

传统编目规则在关注记录的同时。也注重对数据元素给予充分揭示。但在具体应用中，有时会受制于元数据格式而不能得到明确标识。以公认数据元素最丰富的 MARC 格式为例，在编目规则中明确的某些数据元素，有可能会混在同一个子字段中不予区分，典型的如"其他形态细节"即 MARC21 的 300$b 子字段或 UNIMARC 的 215$c 子字段。包含图书的插图及其颜色、影音资料的色彩、播放速度、凹槽特征、有声无声、声道、放映格式，实物的材质等诸多不同特征的数据。

数据化要求明确区分不同数据元素，给予不同标识，在元数据格式中必须予以体现。为此，RDA 依据规则为上述特征注册了不同的元素，BIBFRAME 词表也采用了不同的类和属性。比如实物不同部位所用材料分别为 base Material（基底材料）、applied Material（应用材料）和 mount（底座）等。

上述从关注记录到关注数据的变化。都契合应用关联数据的背景。可以说，国际上编目相关的模型、规则和格式，伴随着近年图书馆相关领域关联数据应用的探索，在 21 世纪的第二个十年，已经为数据化升级做好了准备。

2. 实体及其名称与描述

书目信息中。绝大部分要作独立处理的数据元素，在书目记录中都存在，因而其识别与标记原本并不是问题，或至少不是很大的问题。无论是书目数据模型 LRM 还是编目规则 RDA，虽然整体上与其前身 FRBR 或 AACR2 相比变化很大，但一旦深入到具体的元素，规定做法大多没有太大变化，完全保留原有做法的也不在少数，因而也曾有"新瓶装旧酒"之讥。实际上这是因为更新模型与规则的主要目的并非改变书目信息的内容，而是改变书目信息的表示与处理方式，尽管内容的改变有时也不可避免。数字化（如书目记录）的主要目的是供人类阅读使用，而数据化的目的在于让机器处理。当细化到机器处理层面，原来隐藏在书目记录中被忽视的"名"与"实"问题，此时就浮上了水面。需要加以解决。这些问题涉及名称与实体的表示。明确区分实体及其名称、实体及其描述、实体描述以及对描述的描述，是数据化过程中的重要关注点。

（1）名称与实体

所谓实体指任何事物（Thing）。人们通常以名称指代实体。如"鲁迅"指原名为周树人的作家、"北京"指中国的首都。但名称与实体不能混为一谈，比如我认识"鲁迅"（这两个字），但不认识鲁迅（这个人）。通常可以用引号括起表示名称。但也可能不加标识，人类在阅读时也能够区分名称和实体，但要计算机处理则必须有不同的标识，明确告诉机器哪个是名称、哪个是实体，才不会造成机器解析错误。

1990 年代 IFLA 为书目数据建模时（FRBR），没有考虑名称问题，只确定了书目、责任、主题三类实体。21 世纪为规范数据建模时（FRAD），由于需要定义规范记录的对象与其所用名称，区分实体及其多种不同名称成为不可回避的问题，因而提出了名称（name）、标识符和受控检索点等三个新实体。其后在对主题规范数据建模时（FRSAD），进一步将主题的名称抽象为一个单独的实体，为与 name 加以区别，采用拉丁文 nomen 表示。功能需求模型统一版 LRM 在确定模型时，没有选择把名称作为实体的一个属性，而是沿用 FRSAD 的做法，把名称（nomen，或译为"命名"）作为普遍适用的高层实体，与其他实体并列。

对于"名称"使用属性还是实体，LRM 的选择是考虑到在实体—关系模型中，无法声明属性间关系，如果名称作为属性，则无法表达多个名称间关系，也无法对名称本身的特性作进一步揭示。LRM 以 nomen 作为实体，可以为其定义语言、文字、来源等属性。LRM 将 nomen 与其他实体之间的关系定义为"称谓"（appellation），另外还定义了 nomen 与 nomen 之间的三种关系，即等同（两个名称是同一资源的称谓）、部分（一个名称取自另一名称的一部分）和派生（一个名称来自另一名称）。以往编目规则中绝大部分是描述元素，要求提供检索点的情况极其有限，仅题名、责任者、分类主题等，对文献的出版负有责任的出版者，一般也不作为检索点。定义 nomen 为实体后，可以使描述与检索点不再那么截然不同，检索点有可能扩大到所有元素，新 RDA 就是这么做的。新 RDA 根据 LRM 新增 nomen 元素，其定义是：指代 RDA 实体的标识，包括名称、题名、检索点、标识符、分类号和主题标目。

（2）字符串与标识符：名称与实体的标识

无论名称还是实体，都需要以一定方式加以标识。关联数据建立在资源描述框架（RDF）之上，在 RDF 中名称以文字（1iteral）或字符串（string）来表达，而实体或对象作为"资源"，以 URI 标识。形式上，URI 直接引用，而字符串则以引号括起表示。

在编目规则中，描述或著录的是字符串（含实体名称），检索的是资源（实体或对象）。由于传统编目规则对名称与实体没有明确区分，实体也以字符串表达，只不过对其形式有受控要求，即唯一的规范标目形式或称首选检索点等。在数据化环境中，规范标目形式也不过是一种字符串，不具有特殊性，只有 URI 才是实体作为资源的标识。由于 URI 主要供机器使用，直接显示可能对人类不太友好，因此可以为资源定义一个专用属性，作为供人阅读或关键词检索的标签，如 BIBFRAME 的 preferedTitle（首选题名）。通过应用关联数据，编目界的规范控制可以由从不同的名称形式中选择唯一的规范形式，走向接受不同机构采用不同"首选形式"的实体管理，如虚拟国际规范档（VIAF）采用的方式。

（3）真实世界对象及其描述

从资源描述框架（RDF）角度理解，任何谈论的事物（实体）都是"资源"。资源有两种，一种是信息资源，可以电子方式传递；一种是非信息资源，不能以电子方式传递，包括真实世界对象或抽象概念、想象中的东西。书目信息中绝大部分是非信息资源，除了分类、主题中有一些概念或想象中的东西外。其他基本上属于真实世界对象（RWO）。

图书馆的规范记录，包含资源（实体）的信息，如个人的姓名、生卒年、使用语言等，作品的题名、创作者、创作年代等，也包含制作规范记录的信息，如编制机构、记录编制与更新日期等。前者是对资源本身的描述，后者是对描述的描述。作为混合记录，本质上是对资源的描述。但在实践中，规范记录曾被当作资源本身的代表，如 MARC21 的控制子字段 $0 规范记录控制号。曾被作为实体的标识符。在关联数据应用之后，这个问题被发现，美国国会图书馆（LC）关联数据因而为 RWO 与规范记录设置了不同的 URI。在规范记录中，RWO 显示为"附加信息"（Addi，fionalInformation）。

为容纳真实世界对象（RWO），MARC21 在 2017 年新增控制子字段 $1。以区别于记录规范记录控制号和标准号的子字段 $0。尽管随着关联数据在编目实践中应用加速，MARC21 预计会逐渐被 BIBFRAME 取代，但 MARC21 与关联数据相关的修订从未停止。这类修订，可视为 MARC21 的数据化改造。MARC21 持续修订的主要原因，一是在转向 BIBFRAME 的过程中还需要多次进行与 MARC21 之间的双向转换，二是预计在很长时期内还会有机构继续使用 MARC21。

3. 数据化建模

编目相关元数据标准可分为 4 类，即数据结构标准、数据内容标准、数据取值标准和数据交换标准。MARC 或都柏林核心等属于结构标准，编目规则属于内容标准，分类法、主题词表、名称规范档等属于取值标准。2709 格式或 XML 等属于交换标准。在 RDF 中。结构标准和取值标准都被称为词表（Vocabulary），后者也称取值词表：前者使用 RDFS（RDF 模式）定义时也称 RDF 词表，使用 OWL（Web 本体语言）定义时也称本体，但有时也并不严格区分。

在从记录到数据的变革中，数据内容标准变化是一方面，数据结构标准转变是相伴的另一方面。如前引《大数据时代》所称，"数据代表着对某件事物的描述"。应用关联数据，首先要确定模型和词表的设计，即确定如何描述事物，其中最基本的就是确定需要哪些类（Class），以及与之相应的属性（Property）是用对象属性还是数据类型属性。

（1）类与属性

关联数据中，数据的最小单元即语句（Statement）。包含对资源的一个基本描述或称 SPO 三元组，即主体、谓词、客体。需要定义主体与客体的类型或类，以及谓词或属性，从而构成词表，用于描述资源。如 FRAD 最终报告所称，"将某一事物定义为一项属性还是一个独立的实体是设计概念模型的关键"。RDA 本属编目规则，但对其定义的元素提供配套的 RDA 注册。期望可以作为关联数据词表使用（以下称 RDA 词表）。RDA 遵循 LRM 概念模型，RDA 词表也基本沿用 LRM 的 11 个类，只增加了两个下位类：家族和团体。与此同时，RDA 词表定义了一千多个属性，属性与类的数量完全不成比例。这是相对传统的做法。新兴词表通常会定义更多的类。如美国国会图书馆（LC）编制的 BIBFRAME。BIBFRAME 模型与词表在 2014 年最初发布时设置了 54 个类、270 多个属性，属性与类数量比约为 5 : 1。2016 年发布 2.0 版，对先前版本做了大刀阔斧的修订，类增加到 175 个。属性则减少至不足 200 个。虽然也有少量类重新定义为属性，但扩展定义了大量的类，包括属性重新定义为类和增加与属性对应的类，这使得属性与类的数量比几乎接近 1：1。BIBFRAME 的这种变化，是基于如下认识，即对于机器处理而言，用类相比属性有三个优点：可重用、易查询、可柔性降级。

PCC 的子项目"合作连续出版物项目"（CONSER），在完成 RDA 元素到 BIBFRAME 映射表后提交报告，进一步提出从机器可执行性角度，希望 BIBFRAME 能够将连续出版物的首末期编号和年代也定义为 URI。未来或许 BIBFRAME 还会进一步增加类的数量。

在实践上，开发中的图书馆服务平台 Folio，有一个元数据模型 Codex，用来集成图书馆收藏的各种资源的异构元数据，目前只设计了 5 个对象（类），即实例、单件、馆藏包（Package）、馆藏地和收录范围（Coverage）。其中把"收录范围"设计为类，这是在馆藏层面与 CONSER 上述建议相似的设计。

（2）对象属性与数据类型属性

以 BIBFRAME 为例。对象属性原本要求客体为"对象"即属于某个类，但 BIBFRAME2.0 没有对所有对象属性都做出严格的定义。BIBFRAME2.0 没有采用严格定义的定义域（Domain）和值域（Range），而是分别采用"用于"和"期望值"对主体和客体的使用做出规定。这样做的理由是更灵活，既不必因需要用于多个类而构造专有类，同时也方便使用其他命名空间中定义的资源。

以 RDA 为例，RDA 认为 LRM 允许属性和关系互换使用。这支持 RDA 对所有元素采用四种记录方法。即非结构化、结构化描述、标识符和 IRI，其中前三个用于属性，最后一个用于关系。"这些发展将扩展 RDA 覆盖的元数据抓取场景的范围，从印刷或手写目录卡片，到机器转录、规范控制、关系和关联数据。"

BIBFRAME 与 RDA 词表在类或实体认定上有很大差异。不过这并不影响 BIBFRAME 与作为内容标准的 RDA 共用。事实上 LC 编目用的 BIBFRAME 编辑器中，各录入项的提示标签就是 RDA 元素或条款号。对使用 RDA 规则的编目员来说，无须了解 RDA 元素到底被定义为类还是属性、对象属性还是数据类型属性，只需按本地应用配置文件的要求，在 4 种记录方法中选择使用一种或多种即可，三元组的表达由计算机软件在后台处理。

（三）图书馆文献分类编目的发展趋势

随着图书馆文献检索需求日益多样化，对文献分类编目提出了更高的要求，促使文献分类编目呈现出一体化、组配化、标准化、智能化以及网络化的发展趋势。

1. 组配化发展趋势

在传统的图书馆文献分类中，一般采用线形列举式树状结构分类法，此分类法无法体现出文献的分化性和综合性，针对主题较为复杂或内含多个主题的文献难以做到科学分类。为解决这一问题，图书馆文献分类要采用具备兼容性和灵活性的分类方法，更加确切地按照主题内容对文献进行分配，而分面组配式分类法能够满足上述要求。在文献分类中，建议结合采用等级列举式与分面组配式分类法，以《中图法》类目体系为基础，分面处理四级以下的类目，构建起基于三级学科的分面组配体系，实施半分面式的文献分类。

2. 一体化发展趋势

（1）分类与主题一体化

在图书文献检索中，分类法与主题法是两种常用的检索方法，通过结合使用这两种方法，能够满足读者多元化的检索需求。现代分类法与主题法相互渗透，在分类法中采用组配、交替、复分形式的索引方式，这是充分借鉴主题法的做法。在主题法中，采用代、属、分、参、族等参考系统，并编制词族表，是对分类法的合理借鉴。从图书馆文献分类发展趋势上来看，为满足复杂文献的检索要求，应推进分类法与主题法的一体化发展，使两者在概念、参照、指引、索引以及检索系统中相互转化，保证文献分类的合理性。

（2）纸质文献与电子文献分类一体化

传统的图书馆文献分类以纸质文献分类为主，随着电子文献的兴起，图书馆将电子文献分类纳入到工作日程中，使纸质文献与电子文献分类呈现出分离式的状态，造成资源浪费。为弥补这一弊端，图书馆要构建起纸质文献与电子文献分类一体化管理模式，要求图书馆工作人员从文献整体出发，掌握纸质文献与电子文献的分类信息，包括文献题名、作者、出版社、出版时间、出版版次、专业隶属、文献定价等分类信息，对纸质文献与电子文献进行合理分类，构建起相对完整的文献资源体系。

（3）分类与编目工作一体化

在图书馆文献资源管理中，文献分类与文献编目通常由不同岗位工作人员完成，呈现出文献分类技术难度高、文献编目规则条款多的工作特点。为提高图书馆文献资源整序质量，促进分类与编目工作一体化发展成为必然发展趋势。在一体化管理模式下，图书馆要合并文献分类岗位与编目岗位，尽量让文献分类专业人员承担分类与编目工作，这部分工作人员掌握分编处理文献资源的专业知识，了解文献主题内容，能够满足分类与编目一体化工作需求，提高图书馆文献资源管理效率。

3. 标准化发展趋势

图书馆文献分类编目要向标准化方向发展，保证文献分类编目质量，为图书馆资源的开发、利用以及共享打下基础，实现图书馆之间的协作，满足国内外文献资源适用于各种分类检索工具的需求。在标准化发展趋势中，要达到以下要求：

（1）准确性

准确、全面分析文献主题，合理定位文献学科专业属性，判断文献主要内容与次要内容之间的关联，精炼出文献外表特征。在此基础上，根据文献主题分析结构恰当分类，将文献准确归入到类目体系内。之后，再根据仿分、复分和组配规则，对文献进行细分，确定正确的分类标识。

（2）一致性

图书馆要求分类编目同一主题的文献时，不同分类人员在不同时间段分类编目采用的方法、主题分析结果、标引深度等要保证一致性，不得出现分类编目差异。

（3）实用性

图书馆文献分类编目要充分考虑图书馆的服务范围、读者层次、读者需求以及文献资源建设情况，结合文献本身的宗旨和价值，针对性地进行分类编目，以发挥出文献的作用。

（4）制度化

图书馆要建立健全文献分类编目规章制度，制定文献分类工作流程，明确分类编目岗位的任职要求，选聘具有全面图书情报学基础知识、文献分类编目理论知识、相关学科知识以及计算机操作技术的工作人员，保证文献分类编目工作质量。图书馆还要建立文献分类规范文档，记录类目修订、分类沿革、疑难主题归属等资料，为标准化开展文献分类编目提供依据。

4. 智能化发展趋势

随着人工智能技术的广泛应用，在图书馆文献分类编目中引入智能机器人已经成为发展趋势之一。当前，部分图书馆使用外包服务处理文献分类编目业务，但是由于外包服务中缺少专业的分类编目人员，大多数人员都是经过短期培训后上岗工作，所以导致外包文献分类编目质量不高，需要图书馆对外包的分类编目质量进行审核后才能投入使用，增加了图书馆的工作量。

为解决这一问题，图书馆可以采用分类编目智能机器人提高文献分类编目的智能化水平，其工作原理为：利用数学运算方程计算出同类分类类目数据和主题词数据的相似度，根据计算结果归类汇总同类数据，将同类数据与图书馆计算机智能专家系统中的数据进行比较分析，筛选出相似度最高的分类号和主题词阈值数据，对文献分类号和主题词进行标引，完成分类编目处理。如，智能机器人充分利用国家图书馆的文献编目数据，根据系统预先设定的文献分类编目规则，在遵循相关分类编目办法的基础上，对查询不到的文献进行智能化分类编目。

5. 网络化发展趋势

互联网时代给图书馆传统的文献分类编目工作带来了一定变革，图书馆要积极探索网络环境下文献分类编目工作的新方法，促进图书馆向网络化、数字化转型发展。

（1）拓展广度和深度

在网络环境下，图书馆文献分类编目工作的广度和深度发生了变化，要求文献资源管理扩大分类编目工作范围，将图书、期刊、网上资源、光盘数据库等各类型文献资源都纳入到分类编目中，制定不同载体和文献信息的分类编目流程，掌握文献分类编目工作在图书馆数字化转型发展中的新规律和新特点。在文献分类编目中，要加强电子文献、声像资料、网上联机、硕博论文、全文数据库置标语言等领域的标准化格式研究，开发出相应的技术标准。

（2）联机编目

图书馆要借助互联网技术实现联机联合编目，使分类编目工作人员能够联机处理目录的上传与下载，通过远程操作将本馆的馆藏代码输入到目录中，为馆际之间的文献资源互借打下基础。联机编目要做好以下工作：维护中文图书书目数据库的数据，积极与其他图书馆文献机构合作，建设馆际间的馆藏联合目录；研究制定中文文献编目规则、书目格式、标引格式等，为联机编目提供可执行的标准；图书馆与国家出版数据库建立起合作关系，汇总中文期刊数据库、ISSN 数据库等多个数据库的资源，实现编目格式统一化。

（3）资源共享

图书馆文献分类编目要引入互联网资源共享的思维，建立起自动化编目共享资源数据库，借助数据库开展文献描述、标引和利用工作。图书馆可以将文献编目数据存入本地系统，之后再上传到网络平台，使读者能够利用图书馆网站提供的检索功能获取所需的目录资源。在图书馆文献分类编目中，要参考在版编目和网络编目数据进行分类编目，提高文献资源的利用率。

（四）智能编目模式

智能编目模式主要包括四个部分：元数据的自动生成模式、分类号智慧生成模式、种次号自动生成模式和主题标引智慧生成模式。

1.元数据的自动生成模式

（1）元数据的自动生成方法

在人工智能环境下，图书馆的人工智能设备正在迅速研发，机器人目前已经在国内很多图书馆开始使用：国家图书馆的"小图"、上海图书馆的"图小灵"、南大图书馆的"图宝"等已经在图书馆中开始工作。应用图书馆编目工作机器人的扫描功能来提取图书的题名、责任者、出版社等信息完全可以实现。机器人获取图书的本体信息后，将信息存入存储器形成反映本书内容的元数据等待进一步技术处理。

（2）元数据的自动生成技术

元数据的自动生成技术主要由数据采集、智能算法（数据处理）、元数据生成三个部分组成。

数据采集。图书的数据采集一般采用机器人的扫描功能完成，像素的大小要根据图像后期处理的可识别度而定。数据来源应该是图书的书名页、版权页及目录页等。其中，题名是书名页的正题名及题名说明文字，而非丛书名及无意义的说明文字；责任者是书名页的作者、译者或主编，而非丛书责任者或副主编等；出版社是书名页的出版社，同时参考版权页的出版社，两者应该一致；版本项、载体形态项及国际标准书号来自版权页，同时查看是否是外文翻译版；目录页与内容提要一般要扫描完整的内容。

智能算法（数据处理）。通过机器人扫描所获得的元数据，大都是比较粗糙、杂乱的原始数据，需要经过智能算法进行数据处理才能变成有检索意义的各项MARC字段。智能算法是人工智能的核心部分，在元数据处理中的应用主要有两个方面，分别是智能检索服务与语义转换服务。智能检索技术由初级的支持向量机（SVM）等模型，逐渐朝着深度神经网络的方向发展，从而构建出深度智能检索技术以提升检索的准确性，也就是除了使用文献题名、责任者等字段检索以外，增加文献具体内容检索；语义转换服务，指的是将扫描数据转换成机器可识别的语义数据，同时，去掉无意义的文字表述，便于机器提取使用与保存。

经过智能算法所获得的数据需要借助版式规则、关键短语规则、语义规则进行进一步的著录项的辨认。版式规则是以题名页的版面布局和视觉特征为线索模仿编目员的一般推理方法来帮助区分题名、责任者、出版社等各项内容；关键短语规则是借助某些具有明显特征和启发意义的词或短语来区分不同的著录项；语义规则是根据题名页中出现的词的词性、词义来辨识其属性。确定完各著录项的内容后，在每项字段前面就自动按照编目规则加好该字段相对应的字段代码、标识符，如：中文图书的题名字段为 200 @ a，西文图书题名字段为 245 @ a；中文图书的责任者字段为 200 @ f，西文图书的责任者字段为 245 @ c；中文图书的出版地、出版者、出版时间分别为 210 字段的@ a、@ c、@ d，西文图书的出版地、出版者、出版时间分别为 260 字段的@ a、@ b、@ c 等。最后，根据这些字段代码、标识符将各个字段内容通过计算机的数字、字母识别自动导入根据编目规则编程好的相对应的各个编目字段内，完成自动编目数据导入工作。

元数据生成。通过人工智能算法对图书扫描数据进行处理后，按照计算机设定好的 MARC 字段数字代码、标识符分别将各对应字段的数据导入，最终生成该图书元数据保存在系统中。该元数据支持 CALIS 等数据源共享，支持系统内上传与下载功能。为其他拥有该图书的图书馆提供编目数据下载，以减轻图书馆编目人员的工作量，同时，方便读者的检索查询。由于元数据是一次存入，无数次地下载使用，因此，对于元数据的精准度要求是非常高的。

2.分类号智慧生成模式

（1）分类号智慧生成方法

在智能编目的智慧分类领域主要有三种方法来实现图书资料智慧分类。第一种方法是数据套录，即：机器人通过扫描器扫描图书的 ISBN 及书名，通过 ISBN 及书名与联接的 Calis 编目中心、国家图书馆、上海图书馆的数据进行对比查找，如果能够套录数据，则直接导出分类号。第二种方法是通过构建分类库来实现图书资料的智慧分类。这种方法要先对待分类的图书扫描其关键词，关键词一般来自《中国图书分类法》及本馆图书资料分类细则。之后，对每一个类别的关键词进行向量化，比较其特征向量和不同类别特征向量之间的相似度来判断该图书归属类别。最后，将该向量和其对应类别入库。但这种方式需要分类库中的数据不断更新与完善，同时，需要自动选取的关键词特征与分类库数据匹配。这种分类方法可操作性强，但是分类效果往往不能让人满意。第三种方法是借鉴文本分类的方法，将图书标题、摘要、目录等信息看作一个文本，通过对文本进行预处理、分词获取图书的特征矩阵，然后使用机器学习算法对特征矩阵进行训练得到分类器。分类器设计成为多级分类体制，从大类到子类，这样逐步缩小范围，提高分类精度。实践表明，分类综合正确率达到85%以上，能够满足日常工作需要。同时，可操作性很强，对于待分类图书，将文本信息全部导入或扫描入库即可得到分类号。这种方法更为严谨，分类器所存数据越多，分类结果越是让人满意，也是智能编目中智慧分类领域的主流方法。

（2）分类号智慧生成技术

分类号智慧生成技术主要由数据采集、数据预处理、机器学习、智慧分类和智慧纠错五个部分组成。

数据采集。数据采集主要包括已有数据和新文献数据的导入。已有数据包括本馆现有图书资料编目数据、Calis及国图数据、《中图法》关键词与分类数据。新文献数据主要通过机器人扫描方法获取文献的题名、副题名、作者、ISBN、目录及摘要等内容或者是直接导入出版社或书商的ISO格式书目所得到的数据，采集的数据以统一格式保存至数据库系统中备用。

数据预处理。数据预处理（DataPreprocessing）是对文献通过扫描等方式获取的数据进行格式标准化、清除异常数据。主要包括特征提取和特征加权两个方面，特征提取包括对图书名称、作者、出版社、内容简介、书摘、前言等信息进行关键词提取，去除不必要的定语及语气词、通过中科院研制的NLPIR汉语分词系统切分，同时，通过数据清洗及停用词表进行筛选，进而取得能够反映文献本体内容的特征词语或关键词，最终将数据转换成基准词或者转换成SVM等机器学习可以识别的标准数据。特征加权主要对于所提取的特征词或关键词的内容及不同字段进行特征值的不同权重计算，比如：对题名关键词、作者给出的关键词、摘要中提取的关键词等的权重细数配比及词频研究，形成特征矩阵。

机器学习。机器学习（MachineLearning）是一门人工智能的科学，它的特点在于能模仿人类的学习行为，不断通过SVM算法、矩阵等方式对正确的分类结果进行学习并逐步提高分类结果的准确性。它是人工智能的核心，目前机器学习已广泛应用于各个行业。在智能编目应用于图书的分类方面，该技术能够根据图书的题名、关键词等内容特征，利用朴素贝叶斯法、K近邻、支持向量机以及人工神经网络法等智慧给出文献分类号。其中，构建基于频词和TF-IDF（词频—逆文件频率）混合特征的向量矩阵，再利用支持向量机（SVM）算法对文献智慧分类效果最佳。

智慧分类。智慧分类机器人根据程序设定的分类方法分为三种方式进行智慧处理。一是文献ISBN、题名、责任者等完全相同，能够套录Calis、国图、上海图书馆联机编目中心数据的，直接从 MARC 字段中提取分类号。二是如果通过扫描仪所得关键词与机器所存关键词向量完全相符，则根据对应的关键词分类直接提取分类号。三是为不能直接找出分类的书目数据形成特征矩阵。系统将通过机器学习算法对特征矩阵进行训练得到分类器，利用支持向量机（SVM）算法并应用已有的分类模型找到对应的分类号，并最终提取分类号保存至系统中。

智慧纠错。智慧分类器具有智慧纠错功能，如：系统自动检测到最终分类号与本书内容相差甚远，超过设定的二级类目（一级与二级类目都是系统根据题名、副题名信息通过分类器智慧生成），分类器会重新根据主要元素——题名、副题名等信息，通过支持向量机算法得出分类进行纠错。智慧纠错能力受到分类模型影响，分类模型会受到数据量及类别个数的影响。数据量越大、类别个数越少，所得分类模型越准确，纠错能力越强。

3. 种次号自动生成模式

（1）种次号生成方法

索书号是查找图书所在排架位置的主要依据，由分类号加上书次号组成。书次号是用来区分相同分类号图书的排架次序，目前，主要有三种书次号：种次号、四角著者号和汉语著者号。种次号最为常用，是区分相同分类号图书的流水号，随着相同分类号图书的递增而依次递增。同时，种次号生成还要根据各个图书馆的编目细则进行个性化的设置。如：数据完全相同的重书与原书数据合并（使用原来的种次号）、再版图书种次号处理 [可在原来的种次号后面加上（版本）区别，如：R5/1，第二版为 R5/1(2)。这样给号的结果是图书排架时排在一起方便读者查看]、多卷、多分册与多年代图书的处理（我馆采用的方法是在原来的种次号下面加上分卷、分册或年代区别，如：第一分册为 R5/1/n.1，2020 年版为 R5/1/2020）等。

（2）种次号生成技术

种次号生成技术一般包括数据采集、种次号自动生成和人工处理。

数据采集。数据采集主要包括分类号、ISBN、题名、分册题名、责任者、版本、出版社、丛编项及年代等。采集这些数据用来判断该图书是重书、再版图书、多卷或多分册图书等，以此作为给出种次号的依据。此过程系统自动在已经给完分类号的 MARC 字段中提取，无须再次扫描文献本体数据。

种次号自动生成。种次号自动生成分为三种情况：第一种是数据完全相同的重书，新书数据要与原书数据合并取原书的种次号；第二种是再版图书，种次号在原书的种次号后面加版次区别；第三种是多卷、多分册、多年代图书，种次号在原书的种次号下面用"//"分出层次给出具体分卷、分册或年代号。此过程能够通过编程完成，做好条件限定即可。

人工处理。种次号自动生成以后，图书本体内容存在与机器扫描或导入数据的偏差，存在差错率。比如：外文图书的中文翻译版，在题名页与版权页数据中很难找到，只能在图书本体上发现；双语教材是放入中文图书还是外文图书的问题等等。这时需要人工处理，由人工通过对照图书本体完成修改，最后确定种次号。

4. 主题标引智慧生成模式

（1）主题标引智慧生成方法

主题标引智慧生成方法主要有两种：一种是抽词标引。该种方法是目前研究较多、比较成熟的方法。抽词标引又分为主关键词抽词与全关键词抽词标引。主关键词抽词标引是指机器直接从题名、副题名或文摘中抽取能够表达文献主体内容的关键词，作为文献的主题标引词；全关键词抽词标引是指机器从文献中通过数据清洗等办法去掉非关键词，剩余的全部关键词作为文献标引词。利用所抽取的关键词与智能编目系统中已经建立的主题词表数据库在前方一致的情况下自动匹配，从而自动把匹配的主题词抽取出来完成主题标引。另一种是赋词标引。是指根据文献的内容特征，直接从已经建立的主题词数据库中选取相应的主题词赋予该文献作为主题标引词，这种方法目前很少使用。

（2）主题标引智慧生成技术

主题标引智慧生成技术主要包括数据采集处理、机器学习与智慧纠错。

数据采集处理。数据采集分为两个方面：一个是主题词表数据库的建立。可以把电子版主题词表导入计算机，同时，对于主题词适用规则及与副主题词匹配规则可以通过编程控制好输出内容。另一个是通过扫描或字段选取能够体现文献主体内容的主题词。由于中文主题词不能自动分词，所以在程序上还要通过基于算法的分词法做好数据清洗——去掉定语、语气词等非主题词内容，完成主题词采集确认工作。

机器学习。同智慧分类的机器学习方法相同，对核心词的数字特征及缩略词特征进行提取后，通过对比支持向量机学习的标引模型得到最后的标引结果。随着极限学习机（ExtremeLarningMachine,ELM）的出现，标引模型形成越来越快并且具有泛化性。ELM训练速度比支持向量机和传统的神经网络快很多，对于快速智慧标引提供了很好的效果体验。同时，随着标引词数据量的增加、学习机不断自我学习，标引模型会越来越精准。

智慧纠错。由于智慧标引具有速度快、标引一致性好、检索效率高等优点，国内外对于智慧标引的研究都比较重视。美国 IBM 公司的卢恩等人早在 1957 年就提出自动标引的基本思想。目前，西文文献的自动标引已经普遍应用且正在向智慧标引过渡。中文文献智慧标引工作还处于起步阶段，标引结果中难免出现各种问题。所以，智慧标引的智慧纠错能力就十分重要。比如：它可以通过标引模型对于待标引文献特征词的准确性进行测定，通过分类主题词表的内置对应功能反向检测标引词的正确性等。对于非标准或有问题的标引词，自动对比通过机器学习所获得的标引模型进行智慧纠错等。

三、在图书资料管理自动化中的应用

信息化是当前许多行业的发展趋势，图书资料管理也不例外，甚至信息化建设完美解决了图书资料管理备受"诟病"的各种问题，最大的优势在于资料资源的电子化和检索自动化、管理自动化等。如 ACV 离散控制技术在图书资料管理中的应用，通过智能小车来完成图书资料的定位与搬运工作，提高管理效率的同时节约大量的人力成本。智能小车的应用不需要考虑图书的位置，小车可以自动行走，其间可以对小车进行精准定位，操控小车完成图书资料的搬运工作。此外还可以在智能小车中加装新标定位，可以避免书架等馆内设施对小车作业带来的影响。通过上述方式不仅能够提高图书馆运行的自动化水平，还能够有效降低图书馆工作人员的工作压力，为现代化图书馆的构建助力。图书资料管理的自动化需要根据实际需求提高设备建设投入，引进先进的设备来提高资料管理的现代化水准，图书馆可以借此构建特色化的读书阅览室，利用更多更新颖的现代化服务来吸引读者，还可以有效促进图书馆的现代化发展。

人工智能技术可以模拟人类思维方式进行决策分析，替代人工完成一些基础性和相对复杂的任务。得益于此，人工智能在图书资料管理领域得到广泛应用，在信息管理系统中应用到模糊逻辑推理、BP 神经网络等算法，替代人工完成所交代任务，如图书资料分类整理、图书借阅归还信息记录与更新、文件报表生成。此外，部分图书馆还在信息系统中设置智能小助手，读者在访问系统办理图书借阅、网上缴费等业务时，可以向智能小助手询问相关问题，如图书借阅手续流程、平均借阅周期、网上缴费窗口位置等，并由小助手将无法自主回答的问题进行汇总整理，提交管理人员查阅、解答。

第四章　图书馆馆藏文献建设

第一节　图书馆馆藏政策的发展

一、馆藏政策概述

馆藏发展（Collection Development）对于我国来说是个舶来品，最初出现在我国的研究中时被翻译为藏书发展。美国图书馆学家 G.E.Evans 认为，馆藏发展政策是"明确图书馆的目标读者的信息需求，根据需求制定馆藏发展规划，并克服现有的图书馆馆藏中的弱点，保持馆藏的活力，从而保证读者的信息获取需求的过程"。我国国内学者在引入藏书发展这一概念之后将其总结为"在充分分析自身馆藏的优势和劣势，获取读者的需求的基础上，在制定的馆藏发展政策的指导下，使得藏书的采选和剔除达到最佳的一种工作过程"。结合国内外对于藏书发展这一概念的理解可以将其定义为：

藏书发展是在充分了解读者的需求和分析自身馆藏之后，制定文献收集和管理的规划，从而保证图书馆的藏书能够满足读者的需求。

美国图书馆协会的文件中指出其为包括"对图书馆的馆藏范围进行限定，制定馆藏可持续发展的规划，明确自身的馆藏优势等内容"的功能文件。随着文献类型的不断增多，图书馆馆藏中的资源，类型不仅仅限于纸质文献，对于其他类型的资源建设的要求不断提升，并且对于不同的图书馆来说，有着不同的用户群体和定位。因此，我国学者认为，馆藏发展政策是指"图书馆明确自身的发展目标、宗旨、服务对象、馆藏发展的原则、经费分配等原则，并且定期修改，承担图书馆内外沟通功能的工具"。综合以上两种说法，馆藏发展政策应该是：立足于图书馆的馆藏现状和未来发展目标，涉及馆藏目的、对象、经费分配、采访政策、馆藏学科范围、淘汰原则以及文献资源共建共享等图书馆发展各个方面的功能性文件。

二、馆藏政策的制定

（一）制定馆藏发展政策的目的和作用

1. 为图书馆文献资源建设提供决策依据

在馆藏发展政策出现之前，图书馆在制订计划或者规划的过程中习惯使用定性的分析。而馆藏发展政策本身的制定是基于图书馆的内外部环境，需要对图书馆的情况进行分析和研究，并且会将图书馆所在地区的经济与人文或者院校的发展前景与方向作为研究对象，所以一份切实可行的馆藏发展政策包含大量的有效信息，且能为图书馆提供近期和远期的发展规划。同时，馆藏发展政策是包含图书馆活动的各个方面的，比如：文献采购标准、文献资源的共建共享、发展目标、经费分配等等，这些都是图书馆决策的重要参考因素。但是馆藏发展政策的制定并不是一劳永逸的，是需要根据内外环境的变化进行不断调整和修订的，这增加了馆藏发展政策提供决策依据的可靠性。

2. 保证图书馆文献资源建设质量

对于图书馆来说如何进行文献资源的采购，用何种标准，一直以来都是困扰图书馆采购人员的难题。在文献资源暴增、价格上涨、图书馆经费不足的情况下，如何选择图书馆所紧缺的文献资源是非常困难的，所以有一个明确的标准对于图书馆的工作人员来说是非常重要的。馆藏发展政策就对这些内容进行了详细的规划，从经费的来源、分配，到文献资源的选择比例都制定了明确的标准。在制定这些标准时，会充分考虑图书馆的发展和读者群体的比例，满足区域内不同群体的信息获取需求。这些标准也为之后的图书馆采编人员提供了工作指南，因为其对于各种类型的文献提出了比例指标以及层次要求，使得工作人员在进行采购选择的过程中有标准可依，减少了盲目性以及采编人员主观性，保证了文献建设的客观性，使得馆藏发展目标能够如期完成。馆藏发展政策在制定的过程中有图书馆各个部门的专家参与，并且经历了大量的数据调查，是具有科学性与权威性的。因此其在文献资源建设中可以成为评估依据，保证文献资源建设的质量。

3. 促进图书馆文献资源共建共享工作

馆藏发展政策在馆际互借等方面的规定和实施，对于区域性的文献资源的共建共享是有很大益处的。图书馆在制定自身的馆藏发展政策时，必然会存在经费不足的情况，即未来图书馆的发展可能会需要这一部分的资源，但是目前的经费不能支撑购买。在这种情况下，能够通过两种方式解决，一是图书馆通过自身努力获得更多的资金或其他方面的支持；二是通过馆际互借系统中广泛的文献资源来解决这个矛盾。对于馆藏发展来说，馆际互借是一个非常重要的内容，能够帮助图书馆在获取更多馆藏和减少经费支出中获得平衡。馆藏发展政策的制定能够加强这种共建共享合作，使得合作的图书馆都能获得更好的发展。除此之外，区域内部的馆藏发展政策能够在很大程度上统筹整个区域内的资源，促进整个区域内的文献高度共建共享。

（二）馆藏发展政策的制定原则和制定方式

1. 馆藏发展政策的制定原则

制定馆藏发展政策是一个复杂的过程，为了提升馆藏发展政策成文的质量，在制定的过程中必须符合以下几个原则。

系统性与协调性原则。馆藏发展要服从于图书馆的整体战略发展，既要统筹图书馆各个部分，同时也要着眼于图书馆的整体文献资源的布局。除此之外，图书馆的馆藏发展政策不仅仅要考虑到本馆的读者和工作人员，还需要充分考虑地方文化发展的需要或是高校发展的需要。

相对稳定性原则。图书馆的馆藏发展政策对图书馆的工作是具有指导意义的，一旦馆藏发展政策制定完成，不能因为图书馆工作人员的变动而改变，从而保持馆藏发展政策的相对稳定性。除此之外，图书馆的馆藏发展政策变动过于频繁会给工作人员的工作带来一定的困难，因为馆藏发展政策是指导性文件，负责指导馆员的日常工作，频繁改动会使得馆员在工作过程中产生混乱之感。

前瞻性原则。馆藏发展政策在制定的过程中，不能只考虑当下的情况，应该对馆藏发展未来会遇到的各种情况进行预测，并且提供策略，为图书馆的未来发展提供决策依据。除此之外，图书馆在进行政策制定的过程中，一定要考虑到在特定的情境下，馆藏发展政策受到某些因素的影响可能会出现操作性下降的情况。这种因素不仅有内部的还有外部的，其中内部的有：现有资源的可利用率等；外部信息有：出版物的价格变动、馆际互借等技术的发展等。

2. 馆藏发展政策的制定方式

合理科学的馆藏发展政策的制定过程是保证馆藏发展政策的可操作性和适用性的保证。虽然不同的图书馆馆藏资源、发展目标、读者群体不一致，但是其馆藏发展政策的制定方式是比较一致的。

（1）成立编制小组

成立编制小组要有多元化的小组成员，这些小组成员需要在具备自身的专业度的同时也具有一定的代表性，多样化的成员能保证馆藏发展政策制定的科学性。因为多元化的编制小组成员能够了解不同专业的学术热点，也能把握不同学科的出版趋势，并且对图书馆的资源有关注。

（2）背景调查

馆藏发展政策制定是一个比较复杂的过程，需要做好充分的背景调查工作。

第一步，需要收集信息，明确图书馆定位。不同类型图书馆的定位不同，对其馆藏政策制定的影响也是不同的。对于高校图书馆来说，学校类型的不同意味着图书馆定位的不同。我国的高等院校可以分为：研究型、应用研究型、应用型和技术型四类，这四类学校的办学层次不同，馆藏发展政策也会有着很大的不同。比如：技术型高校核心在于培养能够为社会提供技术支持的人才，对于研究型资源的需求是比较小的。同时，对于高校图书馆来说，想要明确自身定位就一定要对学校的规模、专业设置、重点学科建设情况有一个深入的了解，详细掌握学校专业结构，为馆藏政策中采选政策的制定提供指导。对于公共图书馆来说，就要根据用户的类型进行馆藏建设，比如儿童图书馆就需要一些基础型文献，儿童图书馆对于研究型文献的需求量是极小的。

第二步，收集学校或地区的中长期规划相关的信息。对于高校图书馆来说，学校的中长期规划会对自身定位、办学规模、办学层次、条件以及专业分布、学生层次等内容进行规划，体现了学校对于未来的目标和方向。图书馆的发展步调必须和高校的发展步调一致，所以这些内容对图书馆的馆藏建设及其发展都有着重要的指导意义。对于公共图书馆来说，需要了解当地政府部门对于城市文化发展的规划、经济发展的规划以及文化发展的目标等，这些中长期发展规划能在很大程度上帮助图书馆预判民众未来对于资源的需求。这些对于馆藏发展政策中发展目标、长期发展规划的制定有着很重要的指导意义。

第三步，分析自身馆藏现状。统计图书馆的馆藏情况，包括主馆和分馆以及数字资源的整体情况。同时也需要对图书馆资源的文种、专业、级别层次、时间结构等进行分门别类的统计。对于各种文献占全部馆藏的比例及使用情况、共建共享资源的使用情况进行分析，形成分析报告，对图书馆馆藏结构及数量有一个充分的了解，方便图书馆发展目标以及馆藏发展政策的制定。

（3）提出并评估馆藏发展政策

馆藏发展政策制定与实施是具有一定的时间规范的，一般情况下以两到三年为周期，到期根据馆藏发展政策的具体实践情况对馆藏发展政策的内容进行评估，评估之后，修改馆藏发展政策中不合本馆实际情况的内容，保持馆藏发展政策的合理性与科学性。

三、馆藏政策的发展

（一）馆藏政策的发展特点

1. 系统连续性

馆藏发展政策具有一脉相承的特性。高校图书馆需要根据学校的学科设置、教职工的科研要求进行馆藏建设。高等学校的学科发展是连续的，教职工的科研方向一般情况下是具有连续性的，这就表明高校图书馆的馆藏发展也是需要连续的。对于公共图书馆来说，一些公共图书馆有自身的特色资源，并且一直在发展自身的特色资源，对于特色资源的建设更是需要连续性和系统性，所以公共图书馆的馆藏发展政策也是需要有系统连续性的。因此一个合理科学的馆藏发展政策应该是计划策定功能和通讯功能相结合的产物。计划策定功能就是让与馆藏发展相关的人加深对图书馆的作用和馆藏发展之间的关系的理解，即考虑馆藏发展的现在和过去的一贯性。而通讯功能则是指让读者、图书馆员和管理者明白馆藏发展及管理的目的并加深其对馆藏发展规划的了解。

2. 相对稳定性

馆藏发展政策一经制定，不因为图书馆工作人员的变更而变化。对于图书馆来说，馆藏发展政策是与自身读者的需求密切相关的，读者需求的变化意味着图书馆馆藏发展方向的变化，但是一般情况下图书馆的读者需求基本是趋于稳定的，是随着时代的变化而慢慢发生变化的，不会发生突然的改变，所以馆藏发展政策也是具有相对稳定性的。

3. 整体性

馆藏发展政策不是针对图书馆的某一个方面的政策，也不是针对某个环节的指导性文件，而是对图书馆整体的馆藏发展和建设工作的规划。其对图书馆的发展和日常工作都有很强的指导意义，因此在制定的过程中需要从图书馆的整体情况以及其外部环境出发整体考虑，所以其政策成文一定是具有整体性的。

4. 开放性

馆藏发展政策并非是封闭的、一成不变的，而是需要不断根据外界环境的变化不断改进的。对于高校图书馆来说，馆藏发展政策的内容是需要根据学校的学科调整、教师的科研方向以及整个科研环境和文献资源市场的变化而变化的；对于公共图书馆来说，馆藏发展也是开放包容的，需要根据读者需求的增加而不断对自己的馆藏建设政策进行细微地调整。

（二）馆藏政策的发展历程

1. 局部研究和探索阶段

CDP 概念在 20 世纪 80 年代左右传入我国，初期被翻译为"藏书发展政策"。馆藏发展政策在我国经历的第一个阶段是 20 世纪 80 年代初期至 90 年代后期。这段时间馆藏发展政策的特点有：

（1）以纸质文献为主

馆藏发展政策的概念在传入我国之后，一段时间之内，文献资源类型比较单一，图书馆使用最为频繁的馆藏资源主要是纸质书籍，所以早期的 CDP 就直接被翻译为"藏书发展政策"。这期间对于藏书发展政策的研究是比较少的，目前可以检索的文献最早的是 1987 年朱刚的《藏书发展政策与馆藏评价的一致性》和 1994 年王冰的硕士论文《藏书发展政策研究》，这篇硕士论文对藏书发展政策存在的必要性以及对于藏书发展政策的制定与实施进行了系统的介绍。

（2）以政策内容探讨为主

这一阶段馆藏发展政策的概念刚刚进入我国，大部分进行图书馆研究的学者对其内容不太熟悉，所有的文献研究都围绕着藏书发展内容的探讨以及对国外的藏书发展政策内容和实践的探讨。随着探讨的不断深入，在 20 世纪 90 年代中后期，肖希明开始研究我国的藏书发展政策的制定，同时也出现了国家社科基金资助项目"面向 21 世纪的中国图书馆发展政策研究"。不过这个阶段研究的主要内容集中在对国内的馆藏发展政策的成果介绍、拓展研究方向、探讨馆藏发展政策的研究意义、研究内容、馆藏政策与社会环境的互动关系以及制定馆藏发展政策的理论依据，并未出现任何的图书馆制定馆藏发展政策。

2. 系统性研究和理论丰富阶段

馆藏发展政策在我国经历的第二阶段是 20 世纪 90 年代中后期至 2006 年。馆藏发展政策的研究内容不断丰富，但始终没有出现成型的馆藏发展政策。这一阶段主要的特点有：

（1）研究内容逐渐深入

这期间，图书馆面临的内外环境不断发生变化，各种类型的资源不断丰富，同时学术交流也更加频繁。因此，我国图书馆领域学者对于馆藏发展政策的研究也更加深入，开始对不同地区的图书馆馆藏发展政策进行研究，比如港澳台地区的馆藏发展政策的研究。同时出现了专门针对数字资源的馆藏发展政策研究，以及馆藏特色资源相关的发展政策。随着馆藏文献资源类型的不断丰富，尤其是数字资源的出现，复合图书馆成为各个图书馆发展的目标，所以也出现了针对复合图书馆的馆藏发展政策的研究。除了理论的研究兴起之外，也有一些专家学者开始将研究方向转向馆藏发展政策的制定，出现了有关高校图书馆馆藏发展政策制定的相关研究。

（2）无政策制定实践活动

虽然这期间许多学者开始研究馆藏发展政策及其制定，举办了馆藏发展政策制定研讨会，比如2005年首届全国图书馆馆藏建设报告会就针对馆藏发展政策的制定进行了讨论，但是直到2006年也没有出现任何公开的成文馆藏发展政策，因此这一阶段馆藏发展政策还是停留在一个理论研究的阶段，但是已经开始向实践方向进行过渡。

3. 探索和政策制定阶段

馆藏发展政策在我国经历的第三个阶段，也是目前正在经历的阶段，即2006年至今。2006年厦门大学图书馆制定并公开馆藏发展政策之后，陆续有图书馆开始制定并公开馆藏发展政策，因此将2006年作为我国馆藏发展政策的探索和政策制定阶段的开端。

（1）具体政策研究以及对比研究

从2006年左右，我国的馆藏发展政策的研究开始出现一些将目前国内的馆藏发展政策与国外的馆藏发展政策进行对比的研究，以及对于国外的具体图书馆的馆藏发展政策研究，比如剑桥大学藏书发展政策研究，也出现了对于国内具体图书馆的馆藏发展政策研究。

（2）政策制定与发展

在2006年厦门大学图书馆率先制定并公开了我国大陆地区的第一份馆藏发展政策。这份馆藏发展政策结合厦门大学对图书馆的具体要求，对馆藏的发展具有指导性意义。同年8月我国教育部高等学校图书情报工作指导委员会发布了《文献资源发展政策的编制指南》对高校图书馆馆藏发展政策的制定进行指导。与《文献资源发展政策的编制指南》一起颁布的文件还有《电子文献发展政策编制指南》等文件，来帮助高等学校进行电子资源的发展以及资源共建共享政策。2017年，第六次全国县级以上公共图书馆的评估中也将图书馆的馆藏发展政策列入图书馆评估的标准中。之后，广州白云区图书馆在2019年颁布了馆藏发展政策，这是能够公开获得的第一份公共图书馆的馆藏发展政策。除此之外，也存在一些已经制定馆藏发展政策的图书馆并没有公开发表自身的馆藏发展政策，而是作为图书馆的内部政策。

（二）馆藏政策发展存在的问题

1.高校馆缺乏学校层面的支持

馆藏发展政策的制定是一个复杂且艰巨的过程，对于高校图书馆来说，要想制定馆藏发展政策，需要在了解自身图书馆的内外环境，以及学校的发展目标等各方因素之后再进行。

很多高等院校对于自身的未来发展规划并不十分清晰，不清晰的学校发展目标或者发展方向给馆藏政策制定带来的第一个问题就是无法确定图书馆馆藏发展的重点和方向，第二个问题是无法确定自身的馆藏特色资源建设方向。同时也存在一种情况是学校内部科研、专业设置以及学校的发展目标一直不断进行调整，并且会出现信息传递不够及时的问题，这就会导致在馆藏发展政策制定的过程中无法获得准确的信息或者需要不断调整内容，为馆藏发展政策的制定带来了较大障碍。

2.公共馆缺乏区域性的统筹

公共图书馆的发展是需要跟地方的文化发展相匹配的，所以公共图书馆在进行馆藏发展政策的制定过程中需要政府层面的支持。在馆藏发展政策的制定过程中，需要收集本地的历史、政治、经济等各个方面的信息，也要对区域内的信息服务机构、学校等进行调研，了解地区的发展情况和目标才能准确定位图书馆的发展目标、受众群体等。

但是，地方公共图书馆在进行统筹规划的过程中很难获得包括政府、社会等各个方面对于数据和信息的支持，所以导致我国的公共图书馆馆藏发展政策在区域的统筹中存在一定的问题，制定出的馆藏发展政策不能完全符合当地读者的需求。

3.馆藏资源购置经费高昂

造成馆藏经费分配指导意义不强的因素除了图书馆制定馆藏发展政策的过程中标准的模糊性，也有图书馆外部整个文献资源市场的因素。纸质文献和电子文献近些年来价格水涨船高，虽然我国财政也在不断提升图书馆的经费，但是高昂的购置资源费用和不确定的市场价格波动，还是给图书馆制定馆藏经费分配政策带来了一定困难。

（三）图书馆馆藏发展政策的完善策略

1. 强化理论实践与行业引导作用

（1）强化理论实践

理论角度：将馆藏发展政策的教育放进本科生课程大纲，从大学阶段开始对馆藏发展政策的相关领域进行人才培养，将专业人才接触馆藏发展政策的时间提前，以便于对馆藏发展政策有兴趣的青年人走上馆藏发展政策研究的道路。同时也能提升图书情报领域的专家对于馆藏发展政策的重视，加强对于馆藏发展政策的基础理论的研究。

实践角度：图书馆应该进行馆藏发展政策制定。首先需要成立专业性十分强的馆藏发展政策的委员会或者小组，小组需要由多元化的人员组成，并且具有一定的代表性。然后由委员会来广泛征求意见并制定馆藏发展政策的标准，从而规范图书馆进行馆藏发展政策制定。而对于委员会来说指导并帮助图书馆制定馆藏发展政策并对其馆藏发展政策进行评估，才是能推动我国的图书馆馆藏发展政策进步的重要实践方式。

（2）制定馆藏发展政策的评估标准

目前我国国内对于馆藏发展政策的制定已经有了比较多的文件来进行指导，但是对于馆藏发展政策的评估却未见其标准，也有文件将馆藏发展政策或者文献发展政策放进了图书馆评估标准里面。但这些是远远不够的，因为对于图书馆来说，做出一个馆藏发展政策的文本是比较简单的，但是评估一个馆藏发展政策的适合与否是比较复杂的。而且馆藏发展政策对于许多图书馆来说都是初次制定，如果能有一个量化的标准为图书馆的馆藏发展政策进行评估，就能在很大程度上使得馆藏发展政策的制定与修订方向变得比较清晰。

（3）强化行业协会宣传监督作用

虽然许多文件中都对馆藏发展政策有一定的规定，但还是有很多图书馆的工作人员并未意识到馆藏发展政策的重要性。所以就需要图书馆学会来进行馆藏发展政策的宣传，邀请专家举办专门的图书馆馆藏发展政策的讲座，普及馆藏发展政策的基本内容，宣传馆藏发展政策的意义、作用及重要性。除了对于馆藏发展政策的宣传以外，也可以监督馆藏发展政策的制定并且对其进行评估，比如对图书馆的馆藏发展政策进行评估并打出分数，将这个分数作为加权值放入图书馆的综合测评之中，从而倒逼图书馆制定科学合理的馆藏发展政策，推动行业内馆藏政策的发展。

2. 完善馆藏发展政策内容

（1）发展馆藏特色

对于高校图书馆来说，丰富、质量好的馆藏资源能够为在校的学生和教师以及科研人员提供高质量的服务。因此图书馆的特色馆藏政策就需要围绕学校的发展目标、优势学科以及未来的规划来制定，从而形成本馆的的特色优势，区别于其他的高校图书馆，为参与高校图书馆尤其是同类型的高校图书馆的文献资源的共建共享打好基础。

对于公共图书馆来说，馆藏特色资源政策可以体现地方特色，促进地方的经济和文化发展。所以公共图书馆在制定本馆的特色馆藏相关规定时，就需要根据自身的地理位置以及地方特色来决定，比如甘肃省图书馆立足于自身的地理位置与多民族共存的特色，将自身的馆藏建设调整为西北地区的地方文献的收录，如各种年鉴、地方志剪纸、原始档案，以及少数民族出版物。如果图书馆在馆藏建设的过程中未能形成自身的馆藏特色，在文献资源的共建共享中只能成为受益者不能成为贡献者，那么就很难维持合作的图书馆之间的利益平衡，不利于本图书馆进行下一步的共建共享工作。所以，图书馆都应该将特色馆藏作为馆藏建设的核心，充分发挥特色馆藏资源的优势。

（2）明确馆藏目标

要想明确图书馆的馆藏发展目标，需要从以下两个方面进行。

成立馆藏发展组织进行馆藏发展政策的制定的工作。组织的成员应该包括：图书馆的馆长、各部门的负责人和馆藏发展政策的执行人员等，把制定馆藏发展政策作为一项核心的主要的任务，发挥全图书馆的力量进行馆藏发展政策的制定。

争取上级部门的支持。对于高校图书馆来说，馆藏发展政策的制定和实施是需要学校层面的配合的，不论是成立馆藏发展小组还是馆藏发展政策中每一个条文的成型都是需要学校给予很大的人力、数据、财力等支持的。尤其在前期的数据收集阶段，馆藏发展小组需要收集学校的学科建设情况、发展目标以及未来规划等内容，这是需要学校的各个科系给予深度配合的。对于公共图书馆来说，制定馆藏发展政策，必然需要进行大量的数据调查，调查是需要很大的人力和资金的，公共图书馆的资金来源一般都是财政拨款，所以取得上级部门的支持也是至关重要的。

（3）增强馆藏政策的操作性

增强馆藏发展政策的操作性主要从以下几个方面进行。

提升采选政策的操作性。许多图书馆的馆藏发展政策对于经费分配等内容采用的都是比较模糊的语言，这样会增大图书馆经费分配的主观性，不利于利用经费帮助图书馆达到馆藏发展目标。对于一个操作性好的馆藏发展政策来说，其经费分配政策应该是既有量化的数据，又能预留一部分资金供突发情况使用，并且需要预留资金来增强政策的可操作性。

除了经费分配政策之外，文献的采选也是很重要的。但是，目前来看采和选在大多数图书馆都是相同的工作人员负责。虽说目前图书馆在选书的过程中参考了不同人群的意见，但是大部分的还是采选人员在做。这样就会形成一定的弊端，即图书馆工作人员的专业素质可能不足以支撑图书馆所需要的所有专业书籍的采购，会影响图书馆图书的质量，因此在进行采购时最好能够做到采选分开。

建立模型，量化复本数量。复本是图书馆进行采选工作必须要考虑的部分，也是图书馆经费分配中必须要考虑的部分。之前，文献资源的价格相对较低，图书馆能够有比较充足的经费采购大量复本来填充图书馆的馆藏。但随着文献资源的不断丰富，纸质文献种类和数量的要求越来越多，纸质文献的价格不断升高，导致图书馆的空间和经费难以支撑大量的复本。因此在图书馆的馆藏发展政策的制定过程中就需要相对减少一定的复本的数量。但是，其实复本数量的确定并非一个简单的过程，需要综合考虑文献的使用情况等。因此，在确定副本数量之前需要对本馆文献资源的流通情况以及读者的需求等进行充分的调研，将各种影响复本数量的因素确定，用这些因素构建数学模型，从而达到严格控制复本数量的目的。

剔除工作。图书馆的馆藏剔除工作是馆藏发展中十分重要的一部分内容。图书馆的馆藏要不断进行更新，而图书馆的空间是有限的，所以一些利用率过低的或者没有价值的文献是需要进行移库和剔除的。一旦进行移库和剔除工作就需要图书馆的馆藏发展政策中有科学明确的标准，但是制定具有操作性的标准对于图书馆来说是比较难的。对于大部分图书馆来说，需要考虑多种因素来判定某一馆藏是否需要被剔除：一、资源本身的内容是否已经过时或者不准确或者是与事实不符；二、纸质文献的外在形态是否已经破损、污损到无法使用；三、资源本身的流通率过低，长时间未被借阅，图书馆可以根据自身需要，制定一个周期，若文献在这个周期内从未被借阅过，那就说明此文献以后被使用的概率也是非常低的，可以剔除或者将此文献移入密集书库；四、出版时间过长的文献。这几条剔除标准是模糊的，图书馆在制定馆藏发展政策的过程中，需要对图书馆内已有的馆藏利用情况进行调研，分析图书馆的馆藏流通数据，从而将一些剔除指标进行量化，量化出最适合本馆的使用周期、流通使用率等标准。

公开与定期修订。馆藏发展政策制定完成之后，并不是一成不变的，其需要随着时间、环境、图书馆的变化而变化。馆藏发展政策的更新周期能够从很大程度上体现图书馆对于自身馆藏发展的重视程度。一般来说，修订内容是图书馆根据读者群体、发展目标、外在环境等增加或者删除馆藏发展政策中的部分内容，保证馆藏发展的一致性和连续性。图书馆外部政策、所能获得的经费以及每年的发展目标都会发生一定的变化，因此馆藏发展政策也需要根据这些变化来调整政策内容，从而保证馆藏发展政策一直都具有可操作性。一般在馆藏发展政策初次制定的过程中都会对其修订的时间进行规定，也会成立专门的工作小组来负责馆藏发展政策的制定和修订的相关事宜，从而保证馆藏发展政策具有实用性，与时俱进。馆藏发展政策的修订是必要的，但是不能过于频繁，修订周期一般为两年至三年不等。在这个时间段内修订能保证图书馆的政策已经运行了一段时间并且可以从运行中找到不足了，因此可以在下一次政策修订之时进行重新修改完善，使得图书馆的馆藏发展政策的制定有一定的灵活性。目前我国图书馆公开馆藏发展政策寥寥无几，但是其实馆藏发展政策的公开能够帮助读者了解图书馆的目标和方向，还能监督图书馆的工作，为馆藏发展政策的修订提出意见。

重视读者的意见。图书馆的工作是为读者服务，要想提升馆藏发展政策的可操作性，除了对于本馆内部的关注，也要关注读者的意见和建议。所以需要在馆藏发展政策中明确规定读者意见的处理方式及途径。

（4）加强文献资源的共建共享

随着数字资源的不断丰富，其在馆藏发展中的重要程度是不断增加的，但是因为经费所限，很难获得所有需要的文献资源，所以图书馆之间的文献资源共建共享就显得十分重要。虽然在政策制定中，大部分图书馆都对馆藏资源的共建共享做出了明文规定，但是大部分图书馆的规定都十分简单，比如：东华学院图书馆在馆藏发展政策中，只是表明图书馆重视馆际合作，并协助会使用者索取东华学院图书馆以外的书籍或者学术研究刊物，并未对更为详细的内容进行规定，这样是不够的。图书馆需要在制定馆藏发展政策时对图书馆的馆际合作与资源共享做出明文的规定，明确文献资源共享的范围、合作方式、合作馆等内容。文献资源的共建共享能够在很大程度上缓解图书馆的经费问题并且使得图书馆的文献资源配置更加合理，所以，对于图书馆来说构建良好的馆际互借和文献资源共享环境是十分有必要的。

第二节　馆藏文献资源的分类

一、文献的分类

"文献"一词最早见于《论语·八佾》，指典籍和社会名流的言论和著作。后来随着社会的发展，文献的概念也逐步扩展，人们将文献解释为具有历史价值或学术价值的图书资料。目前，一种常用的定义是：文献乃是指用文字、图形、符号、音频及视频等技术记录人类知识的一切物质载体，或称其为固化在一定物质载体上的知识，由此可见，构成文献要有两个最主要的要素：其一，要有一定的知识内容，没有记录任何知识内容的纸张、录音带等不能称为文献；其二，要有用以记录知识的物质载体。从这种意义上讲，存在于人们头脑中的知识不能称为文献，只有将知识用文字、图像、数码等各种符号，采用书写、印刷或其他诸如光学、电磁学等方法记录在一定的物质载体上，才叫文献。按出版形式可分为手写型文献、印刷型文献、缩微型文献、视听型文献、电子型文献；按出版物类型可分为图书、连续出版物、科技报告、会议文献、学位论文、专利文献、政府出版物技术标准、产品样本和产品目录、技术档案；按加工层次可分为零次文献、一次文献、二次文献、三次文献。文献分类是以分类法为工具，对文献分别予以揭示，并将它们系统地组织起来，使相同的文献集中在一起，相近的联系在一起，从而提供一种检索和组织藏书的依据。

二、图书分类法

图书分类是一种以图书为对象的专门性分类，它的产生是伴随着图书的产生而发展起来的。图书分类法是在一定的社会历史条件下，以科学分类为基础编制起来的类分图书的工具，用来满足读者按照科学内容检索图书的需要。图书馆可以借助图书分类法排列图书、组织目录、指导读者阅读等。

（一）图书分类法的起源

中国图书馆学界普遍认为中国第一部图书分类法，是汉代的刘向、刘歆根据当时的国家藏书，完成的图书分类目录——《七略》，如杜定友、刘国钧等大家都持这种观点。但也有些人提出，最早的图书分类法应追溯到春秋战国时期孔子的六艺分类法，如王金祥在《吉林省图书馆学会会刊》发表的《孔子——中国图书分类法的创始人》一文中称孔子为"中国图书分类法的创始人"；尹天顺在《河南图书馆学刊》发表的《简谈孔子六艺分类法》称孔子六艺分类法为世界上第一部分类法。还有人认为中国第一部图书分类法应该是由沈祖荣、胡庆生编制的《仿杜威书目十类法》，如刘延章就另辟蹊径，从《七略》不具备图书分类法三大属性的角度分析《七略》不是中国第一部完整的分类法，而是中国最早的书目或书目分类目录，并在此基础上通过研究分析得出中国第一部分类法应是沈祖荣、胡庆生编制的《仿杜威书目十类法》。关于中国或世界上第一部分类法是什么，一直以来就是图书馆学界争论不休的话题，不同的衡量标准可以得出不同的答案。如果以目前图书分类法的属性作为标准，评出来的只能是中国或世界的第一部近代图书分类法，而不是真正意义上的第一部图书分类法。但图书分类法必须能够满足一定的要件，正如塞欧氏所说："一个真正实用的分类法，必须具备下列各点：一是包括人类全部知识，若是专门分类法，则包括此专门的知识；二是有一公认的、适当的次序；三是事物的陈述要尽量详细；四是类目应有充分的伸缩性，预留地位，以便适应世界思潮的变化；五是配备一简单而有伸缩性的标记；六是有一完备的索引。"孔子六艺分类法的分类对象只是知识的一部分，不能涵盖人类的全部知识，也不属于专门分类法的范畴。所以孔子的六艺分类法不具备图书分类法的属性，不能仅凭它出现的时间早而称之为中国乃至世界上第一部图书分类法。但不可否认的是孔子将文献资料编为"诗、书、礼、乐、易、春秋"六艺，已初步具备了图书分类的基本框架，为后来的图书分类体系的发展打下了很好的基础。西汉刘向、刘歆所编的《七略》是根据当时的国家藏书，基本上是按照图书的内容性质来划分的、综合性地系统反映国家藏书的分类目录，共有六大类三十八小类，"略"之下有"种"，"种"之下有"家"。它以孔子思想及儒家学说为其理论基础，运用学术性质上的差异为分类标准，是符合当时学术面貌和图书特点的图书分类体系。由于原书已轶，对此书的考证与研究基本上都是借助东汉班固所撰的《汉书艺文志》。虽《七略》并不具备"完备的索引"，但其功能已达到了一部图书分类法的基本要求，堪称中国第一部图书分类法。

（二）图书分类法的种类

图书分类法根据载体类型划分，分为传统文献分类法和网络信息分类法两种。

1. 传统文献分类法

体系分类法又称列举式分类法、枚举式分类法，是以科学分类为基础，依据概念的划分与概括原理，把概括文献内容与事物的各种类目组成一个层层隶属、详细列举的等级结构体系的一种文献分类法。《中图法》《中国科学院图书馆图书分类法》(简称《科图法》)、《中国人民大学图书馆图书分类法》(简称《人大法》)、DDC、LCC等都是体系分类法。

（1）体系分类法

体系分类法由主表、标记符号、复分表、说明和类目注释、索引等五个部分组成，其中主表是指由基本部类、基本大类、简表和详表逐级展开而形成的类目表。其主表结构一般是等级式树状结构，最终形成一个比较完整的等级链。体系分类法的标记符号的种类就所采用的形式特征而言，有单纯号码与混合号码两种，其中单纯号码又可分为单纯数字号码和单纯字母号码两种。

体系分类法的优点主要有三点：具有按学科、专业系统地揭示文献内容的功能，便于从学科、专业的角度按类检索文献；等级列举式类表能清晰地显示类目体系中各种类目之间的从属关系与并列关系，便于用户掌握和使用；分类法采用层累标记制、顺序标记制或顺序—层累标记制的标记方法既适用于分类检索系统，又适用于排架与文献分类统计。

缺点也可以从三个方面进行概括：不能充分地揭示文献中大量存在的专深主题和复杂主题；其先组式标记的特点不能很好地实现多元检索；等级列举式相对稳定的类表结构不利于随时修订，不能像分面分类法那样在类表中随时可以生成或增补新的主题概念。

（2）分面分类法

分面分类法又称组配分类法或分析–综合分类法，是依据概念的分析与综合原理，将概括文献内容与事物的主题概念组成“分面—亚面—类目”的结构体系，通过各分面内类目之间的组配来表达文献主题的一种图书分类法。分面分类法是用简单概念组成复合类目的方式，在类表里只分别列出不同范畴的单独概念，用组配方法来表达具体类目，例如布朗的《主题分类法》和阮冈纳赞的《冒号分类法》等。

分面分类法的类表虽然也像体系分类法那样需要设置若干个基本大类，但其基本大类的展开不像体系分类法那样采用简表、详表对类目进行层层划分、详细列举来形成等级列举式结构，而是在各基本大类下列出若干分面、亚面，各面内类目相互组配，从而形成分面组配式结构。分面类表结构主要体现在分面分析法、分面引用次序与分面排列次序等方面。

分面分类法的优点主要体现在以下几个方面：分面分类法虽然类目较少，但可以通过类目的组配表示众多的主题概念，标引文献的能力比等级列举式分类法强；分面组配式可以较自由地扩大或缩小检索范围，能从多种途径检索文献，还可进行比较精确的组配检索，在检索性能和检索效率方面都优于等级列举式分类法；采用分段标记制度，便于分类表的增补和修订，检索较为灵活，通过概念组配方式，分类表能够随时生成或增补新的主题概念，便于修订与管理。

分面分类法的不足之处如下：类目体系不如体系分类法那样直观、一目了然；类表结构和标记方法比较复杂，在标记和使用上不如体系分类法方便；不适用于组织文献分类排架。

由此看来，分面分类法与体系分类法各有所长，各有所短，两者不能相互替代。体系分类法与分面分类法应在保持各自特点的前提下，尽量相互取长补短。

（3）混合式分类法

混合式分类法即将体系式和组配式混合使用，介于上述两种分类法之间，既应用概念划分和概括的原理，又应用概念分析和综合的原理而编制的分类法。又因对二者的侧重之不同又有体系 – 组配分类语言和组配 – 体系分类语言之别，但两者都属于先组配检索语言。一般是在按等级列举类目的基础上再运用组配式的分面原理，扩大分类体系和扩充分类号码。例如《国际十进分类法》等。混合式分类法的特点表现在首先按学科体系列类，然后再进行分面组配，以概念划分与概括、概念分析与综合的理论为基础，能够体现两种分类法的优点，较好地反映多主题、复合主题的信息，能够为读者提供多种检索途径。实际上，随着社会和科技的发展，现代的文献分类法几乎都要应用概念的划分和概括、概念的分析和综合的原理，不同之处只是应用的幅度问题。

2. 网络信息分类法

网络信息分类法必须要满足网络信息组织的需要，满足网络用户信息查询的需要，适应网络技术环境的特点。而无论是网络信息，还是网络用户、网络环境，都与传统分类法具有极大的差异。

网络信息分类法的分类对象是网络信息资源，而网络信息分布在世界各地的服务器上，这些信息是数字式的、多媒体的、高度动态的。网络上存在的海量信息要求网络信息分类法必须是面向网络一切知识和信息的分类法，并且要有高度的灵活性和适应网络信息的动态性。网络信息分类法的基本功能是通过对部分网络信息的标引，建立网络信息分类导航系统，提供浏览式的分类查询手段。

网络信息分类法是一个基本按主题聚类的概略分类系统，类目的划分大体按等级关系展开，但为了减少划分层次，使体系简明，为了突出重点和包含信息数量较多的类目，划分过程中并不十分严格地按等级层次进行，如跳跃式划分，把不同等级的类目划并在同一个上位类下。各个主题间的多重从属联系和相关关系，采用交叉列类、超文本链接和多窗口显示，使信息得到全面的揭示，形成不同于传统分类法的网状分类体系。

3. 传统文献分类法和网络信息分类法的区别

聚类标准不同。传统文献分类法与网络信息分类法之间最大的区别在于采用不同的聚类标准，传统文献分类法以学科或专业为主要聚类标准，而网络信息分类法则以主题或专题为主要聚类标准。

分类对象不同。传统分类法以物理的、实体的文献，如印刷型文献、磁带、光盘等为主要处理对象，对文献的内容进行标引和整序。网络信息分类法则以分布在数以百万计的服务器上的虚拟数字信息资源作为自己的分类对象，对它们进行筛选。

分类标记方法不同。传统图书分类法中，类目的排列、分类款目的排列、文献的排列，都需要分类标记，这是传统分类法不可缺少的组成部分。分类标记的使用，既为分类检索系统和文献的组织带来极大的便利，又使分类法的进一步发展受到限制。分类标记的运用有一套复杂的规则，无论是对文献标引还是对文献检索都是不容易掌握的。网络信息分类法的分类对象是虚拟信息，一个类目就是一类相关信息的节点，不涉及信息源的物理排列问题，用户不需要根据分类标记索取信息，也就没有必要使用到分类标记。用户只要查到了相关的类目就等于检索到了相关的网络信息资源，不需要知道信息储存的位置或存取的过程。但作为网络信息分类法的后台运作，分类标记还是有用的。

三、图书分类的原则性

（一）文献保证原则

文献保证原则又称文献保障原则，最早是由 21 世纪初的英国图书馆学家休姆在理论上予以系统阐述的，要求图书分类法编列类目时，要切合文献的出版和入藏情况，以足够的文献作为保障。首先，文献保证原则要求类目的设置必须要以文献的多寡作为依据之一，一般来说，文献多类目就分得细，文献少类目就分得粗。其次，文献保证原则要求有什么样的书就立什么样的类，避免有书无类或有类无书的情况发生。《国会图书馆分类法》最初编制时就明确阐述了这一原则，从而作为修订时的方向性原则。此外，对于体系分类法来说，编制复分表有利于体现"文献保证原则"，在一定程度上减少因类目的层层划分、层层列举而带来的虚设某些类目的弊病。

（二）用户保证原则

用户保证原则要求分类法的编制要充分考虑用户的检索习惯和检索需要，按用户的检索习惯和检索需要编制出切合实际的分类法。例如，图书分类法中编列交替类目的意义是为了解决事物多方面联系和图书分类法中类目的单线排列这一矛盾，可以体现同一事物的多种隶属关系，便于分类法用户按实际需要集中有关文献，在分类检索系统中能为读者提供更多途径检索。

（三）稳定性原则

稳定性原则是指图书分类法的类目体系、类目设置、列类与划分标准、标记符号在一段时期要保持相对稳定。这是图书分类法编制的一个极为重要的原则，是藏书的分类排架所要求的。一部分类法如果以不稳定因素作为分类标准或列类根据，必然给图书馆工作带来极大的麻烦。但事物是不断发展变化的，这是绝对的，而稳定性是相对的，随着新事物、新现象的出现，制定时稳定的类目慢慢也会出现不合时宜的情况。所以，一部可持续发展的分类法必须要有周期性的修订和补充，但这种修订补充必须以一定时期内的稳定为前提。

（四）发展原则

图书分类法编制时要考虑事物发展的客观规律，设置的类目要有一定扩展性和包容性，在事物发生变化的一段时间内仍能适应图书分类的要求。我们都知道，客观事物和现象是不断发展变化的，都需要经历从简单到复杂、从低级到高级的过程。图书分类时也应该反映这一规律，并可以预见科学的发展和进一步发展的方向。

第三节　新型文献情报服务模式

传统图书馆时期，图书馆依靠其绝对的文献资源优势，处于信息交流体系的主导地位，当时基础的文献整理与简单的信息服务即可满足用户需求。而数字图书馆或复合型图书馆时代，文献资源不再是图书馆的绝对优势，其在信息交流体系中的主导地位被其他网络搜索引擎、文献情报服务机构等削弱，普通的文献情报服务已不能满足用户日益增长的新的需求，需要基于文献内容的揭示与管理的新的文献情报服务来满足用户需求，因此文献情报的检索能力、在线文献情报服务等成为一段时间内满足用户需求的关键服务。随着人工智能、大数据、云计算和物联网等新一代信息技术的出现及发展成熟，图书馆的职能也从解决信息不对称问题转向了解决信息过剩问题，转向了解决用户对精准信息需求的问题。用户面对突然涌现的大量信息，如何快速精准地获取所需的信息成为图书馆用户最关心的问题。

　　智慧图书馆的建设一定程度上就是为了解决数字图书馆发展中无法解决的数字资源管理、基于数据的服务能力等问题。无论智慧图书馆是基于数字图书馆定义还是基于复合型图书馆定义，智慧图书馆建设的最终目标仍是指向服务——为读者提供更加智能化、人性化、便捷化的服务。因此，在智慧图书馆建设中，文献情报服务也应遵循其历史轨迹，遵循不断追求并满足用户的新需求这一服务理念，积极适应智慧图书馆建设的脚步，与时俱进。智慧与服务是相辅相成的，智慧的程度决定了服务的效果，同时服务模式与服务途径与智慧也密不可分。只有将智慧化的理念融入到图书馆中，才能正确引导图书馆未来的发展方向；只有将智慧践行到大学和大学图书馆服务中，才能创新图书馆的服务方式，为读者提供人性化的服务，在大学生态圈中发挥独特作用。因此智慧图书馆的建设应以智慧的服务为主要抓手，特别是文献情报服务，以此推动智慧图书馆的建设。

　　技术的发展，包括对文献资源揭示角度的不同，使文献情报服务内容有了更多层次，文献情报服务类型也更加多元，其中要判别哪些文献情报服务已经具备"智慧"的特征或趋势，需要对智慧图书馆背景下的新型文献情报服务进行界定，其中关键的区别在于基本特征、核心要素的区别，因此对新型文献情报服务的基本特征和核心要素研究尤为重要。只有更加清晰地界定新型文献情报服务的核心要素、基本特征，才能更好地与传统文献情报服务加以区分。

　　新型文献情报服务是智慧图书馆建设的重要组成部分和核心价值所在，是体现"智慧服务"的重要抓手，强调以细分用户需求为导向，借助物联网、大数据、人工智能和增强现实等技术，至少满足大数据驱动、人工智能、智能交互、人性化感知等核心特征中的一项，充分整合并挖掘图书馆运行中涉及的文献数据、资源数据、用户数据等，提供基于内容的整体化、精准化、个性化、智能化和人性化服务，最大限度地满足用户新的文献情报服务需求。基于这一界定，智慧图书馆的新型文献情报服务离不开智慧图书馆的基本特征、核心要素，并具备精准性、可视化、人性化、交互性等智能化基本特征。同时需要物联网、大数据、人工智能、增强现实技术等相对独立或相互配合，发挥交互作用，以期更加精准地、智能地、人性化地满足或创造用户需求，而文献情报服务也更加强调在现有基础上形成系统的整体化解决方案，实现信息时代下图书馆文献情报的核心价值，成为智慧图书馆的重要建设部分，实现图书馆在核心竞争力上的升级转型。

一、传统文献情报服务在实践中存在的问题

（一）文献情报服务认识不足且未与时俱进

文献情报服务作为图书馆的核心价值未深入到每一位图书馆人的意识。面对信息环境剧变，图书馆表现出不同程度上的学习、应变能力不足，而意识理念的不及时更新起着至关重要的作用。部分图书馆的文献情报服务工作仍被动开展或将转型重心放在非核心功能上，导致其在社会上的存在感降低，话语权变弱，文献情报服务停留在浅层次服务阶段。另一方面，对于智慧图书馆的研究与实践学习不足，或受实际生存条件的影响，导致文献情报服务研究与智慧图书馆研究相对独立，未形成有机统一的整体，难以发挥合力共同服务用户。

（二）文献情报服务种类多样但服务层次较浅

已开展的文献情报服务多为传统文献情报服务，适应时代变化的新型文献情报服务则集中体现在学科评价与分析，类型单一，服务能力参差不齐。由此可见，传统文献情报服务重心依然放在浅层次、情报含量不足的基础文献情报服务。尽管有部分图书馆有所改革和创新，但整体上文献情报服务内容单一且同质化严重，整体服务能力不足，服务层次偏浅。

（三）新方法和新技术利用不足

研究方法直接影响一项研究的信度与效度，而技术则为服务提供有力支持。由于新方法、新技术的应用不足，传统文献情报服务模式老化，方法过于传统简单。对于新型文献情报服务，核心离不开文献资源特别是大数据时代多元化的科研数据作为支撑。因此对于数据资源的收集、整理、分析和揭示等尤为重要，这一过程离不开数据分析方法和工具的支持。近年来，各类图书馆意识到数据分析的重要性，纷纷采购 ESI、Scival 等数据分析平台，但整体上文献情报服务对新方法、新技术如机器学习、数据挖掘、神经网络等应用不足，使得文献保障能力大大提高的同时，文献情报服务水平原地踏步。

（四）文献资源的数据情报价值未能体现

图书馆在文献资源的收集、整理、分析与评估方面具有天然优势。深入挖掘图书馆庞大的文献资源特别是海量的数据资源其背后的情报价值，是图书馆文献情报服务与时俱进的重要基础。图书馆拥有大量的文献数据、运行数据和用户数

据，但由于挖掘不足，数据的情报价值还未充分体现，如学科动态预测、学术研究跟踪、文献情报整体解决方案等。故而在服务模式上也缺乏对文献内容和用户行为的深度挖掘，无法提供更加个性化、精准化、智慧化的服务。

（五）实践中存在的其他问题

首先，智慧图书馆建设离不开互联网技术的广泛运用，由于其本身特性，增加了文献情报服务中的网络安全、用户隐私等问题，存在安全隐患。以人工智能的应用为例，由于涉及图书馆领域的用户隐私保护研究较少，尚未建立良性运转体系，单一的人工智能应用更多停留在盘点机器人、通借通还送书车、智能分拣机器人、机器学习支持的图书采访等，而猜你喜欢、学术头条精准推送、用户爱好检索等处于试运行状态。其次，高品质的文献情报服务对于硬件、软件等设施的保障也有了更高要求，包括系统平台的设计、特色资源的建设等，而各图书馆的建设资金、经费规划有所差别，导致用于文献情报服务保障的经费参差不齐，影响文献情报服务质量。最后，文献情报服务能力的不足，与缺乏具备新型文献情报服务素养和能力的馆员或服务团队也有关系。

二、新的文献情报服务需求方向

（一）学术研究需求剧增

高等教育机构是我国科学研究及知识创新的核心力量。而高校图书馆则为高校的学术研究提供了重要支持，相对于公共图书馆的社会职能，高校图书馆的功能更应以学术研究、科研保障为重心。调研显示，基于科研情境下的用户不再满足于一般文献层面的服务，而追求服务产品输出较高的知识密度，其中学生群体的学术服务需求主要来自本科四年级及以上，而更集中于硕博研究生。老师群体则集中于科研工作者。由于这些用户往往承担更加具体的、前沿的研究课题，因此对文献情报服务的学术性、专业性具有强烈需求。

（二）精准化服务需求

海量信息从最初给用户带来的惊喜变成了一种无所适从，被湮没在信息海洋的感觉。信息内容混杂、数量巨大、类型多元，使用户不知如何从网上快速准确地选择对自己有用的、高质量的、正确的信息，不知道什么是查询信息的有效途径，往往导致研究时事倍功半。因此用户对于精准化文献情报的需求促使图书馆文献情报服务也应向精准化方向发展。

（三）期待主动服务

尽管高校图书馆也经常开展多样的主题活动主动宣传，或通过开展新生、专业师生的信息素养培训、信息素养课程和比赛等提高图书馆使用的普及率，但对于文献情报服务本身的展示、宣传较少，多以科技查新、查引为主。对于高价值的文献情报服务，图书馆可主动引导甚至创造需求，这也满足了用户面对日益增长的信息和随之而来的文献获取困难时对主动服务的需求。

（四）系统化的整体解决方案

科研过程是一个在一段时间内动态的研究过程，包括但不限于项目申请、课题研究、毕业论文或期刊论文等。调研显示，用户特别是对科研需求日益剧增的用户群体，往往需要全面跟踪和及时高效地获取研究领域内的最新文献、影响力文献、影响力研究者等信息。这种需求由于研究的动态性，用户对最新研究成果的文献（期刊、研究报告）、专业化检索工具、科研分析工具与平台等具有持续性需求和依赖，因此用户需要的是系统化的整体解决方案。

（五）智能化成果展示

信息技术带来了巨大的便捷性，用户也逐渐习惯并依赖这种便捷性。用户一切新的需求的满足最终都体现在文献情报服务输出的服务产品上。调研显示，用户期待这种服务产品更加智能化的展示，减少用户自加工环节，便于直接使用。

三、基于人工智能的文献情报服务

（一）智慧检索

1. 基于人工智能的智慧检索服务

图书馆作为文献集散中心，其研究核心就是节省在文献、信息和知识的发现、获取、阅读、理解和消化等方面的时间，节省查准文献的时间，增加有效阅读时间，而智慧检索是智慧图书馆下实现这一目标的重要服务方式。对于用户的更加精准化、专业化的学术检索需求，除需要专业馆员提供服务外，可借助人工智能，实现更快速、便捷、精准的文献情报信息智慧检索。其重点在于需要基于图书馆数据包括文献数据和用户行为数据、身份数据等，借助人工智能进行分析检索，提供具有高参考价值的、高相关性的检索结果，节约用户时间。同时当前的检索也将记入该用户的检索历史，成为再次使用这一服务的驱动数据，也是图书馆开展更多个性化、差异化、精准化、智慧化的文献情报服务的数据来源。在呈现方式上，根据不同用户的需求，借助人工智能技术，在不断学习中自我更新、改进检索结果的呈现，使得分类维度更加多元、结果展示更加智能，如结合可视化技术等，提供智慧化的一键检索，打破用户对于图书馆文献情报服务的认知，体现图书馆服务的"智慧"所在。下文简述了重庆大学图书馆团队对以机器学习为基础的用户偏好检索系统的实践探索，为图书馆同行在这一服务上的创新升级提供具体参考。

2. 以机器学习为基础的用户偏好检索系统检验

文献检索是图书馆的重要职能之一，是图书馆提供服务和用户实际使用及感知最相匹配的服务类型。在用户开展科研、撰写论文、拓展阅读等方面均有重要作用。尽管图书馆的文献检索方式已转变为计算机检索，但是在大数据环境下，以"关键词匹配"为主要运算方式的计算机检索无法满足海量用户的多样化检索需求。即使加上众多限定，检索结果依然超载或显示检索不出相关结果。在智慧图书馆建设中，基于机器学习的智能化用户偏好检索系统为用户的智能化检索提供了可能。随着计算、数据库存储、移动互联网等技术在图书馆中深度应用，图书馆已经进入大数据时代。

针对大数据环境下图书馆检索系统的信息超载问题，重庆大学图书馆团队提出一种机器学习方法，即基于图书馆相对全面的用户数据，提取其中与用户检索行为相关的如检索关键词、作者、检索主题、检索频率等用户行为特征数据，利用监督机器学习方法，在线学习，实现检索系统可随用户偏好的同步变化而进行自适应变化，自动匹配更优的智能检索模型，帮助用户高效快速地选出满意的目标结果。同时通过积累大量实践数据，继续在线学习，建立预测模型，即通过对既有用户检索结果中隐藏的规律进行挖掘，从而形成可以预测用户在检索时对文献选择的概率模型，不断优化检索结果的排序，实现用户个性化、灵活化、智能化的文献检索服务，也为新型文献情报服务的系统建设包括智慧图书馆系统建设提供可借鉴经验。

（二）智能综述

文献综述由于其专业性、综合性和学术性，往往对科研有着重要的基础作用和参考价值，是研究者开展科研工作时必不可少的一环。人工的文献综述依赖于研究人员的专业理解，将领域内的研究现状与对专业知识的认知相结合而产生，但综述过程费时费力，前半部分的"综"还容易做到，后半部分"述"则会影响一篇综述的最终质量。随着机器阅读能力的不断发展，其在新闻报道等领域的成功实践都为智能综述提供了借鉴。2018 年 1 月，阿里巴巴机器阅读理解精确率打破世界记录，超过了人类阅读理解能力，机器阅读通过阅读和理解大量文字来有效整理、总结人类所需信息。由于实现技术和调研条件限制，目前在文献研究与网络调研中未发现基于人工智能的智能综述服务在图书馆中的典型应用案例。这一服务将伴随智慧图书馆系统的升级更新，成为图书馆新型文献情报服务的重要发展方向。

（三）一键投稿

论文投稿是科研者展示分享研究成果的重要一环，除涉及国家机密的科研成果外，多数科研者的创新研究成果需要通过公开发表、会议报告等实现知识共享，增加学术影响力。因此学者投稿时的期刊平台选择显得十分重要。期刊投稿指引服务作为图书馆的科研支撑服务，可以有效地支持教学和科研特别是实现研究成果的共享、扩大学术影响力等。随着人工智能的深入发展和在智慧图书馆建设中的深度参与，应用人工智能技术的智能投稿引导将通过机器学习等方法，基于快速筛选、匹配用户所需信息如学术期刊的全方位评估，并依据研究者身份和研究方向推荐合适的投稿期刊，为学者推荐开题、定制不同层次的投稿服务。图书馆大脑通过基于主题、学科和用户投稿的匹配，分析相关期刊的学术研究热点、评审专家等，对投稿信息自动分析和匹配，引导用户一键式投稿。

（四）智慧推送

图书馆除了被动服务，还应以用户新的需求为导向，使文献情报服务更加贴近用户，挖掘潜在需求。其中，与学术相关的推送服务也尤为重要，因此借助人工智能技术，在尊重和保护用户隐私的前提下，挖掘用户潜在的行为习惯，为用户提供多样化、特色化、个性化的学术信息推荐服务。通过人工智能对用户在使用图书馆时发生的行为，如通过用户访问、点击、在线阅读和下载数字文献信息等行为，挖掘其感兴趣的学术文献类型、主题、适合的研究方向等，并根据用户的需求和使用习惯，可在访问页旁设置专用入口或发送站内信、手机短信、邮件等方式进行图书馆的个性化、智慧化学术信息推送服务，包括学术期刊信息、权威期刊、顶级杂志等。

智慧推送服务就是以用户为中心，以用户需求为导向，通过记录、整理、分析，最重要的是结合用户的身份信息等理解其学术行为，"投其所好"地推送其当前所需的、可能所需的学术信息，是一种差异化的新型文献情报服务。通常可根据不同用户类型，借助机器学习、深度学习、模型检测等手段，自动确认数据中蕴含的趋势、类别、关联、模式，挖掘用户行为数据背后的规律和关系，提供科研专题信息推送、个性化阅读推送、猜你喜欢、推荐阅读、推荐文献等。在呈现上，可将相关推送结果以可视化的方式清晰展示在用户可便捷操作的界面上，形式上可以静止展示，也可以动态播放，或者两者结合。如百度与武汉大学共建人工智能（AI）图书馆，实现图书馆信息服务与人工智能的相互融合，对用户的阅读偏好和专业进行分析，提供千人千面的推荐推送。

（五）智能报告

科研工作中往往涉及大量的分析报告，特别是常规性的惯例报告，对于人力资源的消耗、时间成本的消耗巨大，因此这部分分析报告的生成可基于机器学习、深度学习等人工智能方法，建立文本分析模型，提供常规的统计模板、分析模板、报告模板，一键生成用户所需的分析报告，无须采用原始的检索统计的方式就能直观在线构建各种分析报告和统计报表。对图书馆馆员而言，减少时间成本，提高服务效率；对报告需求者而言，减少等待时间，缩短科研周期。使得双方都能将节省的精力和成本用于更有价值的工作中。

综上，新型文献情报服务离不开人工智能技术，其作为将图书馆大量的数据转化为服务能力的关键环节，在以用户为中心，以用户需求为导向，提供专业化、精准化、个性化、人性化和智慧化的新型文献情报服务中具有重要意义和价值。而这项技术的开展也离不开图书馆自身的优势所在——丰富的文献资源，特别是在数字资源时代，庞大的数据资源成为图书馆提供各种文献情报服务的有力支撑。由于实现技术和调研条件限制，目前在文献研究与网络调研中未发现基于人工智能的智能报告在图书馆中的典型应用案例。这一服务将伴随智慧图书馆系统的升级更新，成为图书馆新型文献情报服务的重要发展方向。

（六）智能咨询

人工智能技术的应用，促使数字参考咨询向智能参考咨询发展，部分图书馆引进智能机器人以风趣幽默的互动方式和可爱的外表为读者提供智能咨询服务和虚拟聊天服务，如南京大学图书馆的"图宝"除了 3D 导航定位，准确展示目标书籍的位置，实现图书自助借还功能外，还增加了智能语音技术，具备图书查询、引导的功能，除了提供参考咨询服务，还具有自我学习功能，通过不断训练提高其智能水平。咨询服务作为图书馆与其用户之间重要的交流窗口与连接，在智慧图书馆建设的背景下，其智能水平也需进一步升级。基于人工智能等技术的新型智能咨询服务可以有效解决传统的一问一答和过于依赖人力资源的问题，将用户问题形成集合，并以更加智能化的形式展示给用户，提升其正向体验。

四、基于大数据的文献情报服务

数据分析就是在看似无序、分布散乱的海量数据中提炼有迹可循的、规律化的有价值的信息，而数据挖掘就是数据价值发现的过程。图书馆基于庞大的知识库，完全可以通过数据分析服务，帮助用户做出合理判断。以精准化的用户需求为导向，结合高校生态圈分布，将基于大数据的文献情报服务分类如下：

（一）学术文献情报服务

1. 学术研究趋势

基于大数据的学术研究趋势文献情报服务包括对学术热点，包括研究前沿、发展趋势（往往是某一专业、学科或领域在某一时间段被高度关注并产生较大影响力的研究方向，表现为该学科或领域细分后的研究主题）、学术冷点等。对于学术热点的研究是由于其创新性和未来发展空间，是科研人员把握科研动向和需求的重要参考。而对于学术冷点的研究则是对于科研工作者的友好提醒，对于时代研究趋势的把握。图书馆基于拥有的海量数据，主要是特定专业研究中顶级期刊、权威期刊、核心期刊等具有影响力的学术文献，通过数据挖掘等发现科研所需的反映当前特定领域、专业科研的最新进展与研究成果，如地域分布、代表学者、研究主题、研究内容等，形成可视化的研究报告，及时传递给有需要的科研工作者，更好地促进科研工作者在选题、科研项目申报等学术研究中的研究效率与科学依据，同时对于已经在开展研究的科研工作者而言，根据报告结果，可以及时地为研究补充科研依据、科学论证或及时止损。以上海交通大学图书馆为例，该图书馆采用科研重大突破数据、热点主题和研究前沿等数据，通过大数据和文献计量方法（词频分析、共现分析、聚类分析）确定细分技术领域，完成了"120项颠覆性技术预见"项目的前沿热点探测与分析，并形成报告。此外类似实践还有清华大学图书馆基于ESI的学科分析报告，同济大学图书馆基于WOS核心合集、ESI数据库等的学科贡献分析报告，武汉大学图书馆的学科发展态势分析报告以及华中科技大学图书馆的学术影响力分析报告等，都是基于科研数据，加上多种数据分析技术、数据挖掘技术的生动案例。

2. 学术影响力评价

研究学术是高校图书馆的重要定位之一，学术影响力的评价与分析是及时了解高校学术研究开展情况特别是学术质量评价的重要参考指标，特别是在"双一流"建设中，具有重要参考意义。我国部分高校图书馆以书面报告、咨询建议、专题讨论和交流等多种方式提供学术影响力评价与分析。目前，许多数据库自带学术评价与分析功能，如 WebofScience、Incites、ESI、Scival、DII、CNKI、万方、维普等，图书馆通过购买行为获取服务支持。在智慧图书馆建设中，图书馆恰恰需要融合不同科研评价与分析工具的优势，打造属于图书馆自己的数据分析平台，打破依赖单一平台指标或简单平台间的对比。通过对研究对象涉及的发表时间、发表数量、被引频次、全球关注度、媒体影响力等数据挖掘，全局性把握学术影响力研究的程度，一方面可以为高校科研质量建设提供评价依据，一方面为高校科研规划等提供决策依据，也可为研究者提供全局化视野。同时，在呈现方式上，形成可视化的学术影响力评价分析报告，及时传递给有需求的不同用户如科研工作者、学校管理者等。

3. 学术头条等科研信息速递

对于科研型用户来讲，专业化、精准化的需求之外，研究领域正在发生的事情、具有标志性的里程碑式事件等，对于拓展科研工作者的信息储备、研究视野和思维拓展也极为重要。基于大数据技术，对重要研究领域、一般研究领域和其他研究领域内新近突破性研究成果、高被引论文、热点论文、科研项目研究成果等数据收集、汇总和挖掘，及时开展学术头条等科研信息的速递工作。这类信息不再局限于图书馆自身拥有的海量学术资源，还包括社会报道等。

（二）学科文献情报服务

1. 学科发展态势

学科发展态势是高校发展、学科建设又一重要的参考指标，因此对于学科的评价与分析和发展态势的评价研究也是高校图书馆一项重要的文献情报服务。部分图书馆提供的学科评估报告，包括机构产出分析、影响力分析、国内外比较分析、科研热点分析等广泛的内容。如北京大学图书馆为每个重点学科分别提供学术影响力分析报告。基于学科的学术影响力分析报告为学科研究态势的研究提供了判断依据。在智慧图书馆的建设中，图书馆借助自建平台，汇总学科发展态势研究中涉及的多种数据，这些数据可能来自不同数据库、网站网页等。基于统一数据源开展的学科发展态势研究，可以根据用户的不同需求再提供差异化服务。

2. 学科对标竞争情报

学科发展作为高校发展的重要组成部分，一直备受重视，特别是在"双一流"的建设背景下，高校内学科与学科之间、同一学科不同高校之间、国内高校与国外高校之间都存在竞争关系，学科建设也需要在竞争与合作的环境中实现发展。

因此学科对标竞争情报也显得尤为重要。通过将学科发展置于全球视野，客观科学地反映学科建设的国际现状、与国际相比的优势、差距、潜力各在何处，明确学科建设的规划，指导发展。

3. 聚焦科研工作者

一切科研最终离不开科研实践者的参与。学科发展也不例外。基于大数据的学者影响力分析，有助于实现学科热点、研究前沿等与科研人员之间的有机联系。以清华大学为例，2019 年 1 月 8 日，2018 年度国家科学技术奖励大会在北京举行，共评选出 278 个项目和 7 名科技专家。该校基于 Scival 研究国家自然科学奖科学家分布，借助 Scival 和 Scopus 进行了国家自然科学奖的深度解析，包括学科方向分析、热词分析等，由于项目第一完成人往往对项目的贡献度最高，此次分析还聚焦项目第一完成人，对其论文产出进行分析，发现此类项目第一完成人的研究方向主要集中于工程、材料科学、化学、物理学、天文学、医学、生物化学、遗传学和分子生物学等学科，并发现国家自然科学奖中获奖科学家们的工作偏向应用层面的趋势（尽管旨在奖励基础研究和应用基础研究领域）。同时发现第一完成人论文产出的关键词也有规律可循。从而得出获奖项目第一完成人的研究聚焦点最热门的是太阳能电池、石墨烯和纳米颗粒，也将其相关研究方向进行了表格梳理，为这些领域志在冲击奖项的研究团队提供了重要参考。

（三）机构文献情报服务

1. 基于大数据的机构文献情报服务

（1）机构科研态势监测

相比于学科研究态势，机构科研态势更加宏观，是对机构包含的所有学科、专业全方位的评价与分析。对于机构科研态势的研究往往成为高校发展的重要决策支持。通过对机构发文的年代分布、发文数量、被引频次、全球关注度、高被引作者、高水平学科、高水平论文（高被引论文、热点论文）、科研项目数量、科研成果、机构影响力（媒体关注度、社会影响力）等综合指标的监测，形成机构科研发展的阶段性监测报告，及时发现存在的问题，为决策提供科学依据。

（2）对标机构文献情报

高校机构作为科研活动集中分布的场所，也面临复杂的科研竞争环境。只有基于科学的对标文献情报，开展良性的机构竞争，才能共同促进高校创新力、影响力的提升，提升高等教育研究水平，成为名副其实的社会中坚力量。通过对国内外对标机构（通常包括高水平、同等水平和即将赶超的机构）的机构研究能力如机构发文、被引频次、机构排名、科研项目数量等，机构人员如年龄分布、职称分布、性别分布、高被引论文作者、热点论文作者、重大科研项目带头人／第一作者等，学科建设如ESI学科数量、优势学科、潜力学科等，包括机构硬件建设、实验室建设等综合指标的全方位对标，再根据用户的具体目的提供差异化服务。

2.北京大学科研实力分析报告

学科竞争力是一所大学竞争力的核心体现。近年来，北京大学图书馆在海量文献搜集的基础上，利用专业化的知识技能、科学的情报分析方法、设计合理的学科竞争力分析指标体系，完成了系统的、综合的决策知识产品——《北京大学学科竞争力分析报告》，为北京大学的学科发展决策提供数据支持，助推"双一流"建设。报告从科研成果表现、科研基础实力、创新能力、国际影响力、院系贡献度与竞争力五个角度分析和展示了北京大学相关学科的竞争力。其中科研成果表现的指标包括论文产出和影响力、年度发文趋势和引文影响力趋势等；科研基础实力的指标包括科研项目、科研平台、专家团队、科研奖励、学科评估等；创新能力指标包括高影响力论文、高影响力期刊论文、基金资助论文等；国际影响力指标包括学科国际排名、国际合作情况等；院系贡献度基于文献作者的地址分析，对高贡献院系的竞争力进行了对比分析。同时，在教育部重大项目"基础研究和交叉前沿优先支持方向战略研究"中，北京大学图书馆利用多个平台和多种工具，对由学科专家预测的二十三个特定主题的"研究前沿"进行文献计量研究，进行更进一步的挖掘，在数据分析基础上，与学科专家进行充分沟通，对分析结果进行评价、确认或修正，综合意见后形成热点主题的研究脉络、发展方向、发展建议的报告。此外，还发布了《未名学术快报》向全校递送不同科研主题的进展情况。

（四）高校智能决策服务

1.基于大数据的科研绩效监测

机构、学科、专业的发展往往离不开人的支持。基于大数据的智能决策服务之一是服务于"绩效考核"，通过对研究者个人的科研产出（发文量、高被引论文、热点论文占比等）、科研影响力（阅读量、下载量、被引频次、媒体关注度等）包括二级机构（含实验室）等的绩效监测提供科研数据的决策支持，实现研究者之间、机构之间的良性竞争，实现研究者和机构之间的有机联系。基于大数据文献情报服务为科研绩效检测提供可视化即时数据，将静态的数据转化为动态监测，助力高校智能决策的进一步发展。以浙江大学图书馆在"双一流"建设中的学科决策情报服务为例，学科决策情报服务与其他文献情报服务不同，它以决策者关注的问题为核心，服务内容也围绕与决策者的互动关系展开。

浙江大学图书馆服务团队面向学校高层决策者（指校长、副校长、书记、副书记等校级领导）用户的服务，致力于对高校机构的外部环境进行整体把握，以支持学校制定更科学的发展规划或综合改革、战略调整等。目前已经连续十年定期为学校提供与国内一流大学、亚洲一流大学等对标分析报告，是学校高层决策重要的内部参考。面向职能部门决策者（指人事处、学科办、宣传部、各学部等）用户的服务，致力于开展围绕学科的相关支持服务，如学科整体分布、具体布局、人才引进/科研绩效、期刊质量等，为调整学科布局、分配学科资源等提供科学依据，同时也对学校的相关管理决策提供重要的补充参考。其中，针对国内外高校在学科结构、名称和结构上的不对应问题进行了一系列学院、学科尝试，积累宝贵经验。面向院系管理决策者（指学院的院长、副院长和书记、各学科带头人等）用户的服务，由于其关注内容除宏观外，还需考虑中微观的需求。基于这一变化，则以相关政策为指导，依据学科、学院等不同要求，对文献情报服务产品进行再加工并主动宣传推送。同济大学图书馆提炼机构所有 SCI 论文，通过机器匹配、系统配合和人工判读/确认，实现科研人员工号的自动匹配，之后通过权威的人才系统对标，确定目标引进对象的学术排位，一方面为人才引进提供科学依据，另一方面使得学校对研究者的绩效考核更加精准。

2. 基于大数据的用户画像服务

以用户在图书馆的借阅数据、互动行为数据、身份背景数据等为基础，在电子资源访问平台、门禁系统中进行采集，对用户的使用足迹进行信息挖掘、聚合，形成个性化的读者画像服务。以读者型用户为例，利用大数据挖掘图书馆读者借阅和互动数据进行读者画像，对读者使用图书馆资源和服务的评价、改进和引导有巨大的推动作用。此外，基于大数据的用户画像服务还可以聚集同一领域研究主题的学者圈，促进高度关联的用户之间进行学术交流。图书馆平台借助相对全面的用户数据（包括学科背景、资源使用、研究兴趣、主要方向等），通过大数据技术建立用户画像，发现用户关联，构建互动的学者关联图谱，从而进行科学推荐（比如 CNKI 中的合作作者分析维度，快速获取相关研究者花名册、学者圈、研究圈等），将静态数据资源动态化，发挥更多价值。此外，还可以与机器学习、迭代学习等人工智能技术高度融合，不断丰富用户画像，开展智慧服务。图书馆在保护用户个人信息隐私的前提下，通过收集用户行为数据和身份数据等用于图书馆文献情报服务。

　　以吉林大学为例，该校管理学院团队研究了基于用户动态画像的科技情报服务推荐服务。通过收集、分析和处理用户相关的行为数据，对其进行标签化处理，构建个体的、群体的用户动态画像，从而预测用户的文献情报服务需求，进行精准化、个性化的科技情报推送服务。同时在用户画像的科技情报服务推送中，注意收集用户的反馈意见，将反馈数据与预测数据进行对比分析，在闭环中不断修正、优化和提升模型与实际的拟合率，提高模型的准确率，直到满足用户实际的科技文献情报需求。这一点也为图书馆新型文献情报服务提供了具体实践参考。在构建用户画像中，该研究团队特别重视动态和静态的用户行为数据收集，其中静态数据包括专业、技能、外语水平等，动态数据则包括宏观的政策数据、行业数据，中观的热点前沿数据和微观的用户检索数据等，运用用户行为画像实时监测用户需求的变化及其影响因素。也采取了分类管理用户（将图书馆用户分为决策者用户、管理者用户与执行者用户三个层次）的方法。同时建立科技情报服务产品画像，根据服务产品的内容与类型标签化处理，将服务产品分为识别产品、跟踪产品、比较产品、评价产品和预测产品五种，从而实现与不同的用户画像之间的按需匹配，进一步对接具有精准需求的用户。

　　3. 基于大数据的文献资源评价与分析

　　智能决策的相关理论、方法、实践在教育、文化、政治等方面产生了巨大的应用价值。作为支撑文化传播、教育发展的图书馆，在其发展过程中也需借助智能决策服务实现其发展。而智能决策系统离不开大数据的支持。数字资源的海量增长增加了图书馆对于文献资源评价与分析的难度，因此基于大数据的文献资源评价与分析显得尤为重要。通过对用户行为数据的多维度、多层次的挖掘分析，将隐藏于海量行为数据中的信息进行有针对性的挖掘、分析，真实反映用户当下的信息情境和信息需求，建立个体兴趣模型，再结合图书馆现有资源的分级评价，为图书馆实现智慧采访、智慧服务提供决策依据和方向指导。同时，在"双一流"建设的背景下，图书馆需要购买更多的国内外的学术评价工具和支持学科发展的新进资源。结合大数据、语义分析等技术实现对在校师生学术研究行为数据、读者发表学术成果的数据等进行挖掘分析，以挖掘不同学者、不同学科、不同学院的科研发展情况和资源实际使用情况，为学校提供更有价值和意义的情报服务，为图书馆合理采购和分配资源提供决策管理，是图书馆智慧决策的重要组成部分。因此图书馆内部必须开展学科评价服务、开展学术评价与分析服务，以此为依据，根据自身情况、实际条件做出合理的决策。

以重庆大学图书馆基于文献元数据的系统建设为例，网络数字化时代，图书馆已不再是简单的信息资源管理者，而更应该关注读者的阅读体验，注重主动服务质量，面向读者开展智慧服务，以此提高馆藏资源的流通效率，协助高校整体学科建设发展，进一步促进全民阅读。基于文献元数据支持和智慧门户建设的重庆大学智慧图书馆，提供了满足读者需求的科研专题服务内容、教学课程服务内容、读者行为的智慧推荐内容（猜你喜欢）、学院虚拟专业图书馆服务内容，以及读者还可以根据个人喜好与需求对馆藏资源进行个性化编辑，建立个人资源库等。重庆大学图书馆认为，智慧图书馆的建设正处于理论走向实践的关键时期，其建设目前取得的成果与预期目标之间还存在巨大差距，还有很多困难需要克服和解决。智慧图书馆在拥有大量元数据基础上，下一阶段的探索和研究重点将放在如何更深入挖掘、运用大数据分析图书馆运行数据和读者行为数据，实现更多的智能和智慧化服务，以及如何全面实时地实现对数据库利用率的监控等，从而对标一流，更好地服务教学、服务科研、服务校友、服务社会。综上，图书馆应基于海量资源，打造大数据挖掘分析和大数据可视化服务平台，实现图书馆在文献资源评价与分析、用户行为分析及学术评价与分析基础上的智能决策和智慧管理，如服务趋势预测和服务类型、内容预测等。

（五）新型机构知识库

机构知识库的数据建设源于开放获取运动，越来越受到图书馆的重视，近年来开始逐步发挥其分析评价功能。实现机构知识库向学术成果总库的发展与演变也是机构知识库的重要发展方向。以可持续的数据建设为基础，根据不同需求，组合式提供不同服务（网络服务为主），促进分析与决策。机构知识库建立时的数据处理流程相对完备，且往往也是学术成果集合中心，因此在学院、实验室等二级机构的实验数据、学科情报、个人产出等方面具有天然优势，为实现科研成果认证、产出收录证明等基础文献情报服务自助化提供了可能。建立新型的机构知识库就是在已有建设学术成果总库基础上，将收录文献的处理单元下沉至元数据，以此为基础的新型机构知识总库在学院贡献度、作者贡献度等分析方面可以提供更加灵活的数据支持。以复旦大学图书馆为例，该图书馆从 Incites 数据库提炼本校数据，同时加上校人事系统配合，建立了一个基于 QlikView 的学术展示平台，其中与中文系合作开展的人文社科学科发展评估工作取得成效：基于自建的图书数据库，通过机器匹配和人工判读，将著作信息、著者信息和科研产出信息等精准匹配，建立数据评价指标体系，综合专家意见形成科学的、具有参考价值的人文社会学科评估报告。

（六）科研项目系统化解决方案

信息时代的科研活动从始至终都贯穿着竞争的因素。以科研项目为例，从项目选题、申报、立项到实施再到成果产出，以及后续科研成果转化等过程中，均面临着人力、财力、物力等多方面的竞争。因此，为科研项目提供精准的、系统的、全流程的整体解决方案有助于在科研项目开展的全过程中，锁定各个阶段的竞争优势，如选题时通过与专家密切沟通和文献计量学分析等，锁定学科发展态势、研究热点等，申报和立项过程中利用文献计量学方法和大数据技术，为科研项目提供基于各种数据库、基金支持包括媒体报道等多方数据，锁定竞争对手或机构的科研情况，进行项目的可行性、合理性和竞争性论证等，在实施和成果产出时则可以及时提供项目相关领域研究进展，便于把握项目研究的动态，最后在科研成果转化时，基于专利大数据提供专利分析报告等也可以继续开展后续文献情报支持服务，实现为科研项目提供从开始到结束的全流程解决方案。科研项目是科研能力的重要指标。新型文献情报服务强调系统化的整体解决方案。一是在服务思路和理念上要牢固树立系统化、整体化解决思路，如在满足科研项目申报的需求时，将文献情报服务嵌入项目论证、项目申报、项目研究、项目结题包括成果转化的每一个过程，主动挖掘用户需求，提供"超预期"的文献情报服务。二是可在技术和平台上设计开放的 API 或 XML 专用接口，授权其他业务系统，使用户通过系统接口即可获取文献情报，提供系统级文献服务。

五、基于增强现实技术的文献情报服务

（一）增强现实图书馆

对于高校研究型图书馆而言，增强现实（AR）图书馆在新用户的信息素养培训与教育上可以发挥创新作用。通过 AR 图书馆，将图书馆文献资源、常用功能、使用指南、操作手册等以更加立体、智能的形式展现在新用户眼前，新用户可以"像打游戏一样"进行各类图书馆功能的通关，提升新用户的使用兴趣和正向体验，一方面吸引更多用户使用图书馆，另一方面对于图书馆的部分功能可以用更加直观、具体的形式实现知识讲解与实践操作，帮助用户更加便捷地学习图书馆的使用。

（二）AR 资源导航

文献是图书馆收藏的主体。AR 导航既可以包括专业虚拟图书馆、学科虚拟图书馆、学院虚拟图书馆等立体展示，还可以根据用户常用的检索主题、作者等重新组合，建立新的、适合不同需求的用户的个性化情景导航，提升用户的智慧化体验，便于用户根据即时需求快速获取文献情报。

（三）AR 学科网

基于增强现实技术，可在现实条件存在困难时（如面对突如其来的疫情必须隔离）通过 AR 学科网继续开展科研工作。AR 学科网以科研团队或研究兴趣小组用户为服务对象，提供开放的资源搜索链接、团队协作科研日志、论文集合、资料文档、问答面板等，实现不受空间、时间影响的学术研究网络。

（四）AR 特色馆藏

主要是对图书馆特色资源、珍贵资源通过增强现实技术既能方便有需求的用户使用，增加其情景体验和心理满意度，同时也能实现图书馆特色资源、珍藏资源的有效保护，减少损耗。另一方面实现图书馆日益增多的图片、音视频等资源的展示。

（五）AR 学术社区

AR 学术社区的建立既可将有共同或相似文献情报服务需求的用户聚集在一起，搭建不受时空限制的学术交流平台，也能提高高校图书馆的社会影响力。

六、新型文献情报服务的实现

高校图书馆的服务往往离不开高校的三大功能——教学、科研和管理。随着文献资源的数字化倾向不断加剧，大量图书馆数据从原先的处理对象转化为一种具有情报价值的基础性资源，为多项服务的开展提供重要支持。因此，新型文献情报服务的实现离不开图书馆大数据和与之相匹配的系统平台支持。

（一）新型文献情报服务的系统支持

首先，新型文献情报服务的核心特征之一是大数据驱动，因此其实现离不开图书馆庞大的数据支持。图书馆需要对自身的文献资产数据（元数据管理）、用户数据、运行数据包括已有文献情报服务的服务产品数据等进行统一管理，也可以在征求科研团队和科研者的同意后，收录大量实验数据等，形成图书馆更为庞大的、动态的、全面的大数据中心。这既是开展新型文献情报服务的必要基础，也是智慧图书馆建设的重要组成部分。

其次，新型文献情报服务的核心要素离不开新兴技术的支持，在图书馆开展新型文献情报服务的过程中，除了大数据中心的支持外，还需要与之相匹配的智慧图书馆系统，这其中涉及人工智能技术、大数据技术和增强现实技术的融入，涉及图书馆内部管理系统、文献资产管理系统、运行数据分析系统、门户管理等的相对独立和有机统一，共同支撑新型文献情报服务的开展。

综上，只有底层数据和管理系统足够全面与强大，才能实现以用户需求为导向的，结合用户具体需求，将不同数据与服务平台、技术相匹配如将"个人—功能""项目—功能"或者"流程—管理"等按需匹配的新型文献情报服务模式。最后，将新型文献情报服务从理论推向实践的还需要专业服务团队的加入。

（二）新型文献情报服务的数据管理

在新型文献情报服务的实现过程中，数据的全流程管理是其走向实践的重要基础。要像馆藏图书一样管理数据。图书馆作为文献集散平台和数据管理中心，自身拥有大量的基础数据，主要来源通常包括文献数据（包括纸电整合的元数据、MARC 数据、数据库等）、运行数据（门禁、借阅量、下载量、登录数据、书评）等，是图书馆对内、对外了解不同需求，开展各项文献情报服务的重要基石。

基于数据管理的新型文献情报服务的一般流程中，首先是对用户需求进行具体分析。在这一阶段往往需要专业馆员与用户进行一次或一次以上的充分沟通，不断明确当次文献情报服务的用户目的、目标和期待的效果、呈现形式等，以此确定数据收集与整理中涉及的数据信息源和检索策略的制定。

其次在数据收集与整理过程中，需要对信息源和检索策略进行专业性、权威性评估，而更多详细步骤由人工智能、大数据等加入完成。其中涉及到的数据预处理环节往往影响数据质量（包括数据除重、清洗有歧义的结果和格式转换等），因此也需有专业力量和人工智能、大数据等技术的合作，实现高效、便捷的智能化数据收集与整理服务。在这一阶段中，用户也可借助相关系统平台获得实时的可视化数据分析结果，实现文献情报服务在数据处理环节与用户的良性互动。在数据分析与评价环节中，新型文献情报服务则更多强调基于人工智能、大数据等新一代信息技术的应用及数据挖掘、文本分析等软件的应用，高效地提供科学的数据分析结果，之前参与数据分析与评价的人力资源则转向对专业背景知识的探索等更具价值的文献情报服务，同时组织相关专家通过德尔菲法或专家会议法等进行数据分析结果的权威性补充和完善。之后输出的服务产品还需经过系统审核与修正，重点是对数据来源的科学性、权威性进行验证，同时对分析结果还要咨询专家意见。通过大量数据研究可在系统中设定判断值，当服务产品的质量高于判断值时则可提交用户，反之则需修改后输出。在这一阶段为提升用户满意度，可加入增强现实技术等的应用。

最后将输出的服务产品提交用户，同时也收录于图书馆相应的大数据中心，成为新的图书馆数据资源。当累积数量足够进行大数据分析时，可通过机器学习、深度学习、可视化呈现等建立用户画像和与之相匹配的常规性模板，促进新型文献情报服务系统的智能化实现，提升用户的文献情报服务获取效率。

除此之外，精细化、动态化管理用户需求和实现馆员角色的转变也是新型文献情报服务的重要实践保障。新时代用户需求的特点决定了单一的研究方法与评价分析难以满足多元化的需求。细分用户需求有助于精准化的文献情报服务，多样的技术手段与研究方法有助于提升精准化服务能力。即组合拳式服务与分解式研究相辅相成。对于新的需求方向，需要通过重组文献情报服务、增加人工智能、大数据和增强现实技术等满足新的用户需求。同时，图书馆馆员也应成为用户的"信息过滤器""情报雷达监测仪""科技前沿探测头""个人学术助理"等。新时期图书馆员应具备以文献情报服务为核心竞争力的专业服务能力。

七、图书情报服务发展

（一）新时期图书馆情报服务发展现状

1. 新时期图书馆情报服务模式的特点

（1）信息多样性

有着计算机信息技术的加持，图书馆不仅可以在线下提供情报服务，同时也可以开通线上的云端图书馆情报资源的分享。而现在网络信息的发展形式多变，图书馆的情报来源也会变得更加丰富。除了保持纸质书籍的典藏收集，还引进了电子书籍、报刊、期刊、影视资源等，甚至高校之间还开展了图书馆云端的资源共享，使得情报的收集成本降低，信息渠道增加，情报内容充足。

（2）信息共享性

各个图书馆之间通常会进行图书馆情报资源的共享，这样既丰富了信息的多样性，也体现了图书馆信息的共享特点。既是图书馆与读者之间的交流，也是图书馆之间的文化建设，便利了大众对知识获取的便捷需求。

（3）服务智能化

正如大家知道的，图书馆通常会有图书管理员管理着情报的收集以及图书的借阅和资源的分享工作。在传统的图书馆情报服务模式中，也是存在着智能化的服务手段的，比如每个图书馆的电脑上都会有图书馆资源的检索网站，可以找到自己想要的书籍的具体位置，也可以检索阅读需要的文献资料、电子期刊等。这种智能化的服务随着电子科技的普及已经比较成熟完善了。但电子技术更新换代的速度飞快，图书馆的智能化服务还有很大的提升空间。

2. 新时期图书馆情报工作中的新情况

当今时代，信息检索向着瞬时化的方向发展，信息储存量向着巨大化的方向发展。当人类社会逐渐进入到信息时代，人们更为关心信息储存及检索等工作，因此也就会对信息储存及检索工作提出更高的要求，除了希望检索速度得到一定程度提升之外，检索结果也需要向着精准化的方向发展。读者希望可以在短时间之内查询到更多的信息资料，但是因为书刊的数量非常多，在海量信息当中想要找寻到自己需要的信息，是一件比较困难的事情。现代社会知识更新周期呈现出一种逐渐缩短的态势，换一种说法，某些科技文献有可能在今天还是新的研究成果，但是等到明天就会被更新的研究成果替代，科技文献的时效性呈现出一种逐渐增强的态势，在面对这样一种挑战的情况下，图书馆信息储存格式及检索模式都应当发生一定变化。从信息储存格式的角度进行分析，图书馆情报服务应当逐渐向着数字化储存的方向发展；从检索方式的角度进行分析，图书馆情报服务应当向着资料细致化的方向发展。现代科学技术实际应用的过程当中，以及数据库构建速度逐步提升的背景之下，图书馆服务自动化和网络化发展水平，是对一个图书馆的现代化发展水平进行评价的重要标准之一。在图书情报领域出现巨大变革的背景之下，需要通过计算机对文献资料及信息数据进行检索，将传统手工检索放置在一个次要辅助地位上。依据上文的阐述能够认识到的是，未来一段时间，图书馆自动化水平和自身硬件设施实际情况之间的关系是较为密切的。

3. 新时期图书馆情报工作发展趋势

（1）图书情报网络化

全国各个高等院校图书馆情报工作是信息服务行业中一项十分重要的工作内容，从我国开始使用计算机检索和联机检索模式开始，这种检索模式的发展速度就得到大幅度提升，所以图书情报构建的中心数据库、科技信息中心以及专利信息中心肯定是会向着网络化方向发展。我国图书馆事业管理机制是纵向管理结构，条列型管理模式，实际应用的过程中，各个管理内容欠缺横向交流沟通。在体制、人员以及经费等因素的影响之下，任何一个系统中的图书馆都不可能将各个学科领域当中的图书文献收集齐全，所以应当开展横向联系工作，实现分工收藏目标，构建出一个全方位、多层次以及较为完整的书刊文献动态收集网络系统，在此背景之下实现资源共享这一目标。

（2）书目数据标准化发展

我国机读目录格式，是我国国家书目机构和国内图书情报部门之间开展规范数据交换的过程中遵循的国家标准。书目数据各个字段录入标准都应当满足我国现行规章制度，输入的目录卡片也应当满足现行规章制度中提出的要求，除去上文所说的问题之外，还应构建出一个满足国家机读目录标准要求的回溯型书目数据库。

（3）读者服务向着高效的方向发展

数量众多的科学信息储存、分类以及检索等工作的难度都是非常高的，因此应当施行科学合理的技术措施完成各项工作。在各个条件较为成熟的图书馆当中，已经逐步构建出计算机网络终端，在科学合理应用缩微以及数据储存等设备的背景之下，构建出缩微数据化储存系统，让图书馆的服务功能在原有的基础上扩大，让读者进入图书馆当中可以享受到更好的服务，精准地查询到自己需要使用的信息数据，从而也就可以让读者更为信赖图书馆，促使图书馆事业逐渐走上一条可持续发展道路。

（二）新时期图书情报服务存在的问题及对策

1. 存在的问题

随着社会的发展及信息技术的不断更新与发展，图书馆情报信息服务基于时代的变化呈现出新的发展特征，也被赋予了更多的任务和更多元的要求。就我国图书馆情报信息服务现状来说，虽然图书馆可以为用户提供决策支持，但在提供情报信息服务时也会产生一些问题。图书馆情报信息服务网络系统不够健全与完善，对现代信息技术的应用不科学、不合理，受制于传统的传播渠道等，都是图书馆情报信息服务亟待解决的问题。

（1）图书馆情报信息服务缺乏主动服务的意识

图书馆作为文献集散地和参考咨询的主场所，必须变被动服务为主动服务。受传统服务模式的影响，我国多数图书馆的情报信息服务处于消极应对的状态，只有用户找上门来才提供服务，没有主动服务意识。此外，当前图书馆情报信息服务仅局限于日常工作，忽视用户的多元化需求，不利于图书馆情报信息服务功能的发挥。

（2）图书馆情报信息服务理论与实践脱节

图书馆情报信息服务必须坚持理论与实践相结合的原则。情报信息服务的出发点和落脚点就是为用户提供情报信息，帮助用户做出有效的判断。当前，多数图书馆虽然已意识到情报信息服务的价值，但还缺乏认识的深度和广度，理论方面高度重视，实践方面却相对滞后。受制于求大求全的办馆理念，图书馆把建设重点放在图书馆规模的扩大、藏书量的丰富、重要文献资源的采购等上面，情报信息服务的方式及创新途径虽然在实践中得到应用，但缺乏足够的重视，理论与实践的关联度较低。

（3）情报信息服务与用户需求匹配度低

图书馆情报信息服务必须与用户需求相匹配，只有匹配用户需求，才能提升图书馆情报信息服务的价值，因此，图书馆与用户的沟通和交流必不可少。多数图书馆虽然基于时代和社会的发展要求，不断完善信息情报服务功能，但缺乏与用户的交流和沟通，无法通过有效的方式了解用户的诉求，情报信息服务工作也就无法有效满足用户需求，甚至出现与用户需求相背离的情况。

2. 应对策略

（1）创新服务理念，加大对图书馆情报信息服务的关注力度

网络时代，信息量激增，图书馆情报信息服务的难度加大，传统的被动服务理念必须被摒弃。图书馆要顺应社会发展和进步的要求，完善服务监督管理理论，加强对图书馆情报信息服务发展现状的分析，在加大关注力度的基础上做好图书馆情报信息服务的变革。服务理念的转变是多方面的，图书馆必须摒弃墨守成规的保守思想，必须学会借鉴其他馆的优秀经验，学会通过多种实践途径提升情报信息服务的价值；必须摒弃"重馆藏、轻应用"的图书馆建设发展理念，在加强文献保护的同时做好文献资源的利用，实现文献资源指导下情报信息服务质量的提升；认识到当今社会情报信息服务的地位和作用，强化图书馆员的情报信息主动服务意识，调动其情报信息服务工作的积极性。创新服务还要求图书馆员创新工作态度和方式，在高度重视情报信息服务工作的基础上，做好情报信息的收集、整理和归类，并在情报信息服务中融入主观思考，提升情报信息服务的时代价值。图书馆员要始终坚持"服务读者"的理念，规范自身的言行，保持学习的心态，不断提高服务水平；坚持理论与实践相结合的原则，在实践中积累情报信息服务经验，为用户提供更真实有效的情报信息资源。

（2）发挥网络优势，简化流程，提供准确有效的情报信息

当前，我国图书馆情报信息服务工作进入了新阶段，也面临更大的发展机遇和挑战。图书馆在充满机遇和挑战的环境中，应坚持理论联系实际，将信息化观念、市场化观念和产业化观念融入图书馆情报信息服务实践中，关注时代的点滴变化，关注群众的诉求变化，为用户提供真实有效的情报信息。具体来说，图书馆需要做好以下几个方面的工作：一是简化图书馆情报信息服务流程和手续。烦琐的流程和手续很容易挫伤用户体验情报信息服务的积极性，也会加大图书馆员情报信息服务的处理难度。简化服务手续可以使图书馆情报信息服务部门直接面向用户，优化用户体验，避免中间环节问题的衍生。二是必须发挥互联网的优势，扩展图书馆情报信息服务的渠道。图书馆要借助互联网获取最新的文献资源，了解相关行业的最新动态和发展方向，用更优化的管理方式做好情报信息服务工作，提升用户的满意度，强化用户对图书馆情报信息服务价值的认识。三是图书馆情报服务人员必须正确分析、辨别情报信息的正误，做好与实际情况的对比分析，提升情报信息服务的真实性和有效性。四是图书馆情报服务人员要提升信息筛选技巧，提升信息处理能力，基于市场和时代的发展诉求及科技创新的时代背景，提升情报信息服务的质量和效率。只有多管齐下，图书馆才能更好地完善情报信息服务功能。

（3）关注教育培训，创新图书馆情报信息服务的手段

随着时代的发展，图书馆也基于信息技术的优势实现了情报服务手段的创新，并通过情报服务手段的创新带动情报信息服务功能的完善。图书馆情报服务人员必须加强自我学习，具备创新思维，不断创新情报信息服务手段，切实提升图书馆情报信息服务的水平。我国有代表性的中国人民大学图书馆开发的"数字图书馆个性化服务系统"及浙江大学图书馆开发的 My library 等系统，都具有书签服务功能、图书馆数字资源服务定制功能、搜索引擎链接功能、信息通告功能等，提供了个性化链接和个性化更新服务，还发展了团体定制服务，使用户可以在数字图书馆的个性化环境下借助数字图书馆提供的工具和机制构建自身的个人馆藏，图书馆也可快速组织整合专用信息，并收集最前沿的信息提供给特定的用户，以满足用户的特定需求，提供更精准的情报信息服务。图书馆在情报信息服务手段的创新实践中应做好以下两个方面的工作：一方面是组织不同形式的培训，加强对图书馆情报服务人员的教育培训，使他们掌握最新的服务手段，并基于创新思维不断提升信息服务能力；另一方面是加强对图书馆情报信息服务人员的信

息技术技能实操培训，按照培训计划，基于馆员的信息技术实操能力开展有针对性的实操培训指导，以便为用户提供高水平的图书馆情报信息服务，并开拓创新思维，大胆创新实践，带动图书馆情报信息服务体系的创新。

（三）图书情报服务中现代信息技术的应用

现代信息技术采用了网络通信技术、计算机技术和数据库技术，改变了传统图书情报服务单一、被动的服务模式，有效提升了图书情报系统工作人员的信息素养和综合业务能力，扩大了图书情报机构的馆藏数量和质量，使得图书情报工作能够为图书情报用户提供更为精准有效的信息服务，满足信息时代用户对于图书情报服务的新需求。

1. 现代信息技术的内容

（1）通信技术

网络通信技术的发展不仅为人类的信息传播提供了更为快捷方便和安全可靠的传输方式，而且通过通信技术与其他技术的结合有效促进了现代信息技术的发展。现代信息技术中的通信技术已经不仅仅是传统的电信通信业务，而是能够为人类提供三网合一的通信服务的技术，通信技术的广泛使用为不同部门之间的信息流动提供了便利，有助于信息的共享和交流。网络通信技术的发展对于信息的采集、传播和加工都具有非常重要的影响，现代信息技术中的通信技术在图书情报服务过程中占据重要的地位，在图书情报服务的馆藏和信息查询业务方面具有重要的作用。

（2）计算机技术

计算机不仅能够用来进行数值计算还可以用来进行逻辑计算，同样具备存储记忆功能。随着微型计算机的发明和推广使用，如今计算机已经普及到各行各业，成为信息化社会中不可缺少的一部分。目前，计算机能够十分便捷地输入图像和使用自然语言，具备类似于人的大脑的功能。图书情报服务人员需要具备熟练的计算机操作技能才能够在现代信息技术背景下为图书情报用户提供快捷便利的服务，更好地开展图书情报工作。"互联网+"时代，计算机技术和网络通信技术与各行各业融合已经成为必然趋势，计算机技术在各行各业的普遍使用为各行各业提供了新的发展契机，图书情报服务也不例外。

（3）数据库技术

数据库技术的不断完善和发展推动了大数据和云计算的发展，当人工智能和数据库技术相结合之后，人工智能可以借助数据库技术将系统应用到实践当中，增强系统的综合功能。大数据具有大量、高速、多样、价值四大特点，对于大量数据进行实时挖掘和分析需要将诸多庞大的数据库进行链接，采用分布式计算机架构来进行云计算的分布式处理、分布式数据库和云存储技术。图书情报服务离不开数据库技术，不同图书情报部门之间进行相互协作，共享数据库以充实馆藏资源已经是大势所趋。数据库技术在图书情报服务中的应用能够为图书情报服务提供更好的整理和检索功能，不同数据库之间的关联能够有效提高图书情报服务的馆藏数量和质量，从而为图书情报用户提供更高质量的服务。

2. 现代信息技术对图书情报服务的影响

（1）提高了文献资料的效度和信度

文献资料的效度和信度是图书情报服务的基础，现代信息技术能够为情报用户提供精确全面的服务，并且确保所提供的文献资料的质量。图书情报部门需要增强图书管理信息化的能力，完善现代信息技术应用的基础设备设施，并且提高图书管理人员的信息化管理和检索的能力。现代信息技术具备强大的信息检索和数据库查询功能，图书情报服务人员在工作过程中能够根据搜集到的文献、图书资料来源判断信息的有效性和可靠性，从而为图书情报用户提供更精确的信息服务。现代信息技术能够帮助图书情报部门提高对于所采集文献资源的甄别能力，对于文献的真实性进行更好的鉴别，同时将不同图书情报部门的馆藏资源通过网络进行相互关联，有效扩大图书情报机构的馆藏数量和质量，提升用户搜集到的资源的有效性和正确性。

（2）有助于图书的馆藏建设

传统图书情报管理服务重视馆藏数量和馆藏质量，但是现代信息技术应用在图书情报服务中之后，图书情报服务能够利用现代信息技术手段扫描更多的珍贵资料充实图书馆，图书情报服务能够更好地为用户提供服务，帮助用户快速、便捷地查找到准确的图书情报。图书情报工作部门需要将信息化管理纳入到图书馆藏建设中，方便进行统一的管理和信息的查找，并且有助于馆藏资料的信息化。图书情报服务质量仅仅取决于馆藏数量和馆藏质量的年代已经过去，如今，现代信息技术在图书情报服务中的应用决定了为客户提供更及时、有效、准确的信息才是图书情报服务质量的衡量标准。现代信息技术在图书情报服务中的应用，倒逼馆藏信息化建设工作的推进，以满足在信息化时代用户对于图书情报服务的新需求。

（3）便于图书情报管理人员的管理工作

现代信息技术在图书情报服务中的应用需要图书管理人员具备信息获取、加工和利用的能力，图书管理人员只有熟练掌握信息技术能力，才能够在工作过程中使用现代化设备检索用户需要的情报信息。现代信息技术在图书情报服务中的应用需要图书情报服务人员不仅具备检索信息的能力，而且还要有一般故障排除能力，以及能够培养用户在网络环境中检索到需要的信息的能力。现代信息技术在图书情报服务中的应用能够有效促进图书情报人员进行自我知识更新以满足工作需要，传统的图书情报服务已经无法满足信息时代用户对于图书情报服务的需求，图书情报服务人员需要掌握现代信息技术知识和相关的学科知识才能够为用户提供更好的服务。面对浩如烟海的文献资源，传统的图书情报管理工作人员在工作过程中容易因为工作量过大而出现差错，在现代信息技术的支持下，图书情报管理人员能够更好地进行自动化管理和智能化管理，减轻了工作人员的工作负担，提高了管理人员的工作效率，从而能够更好地为图书情报用户服务。

3. 图书情报服务中信息技术应用概况

（1）数据库技术丰富了图书馆信息资源

如今的图书馆情报服务工作基本已经全部实现计算机管理，图书馆内的所有书籍都已经录入到计算机当中，利用专门的数据库软件进行专门有效的管理，建立起了完整的数据管理方式。在这种方式下，图书馆的信息资源覆盖面也得到了极大拓宽，图书馆已经不仅仅有单调的书本，还增加了许多有声有色的电子资源，比如电子书、有声读物、视频等，这些资源的增加极大地丰富了图书馆的信息资源，给读者带来了不一样的阅读体验，读者也能在图书馆里享受更加优质的情报服务，让人们对图书馆情报服务的认识有了改观，提升了图书馆在人们心中的服务形象。数据库技术的应用更是极大地提升了读者查阅书籍的速度，曾经读者想找一本书常常得花上半天时间，而且还不一定能够准确找到书籍，因为不知道该书是否已经被借出，而数据库技术就能极大地改善这种情况，缩短读者找书所用的时间，提升图书馆情报服务的质量，带给读者不一样的体验。

（2）网络技术推动了图书馆信息资源共享

图书馆虽然收藏了浩如烟海的图书，但始终还是会有未收藏的图书，尤其是一些即时的研究资料等稀缺资源，是不可能每个图书馆都有收藏的，读者要寻找这一类资源往往比较困难，但网络技术的出现极大地改善了这种状况。互联网技术已经基本覆盖了全球，通过互联网技术能够快速准确地搜索到所需要的信息，而且还能实现远程下载、文件共享等功能，这就促使图书馆能够最大限度地满足不同读者的不同需要。因此，图书馆不必把所有的资料都收藏到自己的图书馆中，只需要购买相应的数据库资源，到时候只要通过互联网就可以直接搜索到想要的资源，有必要的话还可以进行下载，实现资源共享。可以说网络技术的发展和普及使图书馆的情报服务质量有了质的飞跃，并且网络技术已经成为推动图书馆情报服务革新的巨大原动力，图书馆的情报服务也会随着网络技术的发展变得更加完善和优质。

（3）信息技术推动图书馆情报服务的管理创新

信息技术带给图书馆的不仅仅是某些工作服务质量的提升，而是整体工作方式的创新，这体现在图书管理和人员管理上。在图书管理方面，依托信息技术中的计算机和数据库技术，图书管理变得更加方便快捷，图书信息在计算机上一目了然，包括图书的各种基本信息和读者的借阅归还信息，而且还能指示图书所在馆藏位置等复杂信息。在人员管理上，计算机技术也能实现人员考勤和工作记录等工作，并且智能化技术的发展赋予了计算机更加智能化的功能，使计算机能够像人类一样"思考"，计算机甚至能够主动分析出当前图书借阅信息总表，得出图书馆资源使用情况，这样就便于图书馆人员了解读者最喜爱的书籍类型，可以作为图书馆今后资源购置的方向指导，更好地提升图书馆的服务质量，满足读者的需要。另外，信息技术的应用还可以促使图书馆从传统的自我中心向社会全方位的服务模式转变，图书馆已经不再是一个封闭的知识库，而是面向全社会的一个开放的知识库。这就需要图书馆情报服务工作有重点地朝着社会全方位化转变，逐渐放开一些限制，让整个社会都能够享受到图书馆优质的情报服务，提升图书馆在整个社会中的影响力。

（四）大数据在图书情报工作中的应用

随着社会的发展，大数据这一背景已经逐步融入广大人民的生活当中，对于图书情报工作来说大数据背景有利于图书情报工作的科学管理，有利于创新工作的思维与方法，人们对图书阅读、文献管理以及研究资料的要求也不再停留于简单的查阅，而是需要更加完善的图书资料，甚至是图书的长期资料整合，所以在图书馆管理上延伸出了图书情报这项工作内容。随着科学技术的进一步发展，在大数据的背景下图书情报工作要不断创新自己的工作方式，改变工作思维，将大数据的优势运用到工作当中，将数据分析、获取、整理以及管理都进行改进，寻找图书情报工作新的途径。在图书情报工作中结合大数据分析工具是时代的要求也是图书馆管理发展的需要。

1. 大数据背景下图书情报工作的特点

大数据具有种类繁多、数量巨大、数据获取容易等不可替代的优势，而图书情报工作就是以为人们提供更便捷的服务作为最终目标的。图书情报工作都是对数据进行获取、分类、整理的过程，大数据为图书情报工作效率的提高提供了基础，所以大数据环境下图书情报工作也有了显著的特点。

（1）数据整合

早期线上图书馆因为网络环境的庞大容量，大幅引进了线上图书资料，以满足用户的阅读需求，但是因为资料数量太多，用户要精准搜索到需求内容，往往需要通过一个较为复杂的过程，此时就会给用户带来不良体验，所以有必要进行改善，而通过大数据技术，能够对所有线上图书资料进行分析，得到每个资料的特征与特点，之后根据特征相似原则进行分类，降低用户搜索难度。从另外的角度，早期线上图书馆情报工作是为了获取用户需求，再根据需求来进行服务的一项工作，但因为网络用户数量庞大，其获取到的数据量同样达到了惊人的地步，此时要对所有用户需求数据进行分析无疑是一项难度较大的工作，此时借助大数据技术，可以自动对这些数据进行整合，具有更高的应用价值。

（2）跨平台建设

网络环境的架构十分复杂，其中各个平台之间都存在联系的可能性，在这一前提下，线上图书馆可以通过平台联系来实现推广，这一过程即为跨平台建设。在早期线上图书情报工作当中，也考虑到了跨平台建设，然而从结果上来看，因为平台之间的联系，使得工作需要处理的数据量增大，同时介于数据与数据之间的逻辑关系，导致工作效率、准确度大幅度下降，其中还存在技术水平方面的限制，所以总体而言，跨平台建设在早期图书馆情报工作中的表现不佳，但在大数据背景下，以往跨平台建设的难点均可被自动化处理，使图书情报工作得到优化。具体来说，在现代技术背景下，人们对于网络技术的应用主要侧重于移动网络、个人电脑（PC）网络，其中移动网络方面，主要利用智能手机上的应用程序来实现应用，那么在大数据技术的支持下，能够实现线上图书馆与手机应用程序的联系，借助各种手机平台来实现推广服务，例如 QQ、微信等，同时在各平台的数据交互当中，大数据技术可以实现实时数据统计、数据分析、数据整合等功能，通过此类功能的应用，可以得到用户兴趣倾向等数据情报；在 PC 网络方面，因为 PC 的功能相较于智能手机更加强大，所以用户在 PC 网络中产生的数据类型更多，相应要获得这些情报并对其进行分析的难度更大，而在现代大数据技术支持下，则可以兼容不同的 PC 数据，依照相应逻辑来进行处理，具有较高的应用价值。

（3）个性化服务

结合上述分析可见，无论在哪种网络环境当中，不同用户都会产生不同的个性化需求，相比之下总会存在一些细微的差别，那么为了使图书馆服务与用户需求更加契合，就有必要对用户个性化需求进行更深层次的分析，但这一要求在早期线上图书馆当中很难实现。大数据技术针对不同的个性化需求，首先将其分解成初始化状态，再通过分析了解各初始数据之间的逻辑联系，整体分析完成之后，即可得到一个准确度更高的需求结果，此时根据结果来提供服务，极大地提高了服务与需求的契合度。此外，因为用户的个性化需求随时可能发生转变，因此数据分析不能一成不变，对此大数据技术可以实时统计用户的操作习惯、阅读数据种类，再根据这些信息依照学习逻辑来分析用户可能喜欢的内容，自动将这些内容推送给用户，实现优质的个性化服务。

2. 大数据背景下图书情报工作的创新

（1）创新图书情报管理服务理念

要想切实提升大数据技术在图书情报领域的应用效果，图书情报的管理理念和服务理念均需要进行创新。管理方式应从传统管理方式逐渐转化为大数据管理方式。

创新管理理念。应认识到情报管理工作中引入大数据技术的优势和重要性，不断拓展数据采集渠道和方式，在图书情报中融入更多相关性数据资源，为图书情报工作的开展增添更多参考素材。

创新技术手段。在选取管理系统和分析工具过程中，应积极引入具有科学性的工具，并充分发挥其作用，更好地为图书情报工作提供辅助作用。与此同时，强化情报管理工作的信息化建设，使图书情报数据平台能够储存更多资料。针对跨平台服务，应进行工作平台的有效创新，建立良好的跨平台服务体系，不断丰富服务内容和方式。

创新服务理念。培养每个图书情报工作人员的服务意识，推动图书情报工作个性化服务发展。

建立用户反馈机制。为用户提供有效的反馈渠道，可通过线上实时对话反馈，在收到客户反馈信息后，运用大数据技术展开用户行为的深入分析，为图书情报工作平台的功能和服务完善提供可用信息。

（2）创新图书情报人力资源体系

在大数据技术应用过程中，图书情报工作的人力资源体系亟待创新，可从两个维度展开。一方面，针对图书情报内部人员，创新传统的培训和考核机制，在开展培训过程中，运用大数据技术能够灵活把握时间，在技术不断发展和更替过程中，图书情报领域应强化培训力度，同时延长培训时间，使每个工作人员均能够与时俱进，跟随时代的发展。在课程内容方面，应积极引入新技术、新理念、新服务、新内容，并根据培训效果不断改进和优化课程内容，培养工作人员良好的创新意识和能力，以及独立分析、解决问题的能力，更好地适应用户的多样化需求；另一方面，应高度重视人力资源体系的完善工作，在大数据技术应用过程中，总结图书情报工作的基本特征，明确划分岗位职责，将其细分为多个模块，根据岗位的实际需求，制定可行的人才引进计划。在招聘工作人员时，同样应重视大数据技术，应聘者须掌握扎实的大数据知识技能，以及图书情报专业知识，强化人才储备。

（3）创新情报信息安全管理制度

图书情报领域在运用大数据技术进行改革创新过程中，情报信息安全问题应予以高度重视，信息是一切工作开展的基础，其重要作用不言而喻，同时这些信息中涵盖了大量的文献、科研资料，均是诸多学者潜心研究的成果，若发生遗失或泄露，将会造成不可挽回的损失。因此，为了保障情报信息的安全性，应创新情报信息安全管理制度。在管理制度完善过程中，应立足于图书情报工作的实际情况，以及大数据技术的应用层次和情况。管理制度完善的重点，则是将管理职责明确划分，将责任分配到个人。同时明确职责的边界，这样在信息管理过程中遇到问题能够直接找到负责人，若职责、边界划分不清，则会造成责任推脱，对问题的处理十分不利。同时，应制定分级管理机制，针对科研资料、知识产权资料等，应进行加密处理，提高信息管理的安全等级，图书情报领域应加强信息安全方面的投入。信息安全管理需要运用软件、硬件设施，因此，应定期进行检查和维护，避免出现硬件损坏、老化等问题，软件及时更新，定期检查系统内是否存在漏洞、风险隐患等，避免信息管理系统受到不明的攻击，降低风险隐患，提高信息安全性。针对使用者的个人信息资料的安全性，可通过与互联网公司开展合作，借助第三方管理力量提高个人信息的安全性，同时为每个使用者普及信息安全管理经验，不断提高整体的信息管理水平。

3. 图书情报工作中大数据应用的现状

（1）大数据技术与学科研究主题的结合

大数据技术能将杂乱无章的数据有序化，在其中找出数据发展的规律和趋势，为分析者带来更加具有价值、洞察力和启发性的结果。这些技术可以与相关的科学研究相结合，为这些科学研究带来便利。首先，大数据应用模式主要可以细分为相关算法挖掘和数据应用两种类型，将这些数据与图书情报工作结合之后，可以充分预测出不同类型的图书情报。其次，可以利用大数据技术与相关的资源结合，使得相关资源可以被建立起有效的分析系统，使得不同类型和规模的数据可以被高效地分类并拓展，挖掘出相关的知识点，同时利用相关的数据分析法检测数据内部是否有外部入侵的隐患，对于保护相关数据和知识点有重要的意义。最后，将大数据与图书馆服务工作相结合，也是大数据与图书情报工作相结合的一个研究方向，图书馆工作包括整理图书、图书服务、图书保管等，这些工作具有烦琐、容易出错等特点，如果能充分利用大数据技术，相关的图书馆服务工作将更加便利，实现高效服务。

（2）大数据与图书情报工作结合相关研究越来越多

要想了解图书情报领域内部的研究热点，可以借助大数据技术进行同词分析，聚合主题比较相近的文献，随后借助关系强弱考查方式，可以把握相关研究主题的研究热度。相关文献显示，关于大数据在图书情报领域中的应用的文献数量，从 2013 年至 2017 年逐渐增多，大数据在图书情报领域中的研究数量正处于上升期并将得到越来越多人的关注。此外，我们发现大数据与图书情报工作结合的应用主要集中在韩国和美国，相关的研究文献较多，且质量较高，是许多研究者参考文献的来源，对于后续相关研究的开展具有重要的意义，同时，这些国家也注重和其他国家合作促进大数据与图书情报工作结合，促进不同国家的共同发展。

（3）数据可视化分析

目前，大数据分析技术的应用已经在很多地方有所体现，能帮助决策者提出更加具有可持续发展意义的解决方法。图书情报领域大数据的结合体现在很多方面，在经过大数据可视化分析工序流程、大数据可视化处理架构规划、Twitter 大数据精细化分析后，大数据可视化分析逐渐成熟，能将数据分析得更加具体，从而使得工作人员更加理解数据分析结果，并以之为依据开展相应的工作。但是，数据可视化分析目前还有许多问题，如分析结果是否准确等，有待人们提出新的解决方案。

（4）移动数据与云端处理和图书情报工作的结合

随着移动数据和云端处理技术的发展和普及，通过手机进行图书情报的数据储存、运算和数据处理等都能得以实现，可以通过云端处理技术进行处理，使得数据分析更加便捷，为工作人员的工作带来了便利。但是，目前我国相关研究尚处于起步阶段，还有许多亟待解决的问题，如在进行云端数据分析时，如何保证数据的安全性。

（五）微信在图书情报领域中的应用

微信是一种即时社交软件，如今已经成为人们日常生活、工作中的重要通讯工具。随着微信的应用越来越广泛，图书馆和信息领域的学者开始关注如何利用微信在图书馆应用中的强大功能，为读者提供更加便捷的服务。本部分就对微信在我国图书情报领域的应用进行了探讨。

1. 微信在图书馆情报领域的应用优势和价值

（1）微信在图书情报领域的应用优势

微信拥有巨大的资源、方便快捷的使用方式和良好的交互性能，符合信息时代的需求，有一定的发展空间和优势。第一，微信公众平台符合公共图书馆对图书馆和信息提供服务的需求。公共图书馆有大量的读者，在微信受众规模不断扩大的背景下，相关的图书馆和信息传递工作可以利用微信公众平台，向读者提供阅读服务、有效提升公共图书馆自身业务系统的建设水平。第二，微信公众平台对推广用户群有很好的效果。庞大的微信用户群使微信的公众平台非常黏稠和实用，可以促进微信的图书馆和信息服务。第三，微信公众平台可以以最低的成本和最快的速度实现图书馆移动信息服务技术的拓展与创新。几乎所有的智能和部分非智能手机平台都支持免费下载。同时，微信的大部分使用功能都是免费的，例如，微信的上传、下载、更新和注册插件等，所以低业务成本是最好的选择。

（2）微信在图书情报领域的应用价值

图书馆事业的发展要求提高图书馆馆藏信息的利用率和服务效果。互联网、大数据等现代信息技术的迅猛发展，使图书馆服务模式与服务方式面临巨大挑战，必须进行创新与转型，而微信可以有效改善我国图书情报信息服务的效果和拓展传播的渠道。同时，它具有操作简单、成本低廉、信息发送快捷以及内容丰富等特点，无须下载专用应用软件。这种应用方法可以有效地拉近图书情报服务与用户之间的距离，使图书馆和信息的传递更切合用户的需要，有利于图书馆事业的健康发展。

2. 微信在图书情报工作中的应用路径

（1）微信数字资源宣传推广

随着微信网络平台的发展，微信已经成为一种重要的数字资源宣传途径。数字资源推广的效果直接影响着图书馆的资源利用率。例如，为了让读者更好地利用微信数字资源，有效地发挥传播知识的作用，提高读者对微信数字资源的认识度和利用率，可以组织开展读者数字资源推广月活动。采取户外宣传与讲解的形式，现场发放数字资源宣传材料，与读者面对面沟通，让读者了解微信数字资源的学习过程，激发读者求知的热情，提高数字资源利用率，为满足读者对数字资源内容和类型的多元化需求打下良好基础。

（2）微信与高校图书馆

目前，各大高校都已经建立了微信官方账号，图书馆可以通过该微信平台开展图书馆信息宣传服务工作。利用微信官方账号可以为学校的教师和学生提供更多的图书信息，更好地利用图书馆的图书资源。通过微信官方账号提供的移动阅读资源，读者不但可以直接阅读或者下载电子书，还可以在手机或平板电脑等移动终端上学习公开课、听学术名家报告。同时，图书馆也可以通过微信平台不定期发布新闻消息和图书馆资源动态，为师生提供多种参考咨询的服务方式，组织开展学术讲座等活动，最大限度地利用图书资源，为教师和学生提供更高水平的信息服务。

（3）微信与图书馆服务

图书馆通过微信平台及时发布图书馆的公共信息、数据库最新资讯、讲座通知等内容。读者可以通过微信平台进行线上图书借还操作；也可以通过这一平台对有关图书馆利用中的各种问题提出咨询；还可以提供更多的图书搜索服务，例如，查询馆内资源分布的情况、馆内图书的具体位置、图书的阅览量等相关的信息服务。通过微信平台来扩展图书馆与读者的沟通渠道，加强与读者的互动，优化信息呈现方式，提升读者服务体验，为读者提供方便快捷的信息服务。目前，借助微信平台优化图书馆的服务，已成为多数学者的研究方向。

（4）微信在图书情报领域的应用与图书馆的个性化服务

人们已经越来越习惯用电子化的产品来阅读文献，然而，随着图书资源的不断丰富，只有建立像微信这样的网络平台，人们才可以不受时间和空间条件的限制来进行浏览。在信息技术的高速发展下，微信在图书情报领域的应用不断深入，如何提供符合用户实际需求的个性化信息服务，是图书馆微信网络平台建立和发展过程中需要不断思考和解决的问题。例如，可以利用微信平台开展 OPAC 查询，为读者提供一对一的信息咨询服务；可以利用微信平台对不同的读者进行新书推介、文化交流活动等特定内容的专精化推送；可以利用微信平台与读者互动，及时了解读者对图书及图书馆服务的评价，增加用户的黏附性，帮助图书馆积累越来越多的用户，让图书资源的利用率不断攀升。

（六）机器学习在图书情报领域的应用

互联网技术的快速发展，使得网络中的数据信息量不断增多，人们进入大数据时代，网络为人们提供了更多有效信息。但同时大量的数据也会出现"信息过载"和"信息迷航"现象。在此背景下，通过机器自动学习，借助计算机设备图像识别、语音识别、信息检索等功能，从复杂烦琐的数据中主动提取图书情报相关信息，可提升信息获取效率。

深度学习的热潮还在持续，对于图书情报学来说，抓住这样的时机，紧跟时代的步伐对于学科的发展将大有裨益。将传统的信息服务和信息处理手段与新兴的深度学习技术有效结合，将为学科带来许多值得期待的新思路、新理念。如文本信息的自动化、数字化服务，智能的专家知识问答系统，以文本、语音、图像为对象的情报自动采集和加工技术，基于大数据的人工智能决策系统，以语义内容分析为基础的科研成果评价等。深度学习正给世界带来深刻变革，图书情报学科有充分的理由在这场变革中迎来发展的机遇。以下试举几个实例，说明机器学习未来在图书情报领域的可能应用。

1.智能问答系统在图书馆中的应用

在图书馆由"馆藏为中心"向"读者为中心"转变的过程中，智能问答系统可以发挥更加重要和关键的作用。智能问答系统的前身是基于关键词搜索的FAQ，所能回答的是简单事实型问题。人工智能时代的问答系统在提问形式、回答问题的深度方面有了长足的进步。随着机器学习技术的深入应用，智能问答系统在词库与知识更新速度、所使用的实体知识的类型等方面有了更大的提高。新的智能问答系统将对提高图书馆数字参考咨询的智能化和深度语义知识化起到更大的促进作用。首先，基于自然语言处理中的浅层句法分析和深层句法分析技术，图书馆智能问答系统可利用序列化的深度学习模型对提问进行精准的分类和多层面的子句拆分；其次，通过充分利用深度学习模型在海量结构化、半结构化和非结构化数据中自动构建特征并进行知识挖掘的特征，结合图书馆的馆藏和业务方面的数据，在一定量的人工干预下，可以构建深层备选答案的数据集，并对该数据集进行相关的分类；最后，未来图书馆智能问答系统的突出特征是支持并行计算，尤其是调用相应的自然语言处理模型面对海量答案的自动匹配过程中，并行计算不仅能确保答案查询的准确性，而且能确保答案查询的全面性。深度学习技术支持下的图书馆智能问答系统，将成为与图书馆馆员一样的"百事通"，很大程度上代替图书馆馆员面向读者开展服务，且态度和蔼，百问不厌。

2. 机器学习在文本信息处理中的应用

机器学习特别是深度学习技术，应用于各类文本的深入加工和处理，并借此得到各个角度、多个层面的知识，将成为图书情报学未来研究的重要内容之一。首先，基于领域化的文本数据，构建领域化的词汇、术语和实体资源，结合隐马尔可夫模型、最大熵模型、条件随机场、支持向量机和深度学习的各种模型，实现对文本内容的分词、词性标记、实体识别、实体关系挖掘，进而完成对文本知识的组织；其次，通过浅层句法关系、深层次句法关系、语义自动分析、篇章结构的计算，从已经进行了知识组织的文本中挖掘出词汇层面、实体层面、句子层面、段落层面和篇章层面等多个层面的知识，作为构建知识库和知识本体的基础；最后，结合可视化和虚拟现实的技术，从历史的角度，对处理后的文本知识进行时间序列层面上的呈现，从情景的角度，结合相应的地理和历史场景，对文本中的相关事件进行适度的还原，从而让文本知识真正活起来。图书情报机构原本是以单册文本作为收藏单元的，如此处理后则能以细颗粒度的方式向读者或用户呈现文本内容，及其内容所蕴含的知识以及知识与知识间的关联。同时，用户需求也可以利用上述机器学习方法采集获取。机器学习方法将助力图书情报机构进入基于文本内容和用户需求的自动化知识服务时代。

3. 机器学习在学术评价中的应用

基于机器学习的相关技术，可以改善非结构化学术文献全文数据处理技术，从学术文献的全文数据中挖掘出更多的特征知识，并把所挖掘出来的知识融入到学术评价当中。譬如，以前费时费力的引用行为分析便可通过全文挖掘方式获得基础数据。以机器学习为技术基础的评价数据采集与加工方式将日益受到学术评价领域研究者的关注。

未来随着大数据和机器学习方法的快速发展，充分发挥机器学习在自然语言处理、图像自动识别与分析以及深度语义关联与挖掘上的强大功能，可实现对学术论文题录和全文的内容理解、评价分析，从而面向海量学术文献模拟人类专家在理解文献内容的基础上实现由机器充任的同行评议，摆脱目前高度依赖学术文献题录信息和引文数据的单一评价模式，达到学术论文的评价真正基于学术论文内容进行的目标，提升学术评价的科学性、规范性和智能化程度。

4. 机器学习在信息服务方面的应用

机器学习对于用户的信息检索、信息利用行为可以进行深入的挖掘。在图书情报机构广泛的读者或用户使用行为数据基础上，机器学习大有作为。

首先，机器学习方法可以挖掘并分析用户的信息需求，以"推"方式向用户提供主动的、个性化的信息服务。未来的图书馆在充分发挥机器学习功效的基础上，可以成为用户手边的个人信息助理，随时随地提供精准的主动信息服务。

其次，在确保隐私的前提下，机器学习完全有能力将用户在图书情报机构的信息行为与个人的日常生活行为进行关联，并提炼、分析用户需求，使用户日常生活行为与图书馆的主动信息服务融为一体，将前述个人信息助理升级为个人生活助理。如生病时推荐医院、医生、药品，出行时选择并预订交通工具，工程项目开展前推荐相关资料甚至形成基础性文档，等等。

5. 机器学习对图书情报学人才培养的影响

在机器学习迅猛发展的大趋势下，一个全面、立体、贯穿智能元素的图书情报学教育体系，应当将培养精通机器学习技术的高端图书情报人才作为重要目标，设立与机器学习理论和技术相关的一系列课程，将此作为图书情报学教育和人才培养方面一个重要的主题，同时也是图书情报学学科建设与发展的重要保障。

随着大数据时代的推进，图书情报机构面对的数据信息、数据资源将越来越复杂，其种类、层次呈多样化和立体化，内容愈加异构化、非结构化，挖掘、利用的难度将越来越大，而机器学习大有用武之地，图书情报机构对机器学习技术需求的程度将越来越高。掌握先进的机器学习技术的专业人才，将成为当前环境下引领学科与行业发展的生力军，对于机器学习人才培养的看法和重视程度，也将影响图书情报学学科未来的发展方向和趋势。

第四节　党校图书馆文献资源建设

一、党校图书馆党史文献的建设与开发

文献是记录人类社会的发展，记录社会每一发展阶段的经济、政治、科学、文化等各方面的印刷体或非印刷体。按照当代文献的概念，中共党史文献的定义应是：记录有中共党史知识和信息的一切载体。党史文献不单单是指中国共产党的历史文件，还包含基层党组织的一些文献。党史文献包含有中央和地方党史文献，社会性、历史性和时代性较强，与一般历史文献比较，党史文献的政治性和阶级性突出。地方党史文献笼统而言是反映所在地的党的历史发展的正式出版或非正式出版的各种文献资料，包含了地方党史人物、重要党史事件、党的自身建设、领导当地人民进行革命和建设总概貌的各种文献资料。

新时代党校图书馆参与党史文献资料的整理工作，可以履行党政机关单位积极参与社会文化事业的职责，利用好自身资源优势，提供图书资源服务，增进社会福利，满足人民阅读需求。保存好党史文献资料是党校图书馆工作职责所在，党校作为领导干部党性教育培训的机构，资料收集和整理是基础性工作。党史文献多来源于各种党史报刊、书籍和资料，最大限度地收集文献，是开展党史研究的前提和基础。

（一）党校图书馆整理和开发党史文献的意义

1. 推动党校图书馆馆藏资源建设做大做强

党校图书馆馆藏资源建设的一个重要方面是关于中央以及地方党史文献资料，加强对党史文献资料的整理与开发利用工作势必要增加对中央以及地方党史文献资料的馆藏，通过增加党史文献方面的馆藏，提升馆藏资源品质，也可以有效彰显党校特色。可以更好服务社会，有利于自身资源优化，促进党校图书馆自身馆藏建设和科研能力的提升。习近平总书记指出："共和国是红色的，不能淡化这个颜色。"党史文献资源的资源构建是党校图书馆在党史党建专题领域特藏的重要组成部分，新时代需要发挥好党史咨政育人的作用，党校图书馆以党史文献资料馆藏建设为抓手，以传承党史资料孕育的红色文化精神财富为目的，在当前党史学习教育活动中具有不可替代的作用。不断完善特色资源建设是最大限度地发挥特藏价值的前提，充分发挥特藏价值是图书馆建设特藏资源的根本目的。对党史文献资料的整理，不论是短期还是长期效益都十分明显，作为党校图书馆，

加强对党史文献资料的整合利用，既是内涵建设的亮点，可以进一步加强自身馆藏建设，还可以推动党校图书馆事业以及党校教学科研的全面发展。

2. 发扬党校党史学习教育"智慧库"功能

党校图书馆可以立足当地红色文化资源，依托地方红色文化资源优势，不断丰富党史学习教育的内涵，挖掘更多更为鲜活的党史文献资料，引导党校党员干部以及学员加强党性锻炼，让红色基因薪火相传。一方面对于当地的优质红色教育资源，要进行科学合理的整合，坚持"抢救性、保护性、利用性"的原则制定地方党史文献的摸底清查工作计划，利用好当前党史学习教育活动的时机，将地方红色党史文献资源加以充分发掘保护，党史文献资料整理与开发利用不但要作为党校图书馆的业务工作，也要视为一种政治责任；另一方面在"两个一百年"奋斗目标历史交汇的关键节点，党校图书馆开展此项工作，彰显了党校作为党员教育培训机构的担当作为，以行动践行"党校姓党"的工作原则。党校图书馆开展党史文献资料的整理与开发研究，可以进一步为党校教学科研提质助力。源浚者流长，根深者叶茂。做好党史文献资料的整理及开发利用工作，相当于为党校课堂培育基肥，为地方党史学习教育工作提供更多素材，丰富党校党史党建课堂的教学内涵。

3. 对地方党史文献的保护作用

地方党史文献保护工作在有的地方开展并不是很顺利，这主要是受限于当地职能部门的重视程度以及财政支持力度，而党史文献资料具有一个鲜明的特征就是具有史料价值。其藏本文献不仅在当下承担提供文献信息的重任，同时也肩负传承人类文明的重大使命。党史文献信息承载着党的优秀文化，值得开展研究，让党的优秀传统文化在有效保护基础上得到继承、弘扬和发展。党校图书馆及时整理和保护党史文献工作，不单单是现下党史学习教育工作的需要，也是为后人保护好这一值得不断学习和钻研的文化遗产。党史文献整理过程中，要及时运用网络技术，将不易保存的纸质资料转化为电子资料，减少党史文献资料存储空间的同时，也可以让使用者更方便快捷地获取。开展党史文献资料整理工作有利于传递党史知识，党史类社会科学的文献老化速度慢、时效长，即便数十年后仍然会被人们广泛研究。做好这项工作，有利于对党史文献资料的保护和传承。

（二）党校图书馆收集地方党史文献的途径与建设方向

1. 常规收集地方党史文献的途径

（1）馆际共建，文献资料的交流共享

馆际间的合作有利于促进党校图书馆事业发展，以及在党史文献资料方面的整理以及开发利用。党校图书馆加强馆际共建，可以弥补与高校图书馆和公共图书馆之间的差距，通过学习其他图书馆的先进工作经验，共享其他图书馆的文献资料，除了党史文献资料专题方面，还可以更广泛地开展合作交流。联盟协作已经成为图书馆建设常态化机制。需求催生变革，技术驱动创新，在网络科技日新月异的今天，图书馆需要在各个领域广泛开展合作，图书馆间联盟协作已经成为必然趋势。党校图书馆在资源配置、人才建设方面相较于高校图书馆和公共图书馆存在着差距，在开展馆藏资源建设方面，积极融入城市图书资源的共建共享过程，通过优质图书馆的传帮带，谋求在党史文献资料整理与开发利用工作方面取得突破，可以尝试以建设特色图书资源馆藏的途径扩大党校图书馆的影响力。党史文献方面加强馆际共建，一是有利于快速全面掌握更多的党史文献资料；二是也可以节省党校的人力成本与购置成本。

（2）实地调研，一手资料的收集整理

党史文献的收集主要包含党的实践史资料，一是我党在革命时期、社会主义建设时期以及改革开放时期各阶段的历史实践；二是文字史资料，主要是我党各界人士的著作文本、图片、影像资料等。对于一手资料的收集、整理和考证，需要不断进行实地调研，从各方收集资料，形成"全""实""真""准"的资料，以马克思唯物史观的观点进行具体分析和科学考察，这样得到的党史文献资料才能保证真实性、政治性和现实性。另外，实地调研可以进一步丰富党史文献资料的内涵，发掘更多的历史价值。调查研究要经常化。对党史文献资料的调查考证，是对历史的尊重，对于党校而言，也是治学的严谨，因此只有经过严肃认真地调查考证的党史资讯才能搬上党校课堂，进入党校图书馆。

（3）协调合作，职能部门的资料筛选

加强横向协作，与地方政府、图书馆、党史研究部门、宣传部门加强联系，实现党史资源的信息共享，形成合力，推动地方党史学习教育活动高质量开展的同时，为党校图书馆的发展壮大贡献力量。面对数量越来越庞大、产生源越来越多、类型越来越丰富、生产速度越来越快的海量资源，图书馆的资源建设任务越来越重。通过资源的共建共享，实现党史文献资料的多样化、海量化。党史文献资料对于党校图书馆资源建设而言属于实质性、长期性需求，通过更多部门的协作，加快推动党校图书馆资源建设。此外，通过协调合作，可以减少人力、物力的浪费，实现党史文献资源利用最大化。

（4）线上资料的甄选以及接受民间捐赠

线上资料主要是指各类图片、视频等影音资料。尽管信息技术不能代替我们进行理论思维，但它能够帮助我们减少简单劳动，从而使我们有更多的时间与精力从事创造性研究，以推动中共党史研究的不断深化。党校图书馆要做好主动收集（征集）党史文献资料的工作，此外，通过引导、鼓励民间捐赠各类党史文献资料。线上资料的甄选在经过科学分类和规范整理以后，要及时存档入库。

2. 党校图书馆党史文献资料数字化建设与开发利用

（1）完善党校党史文献的数字化建设

加快党校图书馆党史文献资料的数字化，要提供专项资金，配备完善的硬件设备。党史文献资料的获取不是简单从已有的馆藏文献中剥离出这部分资料，也不是随意在网上进行资料的下载，党校图书馆做好这项工作，需要投入人力、物力以及财力，党校图书馆文献信息资源建设需要保障数字资源的连续性，现下日益增长的文献资源价格，需要做好图书馆文献购置费的配套工作。随着互联网技术的发展，各行业都朝着信息化、互联网数字化的方向升级，党校图书馆在做好党史文献资料的收集整理以后，要完善这类资料的数字化建设过程，建立好党史文献图书资料专业资料数据库，减低自身建设成本。同时，党校图书馆要利用好党校优秀的教研队伍，特别是党史党建方面的专业人才。加强对图书馆管理人员的专业技能培训，及时与党史党建工作人员对接，更新馆藏，满足借阅需求。图书馆管理人员在掌握传统的图书馆管理知识外，还要注重对计算机技能知识的培训，对党史文献资料在数字化建设过程中的问题能及时处理解决。

（2）建立规范化图书资料管理制度

党史文献资料和其他图书馆馆藏文献一样，需要建立规范化的管理制度，特别是对于纸质文献，由于流通过程中引起的坏损、读者使用不当造成的伤害、管理员操作不当引发的损害以及纸质文献资料自然老化等原因，会导致馆藏党史文献纸质文献破损，那么就需要建立规范化的管理制度，优化党史文献借阅政策，加强专业技术人员技能培训，规避党史文献资料的破损风险，延长文献资料使用寿命。特别是对地方党史文献中的孤本、不可复制的党史文献等，要做好预防性保护工作；对于已经破损的党史文献资料要请修复人员进行修复抢救工作，对不适宜外借流通的党史文献资料，要及时清理并制作电子复制件，停止外借并妥善保存。

（3）党校图书馆要建立区别于党史研究机构的党史文献利用机制

中共党史研究关于党史文献资料的搜集、考证、整理和利用，主要是对于党史文献资料的整理与保存工作，后期的利用主要是基于对外借阅以及出版发行方面。党校图书馆要利用好党校自身特色，把握好自身优势，对党史文献资料实现资源利用最大化。要让党史文献资料在党校课堂上进行传播，以党史学习教育为契机，按照"学党史、悟思想、办实事、开新局"的要求发挥党校思想引领阵地建设作用，增强"以学术讲政治"的能力，在党史学习教育中凸显自身优势，实现党史文献资料的史料价值，推动党史"进教材、进党课、进选题"，做到"化党史为党性"。在收集党史文献资料，经过规范化整理后，党校图书馆应及时将该类党史资料提供给社会大众借阅使用，党校图书馆不对社会公众开放，但是可以积极参与城市图书资源的共建共享建设，将馆藏党史文献资料全部电子化，与高校以及公共图书馆对接，搭建党史文献资料专题数据库，实现资源的共建共享，切实让党史文献资料发挥史料价值，促进地区政治、经济和文化发展。

（4）配合做好党史文献资料的专门展出及宣传工作

党史文献资料的收集整理完成后，不要将其束之高阁，要发挥其史料作用，让人民群众了解历史、学习历史、感受党的奋斗史，特别在党史学习教育阶段，地方党史陈列馆都会组织相关展览活动，党校图书馆要积极奉献力量，将自身馆藏党史文献资料提供给广大读者观赏学习。党史文献资料宣传教育方面，党校图书馆还可以组织党校在校学员开展各类征文以及知识竞赛活动，在活动中强化领导干部对党史文献资料的记忆点。以史促学，以史育人。提升广大学员以及教研人员的思想境界，通过对史料的观摩学习完善党员干部的人生观。

二、党校图书馆文献资源建设路径

（一）党校图书馆文献资源建设的意义

1. 可满足国内信息资源发展的要求

在信息化时代，数字资源已成为社会的主要资源，更是我国经济发展的制高点。简单地讲，谁掌握了数字资源，谁就掌握了经济及创新技术，进而求得主动发展态势。只有加强我国信息资源的建设，才能有效满足国内信息资源发展的要求。另外，党校图书馆重视文献资源的建设与共享，在开辟党校数字资源建设前景中具有重要的意义；而加强数字资源建设，也为党校图书馆未来发展奠定了坚实的基础。

2. 达到节约型社会标准

通过加强数字资源的建设，有利于我国达到节约型社会标准与要求。在社会生产、建设、流通、消费等各个方面合理地运用各种资源，使其可实现节约型社会，提高资源利用率，为社会获取最大程度的经济效益，继而促进我国经济水平的提高。其次，数字资源建设的基本特点就是实现信息资源数字化、信息资源传输网络化、信息资源全球化，进而促进信息服务更加个性化，使其满足节约型社会要求。另外，加强党校图书馆文献资源建设，能够节约读者的查阅时间、方便读者检索，促进社会节约型战略发展目标的实现。

3. 促进教育事业的发展

作为培养技术型人才的重要部分，加强党校图书馆文献资源建设，有利于党校培养出具有新观念、新想法、有眼光、有见识的先进人才，不仅能够提高学生的综合素质，而且能促进党校教育事业的可持续发展。

（二）加强党校图书馆文献资源建设的措施

1. 扩大图书资料收集范围

目前，由于文献信息资源的数量及种类都在不断增多，且信息资源存在的范围较为复杂，所以给文献信息资源需求者一种无序的感觉。特别是在党校图书馆，数据库与知识库质量的好坏与信息服务质量的高低密不可分，只有确保党校图书馆数据库与知识库的质量，才能从根本上满足用户的需求。首先，在收集图书资料的过程中，为降低图书资料收集难度，党校图书馆工作人员应对文献资料进行合理的处理，并重视电子文献资源的建设，提高党校图书馆文献资源服务水平。其次，在收集图书馆文献资料时，需以多元化、多样化为基础进行收集，促使党校图书馆文献资料从有限转为无限、从有界转为无界，这样不仅能够使党校图书馆文献资料更加丰富，而且能够极大地满足信息需求者的要求。另外，由于党校图书馆的信息资源具备长期性特点，所以除了扩大图书资料的收集范围外，还应逐步建设电子类文献资料。这样才便于开通新的图书领域，确保党校图书馆信息资源储存的完整性、完好性与质量。

2. 创新服务方法与内容

首先，在党校图书馆的正常运行中，对通信技术与网络技术进行合理的处理，以加强两者之间的合作，提高相互协调度，进而加强党校图书馆文献资源的建设与共享。与此同时，党校图书馆还应以"读者为本"的原则，建设文献信息资料库，更好地服务读者，满足读者需求。其次，为了确保党校图书馆文献资料具有一定的特色，还应加快文献信息传递速度、增强文献资料检索与利用率、提高文献资料咨询服务水平，并结合所在地区与自身系统的特点，对党校图书馆文献资料进行调查。另外，党校图书馆还应按照文献格局、经费、人力、需求量等要求，尽量扩大文献资料的覆盖面，促使有限的资源信息量得到最大程度的储存。最后，党校图书馆还应结合文献资料的类型、出版的类型、语种类型等做好分工，进行合理的采购，这样才能保障党校图书馆储存的文献信息资料的合理性。除此之外，完善党校图书馆文献资料储藏制度，促进具备地区性或全国性的文献资料保障体系，不仅能提高文献资源的质量，也可提高党校图书馆的服务效率。

3. 更新党校图书馆的观念

为了实现党校图书馆文献资源的网络化与数字化水平，党校图书馆必须更新与变革其观念，这样才能突破馆藏文献资源的局限性，打破传统的馆藏方式，进而提高文献资源利用率。而现代化图书馆观念，不仅有利于文献资源的建设与共享，还可预防党校图书馆出现封闭式的发展现象。同时，现代化图书馆观念有利于图书馆之间的合作，使图书馆模式更加开放，进而促进文献资源建设与资源共享目标的实现，为党校图书馆未来的发展奠定坚实的基础。

4. 图书馆文献资源建设和共享基本模式

图书馆文献资源建设的内涵、组织模式、指导原则、发展目标、评价指标体系等都发生了变化。从内容上看，图书馆的文献资源建设不但要重视传统文献信息资源，而且要重视数字化、网络环境下的各种数字出版物、网络信息资源等虚拟馆藏的利用，要重视特色数据资源的开发和组织；从组织模式看，要从"拥有"为主的模式转变为"拥有可利用"为主，要在购买和自建的基础上，加强对可检索并利用的开放的网络信息资源的组织和建设；指导原则上，要突出"以用户为中心"的原则，注重资源建设的针对性、特色化；发展目标上，要从根据用户的当前现实需求和图书馆馆藏出发寻求二者的结合点，转移到注重引导、开发用户的潜在信息需求并加强对馆藏信息资源的深度开发和知识资源的组织利用上；评价指标上，要重视图书馆信息资源存取、数字化资源的整合、信息资源的共建共享、知识资源的组织开发能力等。

（三）党校图书馆文献资源建设应处理的关系

1. 处理数字资源与传统文献资源关系

当下，对党校图书馆数字资源建设存在两种不同的观点：第一种认为数字资源能够取代传统文献资源，促使数字资源与传统文献资源完全分割；第二种认为数字资源无法取代传统文献资源，所以必须加大传统文献资源的建设。这两种观点都带有片面性，数字资源作为传统文献资源的延伸与发展，虽然有效地丰富了信息资源数据库与知识库，但由于信息量在不断增大，仍存在诸多的影响因素。如很多的知识与材料还没有纳入到数据库，大量的知识仍以纸质的形式存在，特别是一些具有历史意义的真迹与孤本的存在，所以数字资源无法完全替代传统的文献资源。因此，党校图书馆在建设数字资源的同时，还应重视传统文献资源的建设，以便于两者之间互为补充、协调发展，进而为党校图书馆的未来发展保驾护航。

2. 处理自建数据库与外购数据关系

根据实际调查发现，党校图书馆系统数据库一般来源于外购，且通过采购电子出版物与专题数据库，不仅能够丰富党校图书馆的文献资源，也可方便党校教学科研工作。但由于党校教育特征与服务对象较为特殊，所以外购的数据库并不能完全满足要求。因此，党校图书馆除了合理运用社会成果，外购数字资源外，还应根据自身教育特点与需求，对有价值、有特色的文献资源进行开发，使其将数字资源建设的重点放在自建数据库上。只有这样，才能够建设出具有特色服务的图书馆，进而促进党校图书馆合理有效的创新与改革，为党校图书馆的未来发展奠定基础。

3. 处理文献资源共建与共享关系

针对党校图书馆文献资源的共建与共享，可分为三个层面：一是党校数字图书馆需与全国数字图书馆布局一致，确保两者之间的相互交流与合作，使其达到文献资源共建共享的目的。但党校图书馆在建设数字资源时，应具备党校自身独有的特色，以便于图书馆文献资源得到充分的运用。二是党校图书馆应保证与全国党校系统内部达到共建共享水平，使其有利于加强党校整体系统的协同合作能力，进而提高党校系统内部的规范性。三是还应加强与各省党校系统之间的数字资源建设，并积极探索共建共享模式。这不仅有利于开发数字资源系统，而且有利于数字资源建设的可持续发展。但在建立数据库的过程中，对于需要外购的数据库，可进行联合的购买，并保证各个党校之间合理分担费用，这不仅能够节约资源，也可提高党校之间协同合作效率。另外，各个党校可提供有意义的文献资源，然后结合自身技术与设备对数据进行加工，建成具有党校自身特色的资源数据库，以供全省区域党校系统使用，进而达到共建共享的目标。

4. 处理硬件与软件的关系

由于数字资源是建立在计算机与各种网络设备上，所以在对硬件设施进行建设时，也应加强软件的建设。首先，在建设硬件与软件的过程中，数字图书馆不仅需要充分地掌握计算机系统，也必须会使用各种类型的高科技设备。同时，还需结合读者需求对数字资源进行选取、加工处理，以确保党校图书馆数字资源的合理性与实用性。其次，加强党校数字图书馆工作人员的培训，并注重设备配置，完善管理制度，使其建立科学的、完整的、严密的数字系统。另外，选择合适的应用软件，确保各硬件作用都能够得到充分发挥，保证党校数据库数字资源建设工作的顺利开展。

第五章 党校图书馆服务创新建设

第一节 党校图书馆创新服务的需求

一、党校图书馆创新服务的现实需求

当前，党校学员和教研人员对党校图书馆提出了更高要求，党校图书馆有必要结合用户群体的现实需要，对党校图书馆服务模式进行创新。

（一）服务模式的专业性需求

党校图书馆的服务对象一般都是教研人员和进修培训的党校学员，这些人员都具备一定的专业知识，并且希望党校图书馆能够为自己提供更加专业的信息服务，而且这些学员在信息服务需求上具有不同层次、不同学科的需求。这就需要党校图书馆为这些学员和教研人员提供专业性的信息智库服务。一方面，党校图书馆要涵盖党史党建、政治、经济、哲学、马列经典等一系列社科方面的信息服务；另一方面，还应该结合教研人员和学员的特殊需求，强化内部出版刊物，注重对地区经济社会发展动态相关信息收集，形成具有区域特色的政治、经济、文化信息资源，为服务对象提供不同需求的专业信息服务。

（二）服务内容的即时性需求

党校学员在党校接受一系列的培训和教育，其主要目的就是进一步提升政治理论水平、领导能力和实际工作能力，各级领导干部都需要在党校接受一定时期的教育和培训，从最初的公务员任职培训到不同层次的领导干部提拔培训，不同阶段的培训要有所侧重。这就对党校图书馆提出了更高要求，需要党校图书馆为党校教研人员和学员提供新鲜有价值的信息，充分体现党校图书馆服务内容的即时性。但从当前看，部分基层党校图书馆所提供的档案信息服务还存在一定的滞后性。

（三）服务过程的时效性需求

从当前党校培训的学员来源看，这些学员来自不同地区不同的工作岗位，在党校接受培训时迫切希望获得一些有针对性、时效性的专题信息资料，迫切希望

得到某一领域的最新研究动态、最新观点，通过系统的学习来增强自身的领导能力和决策能力。因此党校图书馆必须结合党校学员的培训实际需求，对本地区本行业的有价值的信息资料进行收集和整理以供学员参考，同时也可以结合本地区本领域的研究成果，为学员提供个性化的信息服务。

二、党校图书馆创新服务面临的问题

（一）图书馆服务观念淡薄

在传统图书馆环境下，图书馆功能发挥不充分、作用不明显、特色不突出，尤其一些行政人员简单认为图书馆工作只是学校的辅助性工作，无关紧要，难度不大，只是一些"采购""编目""借阅"等简单重复劳动，谁到那里工作都可以做好，进而无视图书馆价值的存在，尤其认为在网络环境下图书馆可有可无。基于上述环境影响，图书馆工作人员开始对自身岗位工作缺乏信心和激情，爱岗敬业、创新提升的动力不足，认真负责的工作态度和奉献精神、创新精神、服务意识逐渐淡化。

（二）资源建设经费紧张

经费短缺是长期制约党校图书馆发展的现实难题。尤其在新时期互联网技术快速发展的环境下，这个问题已变得更为突出。近年来，随着图书涨价、学校体制转轨及中央党校评估的需要等，基层党校图书馆经费投入虽有一定的增加，但由于基数较小、增幅有限，短期难以改变图书馆经费困难的现状，而且这种增加不是逐年递增，而是一次性提升后就几年都维持不变的跳跃式增加，图书馆持续稳定发展缺乏基础财力支撑。图书馆的信息资源，从内容上看，分为纸质文献信息资源和现代信息资源。从价值角度看，分为有用信息和无用信息。信息资源是图书馆的生存发展之本。

（三）图书馆馆藏结构失衡

一方面由于经费的严重不足和书刊价格的不断上涨，导致信息资源与技术设备不能及时更新；另一方面，由于经费不足导致一些有价值的图书入藏率逐年递减，使得党校图书馆的藏书规模呈现萎缩之势。图书馆资源包括软件资源和硬件设施，以青海省州县党校为例，因经费原因无力大量购置图书、设施设备，造成图书馆藏书量小、文献不足、设备陈旧、设施落后、功能布局不合理、服务欠缺，一定程度上制约图书馆的建设与发展。大多数县级党校图书馆购书经费尚未纳入地方财政预算，有的基层党校图书馆经费仅够维持工作人员的正常办公开支，图书馆馆舍老化，书架、阅览桌等设备不能得到及时补充和更换，图书资源更新缓慢等问题日益突出，一些贫困地区党校图书馆的馆藏图书只有五六万册，难以满足读者的需要，致使图书馆的作用不能充分发挥。

（四）基层学员信息素养较低

文献信息需求与获取文献信息能力的矛盾日渐突出，对于在职培训的党员领导干部来说，来党校学习理论、研究新问题、了解新情况是一个难得的获取文献信息的好机会。学员们想通过学习进一步提高自己的政策理论水平和管理决策能力，然而目前乡镇基层党政领导干部有很大一部分是 20 世纪八九十年代毕业的大中专毕业生，或毕业后接受成人教育的"五大"生，而我国是 1984 年以后才在部分大学开设图书情报学科的有关课程（理工院校作选修课学），因此绝大多数干部欠缺信息检索教育，调查显示：95% 以上乡镇基层学员没有接受过专门的信息检索教育；90% 的学员到馆获取文献资料都是在工作人员的咨询或指导下获得的。从以上情况可见地方基层党政干部队伍获取信息的能力还处于较低的水平。

（五）图书馆辅助教学科研功能没有充分发挥

在各级党校中，图书馆总体属于教辅部门，一定程度处于教学科研的边缘地带，而图书馆的工作人员大部分也都不是学习图书情报专业的，这就决定了图书馆工作人员的整体专业素质受限，主动为党校教学科研提供信息服务的职能不能充分发挥，日常工作中更多的是被动等待读者来查阅信息，很少积极主动地为读者提供深层次、精加工、高质量的信息服务，为党校教学科研提供个性化、学科化服务方面作用发挥有限。由于这些原因，使得图书馆难以适应现代化、网络化的信息环境，党校信息资源库的作用发挥不明显。

三、党校图书馆创新服务建设路径

（一）革新馆员服务理念、服务模式

作为党校图书馆员，理当时刻遵循以人为本的服务思想，为读者提供更加贴心的服务。具体方式则是树立起较强的用户服务意识，能够第一时间内调查掌握各类用户的实际要求，时刻扮演好用户的咨询师与引导者等角色，随后消耗最短的时间、借助传统和现代检索技术来挖掘用户急需的信息资源。除此之外，就是进行服务推广模式创新，确保吸纳更多用户的眼球。党校图书馆的宣传情报教育对象繁多，包括馆员、教职员工和参训学员等。因此，馆员要实时提升个人业务技能和综合素质，自主学习图书情报知识，快速更新馆内的图书资源和宣传内容；

定期邀请有关学术专家莅临开展专题讲座、学术报告，引领更多用户去挖掘文献情报资源中的创新知识点；及时扩展党校图书馆服务功能，借助现代信息技术，通过信息检索工具等获取更加精准化的数据、信息和决策方案。长期坚持下去，一切关联的学术资源就会得到集中性整合，便于用户快速寻找并从中系统地学习知识，进而实现图书馆综合性的发展目标。

（二）优化资源结构

1.优化空间资源结构

阅读空间设置往往决定着人们的阅读乐趣、阅读情绪和阅读的专心度。尤其是各级党员领导干部，由于工作等诸多方面的原因，平常很难有大段的、安静的时间来阅读。党校培训期间，图书馆恰恰可以为他们创造这样一个舒适安静的阅读空间。近年来，省委党校着眼于提升学员阅读体验，精心设计、努力创设了一个开放、交互式的环境空间，综合运用空间、色彩、材质、灯光等因素，营造出人书靠近、富有人文气息的温馨环境，让党员干部可以在交流阅读心得的同时，陶冶情操，感受文化的高雅。学员的心情放松了，读书体验舒适美好了，才能真正静下心来，静心阅读、深化思考，更好地结合阅读成果与现实问题，消化吸收课堂所学，进而提升自身解决问题的能力。不仅如此，阅读体验提升了，学员才可能会爱上读书，进而在有限的培训学习期间经常走进图书馆放松身心、继续充电，图书馆逐渐成为党员干部学习充电的重要港湾。

2.优化文献资源结构

文献资源也是图书馆的重要组成部分。党校图书馆应紧扣党校教学科研工作实际，适应学员个体差异和多样化需求，突出科学性、思辨性、导向性，以马克思列宁主义、毛泽东思想、邓小平理论、"三个代表"重要思想、科学发展观、习近平新时代中国特色社会主义思想方面书籍为主，聚焦哲学、经济学、党史、党建、社会科学、民族宗教等学科重点内容，精心选择和收藏具有鲜明党校特色的文献资料，加快形成科学完备的藏书体系，顺应新时代干部成长规律与党员教育规律，及时有效地提供符合新时代发展的文献资源。与此同时，要积极适应网络时代知识传播的新特点、新变化，大胆探索促进干部读书的新途径。例如，将报纸、经典著作、红色教育系列图书、杂志等通过微信，以多媒体的形式予以展现，把文字、图片、音频、视频关联在一起，以学员喜闻乐见、图文并茂、深入浅出的形式，推动阅读内容的有效融合及跨越，拓展阅读的内容及范围，优化党校学员快乐阅读的情感体验，引导党员干部不断深化对理论知识的理解。

3.优化人力资源结构

图书馆员作为知识的传播者，其作用发挥得如何，直接关系到图书馆功能的发挥。因此，必须高度重视图书馆人才队伍建设，不断提升一线馆员的综合素质。首先，新时期党校要把控"用学术讲政治"的思想，必须注重加强对图书馆馆员的政治思想教育，集中组织学习党的方针政策、法律法规，教育和引导馆员牢固树立"四个意识"和"用户至上、服务第一"的理念，增强其爱岗敬业的职业自信心。其次，要注重加强继续教育和专业培训，通过邀请专家举办专题讲座、人员外出培训、参观交流等形式，学习掌握图书情报前沿知识，加强和改进党校图书馆日常管理工作。对一些具有一定社会科学理论功底和科研能力，能够胜任文献信息资源深度开发和研究的馆员，应有意识地给他们一些科研任务，为他们创造更多参与党校教学科研的机会和展示自己才华的平台，使他们在实践中得到锻炼，增长才干。

（三）开展嵌入式信息咨询服务

伴随信息革命的迅猛发展，无论信息的丰富性还是更新速度都获得了极大的提升，同时也迎合了受众多样化的信息需求。新时代党校图书馆更要依托创新性思维提升其服务水平。党校培训班的大部分学员是来自各条战线的领导干部或理论骨干，他们来党校培训的目的就是为了拓宽视野、更新知识、深化理论，提高自身领导能力和决策水平，因此，其课程学习一般是以专题形式展开。学习任务重、时间短，学员们更渴望能用最少的时间在浩如烟海的文献信息中挖掘出自己想要的知识，同时遇到问题时也更希望能及时得到专业人员的帮助。开展嵌入式学科服务将紧扣学习专题和学员的个性需求，为其提供及时、有效的知识服务，从而满足学员理论学习、研讨交流、提升能力的需要。

（四）打破不同机构信息壁垒，实现智库服务协同创新

在我国2000多家省（区）、市、县级党校中，虽然智库都不同程度地发挥着作用，但省（区）级党校智库影响力还有待提高。从党校内部来看，党校科研人员同时承担着教学与科研双重任务，科研人员相互之间缺乏互通交流，图书馆与各教研部门也缺乏联系和沟通，导致图书馆所提供的服务与教研人员的需求存在脱节。党校智库建设作为一个系统工程，需打破不同机构及学科间的信息壁垒，智库服务平台正是疏通了专家与用户、专家与专家、用户与用户之间的信息通道，紧紧围绕相关决策问题实现服务优势互补、资源整合与传递，使智库建设形成合力。并通过提取平台数据库中的用户信息，与用户进行实时在线交流，了解用户

兴趣爱好、阅读习惯及研究方向，针对性地发布相关领域研究的新观点、新思想、新成果，并及时接受用户反馈意见和评价，实现智库与决策需求无缝对接的高精准服务，使党校智库切实服务于政府科学决策、推动社会经济发展。

第二节 党校图书馆智慧服务发展

随着图书馆大数据应用日益完备，以深度学习、大数据分析、情景感知和数据聚合等为核心的智能技术为提升学习效率和阅读质量提供了新的发展动力，有利于技术视角下图书馆智慧服务模式的创新。智慧服务有两重含义，一方面是提供便捷的"无人""自助"服务，另一方面是精准、高质量地响应读者需求。典型的服务体验如 Amazon Go 和阿里巴巴的无人超市模式。智慧图书馆的核心是智慧服务。从字面意思解读，有学者认为智慧服务至少包括"智慧的服务"和"为智慧而服务"，既表达运用信息技术、人工智能和全媒体提供便捷服务，也彰显了知识创新和价值发现的新渠道。因此，智慧服务背后的理论支撑更加强调知识管理、信息增值等图书馆传统价值追求。学科服务内容多样化、推荐服务个性化、信息咨询服务在线化和图书馆移动服务、学科馆员智慧化等都是未来图书馆智慧服务的基本趋势。图书馆智慧服务不是图书馆服务的简单优化升级，它是在适应数字化变革的历史进程中对信息资源存储形式、组织机制、运行状态、承载方式和传播模式的深层次改革，进一步强化和拓展了图书馆的信息服务、知识服务和文化传承。

基于对图书馆智慧服务的特征和服务架构的分析，客观上要求对党校图书馆的组织架构和服务模式进行全面数字化、智能化改革。为适应数字时代领导干部知识学习和素养锻炼，党校图书馆智慧服务的目标指向在于智慧服务的精准化、便捷化、高效化。精准化就是要求其为党校学员提供的信息资源更加聚焦党校党性锻炼和理论武装的基本要求，重点汇聚党的基本理论、基本路线和基本方略以及马克思列宁主义及其中国化的经典文献、原文原著的数字化转换和智能化提供；便捷化则要求图书馆的信息服务模式、访问渠道和获取方式更加多样化，更具灵活性；高效化则要求随时随地、线上线下提供一体化的信息服务和阅读空间，推动组织培训学习和学员自主学习以适应高质量发展的要求。

一、党校图书馆智慧服务的需求特征

（一）精准化需求响应

党校教育培训学制和教学体系的短期性、非连续性、专题性和各级领导干部学员身份、职业和经历的多样化、丰富性特征，都要求党校图书馆智慧服务围绕一定时期党性教育和理论教育的主题、重点和目标，有针对性地提供专题信息资源。这种变化对信息的精准化提供提出较高要求，包括经典文献汇聚精准化、阶段性重点文献精准化和专题性战略任务资源精准化等。

（二）便捷化阅读体验

为适应高素质专业化干部队伍建设要求，学员在校期间对专业知识、领域知识和前沿知识需求也十分迫切。为适应党校学员经典文献研读的目标一致性、要求具象化和考核统一性特征，图书馆智慧服务着重于从海量的、离散的和多样化的文献资源中，甄别和筛选出符合指定任务的信息资源，采取网络化、多载体形式供学员访问使用，以保障专业数据服务的高效便捷。

（三）个性化服务定制

党校教育不同于其他成人教育和学历教育，党校学员学习的任务和目标具有非常明确的政治性、时代性。除了指定学习任务外，学员的学习活动更加强调无时不在、无处不在的自主阅读。依托数据聚合、数据挖掘和深度学习等分析技术，应为不同层级、不同行业、不同性别、不同年龄、不同民族的领导干部提供差别化的智慧服务。要对党校学员专题培训的基础性数据和学习目标数据进行专业整理、筛选、综合、分析，准确把握学员信息需求，从而提高智慧服务的精准化与个性化水平。

二、党校图书馆智慧服务体系的架构

图书馆智慧服务有三个基本要件，基于需求的全面响应与生产、面向个性化定制的全程访问和适应高质量阅读的全新体验。构建具有党校特色的图书馆智慧服务体系架构的层次模型，主要包括对象层、服务层、网络层、数据层和安全层。

（一）对象层

党校图书馆读者服务充分吸收面向对象服务的理念和服务架构，在最顶层的对象层主要包括传统图书馆的资源、服务、技术、馆员和读者五个要素的智慧化应用。对象层的设计理念要适应数字化变革带来的阅读即时化、可视化、便捷化和阅读智慧化、知识丰富化特征。面向不同读者提供精准推送、定制化响应。依据不同情景推送不同文献信息，协助读者跨越学科门类调整知识结构。与传统模式不同，服务层还有一项重要功能，对用户需求和阅读活动的深度挖掘，对用户群体的活跃度、阅读量、下载、点评和收藏等信息行为偏好等信息行为进行大数据分析。

（二）服务层

服务层承载着图书馆智慧服务的提供模式和支持应用，通常可以嵌入资源服务、内容服务和用户服务等。针对传统的参考咨询服务和推荐阅读服务提供服务定制和应用指引，具体涵盖以下五个领域的内容：指定学习材料和经典文献的清单服务；限定主题词的专题文献推荐服务；学科馆员和参考咨询馆员整理开发的推荐阅读清单及服务；特定问题或事项的文献聚类服务；基于"论坛"或"群"模式的阅读体验推荐和阅读交流社群（论坛）。在内容服务方面，直接为学员提供教学日程中有关教学专题的背景知识、演示文稿、讨论主题、经典文献、延伸阅读材料等内容服务。在用户服务方面，涵盖分布在校园楼宇的自主借还书系统、移动图书馆、微信服务公众号、图书馆应用小程序、智慧服务机器人、多主题检索、一站式搜索以及各种个性化、可视化定制服务事项。此外，在确保数据与读者隐私安全的前提下，深化新兴媒体、网络社群和其他外部信息机构的数据融合和资源共享，进一步拓展图书馆智慧服务的范围和对象。

（三）网络层

网络层介于传输层和数据链路层之间，实现面向数据的、以学员为中心的需求导向服务。文献资源和信息知识的价值越来越多地承载于数字化转换中，鉴于数据资源的离散化、海量化和孤岛化倾向日益严重，作为信息、知识和数据的重要汇聚地的图书馆需要全面运用信息技术和数字技术实现数字化转型和智慧化服务，充分利用现有技术理论对海量数据进行有效组织和处理，不断完善对馆藏资源和数据的知识管理。在技术支撑层面，支持虚拟/增强现实（VR/AR）、超高清视频、智慧阅读、智能场馆、智能安防和个人 AI 辅助设备。在链路保障方面，支持包括无线 WiFi、人工智能、AI、物联网、RFID 射频识别、情景感知、电子书架、全媒体技术、云计算等新兴技术和创新应用。在供给渠道方面，智慧图书馆信息技术除了保障图书文献和信息资源网络化运转外，还要实现对信息、数据、知识的全周期输入与输出的完整管控，充分吸收电子公共服务实践和体验中打破数据壁垒、信息烟囱的开放性经验，延伸图书馆知识传播和文化传承社会服务，打造敏捷和谐的智慧服务运行环境。

（四）数据层

图书馆智慧服务本质上是构建一个多样数据中心、存储系统和互联共享的数据驱动模式，通过图书馆、读者和馆员之间建立的人与人、人与机器间的交流协作，借助浏览器、视觉应用、网页等方式访问各类信息资源。基于数据聚类和数据挖掘技术，图书馆可以大幅度提高数据提取、清洗、汇聚和处理的能力，提升信息资源利用效率和用户的获得感、满意度。数据层实现对静态数据、动态数据、流量数据和社会化网络数据集中管控。从数据处理对象看，包括了来自馆藏文献、数据资源池、馆际联盟、专题数据库和学校教育培训中产生的全环节教学资源和数据资源。通过异构数据的一致性转化、净化和集成，实现对结构化数据、非结构化数据和半结构化数据、流数据的归并、加工和一体化整理；完成对文字、图片、日志、音视频、XML 及 HTML 文档的一体化存储。

（五）安全层

图书馆智慧服务的安全层由网络安全、信息安全、数据安全和信任安全保护子系统构成。网络安全是数字图书馆应用、运行和服务体系的基础性支撑，具备其他信息系统安全的一般性特征和要求；信息安全主要针对用户信息安全和图书文献资源的知识产权保护，以及各种应用服务器上存储的包含个人基本信息和行为信息的大量用户数据产生的数据安全问题；数据安全确保了馆藏数字资产和信息资源的核心保护，以及服务过程中涉及数据、内容、信息资源的传输、交换和共享；信任安全则是为适应网络空间和现实空间融合发展和智慧学习的变革要求，建设可信社会化网络和网络生态的基石。此外，安全层还需要解决诸如对读者、馆员、设施设备、数据资产和信息资源的安全认证，对数字图书馆涉及的互联网、校园网、社会化网络、大数据系统和云计算平台网络安全保障，以及对智慧服务和传统服务活动安全保护等问题。

三、党校图书馆智慧服务的动力机制

（一）源自组织规约的集体学习

党校教育培训的任务和形式要求学员在规定的时间内，就组织制定的教学目标和教学计划进行集中化学习。这种学习方式对文献资源、参考书目等信息服务有着同一性需求，同时在基于专题单元的分组交流案例研讨上，很大程度上依赖于高质量的信息服务。

（二）面向问题求解的导向学习

智慧服务借助移动互联网、云计算和云服务平台，提供包括智能化检索、展示、定制以及支持智能化感知、预测、推送在内的智慧应用体验，要在精准识别用户需求基础上，不断延伸信息服务的生命周期和覆盖范围。党校学员存在学习的差异性、自主性和广泛性，这就要求党校图书馆根据不同阅读要求开发点对点的定制化服务。依托馆藏资源利用不断完善的数据融合系统，挖掘有价值的数据资源，快速响应读者兴趣爱好，基于学员阅读习惯、领域背景和职位责任，提供可选择的阅读专题和查询服务。

（三）适应数据聚类的定位服务

图书馆智慧服务的目标决定着智慧服务的种类、方式及效果，而数据融合目标协同的实现程度制约着智慧服务的数据融合程度。智慧服务的基础性工作源自持续夯实图书馆文献资源的数字化建设，数据的收集、加工和数据库开发都高度依赖强有力的元数据治理。文献元数据支持多元检索、多渠道搜索，有利于提升数字图书馆定位服务能力。知识图谱、文献脉络、历史轨迹、战略布局、思想体系都可以作为文献元数据统筹对象和属性。资源全标识支持多维聚类、深度聚合，提升数字图书馆定位服务可视化呈现水平，如在读者标识、图书文献标识、阅读位标识和服务推广标识方面提供智慧服务和精准服务。

（四）基于价值追求的智慧服务

数据聚类、数据挖掘、情景分析、领域建模和人工智能方法推动图书馆数字服务的智慧化、精准化，实现学员学习的个性化定制和有效阅读。实现数字图书馆大数据应用和智慧服务的创新，依赖于用户群组、用户兴趣、领域知识、关联业务的深度挖掘，并围绕用户数据、资源数据、领域数据、空间数据和业务数据进行二次开发。如深圳图书馆的人工智能图书馆，其增强现实阅读推广充分运用移动网络和手机应用程序平台形成"行走＋抓书＋阅读＋社群排行"模式，有效提升了阅读参与度和阅读体验。

（五）智慧信息服务新生态的主动适应

随着人工智能和深度学习社会化应用推广的不断普及，阅读内容生产和传播平台迅速壮大，内容产业、信息服务市场创新发展。基于用户行为分析、算法创造数据价值、用户画像精准服务、一体化数据信息价值链生态体系等，沉浸式阅读体验、场景式学习氛围、新媒体阅读推广模式、基于大数据的汇聚、分发和基于人工智能的服务迭代改进、信息服务矩阵体系等，使领导干部构建终身学习、愉悦阅读的智慧信息服务生态成为可能。

四、党校图书馆智慧服务发展的对策

（一）构建以学员为中心的智慧服务体系

党校图书馆智慧服务必须树立"以学员为中心"的需求导向和服务理念，充分运用信息技术和人工智能，围绕学员在校期间的学习任务和教学计划等目标，对相关教学专题的课程文献资源进行专业化、智能化的汇聚、甄选、编排，并提供可视化精准呈现。如关于《共产党宣言》等马克思主义经典文献的学习，要全面地梳理、整合馆藏图书、期刊和电子文献资料，形成专题数据库，开发沉浸式历史场景和启发式学习指引。同时充分利用校园网络、新兴媒体和移动学习平台为学员提供多样化、个性化、智慧化的学习服务。"以学员为中心"的智慧服务理念还要充分发挥学员主体性，运用智能手段及时收集各层次领导干部教育培训期间的学习需求、阅读需求。如利用"你挑书我买单""读书会悦阅读"等方式精准识别信息资源建设重点。倡导适应新媒体发展和数字化变革的智慧阅读推广模式，突破"碎片化"阅读对学员知识体系的冲击。强调用户数据聚类分析、阅读兴趣智能筛选、借阅行为全程记录，并以此形成专题数据资源和馆藏配置参照系，持续提升图书馆信息服务效率和核心竞争力。

（二）加快开发适应党性教育和理论教育的特色资源数据库

党校的党性锻炼、思想改造、政治建设和理论武装都旨在解决各级领导干部学员"精神之钙、思想之舵、信仰之基"等意识形态范畴问题。党校图书馆智慧服务在体系上应适应党校教育培训要求，以习近平新时代中国特色社会主义思想为中心内容，全面深入整理汇聚学习经典原著和党的创新理论，以适应新时代新发展格局要求，夯实"用学术讲政治"的研究理念，实现对特色馆藏资源数据库精准化开发。同时强化马克思主义经典原理、马克思主义中国化理论体系、中国共产党历史和世界社会主义发展史等内容体系、数据资源和传播平台建设，结合党校实际开发特色数据库，重点解决定制化、小众化专题数据库开发利用，如涉及党校职责的专题学习教育、不同历史时期党建文献资源数据库等。西安市委党校开发了167期"《习近平谈治国理政（第三卷）》系列解读"微党课，实现党性教育和理论教育在线互动和教学相长。基于学员借阅习惯和信息服务大数据分析，为读者提供专题教学资源库、重要研读文献、近期热门图书推介等信息推送服务；通过分析党校主体班次、专题研讨班的借阅、检索和下载等阅读偏好，适时开发汇聚定制需求的特色信息资源。

（三）营造线上线下联动的一体化智慧阅读格局

要适应社会数字化变革要求，打破图书馆传统阅读服务和数字阅读服务的界限，提供虚实一体的教学课程资源服务和研修参考资源服务。从技术应用角度看，融合的图书馆智慧阅读空间是建立在情景感知技术、无线射频识别技术和社会化网络媒体基础上的学习空间，是基于多模态传感装备和网络信息技术处理设施的图书馆智慧信息生态体系。大力推行基于智能手机、移动终端的党校图书馆智慧服务将是重要的渠道和途径。可通过微信公众号、图书馆应用程序、小程序等提供图书馆基本服务、专题教学资源库、特色学科咨询服务。应本着全面兼容、功能迭代、多渠道服务、关联服务的原则，为领导干部在校学习期间提供智慧图书馆的应用场景。充分发挥新兴媒体平台优势，助力图书馆智慧服务模式转型升级，拓展阅读平台的服务深度和广度。要进一步推进协作图书馆工作坊、馆际联动、网络空间馆建设，拓展党校图书馆线下线上阅读空间，使学员在有限的集中教育培训时段内快捷高效地获取学习资源、获得阅读体验、拓展知识视野、形成阅读习惯。通过高质量的阅读体验破解现实中碎片化、随意性消耗阅读的困局，切实提高党校教育培训在各级各类领导干部阅读推广中的示范引领效应。

（四）开展学员信息素养、数字治理技能推广服务

信息素养是信息革命和信息时代必备的基本技能，领导干部的信息素养水平、数字治理能力直接关乎信息社会治理体系和治理能力现代化。党校图书馆的智慧服务本就蕴涵提高学员信息技能和信息素养的责任，在此过程中，可以利用党校学科优势和技术平台，收集学员对信息素养、全媒体读写能力、智能检索和数据甄别、大数据分析、数字治理的服务需求，开发信息素养专题教学单元、案例和实践课程，构建敏捷、高效的信息素养教育场景，积极推广信息素养教育。

（五）智慧化数字化改造党校图书馆空间布局

根据党校（行政学院）工作条例赋予的新使命，为适应图书馆数字化转型要求，党校图书馆应进行图书馆组织架构、场馆空间、功能设置改革与升级，打造多样化、智能化的阅读和学习空间，凸显数字图书馆智慧服务，增强体验式、沉浸式情境。要整合图书馆、党史教育馆、文化艺术馆、党性教育馆的教学载体和场馆资源，形成数字图书馆、掌上图书馆和实体场馆的有机衔接。

同时，通过建设"阅读角""自助借阅区"等实现图书馆服务的馆外延伸，包括学员宿舍、教学场地和校园公共活动空间。从空间分布上突破传统以图书为

中心的图书馆阅读格局，创建以泛在阅读、图书共享为主题的"沉浸式图书馆"智慧服务架构，创新学习空间、阅读空间和交流空间，最大限度地提供全方位、立体化的读者服务。结合不同时期的重要活动、重大节日和纪念主题，党校图书馆可适时推出专题数据库和信息服务板块，增强读者阅读的针对性、时效性和用户黏性。依托校园电子显示屏、移动信息服务终端、数码公告牌等平台开展信息推送服务，进一步延伸图书文献资源服务覆盖范围。同时，加强图书文献资源保护与开发利用，健全信息和数据权益共享机制和网络传播守则。强化对网页信息、用户记录、检索痕迹、智能存储、知识分享、社交交流的法治保障，有序引导用户参与，提升用户黏性。

（六）拓展党校图书馆智慧服务馆员队伍

党校图书馆的使命和定位决定其人才队伍要立足于党性教育和理论教育的信息采集、整理和开发服务。这就要求馆员既要具备扎实的图书情报学科背景，还要具备娴熟的专题咨询、交叉学科综合素质。党校图书馆智慧服务馆员既要成为信息服务引导专家，又要成为信息资源开发利用的专才和通才，充分发挥领域知识工程的桥梁纽带作用。既能为学员提供个性化、专业化、高效化的信息服务，又能开展体现党校特色的学员信息素养和数字治理能力培训。在馆员自身建设上，应特别强化适应领导干部学习阅读需求的信息素养、数据素养、技术素养，树立人本思想和智慧服务意识，加强图书情报专业人才引进与培养，优化学科馆员结构。同时，延伸组织员、专题教师、调研导师的智慧馆员角色，吸收各级党校教学科研团队的任课教师作为兼职馆员、学科馆员，进一步推动课前学习、课堂讲授、分组讨论和学习小结各个教学环节的智慧化交流活动，真正推动党校党性锻炼和理论武装的教育培训目标朝着更加智慧化、高质量的方向发展。

第三节　党校图书馆服务智库建设

智库建设以问题为导向，以信息为基础，通过研究现实社会的热点问题，不断推出咨询科研成果，为政府决策提供参考。党校智库在建设过程中，需要大量具有党校智库特色的相关研究领域的各类信息资源、知识服务等，为智库工作者提供信息支撑和服务保障。党校图书馆作为社科类综合性专业图书馆，其功能定位和优势决定其在党校智库建设中必须扮演主要角色：一是党校图书馆拥有一定的特色文献信息资源基础；二是党校图书馆具有从事文献资源开发、学科化服务的专门人才，这些成为党校智库建设的基础和后盾，得以保障党校智库在咨政建言、引导舆论、提供情报、启迪民智等方面发挥作用。

党校图书馆是保障党校干部教育培训和教学科研文献信息需求的知识机构，瞬息万变的信息技术致使党校图书馆的传统功能被严重弱化，党校图书馆的用户信息需求乃至信息行为也随之发生了变化。一是党校教师图书信息的需求发生了变化。党校教师在为各级党委、政府提供决策咨询服务过程中，需要具有较强时效性和针对性的大量最新数据和资料，而党校专职教师的教学科研任务重，缺乏时间进行数据搜集，党校图书馆作为党校文献信息中心，应承担这一重任。二是党校培训的各级领导干部已具备了较好的理论功底、知识和经验储备，其平日工作繁忙，在党校的学习时间较短，为适应党校"问题导向式"培训学习的需要，其迫切需要党校图书馆提供具有个性化、针对性强、菜单式的信息服务。

一、党校智库所需情报服务特征

党校智库是立足于中国共产党领导下的中国特色社会主义发展道路，具有鲜明的政治立场与党性色彩的非营利性的组织，其宗旨是为国家重大决策服务。智库用户对情报服务有着明确的需求特征，主要包括以下几方面。

（一）信息资源需求的多元性与权威性

智库建设需要准确、全面的信息资源，主要涵盖政府文件、灰色文献等特色资源。

（二）情报服务人才的专业性

智库服务的关键在于人才，智库建设对图书馆馆员的综合素质、专业技能、知识水平提出了更高的要求，要求馆员依靠自身智慧，基于用户个性化需求，进行数据收集、分析，并形成信息综述，为智库建设提供高效、精准、专业的知识服务及决策参考咨询服务。

（三）情报服务的及时性与针对性

随着科学技术的快速发展，科学研究也不断向相关领域扩展，学科之间的相互渗透、相互交叉也越来越强，许多研究课题需要大量的最新信息，从而对信息的新颖性、及时性、准确性提出了要求。网络突发事件信息的复杂性和时效性，要求图书馆用最短的时间提供智库情报服务，帮助智库专家准确地把握突发事件的起因和发展态势，并快速形成有效的解决方案与调控政策，正确引导网络舆论，并加强事态把控。

（四）服务渠道的多样性

智库活动具有思想性、传播性等特质，智库用户切实需要一个学习和交流的场所，定期举行研讨、会议、论坛、讲演等活动。

二、党校图书馆服务智库建设的现状

智库进行的是"创造性思维"，其核心任务是生产高质量的思想产品。通过网站调研得出，当前党校图书馆仍不具备独立承担智库建设的能力。省级以上党校图书馆先后通过资源共享、知识咨询，对党校决策咨询服务工作进行不断的探索与实践，发挥信息资源保障、情报咨询支撑和智库研究成果推广的作用，为党校新型智库建设提供不同形式的服务。然而，除了中央党校图书馆开展的智库服务实践比较有特点以外，从整个党校系统来看，尤其是地方基层党校图书馆智库服务仍处于逐步成长阶段。

（一）服务智库建设的特色资源缺乏

党校图书馆在为智库建设提供资源支撑和构建信息保障过程中，未能针对智库建设进行资源采集，存在藏、用失衡的现象。一是资源建设分散。各级党校图书馆经过多年积淀，结合各自优势学科及地方特色，建设了一定规模的特色馆藏资源，但资源建设整体思路不完善，缺乏系统的规划和长远的发展视野，资源同质化现象比较突出，尚未建成特色馆藏资源共建共享、互补共赢机制，导致特色资源规模小、品种单一、特色不明显，无法产生理想的集聚效应。二是缺乏权威性的一手资源。馆藏资源采集过程主要是凭借馆员个人经验进行简单的检索，收集那些便于收录且已正式出版的图书、期刊论文及网络链接资源，缺少对用户需求和本区域实际情况的调研，缺乏社会热点的定性把握以及深入的数据挖掘与分析过程，资源更新缓慢，导致大多数的馆藏资源利用率偏低。

（二）服务智库建设的专业人才紧缺

近年来，党校图书馆拥有相对稳定的专业人才队伍，各级党校图书馆逐渐注重引进博士、硕士等高学历专业人才，在一定程度上提高了馆员的综合素质，优化了图书馆员的知识结构，为图书馆开展不同类型的智库服务工作发挥了重要作用。但是从整体来看，大多数的党校图书馆由于投入力度不够，待遇不高，优秀人才不断流失，仍存在着人员结构失调、队伍老龄化严重、高端人才匮乏、整体素质不高、科研实力薄弱等突出问题，这在一定程度上制约了党校图书馆服务新型智库功能的发挥。例如，中共福建省委党校图书馆共有馆员 13 人，其中，硕士学位 1 人、正高职称 1 人，50 岁以上馆员 5 人，40 岁以下馆员仅 3 人。

（三）对智库用户的需求不明确

教学科研作为党校的中心工作任务，迫切需要图书馆担负起信息资源保障服务。然而，调查发现，党校图书馆普遍存在对智库服务对象的需求不够明确的现象。一是缺乏主动与用户对接的沟通渠道和联系机制。党校智库用户拥有不同知识结构，其科研项目或研究方向不同，迫切需要图书馆提供全方位、个性化服务。党校图书馆缺少与用户沟通的渠道，馆员往往只了解用户的大概需求，难以直接、及时地掌握用户关心的重大问题，仅限于提供文献阅览、目次检索、文献借阅与传递等群体化的普惠性服务，无法为不同的服务实体细化服务内容和服务方法，这与智库建设所提出的个性化服务、针对性服务还存在一定的差距。二是缺乏评价机制。图书馆提供服务产品后，不再进行跟踪，馆员往往不了解其服务的效果如何，用户也无法提出改进意见，使得服务失去生命力，最终导致用户收到馆员提供的服务产品后却只能束之高阁。

（四）服务智库的方式方法落后

随着移动互联网和 5G 通信技术的发展，微博、微信等新媒体传播方式日益盛行。从当前看，党校图书馆传统的服务手段在一定程度上阻碍了服务效果。一是服务缺乏针对性。目前，大多数党校图书馆的服务仍停留在传统的文献借还，通过网络搜集一些简单的信息整理成专题文摘传递给用户，并未对信息提出自己的观点和见解等深加工，难以满足智库用户的研究需求。二是服务缺乏时效性。大数据时代，各类型的文本、图片、音频、视频等海量的、分散的非结构化资源，对图书馆智库服务的科研管理工具提出了更高的要求，而当前图书馆传统的智库服务科研管理软件能够处理的数据量较小、处理效率较低，尽管大多数省级党校已建设覆盖全省党校系统的 VPN 虚拟专网，通过权限管理实现数字信息资源共享，但是其余的党校仍缺乏整合资源与服务的综合性服务平台，未能提供智能、便捷的用户互动体验，使得智库研究问题的确定、资源搜集、信息分析、信息提交过程周期较长。

（五）缺乏对智库实体服务空间的关注

党校图书馆在文献资源、学科服务、人力资源等方面的优势，使得智库用户对图书馆实体空间存在一定的依赖，而党校图书馆的实体服务空间根据功能和用途设为藏书空间、自习空间、展示空间等。数字技术与新媒体信息技术的迅速发展，对图书馆空间利用提出了新的挑战。一是读者到馆率和传统资源利用率偏低。近年来，互联网络的快速发展，改变了智库用户的阅读习惯和信息资源获取方式，用户越来越倾向于选择使用方便、快捷的互联网络查询并获取所需的信息资源，导致实体图书馆在到馆访问量、书籍借阅量等方面，都呈现出逐年下降的趋势，造成图书馆濒临边缘化的危机。二是空间缺少功能拓展服务。调查发现，大多数的图书馆仅限于为用户提供常规性的学习空间，承接各教研部门及科研管理部门主办的各类学术研讨、会议、讲座等活动，并未对实体图书馆进行科学、合理的规划布局以及开展具有针对性的智库活动。

三、党校图书馆服务新型智库建设的优势

（一）丰富的文献信息资源优势

多年来，各级党校都非常重视图书资料建设，特别是从 2000 年开始在全国党校系统开展的数字图书馆和数字资源建设，目前已基本形成资源门类齐全、结构合理、规模适当、覆盖党校教研咨政学科范畴的党校特色兼具地方特色的文献信息资源体系，建成一定规模的数据库群（书目数据库、商业数据库、自建专题数据库）。党的十八大以来，随着数字化、信息化时代的到来，党校教师和学员对数字信息产品需求越来越大，党校图书馆及时购买和开发了一大批数字产品，省级党校数字馆初成规模，市级党校数字图书馆加快建设，各级党校图书馆在一定程度上实现了共建共享。党校信息资源的一个显著特点是与发展实际紧密相连，而且不断更新。这些特色信息资源为新常态下党校教学科研、智库建设需要的资源转型、党校新型智库建设提供了强大的后盾。

（二）较强的管理和技术优势

当前，在全国党校系统信息化、数字化建设推动下，全国党校图书馆建设发展很快，而且基本形成了网络互联互通、资源共建共享的机制。同时，全国党校系统图书馆的技术手段、数字化水平获得了较大提升，基于计算机网络信息技术的图书馆业务集成管理系统，基于数据开发管理的专题库建设和管理系统，基于信息资源集成、检索、导航的门户网站建设，基于移动互联网、全媒体技术的信息推送和获取以及基于大数据、云计算技术的党校系统数字资源保障平台建设等，已经比较成熟，可为党校信息资源数字化、数字资源集成、信息资源的存取、数字资源开发利用、党校系统数字资源整合提供较好的技术支撑。现在新型智库要

求及时、准确、高效，党校图书馆的强大管理和技术优势可以满足。

（三）强大的组织保障和协作优势

党校是各级党委直接领导下的干部培训机构，是党委重要部门，长期以来，党中央都高度重视党校工作，出台了一系列有效的政策措施促进党校发展，各级党委的关心和支持是党校发展的根本保证，这是其他单位无法比拟的。同时，党校工作贴近党委和政府决策部门，党校学员也主要来自党委和政府部门，这种组织优势有利于了解党委和政府中心工作，便于党校图书馆搜集党委政府部门的政策、决策、部署和经济社会发展的最新动态信息，也便于智库成果的报送和转化。目前，全国共有省级党校 34 所、副省级党校 15 所，市地级党校 365 所，县级党校近 2500 所，另外还有不少党政部门、国有企业、高等学校和部队等党校。党校自成系统，上下之间、横向之间、校际之间联系、协作和交流紧密，这为党校系统智库资源有效整合、智库资源保障平台搭建、专业人员培训和服务能力提升，以及智库成果交流、服务智库建设经验互鉴提供了得天独厚的条件。

（四）丰富的人脉资源优势

党校智库建设的最大优势是丰富的人脉资源，党校学员来自一个地方党政机关、企事业单位、群团组织等方方面面，党校几乎与所有单位都有联系。另外党校学员来自机关和基层不同单位，他们都是带着问题来学习，党校图书馆通过与党委政府决策部门的及时沟通，通过对学员进行问卷调查或者专题交流，可以第一时间获取智库研究的方向和重点，并在第一时间将这些信息反馈给党校教师和研究者，同时，也能及时调整图书信息和文献数据的搜集和保存方向，获取大量第一手相关资料。这种优势是高校和其他研究系统所无法比拟的。

四、党校图书馆服务智库建设的策略

面对新型智库建设，党校图书馆应通过不断创新知识服务内容和形式，主动融入党校智库建设，帮助智库用户开展决策研究与成果转化，为智库建设提供有效帮助。

（一）优化馆藏结构，为智库建设提供资源保障

智库建设离不开信息资源保障，党校图书馆作为党校智库建设的重要信息来源，通过整合传统资源与数字资源，为教研人员、学员和党政干部提供智力支持。

立足学科专业特色，抓好馆藏纸质资源建设环节。党校学科建设主要包括党史、党建、哲学、政治、经济、法学、行政、管理、社会与文化、马克思主义等。

党校图书馆可围绕教学、科研需求，通过书商、校内外个人著作学术成果捐赠以及引入读者荐购、与其他文献信息机构联盟采购等模式，多途径征集馆藏文献资源，重点收集与学科专业有关的经典理论著作、文献信息资源，以及各类研究报告、新闻舆情、统计数据等资源，为教学专题、科研课题、咨政选题提供文献情报资料服务，不断提高图书馆馆藏文献资源的学术性、专业性、权威性，构建全方位、多层次馆藏资源体系。

立足智库研究的现实问题，挖掘灰色文献资源的情报价值。灰色文献作为一种非公开出版的文献资源，能够立体地反映各个领域的最新科研动态，是馆藏资源的重要补充。因此，为了满足智库用户的需求，图书馆除了重点收集政府官网和权威机构公开发布的政策报告，注重社交媒体等相关专业信息系统发布的图片、文章、音视频等素材收集，还应关注未公开发表的各种形式的灰色文献，包括未公开发表的科研成果、各类调研报告、政策文件与会议论坛、实验数据、统计资料与内参、专题成果、简报、专家论著与研究报告、智库用户咨政成果以及教师精品课件、学员毕业论文、学习体会等信息资料，保存和传承地方特色，助力智库用户对地方政治、经济和文化发展的研究。

立足地方特色，建立地方特色数据库。丰富的文献资源是智库进行研究活动的基础，地方文献作为地方区域历史演进的重要背景资料，与地方政府及相关部门提供决策研究的咨询和服务工作密切相关，是智库研究的主要信息来源。党校图书馆要注重对地方文献资源的采集、加工和整合工作，通过搜集地方文献资源、各种统计数据和调研结果、当地研究成果，对所获取的各类资源进行数字化处理，建立真实反映地方政治、经济、文化、风俗礼节等地域状况的地方特色资源库，以方便智库研究人员获取相关资源，为智库研究当地问题提供第一手资料，及时为智库用户研究当地文化和当地政府有关决策部署提供资源保障。

（二）打造专业化的服务团队，为智库建设提供智力支撑

人才是图书馆工作的第一资源和核心竞争力。智库服务馆员应具备复合型、多学科背景，才能满足智库个性化定制、学科知识咨询、定题跟踪等多元服务需求。

1.建立学科馆员制度

智库建设涵盖多个领域，需要图书馆员具备长期从事信息资源工作的经验，熟练掌握各种信息分析方法。党校图书馆以服务智库建设为契机，大力推行学科馆员制度，通过搭建学科馆员与用户交流互动的桥梁，变"被动"为"主动"，与学校科研管理部门合作，确定主要智库用户对象，积极联系服务对象，及时感知智库用户需求；同时，对用户信息利用轨迹进行动态跟踪和记录，分析和总结用户信息行为的需求和规律，帮助科研团队进行资源与技术可行性分析，整合各个学科的信息资源，为用户提供一站式最新政策动态和前沿信息资源服务，打造党校智库特色服务品牌。

2. 加强人才培养

根据党校智库建设的需求，党校图书馆通过多种渠道，打造服务智库的专业化馆员队伍。一是引进具有主动服务精神、具备较高专业素养、善于沟通协调、熟练掌握数据分析能力的馆员参与智库服务，成立智库服务小组。同时，加强与专业、资深的咨询公司、媒体机构等社会力量的合作，借助其数据分析、舆情研判的优势，为智库研究提供数据分析和预测，当好智库建设"参谋与顾问"，助力党校智库外脑作用。二是加强现有馆员智库服务能力的培训。引导馆员自觉关注智库服务的理论研究与实践案例，通过研读专著与论文、浏览智库网站、关注国情省情以及调研参观、专题座谈、学术讲座、会议研讨等多种途径，使其不断积累经验、开拓视野、增强政治敏锐性，为推动党校智库建设提供可靠的人才支持。例如，2017年12月，中共云南省委党校与中国知网联合主办党校、行政院校新型智库平台建设研讨会，来自全国各级党校的智库专家齐聚一堂，会议通过主题报告与经验交流，为党校图书馆如何助力智库建设与转型发展指明了可行性的思路。

3. 不断完善考核与激励制度

为不断改进和完善智库服务，常保智库服务热情，定期开展服务质量考核是最有效的手段。党校图书馆结合智库用户的反馈信息，对资源保障、馆员服务能力、服务态度、服务方法及服务效果等方面进行评估与量化考核，不断探寻智库用户的新需求，及时调整和优化服务策略，提高服务成效。同时，党校图书馆应采取有效的激励机制，提供职称评聘、岗位晋升、培训深造等措施，留住有志扎根于决策咨询服务领域的优秀人才。

（三）为智库建设提供个性化信息咨询服务，发挥党校图书馆综合性信息处理和分析中心作用

智库建设离不开文献资源、学科服务、情报咨询等工作，尤其是有关政策咨询、发展规划、竞争力分析等方面的研究成果。党校图书馆应准确把握智库用户属性特征和行为日志，制定智库服务目标和任务，为用户提供精准化、个性化的参考信息。

1. 提供决策咨询服务

党校图书馆作为智库信息获取到成果产出的"桥梁",以面向政府、企业和教研等情报需求为导向,利用其自身所拥有的资料收集、学科服务、专业馆员等优势,进行相应的情报收集整理、加工分析等工作,进而形成研究报告、要报提案、快讯简报、内参等一系列类型的情报产品,为某项政策性问题提出观点和意见。例如,中共福建省委党校图书馆围绕智库研究方向与重点,安排相关学科背景的馆员参与教研部门召开的座谈会、研讨会,及时掌握智库科研领域的信息需求,通过跟踪扫描学科前沿动态,为科研团队的项目研究提供相关文献和调研数据,编制推送《习近平生态文明思想在福建的探索与实践》《探索海峡两岸融合发展新路》《学科动态》《图书信息快讯》《十九届四中全会专题学习资料》《战"疫"专辑》等,保障和服务学校重大科研和决策咨询项目,以便准确掌握国内外相关科研的前沿信息,帮助提升智库研究的前瞻性和时效性,缩短科研周期。

2. 决策研判建议与跟踪

信息时代,图书馆要站在决策者的角度看待和分析问题,服务的重心应由文献服务转为知识服务,从各类海量的信息中遴选要点、重点,并提出具有启迪决策思维、具有可操作性的意见和建议,使图书馆真正成为不可替代的、具有核心竞争力的决策助手。一是施策阶段的监控反馈与政策解读。图书馆作为智库情报服务机构,通过主动融入、参与决策执行阶段相应过程,及时监控反馈,发现隐藏问题,针对预警问题,帮助调整智库决策执行方向。二是智库馆员通过关注主流媒体时政走向和热评,分析党报、党刊的热点信息,保持对国家各类法规制度和会议精神的敏感度,并通过科普展览和政策解读讲座,让智库用户及时了解国家的最新政策。

3. 嵌入项目的研究服务

智库馆员作为智库服务的纽带和中枢,是图书馆与智库之间的沟通桥梁,承担着提供图书馆服务和参与智库科研活动的职责。因此,党校图书馆应根据自身情况,组建由具有信息分析、多元化专业学科背景的智库馆员队伍,参与或承担智库科研课题研究。一是嵌入智库项目全过程。在科研立项前期,咨询馆员根据智库研究所涉及的问题环境和研究人员的知识需求,帮助科研团队进行课题扫描、把握学术发展动态,确定研究方向;在科研项目中期,咨询馆员通过对科研项目团队跟踪服务,帮助科研人员及时解决项目中遇到的问题;在科研项目结题阶段,咨询馆员为研究团队提供学术成果出版、转化、知识产权管理等服务。二是智库馆员通过积极申报课题，潜心研究国家和地方各类政策文件，形成严谨的智囊决策信息，打造党校图书馆智库服务品牌。

（四）运用区块链技术，为智库建设提供保障

区块链技术诞生于虚拟数字货币应用场景，成为当前全球互联网金融最为火热的概念。区块链技术是在无须多方互信的环境下，通过密码学技术让系统中所有参与方协作，共同记录维护一个可靠数据日志的方式。通俗的解读是，假设区块链是一个账本，对区块链的读写看成是一种记账的行为，在一定时间内找出记账又快又好的人，由这个人负责记账，再将账本的内容发给单位的其他人。而对于数据库，就是在一定时间内找出读写数据库效率最高的人，由他读写数据库的所有记录，然后发给系统其他每个节点。区块链技术的发展，改变了人们的生产、生活和思维方式，正如习近平总书记指出，区块链技术应用已延伸到数字金融、智能制造、数字资产交易等多个领域，我国区块链技术拥有良好基础，要加快推动区块链和经济社会融合发展，使区块链技术在建设网络强国、助力经济社会发展等方面发挥更大作用。因此，图书情报领域也应高度关注区块链技术的应用。

1.提供智库建设知识支撑服务

党校图书馆作为信息资源组织者和管理者，通过区块链去中心化技术加强馆藏资源收集、整理的整体把控，成为资源建设的规划者和协调者。一方面通过各管理节点优选出文献资源建设能力最强的机构或用户，包括出版发行部门、书店书商、图书馆用户以及其他一切可以参与馆藏文献资源建设的主体，使他们成为馆藏资源建设主要参与者与实施者。另一方面，对资源采集者进行身份认证后，指引他们按照要求收集资源、数据处理并规范提交。尤其是充分调动党校专家学者们资深的专业素养、领导干部丰富的实践经验优势，筛选馆藏纸质资源，收集相关图片、音频、视频、网络资源，使图书馆馆藏资源收集范围得以扩展，各种格式资源相辅相成，形成特色馆资源体系，满足智库用户多样性、复杂性和个性信息需求。

加强资源整理与筛选。大数据背景下，信息资源鱼龙混杂，单一的数据挖掘工具不能完全满足各种类型数据的整合要求。为确保党校图书馆馆藏资源质量，区块链技术根据馆藏资源建设的整体要求，设定资源收集条件，并通过快捷的数据挖掘工具，在人机智能交互的过程中，根据用户需求为智库创建资源交互接口，整合教学课件资源、学员咨政报告及网络原生数字资源等。同时，系统根据资源的不同类型、价值以及完善程度进行质量把关，匹配出相应的组织策略，通过各

节点上的用户均等化权利与义务，对资源价值性、规范性、完备性进行共同认证，对于不符合要求的数据系统自动进行格式转换或剔除，形成规范的元数据类型，并对元数据进行主题标引和内容分类、实时上传、存储，为后续工作打下基础。

改变资源交易方式。数字资源已逐渐成为图书馆馆藏建设的重要组成部分，将区块链第一销售权应用于数字交易全过程，没有任何第三方参与，也无须订立合同等烦琐程序，直接进行"图书馆—作者"资源交易模式。数据库服务提供商将信息资源上传到平台后，由平台为每个文档自动生成一对唯一的公钥和私钥，数据库服务提供商保存私钥，文档信息加密后生成公钥。完成此不可逆的操作后，用户通过开放的 API 接口连接到数字资源平台并进入区块链网络。首先，用户需要发送数字资源浏览和下载请求，再上传区块链平台为其生成的公钥信息，然后，在完成每个节点的认证后，平台将通过私钥对文档进行解码，再通过用户提供的公钥对其进行加密。如果用户要下载加密的文档信息，则需使用数据库服务提供商的私钥对其进行解码。最后根据数据库服务提供商与图书馆间的智能合约，直接按照用户点击量、下载量自动完成购买与支付。同时，通过继续付费延长相应资源使用的有效期，使图书馆数字资源购买程序便捷高效、交易支付简单安全。

2. 提供智库建设知识咨询服务

分析与挖掘用户需求，增强服务主动性。在社会信息数字化、网络化浪潮中，用户的信息需求与阅读行为不断变化，图书馆应由"以资源管理为中心"的被动服务模式转向"以用户需求为中心"的主动嵌入服务模式，为用户提供前期的数据挖掘、中期的可视化分析、后期的资源转化等深层次、个性化服务。区块链技术通过全流程溯源与管控，追踪用户的"足迹"，从中随机提取用户借阅数据，采集、挖掘学科带头人、科研团队、骨干教师、学员等智库用户的信息意识、学科背景、专业知识、研究方向及其学术成就等，并对用户阅读喜好、阅读习惯进行全面挖掘，再通过回归与分类的模式，进行信息过滤，研究其显性知识与隐性知识的关联与转化，有效挖掘不同用户行为感知数据。同时，基于用户所处的领域与场景的差异性，进行信息资源加工、处理及传输，为不同用户定制"专属服务"，体现党校图书馆的智慧服务。

搭建咨询服务共享平台，提升服务效率。共享经济时代，各级党校图书馆都在致力于建设一个完善的资源共建共享系统。利用区块链平权、共建、可追溯技术，构建"信息咨询服务一体化平台"，为党校图书馆的信息资源共享构建一条安全可靠的通道，使相关的文献资源、管理数据和服务信息无缝对接，解决党校图书馆信息咨询服务过程中信息资源分散、用户检索不便的问题，从而有效地呈现分布式和高耦合的状态，开展跨机构和跨地域的文化服务。同时，除了账户信息和交易各方的私密信息外，利用区块链技术开放、透明的特性，系统内的数据面向所有人开放，所有用户经认证登录系统后，通过独立节点查询资源内容和开发相关应用，以消除信息交流不对称的弊端，进而更好地提升管理效率，节约流通成本，使得文献资源、用户信息和管理信息在统一控制的基础上实现高效共享，有效解决信息孤岛问题。

开展知识推送，提升服务效能。在数据访问、身份认证和下载利用的智库服务环节中，使用区块链分布式计算和存储技术促进系统各个节点的权利义务的均等化，以帮助系统准确执行资源调度指令并提供通道的数据访问接口和访问方法，有效实现资源的验证、记账、存储和服务全过程，确保供需平稳准确、及时高效对接。一方面，用户通过线上咨询查询自己感兴趣或需要的信息，系统基于阶段化、层次化的模式及时收集各方需求，并根据访问者的请求提供与许可相对应的地址和对称加密密钥，用户根据地址与密钥访问底层数据库数据。同时，咨询馆员也可以通过系统后台线下回复用户咨询的问题，并按优先级有针对性地为用户精选信息、精确推送知识资源。另一方面，随着平台上保存的咨询响应数量的增加，系统自动记录下所有咨询内容，用户可以直接通过平台进行咨询并快速获取所需资源，省去中间人工操作环节，大大提高检索效率，推动党校图书馆智库服务高效、智能化。

3. 提供智库成果存储服务

利用分布存储技术，缓解空间压力。智库研究成果的有效管理，是进行成果传播与利用的重要前提，利用"区块链"分布式数据存储技术，实现图书馆中心调控、各主体区域自治的分布管理模式，打破以往集中管理模式的局限。根据不同智库资源数据类别设置存储方案和备份计划，将注册用户所传递的分散的、多样化的调研数据、学术报告、论文、著作等资源上传至系统数据库，并建立用户和数据的映射关系，实现图书馆不同类型信息资源交互性的分类存储与高效管理，完整保存包括孤本在内的所有信息资源。同时，为方便用户检索利用，通过区块链技术的开放界面，利用哈希函数将资源关键信息生成用户字符串，再通过时间戳 API 将字符串、哈希值存储到服务器上，实现不同数据库的资源相互验证与资源互递，并自动删除无效信息，有效解决系统之间的相互信任问题，扩大图书馆数据段控制共享的范围，缓解系统空间压力和共享程度不足等问题。

运用智能合约的共识机制，确保数据安全。为解决数据的开放性与安全性之间的矛盾，通过区块链技术的智能合约共识机制为数字资源的完整保存、安全传递提供保障，促进和保护图书馆信息资源建设。通过共识层选取节点间固定的数据交换算法，构建一个顺序相连的时间链条，建立环环相扣的信任关系，只有超过51％的节点成员达成共识才能进行交易，为智库成果的储存和流通设置了双重保险，避免系统遭受黑客攻击或因操作不当而造成数据大规模丢失，确保数据完整性。此外，区块链去中心化技术将记录与存储的权限分布至系统内的所有节点，节点通过点对点的网络结构实现数据信息的自我验证、传输和管理，并记录数据传输的轨迹，图书馆和用户可以追踪所有数据的历史交易记录，以避免资源共享过程中的失信行为和伪冒交易的发生，保证数据安全性。

利用哈希函数和非对称加密技术，保护资源版本和用户隐私。区块链存储系统中，分布式账本技术对所有数据访问的行为、交易数据进行永久记录、追踪和查证，并从版权注册、用户身份确认等环节解决版权侵犯和用户隐私问题，防止信息资源的非法盗用。在版权注册过程中，利用区块链哈希算法和电子签名技术，版权所有者使用私钥对文档进行数字签名，只有私钥持有者可以访问其中的内容，使发送者能够证明数据是自己发送的，接收者也可以签名验证。然后从平台任意节点进入，利用公钥对元数据进行加密并储存，包括时间戳、作者信息、原创内容等，并使用哈希加密算法生成私钥和公钥。用户身份确认过程中，将数据打开权限与数据库管理系统进行剥离，设置所有打开、特定用户打开、特定用户加密，或所有加密权限，让不同级别的用户获得相应的数据访问权限；第三方通过对版权持有者提供公钥对数字签名进行用户身份确认、验证。同时，用户在使用或者分享已经有版权的文献过程中，区块链系统平台自动记录下全部痕迹，避免隐私数据被恶意修改，为智库信息资源版权和用户个人隐私数据的完整性提供强有力的保护。

（五）运用现代智能技术，为智库建设提供高效服务

现代信息技术日新月异，政府决策咨询途径更加多样化，党校图书馆迫切需要通过人工智能、大数据等新兴技术的应用，不断创新服务模式，为智库用户提供智能、便捷的服务。

1.进一步加强数据挖掘

为帮助智库用户从繁杂的网络资源中快速、高效地获取其真正需要的数据，图书馆应进行资源建设和读者服务环节的技术革新，实现服务网络化和智能化。

图书馆可以通过以大数据、云计算、数据挖掘等技术为支撑的智能化应用，进行多渠道数据源采集、数据挖掘、知识关联与信息揭示，同时，进行实时数据存储与查询、支持多种应用场景的智能引擎，不断提升数据提取的精准度，实现协同处理的智慧服务。

2. 开展 RSS 定制与推送

RSS 是一种用于新闻共享和 web 内容数据交换的消息来源格式，具有信息聚合和自动推送特性。为了满足用户的个性化需求，提供定时、定量服务，图书馆可以利用 RSS 技术搜集用户的研究轨迹，再对本馆、网站和其他馆的优秀资源进行收集和整合，同时，根据用户需求，直接将最新的信息及时、主动地推送给用户。用户通过 RSS 阅读器便能阅读这些信息资源，提升研究效率。

3. 创新服务平台，推动资源共建共享

图书馆智库服务决策离不开信息资源的共享与合作。可利用数据商的技术支持，搭建开放兼容、内容丰富、运行高效的一站式资源检索和服务平台，使图书馆决策咨询服务无所不在。一是通过与政府部门、党政机关和其他党校共建智库联盟信息平台，共享信息资源和服务。二是通过平台实现移动协同办公、即时通讯、视频会议等，使不同智库研究领域、研究对象、研究成果的专家之间及时进行交流与沟通，为用户提供更好的阅读体验，实现知识互补和共享、研究成果交叉和重组，提升研究的时效性。

（六）增强阵地作用，为智库建设提供空间功能、拓展服务

党校图书馆作为阅读学习、体验交流、知识分享的多元化公共文化场所，与智库存在紧密的互动关系，可通过空间升级改造、增加服务项目、拓展服务功能、充足资源以及学习支持设施和设备，实现图书馆的功能转型与服务创新，赋予图书馆新的活力和能量。

1. 设置专题书柜

为提高党校主题教育在学员中的知晓率，可营造浓厚的主题教育学习氛围，围绕专题学习和学科分类，利用馆内独有资源吸引智库用户到图书馆进行学习研究，设立"专题阅览区"或"专题书柜"。例如，中共福建省委党校图书馆为充分发挥图书馆信息服务窗口的前端保障作用，设立了党史学习专柜、各专业学科专题阅览书籍、省情专柜等。

2. 提供学习研讨空间服务

党校学员是图书馆服务的主要对象之一，其来自不同岗位、不同地区，拥有丰富的实践经验，切实需要一个学习和交流的场所。图书馆通过为用户提供配备齐全的学习和研讨空间，定期举行研讨、会议、论坛、演讲等活动，碰撞出智慧的火花，激活隐性知识，为党校智库建设营造一个思想和创意的孵化空间。例如，中共福建省委党校图书馆通过与各班次学员常态化地开展教学沙龙、读书沙龙活动，邀请校内外专家学者、党政领导干部、硕士研究生等多个群体，沙龙选题紧跟社会热点、难点问题和党委政府中心工作，借助现场交流与互动环节，为党校智库搭建信息供需对接平台，帮助党校智库团队把握选题、获得决策咨询一手的重要数据，畅通决策咨询成果报送渠道。

3. 多途径开展智库成果传播

为实现人、设备、资源和场馆之间交互共享，展览服务是图书馆延伸服务的重要形式，具有直观的传播效果。党校学员培训的时间较短，图书馆通过常设性展览或配合特定主题临时性展览，将展览功能融入图书馆智库服务，能够快速增强公众对党校智库的认知。同时，可借助虚拟互动展示技术，实现动静结合，从平面到多维，从文字图片到声像立体化、沉浸式的实景观展体验，以提高智库成果互动性，提升观展效果。

第六章　图书馆读者服务建设

第一节　图书馆读者服务工作概述

一、读者服务的内涵与特点

（一）服务的本质属性

1.服务的定义

"服务"一词在《辞海》中的表述是：服务亦称为劳务，即不以实物的形式，而是以提供活劳动的形式满足他人某种特殊需求。马克思对服务的解释是："服务这个词，一般地说，不过是指这种劳动的特殊使用价值，但是，这种劳动的特殊使用价值在这里取得了'服务'这个特殊名称，是因为劳动不是作为物，而是作为活劳动提供服务的。"国际标准化组织（ISO）编制的《质量管理和质量保证术语》ISO9004-2，对服务的定义为：为满足顾客的需要，供方和顾客之间接触的活动以及供方内部活动所产生的结果。20世纪后期，随着服务经济的迅速发展，从事服务理论研究的学者越来越多。瑞得尔在1986年把服务定义为："在服务为服务接受者带来一种变化时，它是提供时间、地点和形态效用的经济活动。"

然而，事物都是在变化着的，客观世界本身也处在无休无止的变化过程中。很多事物的形态、性质、所产生的作用等都在随着社会的发展而不断改变，人类对事物的认识也在实践活动中不断进步和提高。用辩证唯物主义的观点观察问题和分析事物、看待客观世界，就会发现对许多事物的认知也存在发展演进的问题。对服务的认识也不例外。

从社会学的角度全面分析，服务既可以表现为非物质性生产，又可以表现为物质性的产品生产。大多数的服务都表现出非物质活动的性质，例如国家的交通运输行业、邮政、通信行业等，这些行业的活动都是借助特定的设施、设备或工具来为社会提供服务，在这一过程中，消费者并没有获得任何增值的物质性产品。但是，不能因此而断然认为社会上的所有服务结果都是非实物形态的。例如全世界公认的服务行业——餐饮行业，它提供的服务产品就是经过加工的、地地道道的物质性菜肴和饮品。类似的还有照相行业、制衣行业等，都具有这种物质产品的生产性质。

《汉语大词典》把"服务"解释为"为社会或他人的利益办事"，并引用孙中山先生《三民主义》第三讲中所讲"人人应该以服务为目的，不当以夺取为目的"作为例证。《现代汉语词典》的解释亦与此类似。

无论如何解释服务或给服务下定义，服务这一概念中都包含有为满足他人的需求而做某事的实质性内容。绝大多数的服务是属于非物质形态的。在现实生活中确实存在着实物性产品生产的服务，这一类服务往往处于生产和流通同时进行，并且与直接消费紧密衔接的时候。因此，具有普遍意义的服务的概念可以理解为："服务是生产社会效益和使用价值的非物质产品生产及从事可用于直接消费的物质产品生产的代劳行为和使人得到享受的社会化有偿劳动。"

2. 服务的本质

（1）服务是有偿的自愿代劳行为

人类在生存和发展的过程中需要从事很多有目的的劳动。有些劳动简单易行，可以很方便地完成，而有些劳动却复杂而费事，需要费时费力，甚至超出了自己的承受能力，这时就需要求助于他人代替自己劳动。这是人类社会发展到一定阶段之后自然形成的社会生产关系。代替他人劳动的行为需要消耗体能，不能够白干，这就产生了劳动交换，即有偿代劳。久而久之这种有偿代劳行为经过不断调和与认定，形成相对稳定的等量交换，最终形成商品交换形式的社会经济关系。虽然服务这种代劳行为需要服从劳动对象的要求，但还是出于自愿，因为这种劳动是有回报的。

（2）服务是满足人类需要的社会化劳动

当社会生产力不断提高，劳动出现剩余产品之后，人类就自然产生出提高生活质量的需求。社会需求的出现，促使人类进行更细化的社会分工，于是各种专业的服务就以惊人的速度主动发展并自我完善，以适应人类的物质需求和精神需求。这种需求表现为自娱和得到他人给予的欢乐。为此，人们自愿花钱换取代劳而获得轻松和便利，花钱换取能满足物质和精神需求的他人服务。

每一个人的体能和智能都是有限的，无论怎样聪慧的人都只可能具备一项或几项特殊技能和专长，不可能一无所求地创造出生活需求的一切产品和环境，因此自然产生出需要他人代劳的社会需要。由于社会分工的细化，每个人只需要掌握某类或某项专业技能，就可以在社会自然分化的劳动环节中找到生存的空间，熟练、快速地进行生产，这些生产又自觉地组合成为相应的社会服务链，以高效的工作结果服务于人类社会。

（3）服务是人类建立的社会交往和合作关系

每个人都在社会中发挥着自身的作用，同时也接受社会和他人给予的回报。每个人都在尽自己的所能服务于社会，同时也在接受全社会的服务。人生活在社会之中必然要产生社会交往行为，要发生与他人的合作关系。交往和合作是人类明显区别于动物的特有标志。原则上说，服务属于生产交往、合作关系的形式之一，但由于这种交往和合作常常直接在服务者与消费者之间进行，这种交往和合作的范围很大，且形式多样，因而发挥的能动作用就很大，很容易使双方建立起友好的感情关系。因此，服务还可以维系和协调人类社会的人际关系。

（4）服务是无形的社会产品

服务与物质产品一样具有社会产品的性质，但与物质产品有很大区别。一般情况下，服务不固化为物质形态，只表现为人类运动形态的劳动过程，所以被称为无形产品。这种产品既包含体力劳动的成分，又包含脑力劳动的成分，或者两者都有。服务的智能作用和技术作用在现代社会中显现得更加突出。服务可以满足人类的精神需求，这一明显带有感情色彩的功能是任何机械化生产方式所不能取代的。

物质产品的生产和制造可以借助机械化、自动化、电子化等现代技术造就的流水线生产方式减轻工人的劳动强度和减少劳动力的数量，但服务活动不论引进什么样的高科技手段和技术，其实质还是依靠人的智慧设计、控制机械，使其按照人预先规定和设计好的程序运行而已。而且有些服务是机械化和自动化无法提供的，例如精密仪器的修理、极富个性化的手工艺品等。因此，现代社会将服务行业看成劳动密集型的行业之一。

（5）服务是物质产品体现社会价值的媒介

物质产品从生产到消费的中间存在一个流通的过程，这个流通的活动就是处在各个流通领域内的劳动者所提供的各种服务。可以说社会上所有的物质产品都是通过流通服务才传递到消费者手中，并展现物质产品的自身价值的。服务不仅自身具有特殊的价值，还可以用社会需求的各种形式促使其他物质产品体现出使用价值。其实几乎所有的社会产品无一不是通过服务来实现其使用价值的。令人满意的销售服务可以使人们更清楚地理解商品的性能和作用，从而进一步刺激人们的消费欲望，比如安全、快捷的运输服务可以让人们完美地享受到购物的快乐。

3.服务的性质

（1）有用性

服务是按消费者的需要提供自身特殊功效的生产性活动，也是生产劳动。任何生产劳动都具有有用性。生产物质商品的生产劳动往往被人们忽视，因为它隐含在生产劳动后产生的实物商品之中。服务的有用性则表现得更为直观和具体，这是因为服务的有用性不仅表现在所提供的服务的结果之中，而且还持续地显现在整个服务的过程之中。

（2）交换性

服务不等同于奉献（义务性质的服务除外），服务是具有交换性的，只是发生交换的方式不同而已。经济服务具有明确的交换目的，其供求关系就是服务提供者与服务需求者之间存在的交换关系。非经济服务并不意味着经济本质的否定，只是交换的时间和空间都发生了常人不易理解的分离，或者说不是表现为服务者和消费者直接的货币交换。例如某些政治服务和社会服务的劳动价值体现于国家的财政支出中，从事此类工作的劳动者与该部门之间就有着劳动力支出和工资领取的交换形态。

（3）无形性

服务多表现为非物质形态的活动，除了少数服务需要借助于某种物质形态的载体外，例如客运服务，消费者并没有得到物质商品，但达到了位置移动的结果，获得了省力、省时、省事的效果。实际上消费者购买的是服务的功能，服务提供了它的作用。

（4）直接性

其实服务有直接服务和间接服务之分，但是消费者往往只认可直接服务。直接服务是某个时间段内消费者和服务者之间直接发生的交换关系，它比较直观和具体。如商品销售员、饭店服务员、列车乘务员等。间接服务通常是直接服务的补充或提供直接服务的基础。如计划、管理、调度、运输、商品进货等，其本质被直接服务的最后消费环节所掩盖。对消费者来说，无论服务有多少中间环节，以及这些中间环节需要付出多少劳动都与他无关,他只与提供最后服务的人接触，只认可直接服务。

（5）异质性

服务是由人提供的，接受服务者也是人，即便是同一个服务者所提供的服务在不同的时刻也可能有不同的水准。显然服务明显地受到情绪的左右，因而也有人把服务的这种性质称为情绪性。消费者提出服务要求时，必然期待得到满意的服务结果。这种满意还包括精神上的满足，所以服务明确提出了态度方面的要求。人们对服务质量优劣的评价大多数从服务态度方面来衡量，故而情绪性是服务从业人员的必修课。

（6）时间性

服务具有很强的时间性，很多服务都要求在特定的时间内完成。能够及时提供相应的服务才充分显示出它的社会解救功能，如救护、救火、治安求救、抢修等。服务的使用价值和交换价值会随着时间的流逝而逐渐消亡，没有谁会愿意接受遥遥无期的服务。如果消费者提出的服务委托没有得到及时回应，一经拖延，消费者可能就不再需要，其劳动价值也就无法体现。

（7）应变性

事物都在发展变化之中，服务行业也不例外。面对无限发展的社会需求，某项具体服务工作的准备总是有限的。在提供服务的过程中可能突发与服务环境、条件不相协调的变化，如果服务者在意想不到的变化面前无能为力，没有做出相应的物质准备或精神准备，就可能导致消费者的不满，甚至终止服务。因此，服务行业必须注意应变能力的培养。

（8）困难性

服务面临的困难是多方面的，最无奈的困难莫过于物质条件跟不上，资金短缺，致使必须借助的专业设备设施和工具无法提供，或客观环境、条件受到限制，如场地狭小、设备老化、技术力量不足等。有时还会因为通常的服务模式与消费者的理解和习惯不一致而产生困难，如餐饮礼仪、用餐习惯等，这些因素都可能导致服务质量下降。因而服务行业人员需要具有较强的调整应对能力。

（9）生产与消费的同步性

服务不像有形产品的生产那样具有一定的时间间隔。服务一般具有生产与消费的同步性，即服务的生产与消费通常是同时进行，在服务者提供服务时，也正是消费者体验或消费服务的时刻，二者在时间上几乎处于同一时刻。消费者在享受服务的过程中甚至还充当合作者的角色，对服务的现场提供起着重要作用，最典型的如歌舞表演、专题讲座、按摩推拿等服务。服务还具有许多其他的性质，如技术性、综合性、艺术性、缺乏所有权等，因限于篇幅，这里就不再赘述。

（二）读者服务工作的内涵

读者服务工作就是指引导读者利用图书馆资源的活动，包括图书外借服务、阅览服务、书目参考服务、咨询解答服务、文献检索服务等。与此同时，为了提高服务质量，图书馆员还需要合理地组织藏书，优化图书馆基础环境和技术设施，主动探索提高读者科学文化素质的方式和手段，谋求提高图书馆管理水平的方式，来配合读者最大限度地利用图书馆馆藏。图书馆的各项业务工作，只有围绕读者工作这个中心环节进行，才能目标明确，发挥其应有的作用。

读者服务工作是图书馆服务特性和公益特性的最明显体现。科技时代发展迅速，图书馆也应该根据时代特征对读者服务工作做出一定的改革，必须满足当今读者对知识的需求，充分发挥图书馆馆藏的价值，帮助读者更快地接受信息化的阅读模式。

（三）高校图书馆读者服务部

作为学校的文献信息资源中心和为人才培养和科学研究服务的学术性机构的高校图书馆，其目的是为读者提供所需的图书资料，以满足所有读者的需要，吸收合格的工作人员，发挥图书馆在学校人才培养和科学研究、社会服务和文化传承创新中的作用。读者服务工作，是通过提供服务使读者能够利用图书馆资源掌握情报和获得知识的活动。其实质就是传播知识、交流情报、进行教育。这些只有通过组织读者利用图书馆资源的活动，才能实现。读者服务工作是图书馆工作的中心和重心，是连接图书馆与读者之间的桥梁，是图书馆性质的体现。图书馆的馆场、馆藏和馆员的图书馆业务素质和服务质量是吸引读者、关系读者对图书馆评价的重要因素。近年来在科学技术的推动和网络信息技术的带动下，高校师生对高校图书馆服务的需求也发生了变化。为了适应图书馆读者需求的变化，高校图书馆引进了现代化设施和技术，这使高校图书馆的自动化水平和服务质量都得到提高。这表明高校图书馆传统的管理方式已经愈来愈不适应当前的图书馆服务发展的需要。为了适应高校图书馆在信息时代的管理与服务理念的发展，许多高校图书馆都设置了读者服务部，较常见的做法就是将以前的图书流通借还服务部、纸质书刊阅览室和数字资源的阅览室等合并成一个部门——读者服务部。

（四）高校图书馆读者服务部的读者服务

近些年来，高校连续扩招，使在校读者的数量持续增加，而图书馆为读者提供的学习场所却无法相应增加，或者服务提供的增幅小于读者数量的增幅，这致使图书馆的服务远不能满足日益增长的读者需求。图书馆管理需把人文关怀和人本管理结合起来，并运用于图书馆的日常管理中。在图书馆的管理中，已越来越多地考虑到"人"——读者——这一因素的影响。图书馆管理的含义可以从两个方面理解：一是从服务主体图书馆馆员的管理方面；一是从服务客体即读者服务方面。作为图书馆最直接与读者接触的部门——读者服务部的工作也主要是围绕着读者的服务开展的。当前读者服务部的读者服务，要以大多数读者的需求为出发点，在日常的管理工作中，尽可能减少对读者的不合理约束，让读者在各库室的借阅中有更自主、自由的体验，让读者在图书馆内的学习和研究过程中有更温馨、自在和良好的感受并能全身心地投入到利用图书馆资源的科研创新中。图书馆读者服务部服务水平的提升，不仅要从服务环境布局人性化上着手，管理文化、服务方式和管理技术手段等方面的改善也是不容忽视的。当前读者服务水平的提升在管理文化方面可从管理规则和制度的设置上进行改进，在服务方式上可进行图书馆服务资源、服务内容和服务技术的个性化，在管理技术手段上引进更为先进和人性化的管理设备和技术。

（五）网络时代读者服务工作的特点

在信息时代背景下，图书馆的读者服务工作更加具有信息化时代的特征，主要表现为三方面，分别是图书馆资源数字化、服务手段多样化、读者服务开放化。

1. 将资源数字化

在传统的图书馆运营中，基本都是以图书文字为读者提供阅读资料，以纸张为载体来体现图书馆的文献资料。但是，自从进入互联网时代，信息技术开始进入各个领域，图书馆也开始运用互联网技术，使得图书馆资源变得多样化，可见图书馆的发展也在往信息化方向发展。网络管理人员能够高效地将普通图书、文献资料以及报纸期刊等进行整理分类，大大降低图书管理者的工作压力。这种数字化能够在一定程度上帮助图书馆读者服务工作往多样化方向发展。

2. 服务手段多样化

传统的图书馆读者服务工作人员将图书馆资料进行整合管理，使其满足读者对知识内容的需求，从而提供更全面的服务。随着图书馆开始使用互联网技术，有更多的馆藏资源被数字化，与传统的纸质书籍相比，现在的图书以及文献资料大多以数字化出版物的形式产出，从而使得图书馆的读者服务工作方式变得越来越多样化，这种多样化发展能满足当今读者对图书馆服务的更多需求。

3. 读者服务开放化

通过网络技术手段，图书馆的纸质书籍内容被转化为网络书籍资源，读者可以根据需求自由选择。因此相关工作人员应该改变传统的封闭式服务，为了对读者的服务体现得更加全面，就应该将服务模式转变为开放式。随着社会需求的不断增加，图书的形式也就越来越多样，图书馆为了尽可能多地满足读者需求，可以安排人员对图书馆内的读者进行问卷调查活动，全方位了解读者对知识内容的需求，从而采取针对性措施满足读者个性化需求。

二、图书馆服务的原则与内容

美国图书馆学家谢拉曾经说过："服务是图书馆的基本宗旨。"服务是图书馆永恒的主题。图书馆发展的根本原因和最终目的就是提供与时代同步的服务。图书馆的社会职能必然也必须通过它所提供的实实在在的"服务"来履行，也就是说，图书馆所有丰富多彩的活动都要落实在"服务"上。经过多年的科学讨论和工作实践，图书馆已形成基本的服务原则和逐渐深化的服务内容。随着文化环境和信息环境的变化，尤其是技术发展的驱动，新时期下，图书馆的服务也正稳步向纵深发展。

（一）新时期图书馆服务的原则

图书馆服务管理过程中对服务理念有严格的要求，针对管理机制和其他模式的要求需要根据原则进行管理，保证管理服务的有效性。

1. 开放原则

"开放"与"封闭"相对，开放服务是图书馆的本质属性所在。作为一个全方位的概念，开放不单指图书馆的开门服务，更多地体现在图书馆各项服务开展的民主、宽松、和谐的程度；作为一个动态概念，也体现出图书馆作为生长着的有机体的发展和与时俱进。图书馆的开放服务充满着人性关怀，普遍开放原则以"实现和保障公民基本文化权利"为法理基础，也成为图书馆核心价值的首要条款，它既是近现代图书馆形成的标志，也是图书馆作为公共文化空间的特征之一。

（1）资源方面

图书馆所有的资源需要进行开放化管理，馆藏全部开放和利用，尽最大能力实施借阅。同时馆和馆之间要保证资源的开放性，以资源共享作为基础，所有的设施都需要向读者开放。

（2）时间方面

时间开放指的是满足读者的自身要求，在发达地区的图书馆，采用的是天天开馆的形式，中国的国家图书馆和上海图书馆即采用该形式，为广大受众提供更多的便利。

（3）服务对象方面

图书馆秉承面向所有人开放的宗旨，2011 年《文化部、财政部关于推进全国美术馆、图书馆、文化馆（站）免费开放工作的意见》的出台，彻底消除图书馆开放的经济门槛，使得公众零门槛享受图书馆服务；在服务形式方面，以保障公民的基本文化权益为目标，灵活多样，不拘泥于特定的形式或活动；在服务时间方面，随着夜间经济的兴起，在文旅深度融合的背景下，作为重要的公共文化设施，图书馆在保障好区域内居民基本文化需求的基础上，不断延长开馆时长，丰富市民的"文化夜市"；在资源利用方面，图书馆以保障公众智识自由为宗旨，用户可以自由选择文献资源、自由阅读而不受干扰。

2. 平等原则

平等服务作为图书馆服务的基本原则由来已久，作为图书馆行业根深蒂固的基本理念和执着追求，在各项法律政策文本和行业规章中均有所体现。1850 年英国《图书馆法》的立法精神，即为公众建立面向所有人平等、免费开放的图书馆，使图书馆事业真正成为人民的事业。随着 19 世纪中后期英美图书馆运动催生了现代图书馆，以平等、免费、自由等为代表的现代图书馆理念成为图书馆界普遍倡导的原则。世界范围内现代图书馆事业的方向标和行动纲领——《图书馆宣言》将平等服务的理念表述为"每一个人都有平等享受图书馆服务的权利，而不受年龄、种族、性别、宗教、国籍、语言或社会地位的限制"，还要求向那些由于种种原因不能利用正常服务和资料的用户提供特别服务和资料，例如少数民族、残疾人、医院病人或监狱囚犯；并在 IFLA 随后出台的《IFLA 因特网宣言》《图书馆及其可持续发展生命》等政策文件中多次强调该原则。此外，作为中国图书馆核心价值理念成熟的重要标志，2008 年 2 月中国图书馆学会发布的《图书馆服务宣言》确立了"对社会普遍开放、平等服务、以人为本"的服务原则，并在第二条提出"图书馆向读者提供平等服务"，这也呼应了"十一五"时期提出的"坚持公共服务普遍均等"的原则。可见，图书馆提供平等服务是国际普适性准则，既具有历史性、时代性和先进性，又是能够体现和代表图书馆的本质、使命和正确发展方向的国家政策理念。

实现平等原则，需要做到以下几点。

（1）因地制宜开展总分馆体系

为保障公民平等地享受服务，《图书馆法》结合国际惯例和我国图书馆开展的实践，要求以县级人民政府为主导，建立县域总分馆体系。总分馆体系不是图书馆间的松散结合，而是区域性的图书馆融合，其核心在于形成统一采购、统一编目、统一配送的图书馆服务体系，完善数字化、网络化服务体系，充分发挥图书馆资源与服务优势，以达到共建共享的目标。从本质而言，这是图书馆管理体制和运行机制的变革，我国图书馆总分馆体系的基本地域是县域，这是我国地域、行政体制等现实因素所决定的。应当注意的是，总分馆体系建设不是一个模板的照搬照抄，由于经济条件等客观因素的制约，需要走因地制宜、分类指导、可持续发展的道路。为保障公民平等地享受图书馆服务，要进一步缩小地区之间、城乡之间的差距，做大做强县馆，逐步提升和充分发挥县级图书馆对乡镇、村图书馆的辐射作用，这也是普遍均等、惠及全民的图书馆体系能否建成的关键所在。

（2）为弱势群体提供专门服务

平等理念所提倡的图书馆服务，是一种阳光普照式服务，但是受限于身体的主观原因或客观原因，一些图书馆服务对未成年人、老年人、残障人士等弱势群体有一定的"门槛"，即使常规服务也显得遥不可及，例如适合于低幼儿童阅读的文献信息、老年人和残障人士所需的无障碍设施、阅读障碍者所需的辅助阅读设施。因此为保障所有人平等地享受图书馆服务，《图书馆法》第34条特地强调服务向弱势群体有所倾斜。除了向所有人免费开放外，图书馆为弱势群体提供专门的服务，包括但不限于以下措施。

针对未成年人。根据《中国儿童发展纲要（2011—2020年）》要求，应当在制定法律法规、政策规划和配置公共资源等方面优先考虑儿童的利益和需求，图书馆在馆舍布局、文献资源配备等方面对未成年人有所侧重，不得提供不适宜的文献信息，并对馆员提出针对性要求。

针对老年人、残疾人等群体。引导具有较高水平的图书馆开设老年阅览区域、设立盲人阅览室，设置盲道、无障碍通道等设施，并加强盲文图书、有声读物等专用文献资源建设和触屏读报系统以及阅读辅助设备等设施建设，利用互联网技术开展线上远程服务，保障弱势群体平等地享受服务，体现图书馆的人文关怀。

（3）防范读者权利失衡的禁止性规定

公众平等地享受图书馆服务的前提，必须是建立在"合法"的基础上。《图书馆法》赋予公众可以自由平等地利用图书馆的权利，同时为防止读者权利失衡做出禁止性规定，以限制权利的行使，不能以妨碍他人、危害社会、破坏良俗为代价，其实质也是为了保障公民的基本文化权益。规定的对象包含图书馆和公众两个方面。"法无禁止即可行"，一方面，要求图书馆不得开展无关的商业经营活动，保障公众利用图书馆的资源和机会，不能从事与公共文化设施职能定位不符的市场经营活动，树立正确的服务理念；另一方面，规定公众应当履行的义务，"应当遵守图书馆的相关规定，自觉维护图书馆秩序，爱护图书馆的文献信息、设施设备，合法利用文献信息；借阅文献信息的，应当按照规定时限归还"，也是保障他人的读者权益；此外，对实施破坏或扰乱行为并经劝阻不改的公众，图书馆可以拒绝提供服务，并约定图书馆拒绝提供服务的三个前提。《图书馆法》为保障公众平等利用图书馆划定权利的界限，厘清义务的范围，其实质是个人的"平等"不能以损害他人的"平等"为代价。

3.共享原则

"共享"主要是指图书馆提供的文献资源共享。这也是图书馆的公益性和文献资源本身属性所决定的。图书馆的文献资源不具有"排他性"，成为公共资源后并不是只能被某人占有、消费，而是可供公众消费享有。共享服务的目的是为了最大限度地满足公众的信息需求，这一理念也贯穿于图书馆的发展之中，是一个不断发展的运动过程。

为了更好地践行共享原则，应采取如下措施。

（1）加快图书馆的电子化发展

我们的图书馆要跟上时代发展的步伐。挖掘潜力，加快电子化的发展，包括电子化的借阅和电子化的管理，能够为广大群众提供更加广阔而完善的各类知识的同时，也提高了我们的管理效率。为读者建立在线的免费的网上借阅图书与预定图书的网站，帮助读者能够方便快捷地获取自己所需的资料，增强图书馆事业的美誉度。另外，图书馆相关工作人员还应不断丰富其网站的资源服务项目，例如：开展图书免费下载、在线阅读、推荐图书购买渠道等，促使数字资源共享网络平台逐步趋于完善，使之成为一个综合性服务的图书馆网站。例如山东省图书馆就构建了由电子阅览室、数字化共享工程体验厅、数字化电教室、电子阅览卡、手机图书馆等较为完备的电子阅读结构，与传统的纸质图书版本及人工咨询一起构架了完备的阅览体系，从而便于人们有效地获取各类知识和资料，为我们的工作和生活提供充足的精神食粮。

（2）不断改革并且完善图书馆资源的建设和分享制度

我们知道，在图书馆的正常建设和资源分享的过程中，构建一个比较合理完善的管理机制具有非常重要的作用，它可以帮助我们更好地对图书馆的所有资源进行管理，同时还可以更好地约束所有人的行为，因此，各个图书馆必须要尽快改革并且完善图书馆资源的建设和共享。到目前为止，我国所有图书馆的资源建设和共享都是由政府专门的职能部门进行相应管理的，他们的管理具有一定的局限性，管理大部分都仅仅局限于行政管理层面，在实际的管理过程中所依据的管理规定也仅仅局限于行政管理，始终没有形成一个比较系统的管理规章制度。在完善管理机制的过程中应该根据图书馆实际资源共享情况制定相对应的管理机制。或者也可以积极地学习并且引进其他国家图书馆的先进管理机制，然后再根据我国图书馆管理情况进行相对应的改革和完善。

（3）努力发展各个图书馆的联盟

在促进图书馆资源共享的过程中，我们还应该尽快发展各个图书馆的联盟，不断提高对于图书馆联盟的重视程度。在整个图书馆管理过程中，图书馆资源建设和共享是比较重要的环节之一，而且对于图书馆这样的大型项目，仅仅依靠个体的力量根本无法更好地开展这一工作，因此，在进行图书馆资源建设和共享过程中必须要发展图书馆联盟。

（4）实现图书馆资源建设与共享的可持续发展

为了更好地开展我国图书馆的资源共享，必须要尽快实现图书馆资源建设与共享的可持续发展。而在图书馆资源建设与共享的可持续发展过程中，建立一个发展战略是首要的基础之一，同时，它也是开展图书馆联盟的基础之一，因此，必须要尽快制定一个合理的发展战略。例如，政府应及时了解并且发现各个图书馆的实际情况和特点，积极地发现各个图书馆的优秀发展战略，然后将所有优秀的发展战略进行整合，制定一个全面合理的发展战略，使得这些发展战略可以应用到各个图书馆的资源建设和共享中。

（5）拓展服务内容

图书馆应当不断充实自身的资源，让更多类型的新知识新信息不断融入，保证图书馆资源的丰富性。同时为了在全社会进一步弘扬学习风气，提升图书馆文献资源的利用率，实现图书馆的教育功能，应该不断提高图书馆的开放程度。图书馆还应当与读者实现良性互动，为读者做好记录，用资源共享的最新成果满足不同读者的个性化需求，这些都有利于图书馆信息资源的不断优化，确保资源共享得以实现良好的效果。

（二）新时期图书馆服务的内容

图书馆的服务发展经历了从低级到高级、从简单到复杂、从粗浅到智慧的发展历程。其服务内容的深化是一个渐进的过程，不可能一蹴而就，并不是说较高级的智能化服务就可以取代较低级的文献服务，至少在很长一段时间内，其多项服务内容是相互支撑、长期共存的。

1. 文献服务

文献服务是提供馆藏文献原件或替代品的服务，也称全文服务。主要包括外借、阅览、复制、展示、剪报、编译、视听等服务。除此外，基于馆藏资源互借与传递的馆际互借和文献传递服务也属于文献服务范畴。近些年，虽各馆馆藏文献资源的借阅率出现不同程度的下降，但我们仍有理由相信，作为文献保藏机构的图书馆其馆藏资源仍然是图书馆的服务主体，文献服务地位依然很重要。正如吴晞和甘琳在研究中表述的"无论技术环境如何发展变化，馆藏文献尤指传统的纸质文献，仍然是图书馆最为基础的资源体系，馆藏文献的提供仍是图书馆最为重要的服务方式。舍此，图书馆的特质、功能、作用等则无从谈起"。

2. 信息服务

信息服务是指提供文献检索或信息产品的服务，也称书目服务。主要包括书目检索、目次页报道、新书通报、公共查询、编制二次文献、建立数据库、网络导航等。信息服务是伴随计算机和互联网的发展而产生的，它为读者查找文献信息节约了时间和精力，提高了文献查找的速度和效率。

信息服务是以"篇章字词"揭示文献内容和提供服务，且较偏重于结构化信息和显性知识，难以有针对性地解决用户的个性化知识问题。

3. 知识服务

知识服务是指提供解决问题的知识或知识产品的服务，也称内容服务。主要包括知识参考、信息调研、信息定制、科技查新、专业咨询、情报研究、竞争情报服务等。知识服务不仅是用户目标驱动的服务，还是面向知识内容、面向解决方案、面向增值服务的服务。在哈佛大学商学院图书馆的等级服务模式中，最高等级的服务是知识增值服务，即解决读者个性化的深层次问题，提供方案决策及富有价值的信息产品，进行知识创新和增值服务。

知识服务是近二十年来，图书馆学研究和图书馆界实践探索的热点问题。知识服务要求图书馆提供个性化、定制化的服务内容以满足用户解决问题的需求，要求提供知识增值服务满足用户产生新的知识增值产品需求，要求图书馆从信息中心向知识中心转型，满足用户创造知识、共享学习的需求。目前国内比较成功的知识服务有数字图书馆、学科门户、知识地图、知识导航、协作式数字参考咨询服务等。

4. 方法服务

方法服务是指提供利用文献、信息、知识的方法的服务。图书馆开展方法服务的主要形式有：入馆教育、宣传辅导、课程教育（如信息检索、阅读学、竞争情报、信息文化等课程）、数据库讲座等。常言道：授之以鱼，不如授之以渔。要让用户高效率地利用图书馆，图书馆本身除要做好自身的服务工作外，还要做好方法传授工作。让用户了解图书馆，走进图书馆，认识图书馆，掌握各类馆藏资源的利用方法和服务设备的使用，从而提高信息检索能力和信息处理能力，提高馆藏资源的利用率，这也正是图书馆开展方法服务的目的和意义所在。

5. 文化服务

文化服务是指提供知识文化和精神文化的服务，包括以下两方面的内容。

文化展示。围绕人文地理、历史回顾、社会热点、科学普及等方面的内容举办多种形式的主题展览，扩充用户知识结构和文化视野。如洛阳理工学院的李进学艺术馆、李先生纪念馆，河洛地区精品碑刻陈列室等主题展馆。

文化活动。通过图书捐赠、读书有奖知识竞赛、图书漂流、精品图书展览、污损图书展览、经典视频展播、读书箴言征集、名著影视欣赏、名著名篇朗诵、品茗书香思辨赛、优秀读者评选、搜书大赛、书法作品展、读书摄影比赛、读书微视频比赛、读书达人秀、一站到底读书、书模表演等阅读推广活动，普及文化知识，提高整体国民素质。文化服务不仅仅是简单的一般性服务过程，而是一种智慧化服务过程。这个过程既是高层次的信息文化服务过程，又是一个教育的过程，二者缺一不可。

6. 空间服务

空间服务是指利用图书馆的空间环境为用户提供的服务。包括环境空间服务和信息空间服务两大方面。不可否认，无论是文献服务、信息服务，还是知识服务、文化服务都离不开图书馆的空间环境。正如上海图书馆馆长吴建中对图书馆空间的描述：图书馆是人与人交流的最佳场所，是聚集信息资源和人的资源的知识空间，并鼓励用户按照他们的想象来重新设计超越传统图书馆的新空间。

读者对图书馆的关注和来图书馆的目的发生着改变，需要多样化的空间环境，促生了图书馆的空间服务。读者需求的不断变化也使图书馆的空间设计从信息共享空间到学习共享空间，到学术共享空间，到创客空间的完整规划。多元化的空间服务不仅提升了图书馆的人文气息和学习环境，还提高了图书馆的运行和服务效率。

7.智能化服务

智能化服务是指将通信技术、网络技术和物联网技术综合运用在图书馆的各项服务中，为用户提供数字化、网络化、自动化和智能化服务的模式。主要包括数字网络平台服务、RFID自助借还服务、自助打印复印扫描服务、一卡通服务、一站式检索服务、移动图书馆服务、云屏阅读点播服务、自主选座服务等。如今智能化的图书馆建筑环境日趋成熟，为智能化服务奠定了硬件基础。4G网络、云计算、互联网与传感器的融合等新兴技术的产生和发展助推图书馆的智能化服务向高端智能发展。目前各个图书馆都开展着智能化服务，只是智能化的程度不同而已。智能化服务是一个不断发展和完善的服务过程，其智能化和现代化的道路是无止境的，现代图书馆要完全转型为全面智能化的图书馆还有很长一段路要走。

8.移动服务

移动服务是指图书馆借助移动工具提供浏览、借阅、咨询等服务。主要包括WAP浏览+短信、移动OPAC、移动阅读、移动参考咨询、O2O（OnlinetoOffline）、移动图书馆等服务形式。具有泛在性、便利性、自主性、移情性和社交性等特征。随着时代的发展，目前微博、微信公共服务平台、移动图书馆成为移动服务的三大主流模式。

微博、微信和移动图书馆应用程序三个国内使用规模最广的移动服务平台有各自的优势和不足。基于微博的移动服务，会在短时间内集聚用户群，利用图书馆的宣传，用户之间、用户与馆员之间交互性强，但自主性弱，只能使用微博运营商提供的功能，服务内容有限，多是新闻和信息发布、一般性参考咨询服务。基于微信的移动服务近几年发展迅速，功能强大，服务内容丰富，且可和移动图书馆完美集成。如中原工学院的"中工图书馆"微信服务平台可实现图书查询、借阅查询、在线咨询、云阅读、新书通告、好书推荐、移动图书馆集成等十多项功能。不足之处是关注的用户量有数量限制，且推送信息一天只能发一次。移动图书馆应用程序是数字图书馆移动服务的一种完美开发，具有独特的资源和内容服务优势，但不足的是互动性较差。在不断深化的移动服务中，如何进行功能优化和服务融合，找到移动服务的最佳范式将是移动服务创新的方向。

（三）图书馆的服务理念

理念与观念关联，是看法、思想、思维活动的成果。它是一种思想，是人们经过长期的理性思考及实践所形成的思想观念，是行动的最高指示标准。因此，服务理念的本质就是人们开展服务活动的指导原则。现代的服务理念大都以给人们提供优质服务为宗旨，为了在原则上衔接现代服务理念，图书馆也要这样，结合现代图书馆的发展规律，转变观念，不断提高自身素质，从读者的需求出发，规范图书馆服务的各项内容，最终使之获得良好的阅读体验。特别是互联网技术迅猛发展的今天，以服务为主题的图书馆在服务环境、手段、需求等方面都发生了本质上的改变，读者的个性化需求越来越多，在这种条件下，图书馆只有紧跟社会发展的新动向，更新服务理念，才能实现"育人为本，服务至上"的服务宗旨。

1. 树立读者个性化服务理念

图书馆的个性化服务是对读者个人特点和个人独特的信息需求，提供个性化的信息环境和服务。个性化的信息服务包括检索方式、用户界面及个性化的信息需求和信息处理方法。个性化的服务就是以读者需求为首要的服务观念。现代社会的不断变化，使读者的需求发生改变，对图书馆的服务要求越来越高了，读者希望能在图书馆以自己喜欢的方式得到自己想要的信息。也就是说面对来源众多的信息，读者最迫切希望的是能用最少的时间、最快捷的方式来获得最有价值的信息。图书馆目前面临的最大挑战是如何能高效、系统、全面、可靠地帮助读者，在繁多的各类文献资源中找到需要的信息。这就要求图书馆管理人员迅速转变角色，以更加专业化、规范化、人性化、智能化的服务，满足各类读者个性化的需求，但实际上图书馆在日常运营过程中还没有足够重视读者的个性化服务，相反有些图书馆工作人员认为读者应该适应图书馆的服务标准，这是不对的。要改变传统的服务观念和服务模式，图书馆就应当采用现代的信息技术来实现读者个性化的需求。

2. 数字化服务理念

数字化服务是现代社会发展的需要，也是图书馆适应读者和适应社会必不可少的条件。由于传统的图书馆技术条件的限制，不能满足现代社会人们对信息资料的需求，数字信息的应用和传播正好在时间和空间上得以完美连接，用户可以非常方便地利用数字信息，足不出户就可以获得国内外的各种最新消息。图书馆是促进读者学习、科学研究和社会信息交流的学术交流服务性机构，加强对数字信息的整理和建设是现代图书馆的职责。数字化信息服务也是现代图书馆发展的必然要求。现代技术的应用，数字化信息将成为读者信息需求的主体，读者可以随时随地随意地获得信息。现代图书馆在技术改善服务项目的同时，数字化信息服务的开展也是必不可少的。数字化信息服务是现代化社会发展的趋势，图书馆进行数字化信息服务能够满足读者个性化和快捷化的需要。图书馆数字化信息资源改变了图书馆传统的服务方式，让图书馆信息服务紧跟现代化步伐，图书馆数字化信息的应用实现了各个图书馆的资源共享，各个图书馆的信息交流不再受到限制。

（四）图书馆基础服务的转型升级

1. 全民阅读推广服务

阅读推广已经成为图书馆一项较为普及的基础服务。相对于教育机构、书商等组织的阅读推广活动，图书馆的阅读推广活动也必须有其独到之处，故而在借阅服务的基础上，阅读推广活动也需要转型升级。阅读推广活动指以培养阅读习惯或兴趣为目标而开展的图书推介或读者活动，本质上是图书馆对读者的阅读行为进行干预的过程。

在知识生态理念下，阅读行为本质上是知识消费者不断进行知识外化和内化的过程，可分为专业阅读和休闲阅读。图书馆的阅读推广活动有别于其他组织之处在于不仅以培养读者用户的阅读兴趣或习惯，让读者学会阅读为目标，更要通过全程参与对其阅读内容、方法的指导，让读者有方向、深层次地阅读，通过阅读掌握一定的知识。图书馆的阅读推广服务应为知识消费者提供有助于其理解掌握及消化知识的服务。知识消费者的消费倾向是与个人知识背景高度相关的知识。知识消费者的知识消费过程是显性知识内化为其自身隐性知识的过程，在这一过程中，图书馆需要为读者提供以下三方面的服务。

首先，提供知识获取引导。以借阅图书为例，一般来说，无论线上线下，用户都需要通过资源检索系统查找自己所需要的图书。图书馆的检索系统为用户提供检索相关词推荐，提高用户的资源检索效率，对提高其阅读兴趣大有助益。用户或带有明显的目的性去寻觅某个资料，或不带目的性查找图书，图书馆员都需要引导读者准确表达，使其与真正的阅读需求之间准确匹配。

其次，提供知识理解引导。知识消费者在阅读和吸收新的知识时，往往面临对这一领域的知识掌握不全面，从而导致形成错误的认知，进而导致发生知识负利现象，使知识成了其正确认知的阻碍，影响其知识消费体验。故而图书馆在进行阅读推广时可提供阅读重点引导服务。

最后，提供知识掌握引导。知识消费者需要通过不断将知识进行内化和外化来掌握知识。遗忘曲线表明知识消费者需要通过不断复习知识来避免知识的遗忘，达到一定临界点以后新的知识才会真正整合为自己知识结构中的一部分，完成知识的受益行为。图书馆需要为此组织一些知识闯关、知识问答之类的活动帮助其掌握知识。阅读推广要为知识消费者提供让其产生共鸣或思考的知识。

知识个体与其周围的知识和环境之间也构成一个最小单位的知识生态系统，在这一知识生态系统内，想要实现个体的知识更新，必然要实现旧知识的淘汰过程，使系统在信息流、物质流和知识流的知识流转中保持输入与输出的平衡。故而图书馆的阅读推广服务要取得实际的成果，必然要使消费者在这一过程中接收完全不同角度的知识观点，从多个维度获得所需知识。这需要图书馆服务者在服务的过程中由过去的无差别服务转变为针对性服务、由点式文献信息提供到网式知识提供、由响应式服务转变为跟踪反馈式服务。这都意味着图书馆正在进行的阅读推广服务转型是要提供超越兴趣培养的认知服务。为避免信息茧房效应，图书馆员需要协助知识消费者克制其自然属性，包括身体缺陷、知识遗忘惯性、个人之间固有的记忆能力差异等，以及不断适应其社会属性，包括对某一知识领域的偏好等，从而完成阅读推广服务的转型升级。

2. 数字参考咨询服务

传统的参考咨询服务主要答复读者关于具体文献的各种问题，而数字参考咨询呈现全方位、综合性、多层次服务的态势。数字参考咨询可进行信息全文传递、学科导航、网上教育与培训等多领域深层次的咨询服务。

数字参考咨询服务的开展为图书馆基础服务带来新的契机。数字参考咨询服务要求馆员提升知识资源集成能力。当用户提出一个问题请求时，服务主体需要将与此问题相关的资料和答案尽可能全面完整地进行回答。知识资源的集成指将不同知识族群、不同知识资源载体和来源的知识进行集中的整序汇聚。同种的知识资源会自发地聚集在一起，主要是因为图书馆的基本业务流程就是图书馆知识服务者基于自身的职业技能和知识背景，通过中图法、杜威十进制分类法等文献信息组织方法，经过搜索、查询、调研、订购、获取、验收、分类、编目、典藏、流通等一系列的环节让相同主题的知识资源汇聚于书架和图书馆网站。

数字参考咨询服务要求馆员有知识单元的抽取组织能力。传统咨询服务更多体现的是以文献单元为本、以管理为先的图书馆工作理念。这样的知识资源呈现方式在某种程度上来说也方便读者用户查找到特定的文献信息资源。但在知识生态的理念下，图书馆想要建设成为一个自组织自适应的知识生态系统，就必须将文献为本转变为以知识单元为本，起到对图书馆知识用户进行智力开发和知识拓展的目的，才能让整个系统不断在分布到演化的四阶段知识循环中，实现螺旋式上升的知识资源更新。

数字参考咨询服务是为知识用户提供不同层次、不同学科和不同结构的知识。在自然生态中，生物可以利用的资源包括非生物资源，如阳光、空气、水和土壤等；以及生物资源，包括各种动植物、微生物等。这些资源如生物资源可以按照生物金字塔的原理划分为初级生产者到顶端的高级消费者等不同层级，营养级越低能量越多，而营养级越高则能量越少。知识资源也有同样的划分，从数据到知识甚至到智能、智慧，每往上一个层级，则信息流发生的频率越低，所拥有的数量也越少。为减缓这一金字塔，数字参考咨询服务不仅仅要为知识用户提供精简过后的知识和策略，更要为知识用户提供知识提取的路径，包括数据、信息等，并建立思维导图供用户理清知识发展脉络，使知识用户掌握较为全面的知识。

3. 信息素养教育服务

一般认为信息素养教育包含三个层次，分别是让读者知道有哪些信息资源、让读者知道不同的信息资源如何查找、让读者知道如何运用查找到的信息资源解决实际问题。在知识生态理念下，信息素养应具有第四层次：如何规范使用信息资源。信息素养教育应该加强如何规范使用信息资源的相关教育。在这一情势下，图书馆信息素养教育更应该在加强前三个层次教育的同时，强化第四层——规范使用信息的教育。信息素养教育服务的内容是提供一个在庞杂的知识规则制度环境中找到最优解的路径和办法。这包括知识使用权限的相关规则，也包括知识使用界限的相关规则，还包括知识使用准线的相关规范。

知识使用权限教育是对知识产权的保护，保护着知识所有人的权利，也为图书馆知识的共享提供了一定的空间。无论在哪一个领域，抄袭的现象依然严重。图书馆的信息素养服务为读者用户在知识应用和知识创新过程中的权限规则加以识别、引导和规范，是图书馆服务应该担当的使命和责任。加强信息素养不是为用户提供可以打擦边球的路径，而是让知识主体识别他们有意或无意忽视的违规行为。不仅包括在科研领域的漏引、过度自引等现象，也包括在认知和应用过程中的违规传播和未经授权的使用现象等等，通过生动形象的图文推送、标注、案例宣传等方式让读者用户更为清楚哪些权限是其拥有的，哪些红线是其不能触碰的，不断提高用户的信息素养。使用界限规则的信息素养教育是知识信息应用的伦理界限的相关教育。

知识信息的运用应有适当的伦理界限，这也是图书馆在进行知识信息服务的过程中容易忽视的问题。仅仅注重对用户智力的开发和知识信息的供给已经远远不符合图书馆承担社会文化使命的需要，图书馆还需要在知识应用的界限上对用户进行潜移默化的指导教育。让用户拥有强大的自制力和对相关现象的识别能力。使用准线的相关导航可以让用户在对知识利用过程中获取尽可能多的外界支持。如对相应的创新创业优惠政策的解读和相关申报的指导服务等等。图书馆加强信息素养教育服务，是承担自身社会责任的重要体现，也是进行图书馆基础服务转型升级的重要一环。

（五）图书馆空间服务的全面打造

1. 实体空间服务

实体空间服务需要实现实体空间再造与服务内容创新相匹配。为知识用户尤其是知识分解者提供一个实践场所，让知识信息在这一场所中自由碰撞是实体空间服务的目标。知识分解者指利用知识进行实践活动的人，其知识活动表现为将自身所具有的隐性知识进行转化表达。知识消费者掌握知识后，便可以进行知识实践，知识主体由此转化为知识分解者。在实体空间服务的提供过程中，知识主体可实现自身功能身份的不断转化。实体空间中知识用户的知识实践活动表现在三个方面。

首先，表现为生成相应的知识产品。

其次，用户开展相应的社会活动，将自身所拥有的隐性知识外化为显性知识，对其他知识主体的行动产生影响。

最后，作用于知识环境，运用知识展开与知识环境之间的相互建构，即对社会环境、技术环境和制度环境进行利用、影响和选择，从而创造最佳实践效果的过程。由此可见，知识用户在进行实践活动的过程中，主要面临缺乏一定的基础条件的困境，具体包括知识资源条件、协作条件、知识环境条件等。

图书馆员可以通过开展实体空间服务来提供用户实践的基础条件。实体空间服务最为重要的是服务活动的设置。知识用户在知识实践中需要的是图书馆为其提供较为健全的融入其他知识种群的服务。实体空间服务需要从提供知识产品转变到产品即服务的服务思路上来，在为用户提供知识产品的基础上，让其实践活动充分参与到社会生活之中，成为知识链中不可或缺的一环。

故而实体空间服务具有两个方面的特征，首先，表现为服务过程的阶段性。用户的知识活动表现出明显的阶段性特征。知识服务需要根据其所处的不同阶段，有针对性地对其提供空间服务。其次，表现为明显的连接性。知识用户在知识实践的过程中有着强烈的与其他知识主体进行连接从而产生知识流动和转化的需求,因此图书馆进行实体空间服务的全面打造就是要为实践者提供合作交流的空间环境。

2. 虚拟空间服务

数字化、网络化的趋势下,图书馆虚拟空间服务如火如荼开展。图书馆的虚拟空间服务较为具象地表现为数字图书馆的建设。图书馆通过建设虚拟馆藏空间,为用户提供各种人性化的虚拟空间服务来进行虚拟空间的建设和拓展。相对于实体空间服务,虚拟空间服务表现为空间使用的非排他性,空间服务的网络化、交互性、多媒体性,空间知识交流的动态性三个特点。

首先,虚拟空间服务的特征表现为非排他性。与实体空间一样,虚拟空间服务也提供读者用户进行交流、讨论、学习的电子会议室、虚拟协作空间等,但与实体空间不同的是,实体空间有较为明确的空间场所容量的限制,往往一个自习室、研讨室被占用后其他用户则无法再同时使用。而虚拟空间则更为自由,除了服务器运算能力的限制,外加考虑到同一时间实际使用图书馆虚拟空间的人数,图书馆虚拟空间几乎是永远处于非饱和状态的,为用户的使用带来了极大的便利。

其次,虚拟空间服务具有网络性、交互性和多媒体性。图书馆一般是通过图书馆网站来将虚拟空间服务集中提供给读者。凭借图书馆为读者提供多样的学习、讨论、会议、休闲娱乐、多媒体中心等根据不同读者的使用目的和兴趣爱好创建的虚拟空间,读者可以在网站上实现各种形式的知识资源的存取、交流和传播。相对于实体空间,虚拟空间更强调的是知识主体之间的互动性。互动性原则是知识生态的重要理念之一,知识主体之间以协作交流为链,以知识交流为内容进行广泛的互动。在虚拟空间之中,一切服务都是围绕着协作交流而进行的,知识在这样的虚拟空间环境中更利于产生知识创新的共有情境。

最后是空间知识交流的动态性。相对于实体空间,虚拟空间更具有跳跃性、非连续性,动态地进行着服务开展。读者可以在任何状态下进入图书馆网站搜索自己想要的资源,围绕某一知识资源进行讨论交流,也可以随时抽身,进入其他任意虚拟空间之中。

总之,图书馆虚拟空间服务为图书馆知识生态建设提供了一个跨越物理界限进行知识协作的空间场所,为图书馆服务转型奠定了自由活力的基调。

3. 混合空间服务

混合空间服务为读者用户提供多种空间的交汇服务。多种空间主要指实体和虚拟空间,两者存在互补关系,各自的优缺点刚好可以互为补充。实体空间服务相对来说在成本和再造空间方面的限制条件较多，通过建设更符合用户需求的空间场所，增设空间的服务设施设备等都是无法与其他知识服务机构形成较大服务差异的转型方式。但实体空间有许多虚拟空间不具备的功能，于是混合空间服务就成为必然趋势。

混合空间服务需要让实体和虚拟空间相互交融。图书馆的混合空间服务常体现为在实体空间中提供大屏触控信息幕墙、服务数据实时显示等软硬件设施设备，并引导用户对这些工具设备进行体验和利用，实现虚实融合的情境营造。以往图书馆为读者用户提供空间服务时，没有为其加入空间情境这一真正影响用户使用效果的服务设计考量。情境可以分为真实的、想象的和暗含的三类。以读者用户进入到馆内进行借阅活动为例，情境指他所处的场所和设施设备，也指为他进行服务的馆员，还指和他一同接受图书馆服务的其他用户。图书馆员为用户提供混合空间服务，就是要实现主体和环境的相互建构，实现知识主体在实体空间被有效感知的情况下，通过虚拟空间无限扩展其触达范围。这里的建构是用户脑海中对服务情境的主观想象和定义，现实中存在的知识环境与知识主体意识中的知识环境认知相互影响、相互塑造就构成了混合空间的互动行为。

混合空间服务具有以下特点，一是在图书馆进行空间环境设计的过程中，更为注重知识用户主体对环境的感受和反馈。图书馆为用户提供前沿科技的体验服务已经成为图书馆一项重要的服务职能，如数字创新实验室、创客空间、3D打印体验等。在这些空间服务情境中，服务者除了指导用户的使用和发现外，更应注重用户对这些设施设备的易用性与否等感受的记录反馈。二是更为注重用户对空间环境的构筑。空间环境与用户的交互，较多表现为人机交互，通过网络这一媒介形成的与其他知识主体之间的交互，故而混合空间服务的服务转型必须要赋予用户对空间环境进行改造甚至推翻重构的权利，给予用户充分的智力开发空间，使其与空间环境之间形成良性的相互建构关系。

混合空间服务最为注重对于知识创新的情境引导。知识生态的本质是将适者生存的生物与环境的相互影响进而使生物不断进化的相关理论引入到知识管理与服务中来，使知识创新得到多面的理论指导。图书馆所提供的空间环境，对于用户进行知识创新的推动作用可谓举足轻重。以产品设计为例，水杯上的把手设计成尽可能大的半圆状，就是为了引导客户去握住，同样图书馆的空间环境设计也需要给用户进行情境预设，让用户进行主动式触发。总的来说，混合空间服务通过空间环境的设计，让用户主动去触摸、去观察、去感知，去交互，从而调动用户的一切感官体验，为知识交流和知识创新设计构筑触发情境。

三、读者服务工作的重要性及基本原则

（一）读者服务工作的重要性

1. 读者服务工作是图书馆工作的出发点和归宿

图书馆的所有工作活动的目标，都是为了读者更好地利用图书馆。读者服务工作作为图书馆直接面向社会、面向读者的服务活动，是图书馆工作的核心，是图书馆各项活动的出发点和归宿。它直接体现了图书馆的性质、职能、方针和任务，反映了图书馆的社会效益，并带动其他各项工作的开展，在一定程度上代表着图书馆的发展水平，是衡量整个图书馆工作优劣的标尺。

2. 读者服务工作是联系读者和图书馆的桥梁

读者服务工作是图书馆工作中的第一线工作，它面向社会、面向读者，广泛地接触各种类型各种成分的读者群，是读者利用图书馆的窗口，是图书馆为读者服务的前沿。在为读者服务的过程中，既使读者受益于图书馆，也使图书馆受益于读者。读者服务工作的桥梁作用，一方面为读者利用馆藏文献信息提供了方便条件，另一方面也为图书馆充分发挥其社会作用创造了行之有效的工作环境。

3. 读者服务工作是检验图书馆社会价值的标尺

读者服务工作的成效，直接反映了图书馆对社会经济、政治、科学技术、文化教育所产生的广泛的效果。它关系到图书馆对社会产生的影响。同时，通过图书馆实际的社会效益，又可以检验图书馆工作的质量及馆藏文献信息的使用价值。图书馆的每一种文献的入藏，都需要图书馆工作者付出创造性的劳动和心血。这些劳动成果的使用价值如何，也只有通过组织读者使用才能显示出成效。因此，读者服务工作是衡量图书馆一切工作质量和价值的标尺，它直接反映出图书馆的社会价值。

（二）读者服务工作的基本原则

1. 充分原则

人们在评价某个人或某个群体服务质量时，首先是看其服务态度的好坏，因此，做好读者服务工作，最首要的是热情，对每一位读者都报以微笑，营造一种宽松的气氛，让读者觉得到图书馆是一种高雅的享受。工作中变被动服务为主动服务，树立全心全意为读者服务的观念——读者的需要就是我所必要，最大限度地方便读者、满足读者，努力做到熟、快、勤。

熟，即熟悉图书馆各项业务之间的联系，熟悉馆藏图书资料的特点和分布情

况，熟练地接待读者，尽可能地减少工作中的差错。

快，就是提高工作效率，节省时间。有的读者忙于工作或学习，往往利用午休时间来借还书，时间短、心情急，工作人员的各项操作要尽量快些，避免让读者长时间地等待。

勤，读者需要的图书要勤找，对读者的咨询要勤解答。遇到读者指定的图书没有时，能推荐类似的图书供他们选择，做到既为人找书，又为书找人，以缓和或解除供与求的矛盾。遇到读者提出的问题一时难以解答，应先求得读者谅解，事后仍能继续寻求答案并给予答复。

2. 针对性原则

简而言之就是区分读者类型，提供相应服务。这绝不是按照身份和地位把读者分为三六九等，而是根据读者的工作性质、信息需求、知识结构以及行为习惯、心理倾向等各方面的不同来尽可能地为其提供个性化服务。

例如，根据年龄划分，读者可分为少年儿童读者、青年读者、中年读者和老年读者；按照身份或职业划分，可分为学生读者、教师读者、工人读者、自由职业读者、机关干部读者；按照阅读目的划分，可分为学习型读者、研究型读者、应用型读者、享受型读者；等等。图书馆工作者要针对不同的读者，采用不同的策略，提供各具特色的服务。

3. 科学原则

遵循图书馆工作的客观规律，按照科学的思想、科学的态度、科学的方法、科学的管理措施组织读者服务工作。

科学的思想，就是用辩证的观点来看待和处理工作中存在的各种矛盾，其中比较突出的有供与求的矛盾、借与还的矛盾、管理与使用的矛盾、外借与内阅的矛盾等等，这些矛盾都是工作过程中所不可避免的，但又不是不可调和的，只要我们从思想上加以重视，充分认识到各种情况的轻重与缓急，并积极采取必要的实际措施加以解决，就能够得以一一化解。

科学的态度，就是实事求是，把数量和质量、流通指标和实际效果结合起来看待工作，不能片面追求数量和指标，忽视质量和效果。

科学的方法，就是在长期实践中总结出来的一整套行之有效的工作方法。通过各种方式对读者进行利用图书馆的辅导，帮助他们熟练掌握文献检索技能，懂得图书馆的藏书结构和借阅程序，使他们的借阅行为能和我们的外借工作有机地结合起来。同时利用各种统计数据和从各种形式的读者调查中反馈到的信息对工作状况进行客观分析，综合评估，有理有据地指导和改进工作。

科学的管理，就是制定并执行好各种规章制度，引入自动化管理系统。近年来，读者数量呈急剧上升趋势，工作量越来越大，为了保证各流通环节的顺利畅通，图书馆应进一步完善各项规章制度，严肃图书流通的管理机制，同时加强自动化管理系统的建设，使各项服务设施趋于完善，服务水平再上新台阶。

4.方便原则

图书馆服务中的方便原则亦可称"简单原则""便利原则"。为服务对象提供方便，是任何一种服务共同追求的目标。方便是服务的本质，方便是服务的核心。图书馆服务中的方便原则主要体现在：馆舍位置要方便读者，资源组织要方便读者，服务设施要方便读者，服务方式要方便读者等。

（1）馆舍位置要方便读者

网络条件下，"图书馆离我有多远"问题已不那么重要，但是，"去图书馆是否便利"仍是许多读者关心的问题，因为亲身到图书馆享受安静、舒适、典雅环境之惬意感受，是网络环境所不能提供的。网络环境再发达，也不可能取代作为物理场所的图书馆。既然图书馆是人们向往的理想去处，就应处于便利的位置。美国学者 M.E.索普通过调查研究得出结论，一个信息源在物理距离上越易接近，被利用的可能性越大。可见，图书馆的地理位置是否方便于读者到达，是影响图书馆利用率的极其重要因素。

（2）资源组织要方便读者

从知识组织论的角度看，图书馆是组织文献信息资源的社会组织。图书馆的资源组织方法，要遵循两个原则：一是文献保障原则，即要全面收集和充分揭示文献信息资源；二是读者保障原则，即要按照读者需求组织资源。读者保障原则要求图书馆按照方便读者检索利用的原则组织资源。

首先，在馆藏资源的物理载体组织上要方便读者利用。这就要求图书馆在馆藏资源的空间布局上最大限度地拉近读者与资源之间的时空距离。

其次，馆藏资源的内容组织要方便读者利用。图书馆要建有一套完善的馆藏资源检索体系。力争达到"一索即得"的效果。数字图书馆条件下的机检系统的方便性主要表现为检索界面的易操作。易操作的理想境界就是"傻瓜性"，使那些不懂或不甚懂计算机操作的人们能运用自如。数字图书馆能够吸引人的一个重要原因，是它具有方便于读者使用的资源组织系统。

（3）服务设施要方便读者

服务设施要方便读者，首先应在建筑格局和设施摆放上考虑读者利用的方便。服务设施不但要方便普通读者使用，还要考虑到老年人、残疾人等特殊读者的需求，本着"无障碍设计"的思想，为他们提供专门的设置。

（4）服务方式要方便读者

在服务方式上方便读者，一要贴近读者，二要从细微处入手。

深入社区或街区设立分馆，是图书馆贴近读者、方便读者的有效服务方式。关注并满足个别读者的个别需求，也是图书馆贴近读者、方便读者的有效形式。千方百计减少对读者的限制，是方便读者不可或缺的重要方面。服务方式灵活多样，也是方便读者的重要措施。

四、新时期读者服务工作面临的新形势及完善措施

（一）面临的新形势

随着计算机技术和网络通信技术的不断发展，新时期图书馆读者服务工作也面临着新的形势。

1. 读者文献服务发生了变化

近年来，新的技术手段为文献服务注入了丰富的内涵。首先，服务手段日趋现代化，越发依赖于计算机和网络的应用。自从图书馆采用了 OPAC（联机公共检索目录）系统之后，不仅使查目过程显得快捷方便，能及时知晓该书的馆藏位置和状态，而且可以不再局限于一个图书馆借书，只需点击 Web 地址，文献提供服务将不受时空和复本量的限制，服务类型也变得多样化，服务广度得到极大延伸。不仅如此，目前还出现了一种新的发展趋势，即今后的读者借书亦可不必亲自到图书馆，因为图书馆的计算机已经和读者办公用机或家用计算机一样，都是因特网上的一个平等的网络节点，读者完全可以在任何一部联网的机器上检索图书馆藏书。可见，新技术的运用，既能简化借阅流通的手续，给读者服务工作带来很大方便，又能加大图书馆的透明度，节省读者的时间。其次，服务内容正在由印刷型文献的提供向电子文献的存取方向发展，呈现如下变化：一是通过计算机终端或工作站，访问图书馆的检索系统，打印或套录所需信息；二是利用 CD-ROM 局域网，建立参考服务系统，提供书目、索引、文摘等检索工具的电子文献信息服务；三是通过联接 Internet、DIALOG 等联机检索系统，以及 OCLC、RLIN 等书目服务机构和网上的各种数据库，提供外部的电子信息资源服务；四

是采用联机方式复制文献，以传真或电子邮件的形式传递给读者。

2.读者服务人员的角色变化

现在人们正在从不同角度对图书馆员的社会角色进行重新定位，如信息资源的管理者、信息资源的传播者、信息知识的教育者、信息领航员等等。这些不同描述，说明了图书馆的社会职能正在发生重大的变化，也反映出社会发展对于图书馆员新的期望和要求。对于处在图书馆工作前沿和直接面向社会的读者服务人员来说，其扮演的社会角色将由原来的"文献资料的传播者"向以"信息资源的导航者"为主的多重角色转变。

3.读者服务功能的变化

21世纪的图书馆除了阅读功能以外，还应该提供信息传播的功能、终身教育的功能和文化娱乐的功能。在未来信息社会中，图书馆兼具社会文化教育机构和社会信息服务机构的双重特征。作为一个文化教育机构，图书馆除了继续承担外借、阅览等多种服务活动，向读者提供文献传递任务外，还应满足各种类型读者业余文化和教育方面的多种需求；作为一个信息服务机构，图书馆除了向读者提供学习和研究的一般文献信息外，还应满足读者工作和生活等各方面的特殊信息需求。未来的图书馆既是一个文化和教育的基地，同时也是一个信息的集散地，图书馆对读者提供的将是"多元文化信息服务"。

（二）完善措施

1.读者服务部服务优化

（1）树立为读者服务的核心理念

网络信息技术的发展，推动了图书馆服务技术和设施的更替，也促进了图书馆服务模式的发展。以读者为本的读者服务优化，并非图书馆某一部门的特殊内容，而是应当渗透于图书馆各部门的日常服务中，存在于每个部门各个层级的观念和工作方式中。读者服务部作为图书馆的一线部门，也是图书馆现状和精神的最直接表现，更要坚持"以读者为本"的理念，并以此为中心确立读者服务的发展方向和目标。树立为读者服务的核心理念可从以下两个方面进行。

一是图书馆发展。在图书馆的发展中坚持为读者服务理念，才能有效地保证图书馆服务性的实现。图书馆发展中的服务理念的实现，可从找准基点和阶段规划进行。

找准基点。在以读者为本的理念下，读者在图书馆发展中的地位，较传统"物本"模式下有了很大提高。因此图书馆应从自身的资源特点、服务特色和读者需求出发，对图书馆的服务进行优化。

在信息网络技术和数字化资源发展的影响下，图书馆的纸质文献馆藏的重要性和利用率都受到了极大影响，所以图书馆在资源建设时，可进行有本馆特色或地区特色的馆藏建设。除图书馆自身的馆藏资源外，可借助丰富的网络资源，进行特色品牌建设，形成各图书馆的特色。

阶段规划。高校图书馆基点的明确，促使图书馆为实现各个阶段目标而做出规划。图书馆应更积极地去了解环境的改变、读者学习方式的改变、学术资料资讯出版传播的趋向，资讯科技的进展与影响都有助于新世纪图书馆的空间规划。所以，图书馆更好为读者服务的目标的实现，是基于各个部门的各个阶段的各小目标的实现。

二是读者服务。满足读者的信息需求，不仅是图书馆读者服务部工作的目的，而且是图书馆发展的力量源泉。图书馆读者服务部对图书馆的文献资源的管理工作，都是为满足读者的信息需求而展开的。

尊重每一位读者。作为图书馆最直接与读者接触的窗口部门，须正确对待每一位到图书馆的读者，用尊重和关爱的态度为读者提供服务。图书馆的基本理念是自由平等，一视同仁，平等对待所有读者，不能因身份差别而区别对待。只有将人文关怀落实到读者服务部日常工作的细节中，才能实现服务和人本管理的和谐发展。

调动读者的参与积极性。在读者服务部的管理实践中，读者的智慧和主观能动性，有助于管理中问题的发掘和解决。在制定规章制度和管理办法时要让读者参与进来，充分听取读者的意见，同时建立规章制度和管理办法实行情况的信息反馈途径。充分利用当前信息技术，如微信、微博等途径，加强与读者的交流，及时听取读者对图书馆工作的意见和完善建议。

以满足读者的需求为根本。读者的信息需求是图书馆所有工作的基础和根本。为了规范图书馆读者服务部的管理，提高读者服务部的服务质量，可从读者的类型、层次、结构和心理着手，明确读者需求的时效性、综合性、变化性，让读者参与到图书馆读者服务部的管理和发展过程中。

（2）优化读者服务制度

当前大多数图书馆都着力引入新技术设备、数字资源和学科服务的建设，但是图书馆的规章制度还沿用较早前的制度或服务公约，虽然在日常的工作中提倡以读者为本，但多以不成文的规定存在。没有规矩不成方圆，规章制度是图书馆发展的保证，但是事物都是发展的，规章制度不能一成不变，而应因时制宜地发展。为了最大限度地保证和方便最广大读者有效利用图书馆的资源，图书馆的规章制度的优化应从以下几个方面进行。

制度设立时，应以服务读者为目标。图书馆各部门的工作都必须坚持以读者为本的理念，因此图书馆的各项制度在设立制定时，充分考虑读者需求，将以读者为本的思想融汇于图书馆的服务和图书馆发展中，从而在制度上保证以读者为本的理念在图书馆的管理中得以实现。

制度实施时，要坚持为读者服务的宗旨。实践出真知，再好的制度，只有实施了，才能得知和实现其效用。科学合理的规章制度的意义在于合理规范和指导馆员的管理行为，提高图书馆的服务质量。图书馆读者服务部要在日常管理中，注意制度在各库室、运转和环节方面的实施效果，确保制度在读者服务部的各个库室、各个层面和各个环节真正做到有制、有度、有效。

不断改进和完善读者服务的制度。众所周知，世间唯一不变的，就是变化本身。现今社会，图书馆读者的需求、馆藏发展和馆员自我认知都发生了变化，图书馆的规章制度亦是如此。通过制度的实践明确制度中存在的不足，了解图书馆管理制度的改进和发展方向，通过改善制度，指导馆员落实图书馆以读者为本的服务的实现。

（3）从技术上优化读者服务

在科学技术的推动下，越来越多的高校图书馆都引入了各种技术，以优化读者服务。图书馆的技术引入，应根据图书馆发展趋势进行预估。一味依靠技术手段来满足读者是读者服务理念应该避免的误区。为读者服务的新技术和新设施的应用，不能一成不变，而应依读者服务需求，对技术和设施的应用及时做出调整。图书馆服务中各项新技术和新设施的普及，不仅没有弱化图书馆服务对馆员的文化素养的要求，反而在理念、知识和能力上都有了更高和更新的要求，因此改善和优化图书馆馆员的文化素质和知识结构变得更为迫切和必要。

（4）优化馆员队伍

读者服务部是图书馆的一线窗口部门，对读者服务部的馆员的管理，直接影响读者服务部的服务质量，也影响着图书馆的对外形象。

馆员综合素质培养的主要途径有：积极参与继续教育，增强学习能力，提高素质和工作能力；加强政治学习，树立正确的是非观，使馆员从根本上认识和热爱图书馆工作；通过常态化、制度化的馆员培训，规范馆员的操作，提高馆员的工作水平和服务质量。

调动馆员的工作热情。图书馆读者服务部的日常管理，应多听取各岗位馆员的意见，让馆员真正参与到图书馆的日常管理中，使图书馆的管理更科学、更合理和更民主；建立健全合理和有效的绩效制度，让馆员的付出和收获真正关联起来。

鼓励馆员树立换位思考的意识。图书馆的服务性明确了图书馆读者服务部的性质和工作内容，满足读者的信息需求。要做好读者服务部的工作，就要明确读者的诉求是什么，只有做好与读者的换位思考，才能在面对和解决读者的诉求时，能由己及人，让读者在需求得到满足的同时，能够得到耐心、细致的对待。

2. 读者服务部服务优化的实践经验

读者服务部实施人本管理是大势所趋，在实施以人为本服务理念时，应该研究分析国内外图书馆读者服务部在制度制定、制度执行、馆员选聘、管理方式、服务理念等诸多方面的落实人本服务的先进经验，并结合本馆读者服务部的实际情况，塑造读者服务部的人文氛围，让图书馆成为适合读者学习和激发读者创造力的地方。

（1）树立以人为本的服务理念

近年来，图书馆读者服务部意识到馆员在贯彻以人为本的服务理念中，对读者服务部工作顺利开展有着极为重要的作用。东北林业大学图书馆确立走动管理方法，让读者服务部的管理者在工作时走近服务一线，对馆员的整体面貌、服务态度和解决问题的能力有一个直观、全面的认识，及时了解读者的诉求，从而缩小图书馆管理人员与读者距离。这些理念和方法都有利于以人为本的服务理念的确立、推行和发展。在读者服务部的馆员和管理者中树立以人为本的观念，让每位馆员都把读者放在心中，做到以读者为本，以全体读者的利益最大化为行动的目标，对于人本管理的真正落实具有至关重要的作用。

（2）服务工作人本化和细节化

国内外图书馆读者服务部在服务工作的人本化和细节化方面主要进行了如下实践。

抓住"真实瞬间"。所谓"真实瞬间"是指读者或用户与图书馆各种资源（如人力资源、物力资源等）发生接触的那一刻。真实瞬间也称"关键时刻"。国外已经有图书馆的读者服务部把"关键时刻"的服务理念引入到读者服务过程中。在这种服务理念下，馆员应把从读者踏入图书馆那一刻起到读者离开都当作关键时刻对待。读者服务部要做好借还图书、向馆员咨询、自助查询服务、读者投诉接待等工作，力争让图书馆的氛围和环境在读者心中留下良好的印象。国外已经有多个图书馆的读者服务部通过管理好所有的真实瞬间来推进服务工作的优化。

重视节约读者时间成本。在读者服务部的服务过程中难免出现读者排队等待办理手续的现象，本着"以读者为本"的原则，江苏大学等多所高校图书馆读者服务部在分析调查读者业务办理规律的基础上，做出相应的改进：一是通过多种手段分流读者，减少读者实际排队等待的时间；二是在读者等待处放些资源，以分散读者等待时的注意力；三是馆员要维护排队的秩序使队伍井然有序，以缓解读者等待的焦急心理。

推出"一对一"服务措施。美国部分大学读者服务部的服务工作中面向全体读者推出一对一的预约制度，请相关学科专业的图书馆员提供帮助，查找自己需要的信息资源。在服务过程中，同类别读者的需求是不同的：学生读者希望得到有关大学生涯规划的建议以及文献使用、查找方法等；教师读者寻求的帮助主要是与他们教学、科研息息相关的研究。

重视读者需求。国内外的图书馆读者服务部都非常重视读者的需求。最近几年，国内已经有部分高校图书馆读者服务部利用微博、微信等新媒体技术，缩短图书馆读者服务部与读者间的距离，实时了解读者的诉求，从而及时为读者提供多样化、多角度以及个性化的服务。

加强读者培训。通过培养读者的检索意识和检索技能的教育培训，以提升读者的信息能力和信息理论水平，从而提高信息资源利用率。

（3）馆员培训的规范化和系统化

英国大学图书馆界长期坚持通过岗位学习培训，培养具有特定岗位技能的人员的培训制度，并在此基础上形成了"馆内—大学—国家"三级培训体系。针对馆员实际工作中要处理的业务和遇到的问题开展专业培训；馆员根据自己的实际情况制定培训计划；由全国图书馆协会组织并完成培训和指导，并提供馆员的职业资格认证，确认馆员的任职资格。国内高校图书馆读者服务部也越来越重视馆员的培训工作。华南理工大学图书馆不仅有岗位培训，还采用比较有特色的培训方式，如以项目管理为手段，以课题开发、研究为提高的方式，促使馆员终身学习，不断提高自身业务能力和服务水平。在这求新求变的时代，图书馆主要面对的是一群思维敏捷、见多识广、接受新事物快的读者，服务工作一定要有创意才能更好地为读者服务。图书馆对读者服务部的馆员的培训变得越来越不可或缺。

（4）使用微信等技术优化读者服务

在一些较完善的图书馆微信平台中，信息服务的内容包括：信息推送、信息查询、业务办理和其他信息服务。这些服务在很大程度上方便了读者及时有效地利用图书馆资源。纽约图书馆于 2010 年使用 Foursquare 后，加州州立大学富勒顿分校图书馆、哈佛大学图书馆和亚利桑那州立大学图书馆等也通过 Foursquare进行签到、获得积分、奖章等，使读者可以在平台上与图书馆进行交流，通过向读者推广服务和活动，引导读者利用图书馆的资源。

3. 图书馆读者服务优化的路径选择

（1）读者服务制度上的优化措施

鼓励读者参与读者服务制度的设立。在读者的感受中，读者是服务的被动接受者，很多读者认为自己无法改变和影响读者服务部的管理工作，无法推动读者服务部的管理工作朝人性化的方向前进。事实上，作为读者服务部服务对象的读者正是读者服务部和图书馆发展的基础和动力，也是图书馆服务优化的受益方。因此，读者服务部服务在设立制度时，要鼓励读者积极参与其中。

吸引读者参与制度的设立。读者服务部在日常管理过程中，是以为读者营造良好的学习环境为宗旨的，所以读者服务部的制度设立时需吸引读者参与其中，并虚心听取读者的意见和建议。

建立与读者沟通的渠道。在传统的图书馆服务过程中，很多图书馆都通过设立意见簿以实现与读者的沟通。随着数字网络的发展，图书馆与读者的沟通方式也变得更加多样化，如通过 QQ、微博、微信等渠道及时了解读者需求和宣传图书馆的新信息。

不断完善以读者为本的制度。图书馆制度作为图书馆一种特定的文化氛围，不仅规范和约束图书馆各群体的行为，而且协调着图书馆内部职工之间、图书馆与读者之间乃至图书馆与社会之间的关系。读者服务部作为最直接面向读者的部门，其制度是图书馆管理和服务的重要组成部分。读者服务部的制度具体到实践中，主要包括两个方面：一是读者服务部馆员所遵循的工作制度，包括岗位职责和操作规范等；二是要求读者所遵守的行为规则，主要体现为一个读者在利用信息资源时所具备的知识素养和人文精神。

在现有的制度中，无论是对馆员的管理制度还是对读者的管理制度，往往比较僵化、教条，没有很好地贯彻以读者为本的宗旨，没有体现以实现馆员自身价值为本。读者服务部的服务优化，可以从以下几个方面进行：

明确读者本位的理念。面对读者门禁系统的故障,读者服务部的馆员应及时做出反应,尽可能减少故障对读者造成的不便,及时联系维修人员做好故障的维修,同时做好预防工作,即要对系统进行定期检查和维护,尽可能减少故障的发生。

权责下放。针对读者未携带图书馆书刊而门禁系统报警的情况,图书馆可将查看门禁系统后台数据的权限下放给负责门禁安全的人员,让其能够及时了解门禁报警原因,使读者不再需要多次试验以证清白,通过这种方式主动还读者"清白"的同时,馆员可以清楚报警原因所在,从而对系统进行调整,或者指导读者快速通过门禁,从而最大程度地减少门禁系统报警给读者带来的心理不适。

对于由门禁系统所造成的读者个人物品堆积问题,图书馆要及时提醒读者,或根据需求设立专门区域供读者放置学习资料,确立定期清理制度,并做好清理工作。

(2)读者服务技术上的优化措施

图书馆读者服务部服务的公共性与读者需求私有性的博弈,需要寻求共赢措施以改善两者的关系,从而营造出两者协调发展的局面。社会的发展,使读者需求发生了变化,而图书馆读者服务部的公共性与读者需求私有间的博弈却依旧存在。图书馆读者服务部应以优化读者服务为根本,并努力在图书馆和读者间寻求平衡点,以不断提高读者服务部的服务水平。

自助设施和技术使用中的优化措施。面对读者在自助借还设施和系统使用中的问题,图书馆可以从两个方面着手:

自助借还设施放置的位置应处于馆员视线范围内,以便馆员及时给予指导。在物理条件受限的情况下,可以加强馆员的指导,让读者更好利用图书馆设施和资源。同时图书馆要及时做好破旧书籍的剔旧和修补工作。

面对系统的合理提示语,图书馆可对系统提示语进行更改,变更内容最好能听取广大读者和馆员的意见。若提示语无法变更可以在设备旁做好优化的提示,以避免读者的体力消耗,从而减少读者与馆员的不良情绪。

自助设施的提示可用图片的形式呈现。即将自助设施操作的每一个步骤都制成图片,并放置于自助设备旁供读者参考。这使提示更具体,更易懂,更易上手。

精细化座位管理系统使用的优化措施。精细化座位管理系统使用时,针对读者排队刷卡的现象可以增加刷卡的设备,或者可以对管理系统的细则依据实际使用情况做一些减法,即减少系统中一些不必要的刷卡设置。精细化管理系统在日常的使用中,常常由于设备故障或系统网络问题,出现影响系统功能的现象,图书馆要做好与厂商的沟通工作，发现问题及时提出维修要求。

RFID 技术应用中的优化措施。RFID 技术采用后，带来的按索书号排架的弱化导致读者借阅的局限的问题，可以通过将 RFID 技术的排架和按索书号排架结合起来，这样既方便了读者的查阅，又不影响读者的借阅范围，也就是读者在查阅时的精确点的保证，也是读者在借阅时的认知面的保证。

微信在读者服务运用中的优化措施。通过开设微信，加强与读者的沟通。微信在图书馆的有效使用，不仅方便了读者时时了解图书馆的最新动态，而且增加了图书馆征集读者意见途径，加强了与读者的沟通交流。为了让图书馆更贴近读者，也让读者更了解图书馆和图书馆馆员，也为了推动图书馆读者服务部的服务质量和服务理念的发展，可从以下几方面着手：

开展主动的信息服务。在读者每次登录微信图书馆时，主动发信息问候，可以用文字、图片或语音的形式，增加图书馆的存在感，让读者知道图书馆是在乎他们的，加强读者使用的意愿。

充分利用微信功能开展服务。馆员可以通过微信中的"附近的人"和"摇一摇"的功能，主动加读者为微信好友，根据读者的类型或需求建立微信群，以进一步为读者提供服务，从而也能减少馆员和读者面对相同问题一再重复提问和回答的时间，进而提高服务的效率。微信图书馆是为方便读者学习提供的有利工具，但是还有读者对图书馆微信的服务并不是很了解，所以图书馆单单只开通图书馆微信公众号是不够的，还需要通过各种媒介和途径开展宣传。例如在人流量大的地方开展微信公众平台的推广活动，也可在图书馆门前张贴海报进行宣传，或者在学校、图书馆网站进行宣传，同时也可在新生入学的培训中进行说明，以提高图书馆的存在感，从而提高读者对图书馆的认知，以发挥微信在图书馆读者服务发展中的作用。

使用移动应用或微信应用提供服务。在移动互联网时代，读者获取资讯的方式和习惯已经发生了明显的变化。现在的读者已经习惯通过手机去获取各种各样的信息。在读者服务过程中，应该充分考虑读者的习惯和偏好，提供各种方式，增加读者获得相关信息的途经，提高读者获得信息的效率。例如，允许读者通过微信或手机应用程序预约图书，并且在图书可用时及时推送图书可用信息。图书馆馆员可以建立微信群，按专业或喜好等标准，把读者分类，使馆员与读者实现信息共享，馆员也可引导读者进行信息共享，如讲座安排、新书推荐和学习交流等都可进行互动和交流，实现信息共享和知识共享。

（3）人力资源优化的措施

建立健全合理的用人制度。读者服务部是图书馆的窗口部门，能否真正做到人本管理，从而让广大读者感受到以人为本，很大程度上依赖于使用了合适的馆员，而雇佣和使用合适的馆员则依赖于健全合理的用人制度。建立健全合理的用人制度可以从以下几方面开始做起：

落实岗位竞聘，真正落实能者优先，肯干者优先。

争取做到优胜劣汰，督促馆员主动改进工作方法，增强服务意识，提高自己的服务质量。

将人本管理用于图书馆馆员的管理，即按照人本的需求把提高馆员的工作质量、提高馆员的满意度及馆员的成长和发展等人性因素作为目标。

完善馆员培训体系。在信息化迈向大数据的时代背景下，图书馆内的技术也在日新月异地发展。一名合格的读者服务部馆员不仅要有积极的态度，还要持续学习，跟踪最新的资讯技术，才能更好地为读者服务。读者服务部应该推进学习型组织的建设，通过各种方式促进馆员学习，营造浓郁的学习氛围，持续不断提高馆员的业务水平和文化实力。具体来说，可以从以下几个方面建立学习型读者服务部：

定期举办经验分享会。在读者服务部中挑选业务骨干和中坚分子，设置专门课题，定期分享馆员在日常工作中的经验和心得。

组织馆员参观和考察各地图书馆优秀的读者服务部。通过向做得更好的图书馆学习，借鉴先进经验以达到提高馆员服务水平的目标。

参加行业经验交流会。通过交流开阔眼界，学习别人的优秀经验，并进行实践，最终达到提高读者服务部馆员业务水平的目标。

引导有兴趣的馆员跟踪最新图书馆情报技术的发展，并及时向其他馆员分享介绍。

调动馆员责任心和积极性。古人云："水不激不跃，人不激不奋。"为了改变传统图书馆服务中馆员工作的消极态度，提高馆员的工作热情，调动馆员的工作积极性，提高馆员的服务质量，可以从两个方面着手：

图书馆将馆员的工作绩效和收入待遇关联起来，实行绩效工资。在绩效工资的激励下，馆员的工作心态变得更积极，工作热情也增加了，使图书馆读者服务部的服务质量有所提高。在确立规则和办法时应多征求基层馆员意见，馆员对管理参与度增加，增强了馆员的责任心，有利于馆员服务意识的提高。

开展换位体验。让馆员作为读者感受读者服务部的服务，重点体验服务提供方式和内容。通过自己作为读者的切身感受，明确自己工作中的不足，以改进和提高服务水平。馆员只有真正从思想上认识到了以读者为本、良性沟通的重要性，才能将以读者为本的理念落实到具体的言行上和工作中，才能在服务读者的过程中做到态度和蔼、热情周到和以诚相待。

第二节　图书馆读者服务工作技巧

一、读者服务工作中应掌握的基本技巧

图书馆服务主要目的是满足读者需求，从某种层面上来讲，馆员的综合素质、服务能力可以直接展现出图书馆的文化气质以及内涵底蕴。在图书馆服务的过程之中，语言是馆员、读者之间进行交流的主要工具，所以馆员应当学会应用沟通语言，积极学习一些沟通技巧，加强自身学习，提高语言表达的艺术性，以不变应万变，为读者提供高质量服务。

（一）细节处理方面的技巧

首先，馆员、读者之间应当以一种互相信任的心态进行沟通交流，将彼此的实际需求、想法等全部说出，使读者切身感受到馆员的热情以及尊重，确保读者愿意接受馆员的服务。同时，还应当学会换位思考，以读者的视角对相关问题进行分析，以一颗积极、真诚的心与读者进行交流，如此一来，沟通过程中产生矛盾的概率将大大降低。在读者服务过程之中还应当注重细节把控，只有将一些平凡小事做好，才能成就一番不平凡的事业，通过合理的方式对读者提供细致、周全的服务，将会充分体现出馆员爱岗敬业、做事认真的态度，有助于提升整个图书馆的服务质量。面对每一位读者均应做到一视同仁，一句简单的问候将会拉近与读者之间的关系，同时也是尊重读者的一种重要体现。读者对馆内藏书分布不太清楚，无法找出自己所需要的书籍，馆员应当积极提供相应的帮助，这些非常微小的细节正是馆员个性化服务的重要体现，可以使读者感受到温暖。

（二）善于聆听，注重语言语气表达

现实生活之中，即便是一些非常熟悉的朋友，也通常会由于一些语言的冲突

而产生不愉快，甚至反目成仇，所以语言、语气的表达在沟通过程中十分重要。即便是完全相同的一句话，也会由于语气、语调的不同而产生完全不同的效果，这就要求馆员必须要注意语言语气表达，对于不同的读者运用不同的语言，学会运用语言艺术，使语言传达艺术感。馆员在语气表达方面，应注重陈述句以及疑问句的应用，其中陈述句可以充分展现出馆员的专业性，而疑问句则可以充分展现出馆员对于工作的尊重。例如在借阅图书时，一些读者会带着他人的证件进行借阅，那么对于该种情况馆员必须要通过委婉的语言表示拒绝，如："图书馆明确规定，可以代还书，不可以代借书籍，这是对每一位读者的保护，如果你的证件丢失之后被他人用来借书，将会给你带来诸多麻烦。"在沟通过程之中，馆员必须要面带微笑，以真诚的态度进行沟通，在十分友好的环境下，读者将会理解图书馆的做法，也不会因此而产生矛盾冲突。

在借还书时还经常会遇到有的读者喜欢在书刊上做标记的情况，对有这种不良习惯的读者，馆员一定要讲究方式方法，尤其是现在的读者自尊心都比较强，如果在大庭广众下直接批评，势必导致适得其反的结果，因此，馆员最好能够将读者叫到身旁，避开其他读者的视线，以谈心的方式告诉他要爱护书籍，不应在书上乱写乱画，那样不仅影响书的美观，而且影响其他读者阅读该书，这样既达到教育的目的，也容易让读者接受。总之，图书馆服务本着"有理、有利、有节"的原则，尊重读者，以理服人。

（三）提高自控能力，妥善处理细节矛盾

馆员必须要掌握一定的沟通技巧，提高个人自控能力，善于观察、善于聆听，善于分析，在此过程中所产生的矛盾细节能够妥善处理。聆听主要是指要认真聆听读者的需求，不轻易否定或者打断，并利用微笑、点头等形式予以回应，使读者切身感受到馆员的真诚。当读者讲完自身的需求或者其他要求时，馆员应当给予适当回应，表达自身的观点，在进行表述的过程中，必须要确保自己的思想观点明确，使读者可以深刻理解，避免产生误差冲突。在为读者提供服务的过程之中，时常会听到读者抱怨馆内藏书较少、质量较差等，对于这些"牢骚"，馆员应当保持冷静，提高自控能力，以积极的心态去接受读者所提出的意见，并根据实际情况进行改进、完善。

二、读者服务工作中语言技巧的应用

读者服务工作是图书馆的主题，为读者提供优质的服务工作是公共图书馆的

服务宗旨，而在提供读者服务时，服务语言技巧的运用是提高服务水平的必要手段。图书馆的服务语言是指在接待读者时，馆员为了达到服务目的而在与读者沟通、交流中使用的语言。图书馆工作人员语言技巧的良好运用，不仅能够给读者提供较为优质的服务体验，同时也反映出图书馆的服务形象，因此在图书馆工作中有着至关重要的意义。

（一）养成使用"万能语"的习惯

图书馆是读者汇聚交流的平台，图书馆工作人员在工作中，与读者进行语言沟通的情形极为常见，工作人员与读者交流往往具有言简意赅的特点，简单几句话或者只是一个动作，就完成了与读者的交流，因此，就语言表达上来说，图书馆馆员应具备口齿清晰、用语规范、发音标准的职业素质。在此基础上要养成使用"万能语"的语言习惯。讲文明懂礼貌是社会进步人际和谐交往的主要准则，同时礼貌也体现了为人处世的态度，那就是谦虚和诚恳，唯有出自肺腑的语言才具有打动人心的力量，看似简单的一句"您好""谢谢您""真抱歉"或是"对不起"等等，却能起到化解尴尬误解矛盾的效应。因此，图书馆工作人员要习惯并善于使用"万能语"，做到诚实诚恳的运用和表达，才能发挥其"万能"的作用，当读者觉得图书馆员很有礼貌时，读者也会心情舒畅，更愿意配合、支持图书馆工作人员的工作。

（二）善于倾听注重语言气氛表达

在现实生活中，即使彼此很熟悉的朋友，也往往会因为一句话听着不顺耳而反目，更何况在日常工作中的馆员与读者之间呢？相同的一句话会因为不同的表达方式或者语气而产生完全相反的作用，这就要求图书馆工作人员要注重语言表达效果，针对不同的读者采用不同的语气，体现语言的巧妙性，使表达具有艺术感，只有这样，语言沟通交流的作用才能真正实现。说话时，工作人员要自然地保持微笑，在这样友好的语言环境下，读者会对图书馆管理工作表示理解，情绪上也不会有太大的抵触了。

（三）巧妙运用幽默语言化解尴尬

幽默的语言是融洽交流气氛，化解尴尬的"润滑剂"，在图书馆工作的馆员，如果善用幽默，并使幽默富有一定的内涵，让读者去回味，那么，这样的幽默语言可称得上是较高层次的语言艺术了。对于图书馆服务来说，一句简单的玩笑话就可以带来与读者交流的轻松愉悦氛围。如当许多读者排队借书，计算机运行却很慢时，为了化解读者长时间等待的烦躁情绪，馆员可以说："今天，这台计算机有点累了，它也想偷点懒了。"说话时保持微笑，风趣的语言使服务气氛变得活泼诙谐，同时体现了图书馆员的亲和力。

三、读者服务工作中非语言交流技巧的应用

人们在交流时，不仅需要有声话语，还时常需要无声的语言，例如肢体动作、神态、表情等。这些语言之外的交流手段被称为非语言交流，也被称为人体语言。有时候"此时无声胜有声"，用无声的语言交流更能起到奇妙的作用，并且能够准确地表达细腻的情感、态度。

语言学家把非语言交流分为四种类型，分别是体态语、副语言、环境语、客体语。这些语言的表达方式已经在很多方面得到了应用并且取得了令人惊讶的效果。我们都知道图书馆是一个神圣、安静的地方，自然应该保持安静，尽量不要说话，这时候非语言交流就能派上很大的用场了。

图书馆员的一举一动、一个眼神、一个表情，都可能传递着信息。如果能掌握其应用技巧，这些非语言交流在图书馆服务工作中有着很大的价值与作用。

（一）"眼语"

眼睛是人心灵的窗户，是非语言沟通最重要的交流方式之一。人与人之间最常见的就是眼神交流，眼睛里能够传递出许多话语，因此是否掌握了"眼语"这一技巧，是图书馆员服务成功的关键。

在图书馆，经常出现读者找不到自己想找的书的状况。这时候图书馆员要细心观察读者的表情态度，以及神情变化。如果读者总是在文学刊物附近寻找，则要想办法知道读者找的究竟是哪一种文学刊物，并耐心帮读者寻找；如果读者总是在音乐或书法读物附近寻找，则要确定读者的目标，缩小搜索范围。图书馆员应示意读者走过来，了解读者的阅读倾向与要求，努力尽快把书找到，使读者安心阅读。

当图书馆有读者议论、喧哗时，图书馆员要及时发现并设法制止读者，可以用目光与之接触，来提醒、劝告读者保持安静，避免不必要的议论或者交谈。

能体现眼神交流作用的例子还有许多，这需要图书馆员认真总结与归纳，充分发挥非语言交流在图书馆服务中的作用。

（二）面部表情

面部表情也是非语言交流的重要方式。

如果读者面对的是一张冷冰冰的毫无感情的脸，怎么会愿意与图书馆员进行

交流呢，也无法以愉快的态度进行阅读。而如果读者看到的是一张亲切、微笑着的脸庞，即便有烦心事也会一扫而光的。这足以见得面部表情在交流中的影响。在日常生活中，在我们享受各种各样的服务的时候，服务者的面部表情总是能影响我们的心情。去餐馆吃饭，服务员的表情冷酷烦躁，客人的兴致立即就没了；来图书馆读书，如果我们图书馆员的面部表情冷漠、没有耐心，读者的雅兴也就消失了。因此，对于图书馆员来说，不仅要有娴熟的业务能力，还要有时常微笑着的表情。

（三）"体势语"

"体势语"也是非语言交流的一种重要方式，图书馆员合理地运用动作、姿势、手势、动作等，可以既准确又礼貌地与读者进行交流，这在图书馆的服务工作中是很重要的。

图书馆员需要避免僵化的动作表情，并善于运用合理且准确的动作、姿势来使读者明白自己的意思，与之达到更好的沟通。动作与手势要避免过于简化，否则给读者的印象会很抽象，也要避免过分夸张的姿势，这会很容易误导读者，使读者产生误解。运用"体势语"要优雅得体，避免不良的姿势或动作给读者带来负面情绪。

当读者需要找到自己想读的书籍时，要善于用"请、这边走、稍候"等手势来引导读者；当个别读者高声讲话扰乱他人阅读时，要善于运用"嘘、不要讲话、保持安静"等手势来礼貌制止读者的行为；当读者准备离开时，要善于运用"这边出去、慢走"等手势来表达对读者的尊重。另外，当读者传来会意的目光时，图书馆员也应用"微笑、点头、招手"等动作手势来回应读者。当有年长的读者前来咨询提问时，图书馆员应"微笑、站立"来表达尊敬。当没有读者前来咨询提问时，图书馆员也应保持亲切、彬彬有礼的姿态。站立时不要双手插兜，也不应双臂交叉在胸前；坐着的时候不要跷二郎腿，也不要晃脑晃腿。这些动作都不够庄重有礼，会使读者对图书馆员产生距离感，不利于读者与馆员的交流与沟通。

适宜的动作手势可以营造图书馆员与读者的良好关系，同时也能够提高图书馆的服务质量。

（四）"空间语"

我们通常所说的空间是指一定的空间范围，应用于人际交往中，我们有了一个新的名词"人际空间"，也就是我们与对方的间隔距离。"空间语"也是非语言交流的重要手段。

一般来说，人与人交往时所隔的距离总是能够表达其亲密程度。如果两者相隔一米之外，则多是陌生人或者不太熟悉的人；如果两者相隔 0.5 米到 1 米之间，则被人认为是朋友或亲人；如果两者亲密无间，则表现了其关系的毫无间隙。假如过分与对方亲近，则有可能使人感到厌烦，甚至感到隐私被窥探而产生一种压迫感。这就是我们生活中的"空间语"。合理应用好这种无声的语言，将对我们的服务有极大的帮助。

如果图书馆员在读者周围高频率走动，则会使读者产生一种不安全、受打扰的感觉而影响其阅读；而如果图书馆员总是离读者远远的，看也看不见，则会让读者丧失向图书馆员寻求帮助的想法或者信心，甚至不由自主地也疏远起工作人员了。这都说明作为一个合格的图书馆员，一定要准确把握读者的心理，既不要距离读者太近而使之产生压迫感，也不要距离读者太远而使之产生疏远感。同时，图书馆里面的设施与书籍、柜台等，一定要摆放合理，不要在空间上给读者不好的感受，而降低读者对图书馆服务水平的评价。

四、读者服务工作中隐性知识的应用

（一）隐性知识概述

隐性知识（Tacit knowledge）是相对于显性知识（Explicit knowledge）的一种知识分类，最典型的显性知识是语言。隐性知识很难通过文字、图表、数学公式等常规表达方式进行描述，其常常蕴含在人们的行动当中，主要包括技能类知识和认识类知识。隐性知识的概念最早由迈克尔·波兰尼（Michael Polanyi）在1958 年的国际哲学大会上提出，经过几十年的理论发展与实践论证，隐性知识已经逐渐被应用于生产生活的各个领域。

隐性知识不能通过清晰的语言进行描述，它具有默会性、个体性、非理性、情境性、文化性、偶然性、随意性、相对性、稳定性和整体性等特征。其中，隐性知识的个体性与非理性是比较突出的特征，也是隐性知识与显性知识最主要的区别。隐性知识的个体性指知识的主要载体是个人，具有强烈的主观性和个体性，无法通过大规模和集体的方式进行传递；隐性知识的非理性指知识不是通过逻辑推导的方式获得的，其获得方式具有感性、主观的特征。

隐性知识主要包括技能类知识和认知类知识。技能类知识是指人们在生活中潜移默化掌握的一些技能，如：同一家庭中的人会掌握相同的罐头开瓶技巧和红酒开瓶技巧，这种技巧不是通过书籍学习获得的，而是通过对家人开瓶过程中姿势、习惯等模仿和学习获得的，开瓶过程中的工具选择、着力点选择、发力方式都具有明显的家庭特征，很难通过语言描述向家庭外的成员进行传授。认识类知识主要包括人的直觉、感受能力、默契程度等，这种隐性知识是一个人心智模式的重要组成，也是一个人实际能力的重要组成。

（二）隐性知识在读者服务工作中的应用

1. 在读者服务工作管理体系建设中的应用

隐性知识应用于图书馆读者服务工作管理体系建设，有助于图书馆建设面向读者的管理体系。一方面，图书馆在日常管理中要重视馆员的显性知识和隐性知识的学习和积累，创造合适的时间与空间条件，便于馆员面对面进行知识和经验交流；另一方面，图书馆读者服务工作管理体系建设要制定注重"以人为本"的薪酬与绩效考核制度，将馆员为读者提供服务的数量与质量通过合理量化的方式，记录到绩效考核体系当中，进一步提升馆员的服务意识。

2. 在馆员素质提升中的应用

隐性知识在图书馆读者服务中的应用主要强调的是馆员的主观能动性。一方面，图书馆对于隐性知识的应用是一种"以人为本"的管理思想，在对馆员的相关培训中，图书馆要切实传达关心读者、尊重读者、帮助读者、方便读者的服务意识与服务精神，帮助馆员提升自身的业务素质和服务水平；另一方面，馆员在工作中积累的很多经验都属于隐性知识，图书馆在进行工作安排时应注重新老馆员的搭配，新馆员通过模仿老馆员的一些行为以及学习其与读者交流沟通的技巧，从而提升自身的服务能力，更好地为读者提供服务。图书馆在进行人员招聘和选拔时，不能将显性知识作为唯一的衡量标准，而应全面考察其服务意识、服务态度、语言表达能力、逻辑思维能力、服务观念及与图书馆观念的契合程度等隐性知识。

3. 在解决馆读矛盾中的应用

人们主要通过语言、表情、肢体动作等传递隐性知识，面对面的沟通能够提高人与人之间的沟通效率，可以更好地解决工作中的矛盾。图书馆在读者服务工作中易出现的矛盾主要是读者找不到显示在馆的书籍，对图书馆举办活动的时间、地点、内容有疑问，对安检程序不配合，与馆员之间相互不理解等。图书馆应用隐性知识解决读者服务工作中的矛盾，应对馆员在读者服务过程中的语言内容和方式进行规范。通常情况下，沟通效果受馆员与读者双方的语气、表情、肢体动作，甚至阅读习惯、默契程度等隐性知识的影响，这就要求馆员学习和积累隐性知识，把握好沟通的尺度与节奏，避免与读者产生矛盾。此外，虽然目前很多读者习惯通过网络渠道向图书馆反馈问题，但图书馆仍需重视通过面对面沟通的方式解决问题，如定期对读者进行回访，了解读者的真实想法和需求，不断提升解决馆读矛盾的能力。

4. 在营造读者服务工作氛围中的应用

良好的工作氛围是图书馆更好地为读者提供公共服务的前提，浓郁的阅读氛围可以吸引更多读者参与图书馆的活动，提高读者对图书馆的喜爱程度，进而激发全民阅读的热情。隐性知识在营造图书馆读者服务工作氛围中的应用，一方面表现为语言的艺术性，即同样的表述内容通过不同的方式表达出来会产生完全不同的效果。因此，馆员应通过更加柔和和人性化的方式为读者营造温馨、安静的阅读氛围，如排队安检的气氛营造、自习室的秩序维护等。另一方面，馆员应用隐性知识能够帮助读者更加理解图书馆的活动与管理，如耐心细致地为读者讲解图书馆组织的相关阅读活动内容等，提升读者对图书馆的信任度，进而营造和谐、健康的阅读氛围。

5. 在改变读者服务工作传递知识方法与途径中的应用

传统的图书馆读者服务工作传递知识的方法主要是通过知识讲授、书籍阅读、经验分享等显性知识传递方式进行，而隐性知识的传递主要是通过各种实践活动进行的。隐性知识的传递在对读者尤其是青少年读者的阅读习惯培养和知识重视程度的培养中，有着不可替代的独特作用。隐性知识在图书馆读者服务工作传递知识中的应用，主要体现在馆员的隐性知识可以在与同事、读者的沟通交流中潜移默化地产生新的隐性知识，也可以通过写作、演讲的方式部分转化为显性知识；图书馆读者服务工作中的相关显性知识，也可以通过技能考察、实践演练等方式内化为馆员的隐性知识。因此，图书馆要注重隐性知识与显性知识间的转化，帮助读者多方面进行知识的学习与积累，从而有效发挥自身提升全民素质的作用。

6. 在图书馆读者服务管理平台建设中的应用

传统的图书馆读者服务管理平台建设主要是帮助读者快速、高效地检索到所需信息等，读者在服务工作管理平台中是被动参与的，只能对图书馆设置好的有限项目进行选择，并且很难通过服务工作管理平台进行有效反馈。而隐性知识的应用有助于图书馆建立更加注重读者阅读体验与感受的服务工作管理平台。在图书馆读者服务工作管理体系建设中，馆员要注重把握工作尺度，对读者服务管理平台建设中出现的问题及时予以处理和解决，掌握适度的灵活性，特殊情况特殊处理，为读者提供更多更好的服务。此外，读者服务管理平台的建设要及时依据读者的需求变化做出相应调整，针对不同区域进行个性化管理，不断完善读者服务管理平台。

第三节　党校图书馆读者信息服务

一、图书馆信息服务概述

（一）图书馆信息服务的内涵

图书馆信息服务是提供者依据用户的相关信息需求，通过特定方式，以特定信息形式和内容满足用户的相关信息需求的服务行为过程。

它包含以下三个要点。

第一，图书馆信息服务是基于相关信息源开展的一个劳动过程。

第二，图书馆信息服务是围绕相关信息而展开的一系列服务活动。

第三，图书馆信息服务具有层次性，主要表现在信息服务对象和信息服务结果的层次性。信息服务用户由大众化向个性化、一般性用户到特定用户逐层推进，其信息服务结果也依据信息用户的不同呈现从一般性需求到特定需求、普遍需求到个性化需求的层次。

（二）图书馆信息服务的特性

图书馆信息服务除具有信息服务的普遍共性外，还有着不同于一般信息服务的特性。

1. 图书馆信息服务具有知识性

首先，图书馆是人类经验和知识长期积累的产物，它的发展也是知识创新的驱动所致。在科技领域，图书馆信息服务的这一特性尤为突出，人们利用这一服务的基点、重点和终点都是为了获取相关知识与信息，从而创造新的知识。其次，从图书馆活动本身来说，图书馆从搜集、选择、加工、传播到服务的最终提供乃至后期的跟踪服务这一全过程都是围绕知识和信息进行的。这样一来，促进显性知识和隐性知识的相互转化，使知识资本得以充分利用，进而促进现实生产力的转化。

2. 图书馆信息服务具有依赖从属性

图书馆信息服务作为一种社会现象，是社会实践和科学技术不断发展的结果，同时，也会随之从形式到内容不断发生演变。因此，图书馆信息服务依附于一定社会系统而呈现时代特色。并且图书馆信息服务本身要依赖相关知识和信息服务于特定的信息需求。

3. 图书馆信息服务具有明显的开放性

这是由图书馆本身的性质决定的。图书馆信息服务的工作对象——信息是开放的，图书馆的宗旨就是最终实现信息知识资源的全球共享，在网络环境下这一特性尤为突出。图书馆信息服务的用户也是开放的，用户不受其国籍、民族、性别、年龄、地位等的限制，只要有信息知识的需求，图书馆信息服务就要满足用户的需求。

4. 图书馆信息服务的连续性

这一特性主要体现在图书馆信息服务各工作节点的连续性和不可脱离性以及人们认识客观事物的规律上。人们是在逐步深化的过程中认识事物存在的，人们只有在不断补充信息知识的前提下，才能逐步完成对客观事物及规律的确定，因此，图书馆信息服务是持续不断地提供给用户信息与知识。

（三）图书馆信息服务模式类型

信息服务模式由服务主体、服务客体、服务方式和内容等要素构成。这四大要素的不同组合可以衍生出不同的图书馆信息服务模式。信息服务模式就是对信息服务活动组成要素和这些要素间相互关系的有效概括及总结。

时代在进步，图书馆信息服务模式也在不断创新发展。图书馆在信息服务模式研究中必须坚持发展的眼光，积极做好读者信息服务需求的分析，创新服务的思路和模式，推出适用性更强、读者满意度更高、成本投入更低、服务效能更好的信息服务模式。目前，比较常见的图书馆信息服务模式有以下三种。

1. 展示型信息服务模式

展示型信息服务模式是图书馆常见的信息服务模式，服务主体会充分分析服务客体诉求的合理性，通过特定的方法进行信息服务产品的制作。在信息展示平台的支持下，服务客体能够自由选择他们喜欢的服务方式。在该信息服务模式下，图书馆信息服务的主体是图书馆信息服务人员，其通过多种渠道收集、整理、挖掘信息，实现信息的集成与综合展示。图书馆会在信息服务中融入网络链接和信息检索技术，读者可以借助网站查询信息，获得情报信息服务等。

作为基础且重要的信息服务模式，该服务模式实效性的发挥受两个方面因素的影响：一方面是信息收集的数量与质量，即其是否在服务客体需求的范围内；另一方面是判断信息展示的平台是否先进与高效。为了确保展示型信息服务模式实效性的发挥，图书馆工作人员必须分析不同层次服务客体的信息需求，基于其所需资源的学科归属和专业分布情况，深入挖掘信息，提升信息服务质量。在充分调研与分析的基础上，图书馆还要建设符合服务客体需求的多样化资源组织体系。在信息展示的过程中，图书馆必须充分考虑资源的种类、资源的内容特点及服务客体的具体使用习惯等，在更加完善的信息服务平台上展示信息，方便服务客体对信息的选取。展示型信息服务模式有其独有的优势，如信息资料收集广泛、信息服务更加人性化等，读者可以在可选信息的范围内主动选取所需的信息资源，这意味着读者处于信息服务的主导地位，具有选择权。展示型信息服务模式具有普遍适用性，不仅可以在高校图书馆发挥作用，还能在企事业单位图书馆、科研机构图书馆发挥作用，其信息资源十分丰富，具有较高的社会影响力。

2. 推送型信息服务模式

推送型信息服务模式突出"推送"二字，即以信息推送的方式将服务主体收集到的信息推送给读者。这种信息服务模式主要面向有特定需求的群体，因此信息服务的针对性更强。就图书馆服务实践来说，推送型信息服务模式除了信息服务人员主动上门服务，更多的是借助网络，在网络信息技术的指导下进行信息的推送，前提是图书馆对读者群体进行了精准划分，了解不同读者群体的信息需求，设定好他们需要的信息模块，并跟踪匹配其经常访问的网站等，使读者能够及时有效地获取图书馆的各种信息，即使信息更新后也能被准确传送给读者。

这种信息服务模式的服务客体也就是读者占主导地位，其群体需求决定信息服务的方式和内容，如有的服务内容偏向于研究报告，有的服务内容偏向于动态资讯，还有的服务内容偏向于信息资源的收藏等，因此推送型信息服务模式带有个性化的服务印记。展示型信息服务模式是推送型信息服务模式发展的基础，后者在前者的基础上得到深化发展，逐渐成为各大图书馆首选的信息服务模式。推送型信息服务模式的服务效果受资源整合与组织程度的综合影响，资源整合度越高，组织越理想，读者对信息服务的满意度越高。在信息技术的辅助下，图书馆开发更适合信息需求者的信息资源内容和产品才能提升读者的满意度。推送型信息服务模式具有信息个性化的特点，信息推送的针对性更强，读者信息对接的精准度高，服务主体在信息收集方面略显被动，而读者在信息利用方面享有更多的主动权。服务客体虽然可选信息减少，但与服务主体的互动良好。信息需求者可以主动选择、定制并收藏对应的信息内容，构建带有自身特点的数据库，在信息服务中也享有主动权。推送型信息服务模式走出了大众服务的局限，更关注个体的服务需求，个性化服务的倾向越来越明显。一般来说，推送型信息服务模式在高校图书馆和科研单位具有较好的适用性。

3.互动型信息服务模式

作为比较热门的信息服务模式，互动型信息服务模式始终坚持与读者的互动，加强与信息需求者的沟通与交流，制作出与读者诉求契合度高的信息服务产品，以便更好地服务读者。互动型信息服务模式的优势发挥除了要有完善的技术平台，更需要图书馆的工作人员掌握专业的知识，具备较高的学科服务能力，从而为读者提供深层次和高水准的知识服务。

互动型信息服务模式下的服务客体和服务主体两大要素都带有主导性，他们始终处于沟通互动的状态，共同完成信息产品的搜集、整理与利用。参考咨询、学科馆员科研项目等都需要采用互动型的信息服务模式。从展示型信息服务模式、推送型信息服务模式到互动型信息服务模式，图书馆在模式创新中加大了对人性化的关注，在读者与信息服务工作人员的有效沟通和交流中实现服务需求的满足及服务输出与服务接受的高度匹配。一般来说，服务主体的参与程度越高，服务客体与之互动就越积极，对应的服务效果也就越理想。互动型信息服务模式的特点是融合了展示型信息服务模式和推送型信息服务模式的优点，服务主体和服务客体都处于主动地位，具有较强的互动属性，能解决实际问题，但缺点是成本投入高。这是因为该信息服务模式必须将人的因素充分调动起来，服务主体和服务客体的主观能动性发挥都需要较高的成本支持。互动型信息服务模式以独立的用户为服务对象，基于内容开展工作，其最终的服务着眼点是个体需求的合理满足。互动型信息服务模式在专项科研、技术项目中的适用价值更高。

（四）信息服务的性质和内容

1.信息服务的性质

信息服务在社会活动中具有以下主要性质。

（1）社会性

人类社会中处处存在着信息，产生、传递和利用着信息。信息服务的价值也必须通过社会实践加以检验和衡量，并由此决定信息服务的社会规范。

（2）知识性

信息服务是一种知识密集型服务，它不仅要求信息服务者具有综合的知识素质，还需要信息用户具备相应的知识储备。当信息用户的知识与信息发生匹配时，信息服务才能够有效地进行。

（3）关联性

信息、信息用户与信息服务之间存在着紧密地联系，三者之间的内在联系决定了信息服务的方式和工作模式，也是组织整个信息服务活动的基本依据。

（4）时效性

信息服务具有很强的时效性。信息只有在需要的时候才能发挥理想的价值，否则将无用甚至适得其反。

（5）特指性

信息服务是针对特定用户和用户信息活动而提供的服务，在服务过程中信息必须定向组织、传播，信息用户也需要定向获取和利用。

（6）伴随性

信息服务的进行必须伴随着信息用户的主体活动而展开，并随时根据信息用户主体活动的需要而适时调整，以求辅助用户达到主体活动目标和任务的实现。

（7）共用性。相对于特定信息用户的信息服务而言，公共信息服务也是信息服务的任务之一，它可以同时为多个个体信息用户或群体信息用户提供服务，即发挥信息共享性的功能。

（8）受控性

信息服务活动的开展必须在国家政策和社会道德准则的导向和约束下进行，必须确保国家和公众的利益不受损害。

（9）增值性

信息服务的增值性与信息的增值性有关。信息虽具有确定性价值，但在不同的时间、地点，针对不同的用户会引申、推导、繁衍出不同的意义，从而使信息增值。信息服务亦然，同样的信息为不同的用户服务，可能使其增值。通信信息服务的增值又是另一方面，一是通信网的增值；二是基本业务以外的增值，如电话信息服务就是利用现在的电话网络附加以必要的技术，传送电话基本业务以外的各种信息服务。

2. 信息服务的内容

信息服务是信息机构以信息为内容，按一定方式将信息提供给信息用户的过程。这一服务过程是促进和协调信息用户的信息利用活动，促进和协调信息用户与信息资源发生交互作用的过程。它包含着十分丰富的内涵、表现形式和组织方式。各种信息服务的交替和结合就构成了事实上的社会化信息服务。从信息用户和社会信息源与信息流的综合利用视角分析，社会化信息服务的内容主要有以下几个方面：

（1）信息资源的加工与开发

世上没有无用的信息，关键在于怎样挖掘、开发，并提供给需要的用户。按对信息的加工程度，信息服务可分为：一次信息服务（即以原始信息为内容的服务）、二次信息服务（在原始信息的基础上编制的目录、索引、文摘、题录等）、三次信息服务（在原始信息的基础上经过研究和分析所做出的综合述评、评价、分析、预测等）。

按信息内容的类别和所属领域，信息服务可分为：科技信息服务、经济信息服务、文化信息服务、教育信息服务、法律信息服务、军事信息服务、体育信息服务、流通信息服务等。

按对信息内容的处理形式，信息服务可分为：信息加工服务（如对纸质信息进行数字化处理、制作专题数据库等）、系统开发服务（为使信息用户方便、有效地利用数字化信息而进行信息管理系统的设计开发服务）。

（2）信息的传递与提供

信息是需要交流和传递的，只有在不断交流传递、提供的过程中才能显示出信息的价值。

按信息交流传递的范围，信息服务可分为：内部信息服务、外部信息服务。按信息的流向，信息服务可分为：单向信息服务（指向单一信息用户提供的服务）、多向信息服务（指同时或分时面向多个信息用户的服务）。

按提供信息的方式和手段，信息服务可分为：传统信息服务（如提供实物材料、样品、样机、纸质文献等信息载体所进行的信息服务）、现代信息服务（数据信息、数字化、网络化信息服务）、被动信息服务（根据信息用户提出的服务要求，再行组织的信息服务）、主动信息服务（服务者主动面向用户提供的服务）、长期信息服务、即时信息服务、有偿信息服务、无偿信息服务、信息代理服务（如中介服务等）。

（3）信息的发布与利用

信息产生之后，需要及时地加以宣传和发布，以便信息得到有效利用。按信息服务的业务形式，信息服务可分为：信息传输服务（通信服务），信息宣传报道服务，新闻出版服务，消息发布服务，信息检索、咨询服务等。

（4）信息用户的信息活动组织与信息保障

在信息社会中，人们所具备的对信息处理的实际技能和对信息的筛选、鉴别、使用能力具有较大的差异。它涉及信息意识、信息觉悟、信息心理素质、信息检索、信息加工利用以及信息传播能力等方面的内容。在科学技术日新月异的信息时代，知识信息的时效性日益加强，对信息用户信息活动的组织，以及对信息用户信息意识、觉悟、心理素质、检索、加工、利用、传播能力的培养就显得尤为重要。这项信息服务能够增强信息用户对信息价值的认识和利用信息的主动性，从而使其主动获取各种需要的知识信息。

对信息用户的信息活动组织服务内容包括：图书馆导引（内容主要是向新用户介绍如何使用图书馆，方式一般为课堂教学、参观图书馆、印制使用指南、用户答疑等）；举办培训班和专题讲座（定期或不定期地面向信息用户组织各种培训班或专题讲座，内容主要讲授最新信息技术、应用软件和图书馆资源的使用等，方式有讲解、演示、实际操作等）；在线教育（如国外大多数高校图书馆建有用户教育指南网站或网络教学平台，主要内容有：图书馆导航、信息检索方法、网络平台教学系统 Blackboard 或 WebCT 等，国内目前主要为自行构建的用户教育网站，由于技术存在局限，如大部分高校提供用户在线学习方式仅仅限于 PPT 文件、Word 文档或 PDF 文件的下载和浏览，内容相对简单、课件制作粗糙，缺乏系统性和科学性）；图书情报机构开设的专门指导训练课和学科馆员（如国外高校图书馆为每个专业安排的专业学科馆员）。

国内高校的文献检索课大多列入选修课程，有的则为必修课程，并纳入学分考核体系中。其主要授课内容有：文献检索的基础理论知识、文献检索的方法策略、各种检索工具与计算机检索系统使用方法、技术等；用户教育评估（用户教育过程的继续。它是对信息用户实施多种教育方式和教育内容所进行的评估，评估的内容主要包括用户需求评估、用户反应、学习成果、教学效果、教育的整体效果等）。通过评估了解教育效果，优化自身建设，推动用户教育的发展。在科学技术飞速发展的现代社会，任何单一的信息服务机构都无法保障信息用户全方位的信息需求。因此，在一个系统、一个地区，甚至更大范围内提供整体性的信息保障服务十分重要。它充分利用信息的共享性和增值性，最大限度地利用资源，为信息用户提供信息保障服务。

（五）信息服务的演化

在人类社会形成和发展初期，社会生产力发展水平低下，所创造的物质产品仅仅能满足人们的基本生存需要，随之进行的信息活动也只限于维持人们的生活和适应与自然环境的交往和相互联系，此时人们组织开展信息服务活动最主要的目的在于人类得以继续繁衍和生存。因而对信息的需求完全处于自然状态，信息服务的发展也处于自然状态。随着社会生产力和生产水平不断提高，剩余劳动和产品逐渐出现，而且逐渐增多，人类信息服务活动的内容也渐渐延伸，人们开始对生产活动、产品交换、战争及社会安定等活动产生了信息服务需要。特别是社会分工的明细化和行业化发展，使各类信息大量产生并发生交换和流通。人类社会在日趋高级化，社会科技和经济水平在不断提高，信息已经渗透到社会的每个角落，成为社会政治、经济、科技、文化教育和生活等各项活动的重要保障因素。于是，信息服务的社会组织体系逐渐形成，并且随着社会的发展而不断演化。

首先，单一形式的信息服务正向综合性服务形式发展。在信息传递和交流服务中，已经建立了服务于公众的电信信息服务系统和军事信息传输系统。各个行业和领域因为发展的需要业已形成各种类型的信息交流中心、数据中心、咨询机构等，这些机构已走向社会化的服务规模，各种信息服务实体相互协调而开展信息服务。但是，电子计算机和远程通信技术的发展，促使基本处于独立发展状态的各类单一信息服务形式向综合性服务形式发展。

例如通信信息服务和文献信息服务、数据传输服务和数据处理服务原来分别由不同的信息服务部门负责，对于需要交叉服务的用户而言，不得不分别利用各类单一的信息服务机构来满足其需求。显然，这种单一信息服务形式已经落后于时代的发展，从而引发了信息服务形式的变革，提出了综合形式的信息服务要求。目前，利用计算机技术、远程数据处理技术和网络技术等，已使相互分离的通信业务、信息处理、信息提供等多项服务相互结合，形成综合性的网络信息服务。例如航空信息联机检索、订票及电子客票服务、银行的"银联"信息服务、图书情报机构的文献传递服务等。

其次，以行业为主线的部门信息服务向社会化信息服务模式转变。在社会发展进程中，科技和经济的结合不仅改变着社会运行状态，刺激着社会生产力的进步，还把信息资源的开发、组织和有效利用问题上升到更高的高度，推动了信息服务社会组织模式的转变。中国惯行的社会信息服务主要以行业为主线，按系统和部门独立发展，除公共信息服务系统面向公众之外，其余的分别按行业加以组织，如科技信息服务、经济信息服务、交通、物资、企业生产管理等信息服务。各个行业的各个部门又有着各自相对独立的信息服务业务：各个信息服务单位的信息服务一般只面向内部的用户，极少对外开放。这种封闭式信息服务模式的形成一方面受社会发展体制的制约，另一方面受信息服务技术发展水平的限制。当然，在社会发展的一定阶段，这种以行业为主线、部门为主体的信息服务模式具有一定优势，也发挥了应有的社会作用。然而，在当前开放的国际环境中，在现代技术和知识经济高速发展的条件下，这种封闭式服务模式不仅有碍社会信息资源的共享利用，造成资源浪费，而且制约了现代信息技术作用的发挥，阻碍了信息服务经济的发展，更不利于社会的信息化进程。因此，各个系统的信息服务正在不同程度地向社会开放，以科技和经济信息服务相结合和协调发展为标志的社会化信息服务体系开始形成。

再次，专项信息服务和系统化信息保障服务将逐渐取代传统信息服务而成为主流需求。随着社会信息化进程的加快，用户的信息需求正向专门化和综合化方向发展。信息用户对信息的专深程度要求提高，并且在传统服务的基础上拓展和深化，要求提供项目论证服务、课题查新服务、策划精算服务、规划预测服务、咨询参考服务、数据库服务等。同时，信息的利用贯穿着用户的所有业务环节，因此需要针对用户的业务工作提供系统化信息保障服务，即以研究发展项目为中心实施全方位的信息服务。专项信息服务和信息保障服务最终很可能发展成为社会化专门和综合信息服务系统。

最后，多元化和多样化信息服务将逐渐增加。在市场经济的作用下，各种经营性信息服务机构数量迅速增长，直接导致市场化有偿信息服务比例的上升。这些服务实体的服务业务涉及生产制造、金融、法律、新闻传播、交通运输等专项领域，与原有的国家和国有信息服务机构的无偿服务形成相互补充、协调发展的局面。同时，信息服务的方式和内容正朝着多样化方向发展，一是从文献信息服务为主向多种形式载体的信息服务转变，并互相结合，互为补充。二是信息传递提供与发布服务内容的拓展，如电子邮件、数据交换、系统集成、信息判读、网上博客（主要传递文字信息）、播客（主要传递视频信息）等服务。

（六）信息服务的价值

1. 信息服务的经济特性

由于信息本身的无形性特征，决定了信息服务及信息产品在信息服务中的不可分割性。因为信息的生产、传播和处理过程都是服务的过程，而且在通常情况下，信息服务的最终成果大多体现为具体的物质形态，例如目录、索引、数据库、原始文献、咨询报告、科技查新结论等。这一特点不同于单纯的产品制造部门及服务部门。所以在研究其价值与使用价值时，应当对其不同于一般物质商品的经济特点进行分析，以便客观地评价其价值。

针对信息服务市场中的信息产品及服务的生产和消费过程具有不同于物质商品的特殊性，可以把信息商品的生产、分配、交换和消费看作一个完整的过程，这个过程既是使用价值的生产过程，也是其价值的实现过程。这个过程有如下特点。

（1）信息服务的商品生产特性

信息内容的生产具有非重复性。信息服务是针对用户的信息需要生产信息商品，并以用户方便的形式准确传递给用户的活动。信息服务的生产内容是信息或者知识，信息具有非物质性的特点，虽然信息通常借助某种物质载体呈现给用户，但真正的价值在于信息本身，与其寄载的物质载体的价值关系不大。同样一条信息记录在两种不同的载体上，其价格可能相差无几。在信息商品的生产过程中，无论是一次信息商品，还是二次信息商品，都是信息服务者投入大量复杂的脑力劳动生产出来的具有创新性的新知识和新信息，这种商品一旦生产出来并公之于众，就具有独特性，受到专利法的保护，其他机构未经允许不得复制。信息商品的生产不同于物质商品。后者可以根据预先的设计，通过流水线生产出大量同类型、标准化的成品提供给用户，从而实现规模化生产的低成本、大利润。该商品消费后，还会有新的同类型需求，促使其再重复生产。信息商品则不同，如果复制，其内容也会由于复制者的能力、水平及环境的不同而不同。

而且，信息服务的生产一般分两个阶段进行，且两个阶段密不可分。第一阶段是信息内容的生产，第二阶段是将信息内容记录在一定的载体上，并进行若干次复制。第一阶段是信息商品本身的生产，第二阶段属于物质生产。在第一阶段，信息工作者要投入大量复杂的脑力劳动，生产消耗的非物质成本很高，信息商品的价值正体现于此。物质生产阶段也需要信息工作者投入相当的脑力和体力，只是体力多于脑力。因此，信息生产是脑力劳动和体力劳动的综合产物，且以脑力劳动为主。由于服务的需要，信息商品也进行复制，复制品的价值仅仅体现在一些简单劳动的付出和一些原材料的消耗，与第一阶段的成本相比，其边际成本趋于零。比如数据库产品的生产过程是制作过程及复制过程的统一，前期是很多信息工作者对信息进行收集、加工、整理的结果，其制作成本较高，后期的复制过程简单，提供相应的原材料运用复制设备进行大规模复制即可满足多个用户的需求。

（2）信息服务的商品流通特性

信息服务的交换特性。信息服务与其他物质商品的销售一样需要在流通中进行交换，从而实现其价值。物质商品的交换受场地、运输、仓储、数量等条件限制，其流通速度和范围有限。信息商品则因其无形化、可复制、可传递等特点，可以充分利用现代的通信技术及网络技术，突破时空限制，在信息的供需双方之间进行必要的流动，其流速、流量及流动的范围远远大于物质的流动，在一定程度上还减少了流通成本。

交换使用权的非占有性。物质商品交换的目的是商品的拥有权和使用权的交换。某个物质商品一旦发生交换，其生产者和其他消费者就不能再拥有和使用。信息商品则不同，其信息内容只是寄载于某种载体之上，信息所具有的共享性特点在交换过程中表现为信息商品的非占有性，信息商品的转让方在交换过程中并未失去对该商品的使用权，还可以再转让给其他用户，即一个信息商品可同时供多个用户共同享用。信息商品的非占有性在数据库产品的销售中尤其得到体现。

（3）信息服务的商品消费特性

信息商品消费的非损耗性及时效性。物质商品在消费和使用过程中会逐渐失去其原有的使用价值，但物质商品的价值一般对时效性要求不高，通常情况下不会因没有及时使用而失去价值。信息商品的消费过程则表现为信息内容在不同载体间发生转移，但不发生任何形式的损耗。如用户使用某一信息商品时，往往将有效的成分加以吸收，转化成用户头脑中的知识，从而发挥其效能，创造出新的价值，而信息商品本身的价值没有因用户使用而有所消减，但是，信息商品存在着很强的时效性，若不及时使用，信息内容老化会导致其价值的衰减甚至消失。

信息商品消费效用的间接性及相对性。物质商品的消费效用在使用的过程中就能直接地表现出来，而信息商品的消费是以信息的方式改善人们的知识结构，减少或消除认识和决策行为的失误，以便在实现目标的过程中采取正确的行动。因此，其效用是间接的、抽象的。它的效用无法直接计量，只能以间接的方式显示出来。如提高用户工作、生活效率，减少企业组织成本投入或直接转化为经济效益的提高等。此外，信息商品的效用在实现过程中离不开信息服务用户的主观能动性。不同的信息服务用户可能因信息消费意识、信息吸收能力、知识水平等各种条件的差异而导致信息消费效用的完全不同。因此，信息的使用价值还具有相对性。

2. 信息服务的使用价值和价值

信息服务与所有的物质商品一样具有使用价值和价值，按照马克思主义的观点，它们是对立统一的关系。信息服务价值的存在必须以其使用价值的存在为前提，两者相互依存，不可分离，这是其统一性的表现。信息服务的对立性则表现为信息商品的使用价值和价值具有不同的属性，有着本质的区别。信息商品的使用价值是指信息商品的有用性，它是商品的自然属性，是商品进行交换的物质基础，也是研究信息商品价值的出发点。而信息商品的价值则是凝结在商品中的无差别的一般人类劳动，是信息商品的社会属性，它体现了信息商品的生产者与需求者之间的交换劳动关系。

根据马克思的劳动价值理论，衡量信息商品的价值也与其他商品一样，应从两方面加以分析：信息的价值实体和信息商品的价值量。

价值实体。马克思主义的劳动价值理论表明，同一劳动既能生产商品的使用价值，又能创造商品的价值。信息商品的生产和其他商品生产一样，在生产过程中，由于不同的操作方式、劳动对象、劳动工具和劳动目的，导致产生不同的使用价值。但无论生产的具体形式如何不同实际产生的都是人的体力及脑力劳动所凝结的信息劳动产品。因此，信息的价值实体就是人的信息劳动。但价值实体同时受到使用价值的影响，随着信息商品使用价值的逐渐衰变，体现在信息劳动产品中的各种劳动的有用性也随之降低，最后导致信息商品价值的改变。

价值量。信息商品与其他产品一样，一旦取得商品的形式，生产它所需的社会必要劳动时间就取得了价值的形式。社会必要劳动时间的基本含义是："在现有社会正常生产条件下，在社会平均的劳动熟练程度和劳动强度下制造某种使用价值所需要的劳动时间。"由于信息商品的非重复性生产，以及信息商品本身及其生产过程的许多方面不同于物质商品，其价值量的表现形态及具体计量有一定的复杂性，关键在于价值量的决定因素即社会必要劳动时间的计量。信息产品生产所付出的是以脑力劳动为主体的多种劳动的结合，因此必须将复杂劳动和简单劳动折算成社会劳动量，才能正确地确定信息产品的社会必要劳动时间。这种计算在理论上是可行的，在实践中则需要进行十分烦琐的"社会必要劳动时间标准核算"，以求计算出非重复性生产的信息产品所耗费的标准化社会必要劳动时间。对于作为信息商品的信息服务来说，其价值量的计算与信息产品相同，其中的某些差异在于社会必要劳动时间的核算标准。

3. 价值规律在信息服务中的作用

价值规律作用于商品生产和交换的任何场所。在信息服务中，价值规律主要体现在：信息商品的价值量是由生产信息商品所耗费的社会个别必要劳动时间决定的，信息商品的交换以价值量为基础。

价值规律的作用有以下几个方面。

（1）能够自发地调节各个信息服务部门对生产资料和劳动力投入的比例

在社会商品生产中，价值规律能够通过价值的波动，自发地调节某个部门在社会所有部门中所占的比例。同样，当某种信息商品供不应求时，将出现物以稀为贵的现象，这种商品的利润就会增大。为了追求利润，更多的信息服务机构就会从事该商品的生产，于是该部门从事该商品生产的生产资料和劳动力就随之增加。反之，信息服务机构会调整生产资料和劳动力的投入比例，以保持信息服务市场的供需平衡。当前，随着信息技术的发展及社会信息化程度的提高，人们对信息商品的需求量增加，使信息服务机构根据信息服务市场的需求纷纷采取灵活多样的服务方式和生产各具特色的信息服务商品供给市场，从而加快了信息服务产业和信息市场的形成和繁荣。例如电子图书和全文期刊数据库的生产已经发展到一定规模，价值规律会引导信息服务商品生产机构调节生产节奏，调整生产规模，并开发其他新产品。

（2）能够自发地刺激信息服务商不断改进技术，以提高劳动生产率

信息商品的价值量是由社会个别必要劳动时间决定的，信息商品的价值量与生产该信息商品的劳动量成正比，与生产它的劳动生产率成反比。每个信息服务商生产信息商品所耗费的社会必要劳动时间，将因为其生产条件、生产技术、经营管理水平的不同而产生差异。价值规律就会通过商家追求利润的内在动力和市场竞争的外在压力，刺激信息服务商不断改进技术，改善生产条件和提高经营管理水平，以缩短生产中花费的社会必要劳动时间，提高信息商品的价值。

（3）能够促成信息服务商的优胜劣汰，强者生存，弱者淘汰

在价值规律的作用下，通过市场激烈的竞争，必然使一些技术水平高、管理手段先进的信息服务商在竞争中取胜，技术水平和管理能力低下的部分商家则被淘汰。这一结果客观上促进了信息服务商的升级和进化，有利于提升信息服务商的整体水平，从而推动信息服务业的健康发展。

（七）图书馆信息服务的原则

与社会其他服务相比，图书馆的信息服务有着特定的原则及内涵，主要应包

括四个方面的内容：平等原则、开放原则、人性化原则和满意原则。

1. 平等原则

平等原则既是图书馆信息服务的首要原则，又是其他原则的基础。平等原则主要体现在两方面。

（1）平等享有权利

平等是现代民主社会的基本价值之一，是自启蒙运动以来在人类现代文明中得到普遍承认的理念，是人类社会发展的必然结果。这种伟大的理念在图书馆事业中最重要的体现就是对用户的平等服务。

从传统藏书楼到近现代图书馆，图书馆的运行机制发生了深刻变化。旧式藏书楼的主要特点是封闭性和使用的局限性，而现代图书馆的主要特征则是开放性和使用的平等性。图书馆为公众提供文献信息服务，已不再被视为一项特权，而是公众当然的权利。根据国家的有关法律和图书馆的实际情况，图书馆用户应享有的权利至少有以下几方面：平等享有取得用户资格的权利；平等享有阅读的权利；平等享有个人人格和隐私不受侵犯的权利；平等享有提出咨询问题的权利；平等享有参与和监督图书馆管理的权利；平等享有遵守图书馆规章制度的权利和义务；平等享有提出合理化建议的权利；平等享有接受安全、卫生等辅助性服务的权利；平等享有对图书馆工作进行评价的权利；平等享有自己的合法权益受到侵害时提出理赔或诉讼的权利。

世界近现代图书馆的历史实质上是图书馆逐步走向公共、公开、共享的发展史。图书馆实现公共、公开、共享的发展过程实质上是图书馆用户平等利用图书馆的权利逐步完善的过程。只有在图书馆用户能够充分享有平等利用图书馆权利的前提条件下，图书馆的信息服务才真正具有意义。

（2）平等享有机会

平等原则不仅是国际组织在各种宣言、声明中大力倡导的原则，也是各国立法工作力求保障的原则，它作为图书馆信息服务的基本原则，是一种形式平等与实质平等相结合的内涵丰富的平等：一方面，图书馆应该保障用户平等利用图书馆的权利；另一方面，图书馆应该为所有图书馆用户提供平等利用图书馆的机会，不应有任何用户歧视。

目前世界上已有60多个国家和地区先后制定了逾250部图书馆法规，其中均强调或申明"提供平等服务、保障知识自由"作为现代图书馆服务的重要理念。图书馆要保障用户享有平等利用图书馆的权利和机会，就必须坚持其公共性和公益性，否则就会背离人类社会的基本价值观和图书馆发展的方向。当然，图书馆平等原则的实现程度，注定会受到现实的制约，需要与社会经济发展程度相适应，与社会主流道德观念相适应，否则也会无法操作。

2. 开放原则

随着人类社会文明程度的提高，人们对图书馆的需求和科学技术的发展，图书馆从封闭到局部开放再到全面开放，经历了漫长的转变过程。开放服务已成为现代图书馆的重要特征。开放原则是图书馆的关键原则，是其他几项原则的基础平台，它体现的是现代图书馆服务的基本方向。它主要包括：

（1）资源及设施的开放

图书馆开放原则的实质是：其一，图书馆应该向用户开放所有的馆藏资源（包括实体馆藏和虚拟馆藏），用户可以自由地选择利用图书馆的资源。图书馆不应人为地划分用户等级，限制使用内容。其二，图书馆应该向用户开放所有的馆内设施，用户可以根据需要自由地选择利用图书馆的设施和场地。图书馆不应人为地划分区域，限制出入。其三，为了切实实现图书馆的开放原则，图书馆应积极做好有关馆藏布局、设施利用、路径标引、新书报道等宣传工作，并建立健全检索查询体系，为用户自由利用全开放的图书馆创造条件。

（2）时间的开放

图书馆应该最大限度地延长开馆时间，为用户利用图书馆的各项信息服务提供时间上的保证。应该学习发达国家的有益做法，努力做到节假日和公休日不闭馆，馆内开展任何公务活动不影响正常开馆，保证开馆时间的完整性或连续性。

现代图书馆在先进的计算机技术、网络通信技术的支持下，网上图书馆应该保证24小时不间断地全开放，使用户在任何时间都可以利用图书馆的信息资源。

（3）人员的开放

公共图书馆应该不分用户的国籍、种族、年龄、地位，向所有人开放。高校图书馆和专门类别的图书馆则应该在保证履行其特定职能的前提下向社会用户开放。因为图书馆不仅仅是一个阅读场所，也是人们提高文化修养、欣赏水平和增长见识的场所，是具有综合功能的社会文化中心。正如荷兰鹿特丹市立图书馆馆长舒茨先生所说："不少读者来到图书馆，并不一定是为了想看某一特定的东西，而是随便浏览一下，看看有什么值得一看的东西，或者只是来会会老朋友，他们把图书馆当成了第二起居室。"图书馆能够向社会上所有的人开放无疑是现代图书馆最具魅力之处。

（4）馆务公开

图书馆应该把涉及用户利用图书馆信息服务的有关制度、规定、决策等向用户公开。这是图书馆决策民主化的需要，也是图书馆信息服务取信于用户的需要。实行馆务公开要做好几方面工作：

制定馆务公开制度。对需要公开的事项、时间、方式等进行明确规定，并使其制度化；建立用户参与管理和决策的机制。凡是与用户利益相关的重大决策都应事先征求用户的意见，并尽可能地让用户直接参与决策过程。为此应设立"用户监督委员会"之类的非常设机构；公开用户监督途径。如公开用户监督电话（首先应公开馆长电话）、设立书记信箱、用户意见箱、公布领导接待用户日等；公开接受用户评价。图书馆信息服务工作的优劣主要应由用户来评价，用户是否满意是衡量图书馆信息服务工作质量的主要标准。

（5）合理利用图书馆

图书馆开放性原则必须在确保国家利益和用户利益的原则下实施。用户开放自由地利用图书馆必须以合法利用和合理利用为基本前提。第一，图书馆在向用户提供信息服务的过程中必须遵守国家的法律制度，自觉维护国家利益，抵制各种违法犯罪行为；同样，用户在开放条件下利用图书馆的过程中也必须遵守国家的法律法规，不损害国家利益，不危害信息安全，不发生违规行为。第二，图书馆应自觉保护用户利用信息服务的隐私权，如不泄露用户身份、利用信息资源的信息等；用户也应该尊重其他用户的隐私权。第三，图书馆在提供信息服务的过程中应充分尊重和保护知识产权，自觉抵制盗版资源和盗用信息资源的行为，不违规复制、恶意下载和滥用信息资源。

3. 人性化原则

"以人为本"一直是图书馆信息服务的基点，是现代图书馆信息服务的内在品质。人性化原则就是要以满足人的需要、实现人的价值、追求人的发展、充满人文关怀、体现美与和谐的形式来开展图书馆的各项活动。图书馆信息服务的人性化原则主要体现为环境的人性化，资源组织的人性化，技术、服务及设施的人性化，一切以方便用户利用图书馆为目的。

（1）环境人性化

营造一个人性化的图书馆环境是提高图书馆信息服务质量的基础条件之一。图书馆环境包括图书馆的外部环境和内部环境。图书馆的外部环境主要指图书馆的馆舍位置、图书馆建筑设计和周围的自然环境布局。在网络条件下，图书馆离用户的距离问题已不那么重要，但是网络环境再发达也不可能取代物理场所的图书馆。亲身到图书馆里享受恬静、舒适、典雅的惬意，是网络环境所不能提供的。因此，图书馆馆舍位置的选择应在客观条件允许的情况下，尽可能靠近其主流用户群，即以方便主流用户群为前提。美国学者 ME 索普通过调查研究得出结论：一个信息源在物理距离上越易接近，被利用的可能性越大。可见，图书馆的地理位置是否方便用户到达，是影响图书馆利用率的重要因素。此外，图书馆建筑设计也是体现人性化原则的因素。如建筑结构合理，方便用户使用以及充满人文特色的外观等，都会造成一种浓郁的文化氛围，吸引用户前往。当然，图书馆周围和谐、自然而优美的环境布局也很重要，宁静、幽雅的环境能够让用户流连忘返。

图书馆的内部环境需要具有亲和力的内部装修，清洁、齐全的功能设施，清新、和谐的色彩搭配等，为用户创造一个明快、幽雅、整洁的阅读环境，以达到用文化知识陶冶用户情操、净化用户心灵、感染用户情绪的目的。图书馆的设施设备也应体现人性化，如符合人体工学的阅览桌椅、方便用户取放书刊的书架及报架、配备小范围的研究室、设置方便的上网插口，以及为特殊用户设置无障碍通道等。总之，营造一个舒适便利、赏心悦目、充满人文关怀的内部环境，是图书馆提供信息服务的必备条件。

（2）资源组织人性化

图书馆是专事收集、组织文献信息资源，提供社会成员使用的社会组织。图书馆的资源组织方法应从人性化的角度，一切以方便用户使用为原则而组织。一般要遵循两个原则：一是文献保障原则。要根据图书馆的性质和任务及文献资源建设原则，全面收集和充分揭示文献信息资源。二是用户保障原则。要按照用户需求组织信息资源，即按照方便用户检索和利用的原则组织信息资源。如在馆藏资源的空间布局上最大限度地拉近用户与资源之间的时空距离。现在建设的新型图书馆在书库和阅览室的设计上多采用大开间格局，藏书和阅览同在一室，改变了封闭式的书库管理模式，采用藏、借、阅、咨一体化管理，以此缩短用户与藏书之间的空间距离；设立新书展示区域，新书到馆分编、加工后及时展现在用户面前，以此缩短用户与文献信息资源之间的时间距离；建立健全馆藏信息资源的检索查询系统，全面揭示馆藏，力争达到"一检即得"的效果。

（3）技术及服务设施人性化

现代信息技术在改善服务条件、提高服务水平等方面发挥了巨大作用，但是技术不能决定一切，更不能代替一切。技术是受人控制并为人所用的，技术因素只有与人文因素有机地结合在一起，才能真正发挥作用。图书馆应该利用先进的技术为用户提供方便快捷的服务，如设计友好的网络用户界面、为用户提供个性化的信息推送服务、开展网络参考咨询服务等。

服务设施的人性化体现在多个方面，如在图书馆的建筑格局和器具摆设上充分考虑用户利用的方便性，采用大开间、灵活隔断的开放式格局，各阅览分区用适当高度的家具进行隔断，通透明亮，走进图书馆，各主题分区一目了然，显示出书中有人、人置书海的意境。还应专门为弱势群体提供方便。如儿童阅览室一律配备低矮的阅览桌椅，以方便儿童坐阅；本着"无障碍设计"的思想，为残疾人专门设置特别设施，提供特别服务，如轮椅通道、伤残用户接待室、专用电梯、阅览专座、专用厕所等，甚至在楼梯扶手上设置特殊触摸符号，提示盲人用户何处该转弯等。总之，让用户感觉到方便无处不在。

（4）服务人性化

图书馆信息服务的人性化包括服务理念的人性化、服务制度的人性化、服务行为的人性化和服务方式的人性化。在服务理念上应处处体现图书馆"为人找书，为书找人"的职业精神，以此构建图书馆的形象识别和概念识别体系；在服务制度的制定上应充分相信用户，尊重用户的人格，以激发用户心灵的真善美；在服务行为上应注重行为举止的文明礼貌，态度的亲切友善，避免使用生硬的惩戒性语言；在服务方式上应灵活多样，以方便用户为目的，从细微处入手，千方百计减少对用户的限制，关注并满足个别用户的个别需求，甚至深入社区或街区设立分馆，或设置流动图书馆，尽可能地让图书馆贴近用户。

4. 满意原则

满意原则是图书馆信息服务的核心原则或最高原则，用户满意是图书馆开展各项工作所追求的最好结果，是衡量图书馆信息服务质量的重要标准，也是现代图书馆信息服务的终极目标。

图书馆理念满意（MS）。图书馆理念满意是图书馆的办馆宗旨、管理策略等带给用户的心理满足感。它的核心在于正确的用户观，"一切为了用户满意"是它的精神实质。

图书馆行为满意（BS）。图书馆行为满意是指图书馆的行为状况带给用户的心理满足状态，是图书馆理念满意思想的外部表现形式，它包括行为方式满意、行为规范满意和行为效果满意。图书馆工作人员的服务态度是图书馆行为是否让用户满意的关键。

图书馆视觉满意（VS）。图书馆视觉满意是图书馆所具有的各种可视性的显在形象带给用户的心理满意状态，它包括对图书馆一切设施设备的性能及其色彩的满意，对工作人员职业形象、业务形象的满意，它传递着图书馆的理念，是图书馆理念的视觉化形式。

此外，图书馆信息服务的满意原则还应该增加创新性内容。图书馆的创新性体现的是现代图书馆信息服务的可持续发展及其动力，只有不断地创新才能适应时代的发展和社会的进步。一成不变的服务理念、服务内容和服务方式不可能让用户满意。图书馆特有的知识底蕴、特有的人文环境、特有的行业规范和特有的价值追求，都衬托着图书馆信息服务的文化品格。这种文化品格象征着图书馆信息服务的高尚与高雅、神圣与光荣。图书馆信息服务还是一种获得，图书馆开展信息服务是为了获得知识在传递中的增值，是为了获得公众素质在提高时的欣喜，是为了获得用户需求被满足后的感动，是为了获得人生价值实现的喜悦。图书馆服务赋予图书馆人以高尚的荣誉、真诚的尊敬、奉献的欣慰、清苦的价值和文化的人生的伟大。

图书馆的创新性包括服务内容的创新和服务方法的创新。从图书馆的发展史不难看出，图书馆的发展史就是图书馆信息服务内容和方法等方面的创新史。现代图书馆的信息服务内容急需拓宽。如努力从文献信息服务向知识信息服务转化，以提高图书馆信息服务的知识含量；加大网上的信息资源导航力度和参考咨询服务的力度；加大"便民服务"的内容；加大为社区服务的力度，增加职业介绍、购物指南、技能培训指南、市政服务咨询、家政服务咨询等内容。

图书馆信息服务方式方法的创新可以在提供馆藏文献信息资源外借、内阅服务的同时，增加具有较强智能性、实时性、交互性特征的个性化服务，利用现代网络平台，提供各种数据库服务、知识库服务以及多种在线或离线信息服务，如信息推送、知识发现、网络呼叫、智能代理等。这些新型的服务方式能够使图书馆在提供实体馆藏服务的同时提供虚拟馆藏服务，极大地丰富图书馆信息服务的内容，强化图书馆信息服务的能力。

（八）现代信息技术在图书馆信息服务管理中的应用

互联网时代，现代信息技术的发展为用户获取信息提供了便利。为了适应新时期的新变化，中国很多图书馆积极利用现代信息技术探索全新的信息服务模式。移动终端设备的迅速更新，要求图书馆以用户需求为中心，利用成熟的现代信息技术和移动终端设备，打造能够满足用户综合体验的个性化服务模式，不断创新信息服务方式。

1. 移动互联网微技术在图书馆信息服务中的应用

移动互联网环境下微技术的广泛应用，为图书馆信息传播提供了便利。很多图书馆已经开始重视对微技术的投入，纷纷建立基于微信、微博的信息服务平台。服务平台的建立不仅丰富了信息服务方式，也拓展了服务功能。

（1）实现途径

促进微技术与大数据技术的融合。微技术的广泛应用为人与人之间的信息交流提供了便利。微信、微视频等微技术具有鲜明的社交属性和个性化特征，能够实现信息的即时高效传输，可以帮助图书馆用户拓展交际圈，满足他们的碎片化信息获取需求。大数据作为重要的信息处理工具，有助于图书馆深入分析用户需求，并为他们提供更有针对性的服务。将大数据与微技术相结合，在挖掘用户需求的基础上建立服务平台，有利于提升图书馆系统的服务性能。因此，图书馆可以先利用大数据技术处理用户数据，掌握用户的行为记录，挖掘用户的潜在需求，再利用微信、微博等进行信息的发布与推送。

强化微技术运营团队建设。面对移动互联网时代瞬息万变的信息环境和层出不穷的微技术应用软件，图书馆应重视专业人才的培养工作，要求他们掌握先进技术的应用方法，学习微信、微博等微媒体运营方式，以更好地发挥微技术的服务优势。一方面，图书馆应做到与时俱进，紧跟时代发展趋势，打破封闭的信息服务格局，主动引入微技术拓展服务空间，建立微信公众号、官方微博等服务平台，根据用户的实际需求提供信息服务；另一方面，图书馆要设置科学的人力资源结构，打造包括信息技术人员、文案、客服等在内的运营团队，积极开展微媒体运营活动。此外，图书馆还应定期开展业务培训与绩效考核，主动借鉴其他领域的成功经验，全面提升运营团队的微技术应用水平。

立足馆藏优势提供个性化服务。作为信息传播中心，图书馆在信息服务方面积累了丰富的经验，可以为广大用户提供优质的信息资源。微信、微视频日益受到人们的青睐，为图书馆提供了更多技术选择。利用微技术拓展服务领域，借助移动终端推送信息资源，这本身就是一个循序渐进的实践过程，因此，图书馆不可盲目跟风，而要根据馆藏资源优势，科学设计信息服务路径，以差异化的定位展现自身服务价值。图书馆也可以利用微信等提供的第三方接口开发个性化服务功能，如馆藏查询、图书漂流瓶、摇一摇等服务，以个性化的服务内容吸引更多用户的关注。

（2）应用场景

在阅读推广中的应用。在我国大力倡导全民阅读的背景下，图书馆利用移动互联网微技术开展多样化的阅读推广宣传活动，不仅可以扩大阅读推广的受众范围，还可以达到宣传推广馆内服务的目的。具体而言，图书馆可以针对不同群体的个性化需求，在线上为他们主动推送阅读资源，同时，图书馆可以深入学校和社区，通过现场宣讲、发放宣传册的方式，让更多的用户了解数字图书馆、官方微博等服务平台的登录方式，引导他们主动检索馆藏数字化资源，从而促进阅读推广活动向纵深化发展。例如：国家图书馆于2013年打造的"掌上国图"移动阅读平台依托云服务中心集成了期刊、电子书等多种文献资源，设置了符合用户阅读习惯的个性化导读专题，极大地提升了用户的阅读体验。

在学科服务中的应用。学科服务作为图书馆的重要业务之一，可以将具有相同学科兴趣的用户聚集起来，促进用户与专业人士之间的信息交流，帮助他们更好地掌握学科发展动向，为他们的学习与科研提供便利。图书馆可以借助微技术平台开展学科服务，如：依托微信、微博等微技术工具建立针对不同群体的学科研讨小组，安排专业人士在线为用户提供信息咨询，定期推送最新学科资讯等。图书馆也可以主动为用户推送学习材料，鼓励他们在线发布、转载、评论信息，实现最大范围的学科知识共享。例如：北京师范大学图书馆利用微信公众号在线发布信息素养教育课程视频，方便用户进行在线下载、学习与评论。

在参考咨询中的应用。参考咨询是图书馆的主要业务之一，是满足用户个性化需求的重要途径。图书馆利用微信公众号或官方微博，安排专业人士在线为广大用户答疑解惑，可以保障参考咨询的针对性和有效性。例如：图书馆可以利用移动互联网微技术打造专门的参考咨询微服务平台，方便用户自由发表观点，并采集、分析用户需求，由专业人士在线提供解答。同时，图书馆还可以对参考咨询内容进行分类整理，在统计分析的基础上将经典问答纳入图书馆数据库中，方便用户后续调取和使用。例如：黄河科技学院图书馆利用微信服务平台开展了"学海畅游——微信知识问答"活动，该活动依托微信在线解答用户疑问，主动为用户推送个性化信息，旨在宣传推广图书馆服务，吸引更多用户参与，为馆藏资源的合理利用奠定了基础。

2.微信在图书馆信息服务中的应用

信息时代，网络技术日新月异，互联网、智能手机普及，手机已经取代了电脑终端成为中国第一大上网终端设备。因此，手机上的微博、微信等新的信息手段也得到了很大程度的普及，成为图书馆服务中面临的挑战和创新发展的契机。

（1）应用微信服务的优势

相关数据显示，2021年第二季度，微信月活跃用户达12.5亿。微信拥有如此庞大的用户群体，主要是由于操作简单，不仅能方便信息发布，而且能在最短的时间内将用户的社交网络串联起来，形成一个广泛的朋友圈。如果图书馆充分利用这一特点，便可以更为快捷地将知识信息和活动传播出去，为活动造势，吸引人气。与传统的在图书馆门口张贴海报相比，这种微信推广的宣传手段更为新颖生动，其优势具体体现在以下几个方面。

成本低廉。微信运行只耗费网络流量，而现今大部分地区都有无线网，因此微信平台的运营相当于零成本，所以通过微信运营平台发布信息或回复信息的费用是十分低廉的。随着智能城市建设的展开，很多地方都已被无线网络覆盖，尤其是在高校环境中，无论是图书馆还是校园的其他地方，基本都有无线网络覆盖，在这种情况下，使用微信通讯几乎等于免费，对于学生群体而言具有强大的吸引力。图书馆可以通过微信平台的推送功能为用户群体定期或不定期地推荐图书馆活动。图书馆可以通过微信平台设置不同的主题，为用户推荐不同主题的相关信息。如南师大图书馆微信就定期推送敬文讲坛活动，让用户只要打开手机，打开网络便能对自己所关注的图书馆活动有所了解，大大提高了图书馆信息服务的有效性。

使用不受地域限制，利用率高。只要智能手机在网络环境下，用户就可以随时查询自己想要了解的图书馆信息，不需要再为续借、通借通还等事宜前往图书馆查询，简化了操作流程，为用户节约了时间，也提高了图书馆员的办事效率。图书馆在组织用户活动时，也可以利用微信这一特点，一方面方便用户查询报名信息，另一方面便于图书馆对用户报名资料的收集。

收集用户的反馈意见。微信媒介的介入给了用户制造和传播信息的机会，使用户不再只是单纯信息接收者。微信成为一个了解和收集用户感受与意见的平台，是用户信息反馈的一个重要的渠道。有利于图书馆掌握和了解用户的内心所想，找到用户的需求，满足用户的愿望，真正提高图书馆自身的服务标准和服务质量。图书馆可以利用这一平台进行问卷调查活动，不仅成本低，而且回收率高。通过对用户的意见调查，才能进一步改进工作水平，更好地服务于用户。

（2）微信在图书馆信息服务中的应用场景

微信的优势功能众多，如果加以良好利用，可以为图书馆信息服务的应用提供一个崭新的交互式服务平台。

利用微信搜索读者群体，提升图书馆的读者人气。微信具有丰富的功能，图书馆可以设置不同的营销策略，吸引读者群体加入其所开通的微信公众账号。如开通专属的二维码，让读者通过二维码扫描的添加方式，关注图书馆；设置有特色的个性签名，让读者通过漂流瓶等搜索进行添加，成为图书馆的"粉丝"等。这样一来,图书馆的读者,不再局限于进馆的实际人数,还可以是虚拟的网络人数。

利用微信的信息推送功能，为读者群体推荐读者活动。微信的信息推送到达率十分准确，图书馆可以利用微信这个平台，定期或不定期地为读者群体推荐图书馆的读者活动。以温州市图书馆为例，通过微信平台分主题为读者推荐相关信息，包括：温图预告、涉温报道、专家视角、阅来温图、悦享感悟、馆藏报刊导读等。读者可以通过手机，很便捷地、及时地了解到自己所关注的图书馆开展的读者活动。

应用微信构筑互动交流平台，提供在线咨询服务。图书馆开通微信后，读者可以通过各种方式搜索到该图书馆的微信账号，并进行添加。当读者有需求时，可以向图书馆微信请求咨询服务。如：读者在图书馆资源使用上遇到疑问，可以通过微信进行即时的咨询，图书馆员在收到咨询请求后，可以检索信息，即时反馈信息给该读者。同时，图书馆员所反馈的信息形式可以多样化。如：微信可通过文字、视频、语音、图片等不同组合来回应读者的不同咨询，更形象生动地解决了读者的问题，满足读者的各种需求。这种咨询服务，比起现场咨询、电话咨询，更显时代感、便利感。

通过微信的各项功能，开展形式多样的读者活动。图书馆在开展读者活动中，除了往常的活动模式外，还可以结合微信所具有的应用功能，开展形式更为丰富的读者活动。图书馆可以利用微信组织读者活动的报名程序，这样可以省去读者往来图书馆的时间，又可以方便图书馆收集读者报名资料等；图书馆可以利用微信平台，即时将开展中的活动，通过文字、语音、图片或视频传送到读者手机上，让读者可以感受到现场活动的气氛；图书馆可以利用微信上的"群聊"功能，建立起读者群，进行读者活动交流、学习互助等；图书馆可以利用微信的推送功能，向关注的读者开展读者意见调查，收集读者的意见反馈等。

微信所具有的优势功能，可以使传统单一的图书馆信息服务，变得更为时尚、便捷、丰富、互动。

二、党校图书馆读者信息需求特点

党校图书馆读者信息需求的特点是党校图书馆读者服务的依据，只有把握读者信息需求的特点才能为读者提供更加具有针对性也更能满足读者信息需求的服务。具体而言，党校读者的信息需求具有多元性、层次性、系统性、依赖性以及时效性等特点。

（一）多元性

信息需求的多元性是指读者的信息需求不是只有一种，而是丰富并且多样化的，它要求党校图书馆要做好充分的读者研究工作，挖掘每位读者的信息需求。然后根据读者的需求提供具有针对性的信息服务。读者信息需求的多元性是由读者类型的多样性决定的，不同读者由于年龄、性别、职业、兴趣爱好以及阅读习惯等不同，呈现出的信息需求也具有多元化的特征。党校图书馆的主要服务对象为党校学员和党校教师，和其他高校不同，党校的学员来自于政府的各个部门以及社会各行各业，他们接触的信息和日常的工作比普通高校学生更加复杂，所呈现出的信息需求也更加复杂。再者，由于党校的每个教师都有其特定的教学和研究方向，不同的研究兴趣和关注的课题决定了党校教师的信息需求也呈现出多元化的状态。因此，读者个体需求的差异导致了党校图书馆读者群体信息需求具有多元性的特征。

（二）层次性

信息需求的层次性是指读者对于信息资源加工程度的要求具有一定的层次性，有倾向于一次文献的读者，也有倾向于使用二次甚至是三次文献的读者。党校是中国共产党对党员和党员干部进行培训、教育的学校。受党校性质的影响，党校图书馆的读者具有一定的特殊性，都是党员和党员干部。受其职业的影响，不同类型的读者所呈现出来的信息需求必然表现出不同的层次性。例如决策型用户在选择信息资源时一般偏向于选择有数据、有事实、有分析以及有建议的专题信息资源或者咨询报告等。对于科研型用户，在选择信息资源时看重资源的原创性以及论述的合理性和系统性，在资源加工程度上也比较偏向于使用文摘、报告、索引等二次或三次文献。而对于学习型的用户，由于只是对某个主题进行从无到有的学习，所以大多数学习型用户的信息需求主要是能够答疑解惑的知识性、指导性资料。

（三）依赖性

读者信息需求的依赖性是由读者依赖心理以及最省力心理所决定的。根据最省力法则可知，如果读者发现某种方式能够让其最节省力气，则读者就会偏向于选择这种方式。互联网的发展满足了读者快速查找信息的需求，让读者能够随时随地查找所需要的信息资源。因此，在最省力法则的影响下。读者偏向于使用搜索引擎而不是图书馆查找所需要的资源。党校图书馆的读者大多来自于各个战线的实际工作部门。除了学习任务外还需要处理大量的日常工作事务。特别是一些党员干部，他们需要负责更多也更加复杂的工作。所以，在一些信息资源的获取上，他们表现出强烈的依赖性，他们并不关注检索和信息查找的过程，而是更加关注搜索的结果是否能够满足其需求。因此，党校图书馆要尽量为读者提供具有高准确度和高匹配率的信息资源，建立读者对图书馆的依赖感. 维护读者对图书馆的信任。

（四）时效性

时效性是指读者的信息需求具有一定的时间特性，表现出一段时间对某一主题的信息资源感兴趣，过一段时间又对另外主题的信息资源感兴趣。在教学与科研任务上，党校的特点是紧跟当前国内外信息和中心任务。因此，党校图书馆读者的信息需求表现出很强的时效性，读者信息需求与当前党和政府的重大决策以及刚刚出台的文件及政策息息相关。此外。在日常的工作中，由于党校图书馆的读者大多是有丰富实践经验的党员及党员干部，在日常的工作中经常会遇到各种各样的课题和工作，每个工作所需要的信息资源都不同，所以读者的信息需求也表现出一定的时效性。

三、党校图书馆信息服务发展趋势

（一）传统管理向现代管理转向

原先对一个图书馆进行评价是将藏书量当作主要参考依据，而新的管理理念是将可以及时高效地为读者提供相关信息服务当作参考依据。鉴于此，一定要对每一个读者的需求有一个全面的认知，并在此基础上构建相应的信息流。针对以往的管理环境来说，相关管理人员只要具备相应的管理知识均可以上岗。但现代管理工作将涉及以下几个方面的知识：一是社会；二是科学技术；三是工程等，职能管理将会在越来越多的场合替代经验管理，只有技术水平过硬、道德品质高的全能型人才才可以胜任这份工作。

（二）保存职能向传递职能转变

随着信息化时代的来临，党校图书馆的文献资料存储早已不再是评价其整体水平的第一要素。占据主要位置的莫过于传递职能，换句话说就是怎样通过合理的服务模式依托于本馆及他馆馆藏为广大用户提供最为适当的服务。这就需要从源头上转变以往静态服务方式，以开放式的服务模式来全面、细致地收集各种文献信息，旨在让党校图书馆可以更加积极地为其教学科研服务。

（三）实体资料和虚拟资料并存

结合相关实践调查发现，党校系统图书馆的馆藏，基本上还是将馆藏图书当作核心内容，这样不但会导致馆舍紧张，还会出现文献老化等情况。若要妥善处理上述问题，就要求党校图书馆要在充分结合以下几点的基础上构建馆藏信息资源：一是本馆的性质；二是任务；三是读者需求。针对文献资料建设环节来说，要始终坚持"以用馆藏"的理念不动摇。基于网络环境持续渗透的趋势，馆藏信息资源的建设应当广泛关注特色化，将馆藏重点凸显出来，确保其真实性以及完整性。客观上讲，只有衍生出别具一格的馆藏特点，才可以确保信息资源达到实时共享的目的，才可以让其信息服务的效能得到百分之百的发挥。无论怎样，要以长远的目光看待问题，在科学配置文献经费的同时慢慢朝着以下几个方向前进：一是计算机网络空间；二是电子文献等，并结合自身发展趋势选择最为合适的数据库，继而加快党校图书馆发展的脚步。

（四）服务个性特色化

基于网络持续渗透的趋势，党校图书馆的服务内容尽管在持续扩宽，然而从个体图书馆的角度来讲，在进一步迎合用户实际需求的同时，更为关键的是要存在着独一无二的个性特征。鉴于此，党校图书馆需要结合自身实际状况，积极开发出极具本馆特色的产品，这样才能促进其服务水平的全面提升，在激烈的市场竞争中站稳脚步。而如何从众多图书馆中脱颖而出，笔者结合自身经验认为以下几点均可演变成相应的服务特色：一是党校文献信息服务；二是地方文献信息服务；三是党建文献信息服务。第一，党校图书馆存储的调研报告、论文等，很多均存在着较强的实践性，这些资料均属于特殊收藏，主要提供的服务是"人无我有"。第二，通过党校和学员的良好关系，可实现对各种资料的全面搜集，主要提供的服务是"人有我优"。第三，从客观的角度来讲，党校图书馆通常会将目光放在党建资料的收集上面，基于时间的推移，这些资料早已达到了完备级，所以提供的服务是"人有我全"。

（五）服务手段网络化

随着我国经济水平的提高，社会服务手段的网络化会慢慢演变成图书馆信息服务的关键方式。借助于信息网络来为广大读者提供与之相匹配的网络化信息服务，是其需要实现的目标之一。从当前的发展趋势来看，每一个党校图书馆都需要在借助网络化服务手段方面多下功夫，比方说分析与寻找怎样借助网络虚拟馆藏、镜像技术等一系列网络手段进行知识信息服务。

四、党校图书馆信息服务发展策略

（一）建立高效便捷的信息资源服务体系

党校图书馆如今已然成为教师与学员获取有关图书的"链接纽带"以及"信息资源站"，同时它也是用来拓宽我们视野的"高倍望远镜"。大数据时代，党校图书馆要做到个性化信息服务，就要把图书馆中的纸质图书、涉及的网络、数据资源库还有广大读者的信息等要素，统一联结起来。利用影视图文等多种多样的数据类型，将其融汇成为一股巨大的信息资源，通过运用相关的技术，加之对有关基础设施的应用，完成和信息资源的互通与联结。经过大数据的分析与研究，使纸质图书以及报纸期刊等等在图书馆的信息网络上充分展出，我们的教师与学员可以通过网络发现自己想要参考的资料，实现不出门就可以阅览党校图书馆的最新资讯以及学术动态，对数据知识的更新有一个牢牢地把握。

（二）充分利用技术，建立网络学习平台

党校进行有关的课程教学，大多是依照教学计划，根据专题教学的相关模块展开，课堂上的学习时间还是较为有限的，学员在这么短的时间暂时无法完全掌握相关的理论知识。而党校图书馆的个性化信息服务为这种教学方式做出了一定程度的补充，党校图书馆可以作为培训学习的第二个课堂。在党校图书馆中创建一个在线学习的网络知识化平台，这个平台中含有完善的学科理论、专家讲座以及党建活动等独具特色的信息资源。大数据实时分析学员的学习状况，并准确记录全部用户的位置以及借阅轨迹等方面的数据。在此基础上对数据进行分析，了解学员的学习轨迹以及对知识的认知状况，实现线上线下学习一体化服务的完善和发展。

（三）增加科学研究服务的相关渠道

党校图书馆为我国的科学研究以及教学发展提供了一定的参考作用。党校图书馆需要设立独具特色的数据资源库，扩充党校图书馆的文献资源。在大数据的

时代背景以及互联网迅速发展的状况下，图书馆突破了旧有模式，建立起快速、便捷、资源丰富的互联网模式，这就需要对学员本身的知识结构以及学习能力，采取相应的实时调整，使其能够快速适应这种信息化的图书馆运行模式，从而增加科研服务的有关渠道，建立信息资源的共享服务。

第四节　党校图书馆老年读者服务建设

一、老年读者的定义与特征

（一）老年读者的定义

对于老年人这一概念，当前在国内外尚未形成统一的定义：世界卫生组织对老年人的定义为60周岁以上的人群，而西方一些发达国家则认为65岁是分界点。我国对老年人的年龄划分和世界卫生组织基本一致，一般学者认为超过60周岁即为老年人，《中华人民共和国老年人权益保障法》明确指出"老年人是指60周岁以上的公民"。而一般各国图书馆对于老年读者的年龄层分布，其界定并不一致，例如：美国图书馆协会（ALA）所制定的《老年人图书馆与信息服务准则》中，规定此类型服务对象为至少55岁以上；澳大利亚新南威尔士在政府的《社会及福利计划与准则》中，同样将年龄超过55周岁的人视为老年人；而在加拿大，有关老年人的图书馆信息服务准则以60周岁为标准。综上，老年读者可以解释为：具有一定阅读能力，能够利用图书馆来满足其阅读需要，且生理年龄在60周岁以上的老年人。同时，结合国内外图书馆对老年读者的划分并根据党校的实际情况，可以将生理年龄在60周岁以上的读者群体作为调查研究对象。

（二）老年读者的特征

老年读者有充裕的时间。老年读者的一大特点就是时间充裕，大多数超过60岁的老年人都已经退休，这就使他们有了大量的时间自由支配。过去可能由于工作忙等原因没有时间来图书馆给自己"充电"，现在可以利用退休后的时间来图书馆借阅自己感兴趣的书籍或是利用图书馆提供的其他资源。此外，由于当前生活节奏加快，年轻人不仅在生活方式上追求快速，在阅读方式上也是快节奏的。与年轻人相比，老年人没有那么大的生活工作压力，就会更有耐心，能够静下心来对书中的内容细细品味，他们会花费更多的时间在图书馆。

老年读者的自尊心更强。退休后的老年人，社会角色发生了很大变化。这种变化需要老年人心理上有一个适应的过程，这时候他们更希望别人能够尊重自己，怕别人觉得自己是没用的人。在使用图书馆的过程中遇到一些不了解的问题，很多老年读者也不好意思询问图书馆工作人员，害怕被看作什么也不懂。这也是造成图书馆老年读者大多只使用他们已经掌握了的服务，对一些他们不熟悉的新的服务方式少有问津的原因。因此，图书馆在为老年读者服务的过程中要更加有耐心，为他们提供更加细致、关怀的服务。

二、党校图书馆老年读者服务工作的定位和内容

（一）党校图书馆的定位

党校图书馆不同于公共图书馆和高校图书馆。一方面不像公共图书馆对公众开放；另一方面没有高校图书馆稳定的读者群。在馆藏方面党校图书馆主要侧重于收藏党的经典理论著作和政策性文献以及一些有关地方社情的资料，其主要职责是为党校教师的教学和科研服务，也承担着一些咨政任务。通常党校图书馆都被定位为党校的文献信息中心、党校培训的知识库、为党校教学科研决策咨询服务的辅助部门。

（二）党校图书馆老年读者服务的对象和内容

我国学者通常将老年读者划分为休闲型、研究型和应用型三种类型。在公共图书馆中，馆藏资源丰富，馆藏种类多样，可以满足不同类型老年读者的需要。由于受办馆理念和服务定位的影响，党校图书馆的馆藏结构相对单一，基本上以党的经典理论著作和政策性文献以及一些有关地方社情的资料为主。因此，党校图书馆的老年读者中休闲型非常少，基本上属于研究型和应用型。

研究型。这一类型在党校图书馆的老年读者中占有很大比重，因为党校图书馆的老年读者中很大一部分退休前都是教师，他们长期从事某一专业领域的研究，已经形成了习惯，而且对这一领域也有了感情，退休后依然关注这一领域的发展。此外，由于他们长期对这一领域进行研究，具有较高的学术水平，经常会被请去讲座，为了保证讲座内容的高质量，他们时常来到图书馆查阅相关资料，继续追踪理论前沿。如笔者单位就有一位退休老教师，对本地社情颇有研究，他非常关注本地地方志的更新情况，每当地方志办公室出版新版本的地方志，他都会第一时间赶来图书馆提醒尽快购买、保存，还说建立完整的地方志馆藏体系对于研究

本地社情有着重要意义。

应用型。党校图书馆的这一类型老年读者包括两部分：通常是通过来图书馆查阅相关资料解决一些生活中所遇到的问题。例如有的老年读者对法律法规方面比较感兴趣或是遇到法律方面的困惑，就会来图书馆查阅这方面的书籍资料；有的老年读者想了解一些国家政策方面的信息，也会来到图书馆查阅相关资料；也有老年读者来图书馆查阅自己过去发表的论文或是出版的专著。党校图书馆提供的一项服务就是收集本单位教职工发表的论文和出版的专著，并妥善加以保存。即使时隔多年，本单位老年读者依然可以在图书馆找到自己当年的著作。

三、党校图书馆老年读者服务建设发展现状

（一）老年人自身的因素

在数字鸿沟背景下，老年人自身的诸多因素是影响限制党校图书馆老年人阅读服务水平的重要原因之一。老年人的受教育程度、身体健康状况、社交圈、朋友圈、阅读习惯、个人兴趣、休闲娱乐方式等都不同程度地影响党校图书馆老年阅读服务工作的效果。老年人学历水平是决定老年人阅读的最重要因素。身体健康状况直接影响老年人的精神文化需求，老年人大都患有各种慢性病，成为老年人阅读的障碍。受到以上因素的制约，许多老年人根本没有阅读意愿和阅读兴趣，或者无法到图书馆阅读。老年人自身因素和数字鸿沟的叠加，形成对老年人阅读的双重障碍。许多有阅读意愿的老年读者，面对无法跨越的数字鸿沟，最终放弃数字阅读。

（二）家庭因素

中国家庭具有独特的亲情观念，子女婚育后，老人多数会帮助子女抚养孩子。在农村，子女婚育后常年在外地打工，成为新产业工人，家中老人和孩子成为留守老人、留守儿童。在城市，子女婚育后工作紧张，压力较大，学龄儿童大都由老年人接送照顾，老年人成为子女家庭生活的重要成员。由于需要抚养照顾孙子女、外孙子女，老年人没有时间阅读。由于生活水平的提高，老年人身体健康得到保障，人均寿命增加，许多老年人到 60 岁以后仍然坚守工作岗位，农村老年人从事力所能及的体力劳动，城市老年人返岗应聘。这种现实状况导致老年人阅读时间被工作时间挤占。子女婚育后对老年人大多会提供物质上的满足，却很少过问老年人精神生活需求，尤其是在数字化、信息化时代，不能及时引导老年人适应新发展新变化，老年人慢慢被遗落在数字化、信息化的边缘。面对数字鸿沟，

老年人只能望而却步。

（三）社会因素

老年人阅读氛围不足。许多老年人认识不到阅读对健康的意义，对老年人精神生活的充实作用。部分党校图书馆位置偏僻，没有考虑到老年人的出行因素，致使老年人到馆阅读、到馆借阅受到影响。信息技术数字化的发展改变了图书馆的服务模式和服务内容，使老年人面对数字鸿沟无法享受数字化的红利。面对数字技术，老年人望而却步。社会有关机构、政府职能部门、社区、街道虽然认识到数字鸿沟对老年人阅读的影响，但缺少系统、全面、协调的解决方案，导致老年人无法跨越数字壁垒，只能被动接受图书馆提供的传统服务。老年大学、老龄委等机构经常开展相关培训，但接受培训的老年人数量较少，无法从整体上扭转老年人面对数字鸿沟困境的局面。

（四）图书馆服务因素

图书馆适老化服务缺位，助老服务缺失，直接导致老年人阅读意愿下降，影响老年人阅读兴致。首先，图书馆规划不够合理。党校图书馆馆舍建设规划时忽略老年人需求，馆舍远离大多数老年人居住的中心城区，导致老年人到馆路程较远。馆舍布局过于现代化，适老化程度低，老年阅读空间设置不合理，适老化设施、设备不齐全。其次，图书馆资源配置不适合老年人需求。文献资源配置上，传统的纸质文献数量较多，适合老年人阅读的大字本图书、期刊、报纸较少，老年人喜欢的医疗保健、健康养生、人文历史、民间故事等书籍不全。再次，培训讲座开展不足。在智能化、数字化背景下，智能终端的使用、数字技术知识的培训不足，图书馆提供的服务缺失，致使部分老年人即使到馆阅读也无法享受图书馆提供的智能化数字服务，无法跨越数字鸿沟。最后，和社会机构合作不够充分。党校图书馆不能充分发挥阅读阵地功能和文献资源优势，和老年大学、老龄办、敬老院等机构合作开展老年阅读服务少，合作力度欠佳，馆外延伸阅读服务效果差。

四、党校老年读者服务建设发展路径

（一）加强制度建设，完善制度体系

古语讲："没有规矩，不成方圆。"合理的制度能够使人们的行为规范化，使组织运行平稳、高效。但是我国图书馆界在开展老年读者服务过程中一直没有对规章制度建设给予足够的重视，对读者群的划分又比较粗略，老年读者基本上

被混同在成年读者中，没有受到特殊的重视，因此有关老年读者服务的规范少之又少。这种情况在党校图书馆中更为常见，因此，党校图书馆在开展老年读者服务时要制定合理的发展目标，做好长期规划，加强制度建设，结合自身实际，咨询相关专家学者，在充分调研的基础上制定和完善老年读者服务规范，对服务的原则、方式、范围、人员等要有明确的表述。同时，还要建立服务效果的评估和反馈长效机制，及时了解服务当中存在的不足，并及时做出改进，真正做到党校图书馆老年读者服务"常态化"。

（二）争取资金支持，丰富资源配置

老年读者的身体机能退化，往往有眼花、行动不便等情况。针对此，党校图书馆应争取资金支持，除购置一些有助于老年人阅读的大字号图书和老花镜、放大镜外，还应增加有声图书和视听音响资料的比例，配置电子文献、视听文献。另外，随着信息化时代的到来，老年人对于网络也有一定的需求，应在馆内配置一些上网设备，并对老年读者进行相关辅导，使老年读者也能掌握基本的网络技术，提升他们获取信息资源的能力。

（三）加大宣传力度，打造服务品牌

当前很多老年人并不知道图书馆能够为他们提供什么，这从一个侧面也反映出图书馆在对自身的宣传方面存在很大的不足，并没有把自己的形象完全展示出来。因此，党校图书馆在开展老年读者服务工作的过程中要注重加大对自身的宣传，让更多的老年人了解图书馆。另外，要注重服务品牌的打造，借助品牌来提高图书馆的影响力。在品牌的打造方面，可以借鉴其他图书馆的成功经验，如平湖市图书馆的老年读书会从 1985 年诞生至今，以老有所乐、老有所学、老有所为为办会的基本点，他们是"活到老，读书到老"。这些老人们在政治思想上不甘落后，积极跟上时代潮流，他们关心国家大事，学习社会主义的基本理论；他们边读书边创作，汇集编印了会员的习作《晚晴》，同时还开展各种集体活动，至今已然成为平湖市图书馆的一张亮丽名片。

（四）寻找合作伙伴，丰富活动种类

党校通常设有离退休干部工作处，负责离退休人员的管理工作，他们对于离退休人员的情况都非常了解。党校图书馆在开展老年读者服务时，要加强与离退休干部工作处的联系，开展合作，多举办有益于老年人身心健康的活动。如重温旧时图书、老照片分享等活动。许多离退休人员在党校工作几十年，见证了党校的发展，同时也收集了大量记录党校发展历程的图书资料和照片。党校图书馆应

鼓励他们将这些资料分享出来，进行主题展览，使大家能够重温当年的岁月，激发为党校事业发展再尽一分力的热情。同时，在征得收藏者同意的前提下，利用现代化的手段对这些资料进行复制保存，作为未来研究党校发展历史、编写校史等活动的重要资料。

（五）加强馆员培训，提升服务质量

定期对馆员进行相关方面的知识技能培训，培训的内容除了正常的职业道德素养、图书馆专业知识外，重点在于为老年读者群体服务的必备技能上。比如要掌握老年人特殊的生理、心理特点，从而增加对老年读者的了解；掌握常用的基本医学应急方法，以应对可能出现的紧急状况；熟悉与老年读者沟通的技巧，使馆员为老年读者提供的服务更加科学合理。同时，根据老年人的特点应尽量安排性格较为开朗、善于与老年人沟通交流、更有耐心的馆员为老年读者服务。这样有利于与老年读者建立更加和谐的关系，便于更全面地了解老年读者的需求，更有针对性地为老年读者服务。

第七章
信息化背景下党校图书馆的阅读推广

第一节　党校图书馆的阅读推广现状

一、党校图书馆阅读推广的理论

（一）党校图书馆阅读推广的特点

现在不仅是知识经济社会，还是终身学习型社会，党的领导干部作为社会的排头兵，必须走在时代前列。只有持之以恒地加强学习，努力提升业务能力，才能跟上时代发展的步伐。党校作为领导干部培训、提升理论素养的主要阵地，要努力发挥党校图书馆的资源优势，大力开展阅读推广活动，努力提高领导干部的阅读兴趣，切实提高阅读质量，并从中吸取知识和精神力量，提高干部素养，为构建和谐社会贡献力量，推动社会进步。

1. 推广对象具有特殊性

一是培训学员具有特殊性。党校与普通高校、职业院校不同，党校培训的学员绝大多数都是党政领导干部，他们有着丰富的工作实践经验和较高的理论素养，是党政机关的骨干力量。他们无时无刻不在做决策，如果安于现状，不思进取，不及时更新知识，那么，在重大决策面前，就极有可能只看到局部，做不到高瞻远瞩，这样就会影响个人的成长，甚至会危害党和群众的利益。因此，他们不仅要有过硬的政治素质、较高的党性修养，还要有深厚的理论功底，这就要求领导干部必须加强学习，特别是对党的理论知识的学习。在党校培训学习时，党校图书馆应当根据培训班次的实际情况有针对性地开展阅读推广活动。二是党校教师授课内容具有针对性。教学与科研是党校教育培训工作的两个重要组成部分，科研是党校教育教学的基础，党校工作的立足点是教学，要抓好教学工作就必须要进行科学研究，教学科研一体化是提高教学质量的主要抓手，能够促进科研工作的进一步发展。党校老师不仅要讲深讲透经典原著，更要讲清马克思主义中国化、时代化、大众化的新思路和新理论，指导学员用时代的要求和发展的眼光读经典学原著。因此，党校教职工要坚持不懈地努力学习，让自己的理论修养和文化水平能够与时俱进，这样才能适应社会发展的需要。

2. 文献资源具有侧重性

党校图书馆的文献资源具有侧重性和使用原文原著两大特点。一方面，开展阅读推广的前提条件是具有丰富的文献资源。由于党校读者的特殊性，领导干部教育的永恒主题是党性教育，党性教育已成为干部队伍建设的重要内容。中国共产党领导中国人民进行的长期斗争、实践、奋斗和发展的全过程都记录在"四史"里，既是我们的精神食粮，也是我们的政治财富。所以，党校图书馆的馆藏文献主要以党史、党建、哲学、经济类为主，侧重于马克思列宁主义、毛泽东思想、邓小平理论、"三个代表"重要思想、科学发展观以及习近平新时代中国特色社会主义思想等方面的内容，与公共图书馆有所不同。党校图书馆采购图书基本上都是比较权威的国家级出版社出版的，内容比较精准，既有实用价值又有收藏价值，是党校图书馆进行阅读推广的重要资源。近年来，各级党校搭建了数字图书馆平台，实现了资源共享，使党校图书馆的阅读推广工作在一定程度上得到推动。另一方面，习近平总书记强调，领导干部在研读马克思主义中国化、时代化、大众化理论著作的同时，要追根溯源，读原著、学原文。所以，党校的学员和教职工都要静下心来读原著、学原文、悟原理。党校图书馆要加强对马克思主义经典著作，特别是马克思主义中国化的最新成果方面的馆藏建设，努力搞好阅读推广的服务工作，方便给学员和本校教职工做这方面的阅读推荐。

3. 工作人员具有专业性

党校图书馆工作者首先要热爱阅读，了解图书馆馆藏情况，才能够更加精准地为阅读对象推荐，从而提升阅读推广工作的服务效能。同时，党校图书馆工作者要具有较高的政治理论素养。一是党校要为党培训执行党的路线、方针、政策的各级领导干部。作为党校重要教辅部门，图书馆工作者要从理论方面不断提升自己，不仅要爱岗敬业，还要有正确的"三观"，即世界观、人生观、价值观；要严于律己；同时在思想上和行动上都要与党中央保持高度一致。只有这样才能确保向教师和学员推荐政治方向正确的阅读资料。二是图书馆工作者要具有精湛、娴熟的图书馆服务的专业技能。在图书馆工作中，面对需求各不相同的读者，图书馆工作者凭借精湛、娴熟的图书馆服务专业技能，充分收集、整理、筛选有效信息并及时准确地宣传和推广。

（二）党校图书馆阅读推广的意义和价值

研究者着重从阅读推广对图书馆自身发展意义的角度阐发党校图书馆阅读推广的意义和价值。施静和魏太亮的观点较具代表性，认为："党校图书馆积极开展阅读推广，创新发展馆舍、馆藏和服务，变'读者自己到馆'为'吸引读者到馆'，扩大图书馆影响力，是顺应图书馆业务工作'融合趋势'与'综合发展趋势'的必然选择；对真正使图书馆扮演好校院文化建设的主角，促进图书馆在服务教学科研、人才培养、文化传承与创新方面作用的发挥意义重大。"

（三）党校图书馆阅读推广的要素和原则

唐璞妮基于 5W 传播模式对党校图书馆阅读推广体系架构进行了分解，包括阅读推广的主体、内容、渠道、对象和效果。关于党校图书馆阅读推广的原则，杨晓菲认为应坚持党校特色，注重分级阅读，注重线上线下相融合。

（四）党校图书馆阅读推广的资源支撑

关于党校图书馆阅读推广的资源支撑，部分研究者采用的表述是"条件和可能"，但两种说法所指称的对象是一致的。对此研究者有较为一致的认识，大体包括丰富的文献资源、专业的馆员队伍和优良的场所条件等。施静和魏太亮认为党校图书馆开展阅读推广有其独特资源和优势，党校图书馆"社科、党情和地情文献丰富，整体读者基数较小，人均馆藏资源量和人均硬件设施及服务能力较强"。

二、党校图书馆阅读推广的系统

运用系统理论审视党校图书馆的系列阅读推广活动，自然也会得出系统性的全新结论。党校图书馆开展阅读推广活动务必要始终贯穿系统理论，这是网络时代党校图书馆形态发生变化的需要，是步入新时代以后生态文明丰富发展的需求，是人类自然生命系统和所创造的文化图书馆系统相暗合的内在规定。

（一）树立全局性的系统观

迈进中国特色社会主义新时代，对党校图书馆在阅读传播服务方面以及在开展阅读推广的各方面都提出了更高要求。党校图书馆馆员只有牢固树立全局性的大系统观，才能适应新时代变化和阅读推广的新形势。图书馆本身就是一个文化系统，是一个开放性的信息存在，是文明传承的聚集地。图书馆作为一个大系统存在，阅读推广是图书馆大系统内的子系统，而阅读推广本身也自成一个系统，这就要求图书馆及馆员必须树立起大系统观、树立整体意识。尤其进入网络时代后，各级各类图书馆也从实体馆藏慢慢转为电子性的虚拟馆藏，很长时间内还会二者兼而有之。党校图书馆在开展阅读推广的系列活动中，要紧跟新时代的要求、要牢固树立全局性的大系统观、要正确运行系统理论，适时借助新媒体把阅读推广的功能最大化发挥出来。要在阅读推广活动中时刻以习近平新时代中国特色社会主义思想为引领，还要以社会主义核心价值观为导向，创新多种形式和多种载体，进而才能把阅读推广效果落到实处、让文化种子扎根读者心灵深处。

（二）党校图书馆阅读推广的系统

在运用系统理论及其思维方法指导党校阅读推广这项系统活动之时，必须对其开展系统探析。系统探析是全局性的思维方法，和一般的研究分析还是有很大差异。系统探析是始终把研究对象按照一定的相关关系进行分解，并且努力寻找出系统内部的各要素之间直接和间接的关系。从系统问题的提出、系统目标的确定和方案制定，到系统结构的分析和具体方案的执行，最后到系统结果的反馈与评价。系统探析的历史演化和逻辑运思，皆与阅读推广活动的选题构思、组织策划、实施推广和结果反馈等要素环节不谋而合。因此，党校图书馆在开展阅读推广活动之际，最好是运用系统理论来指导并及时进行系统探析。只有得到系统理论的指导并熟练运用系统探析，才能及时把握住党校图书馆阅读推广的大方向，直接洞察阅读推广的系统实质并真正实现其文化价值。

（三）党校图书馆阅读推广的系统演进

世界上的系统总是各式各样，不仅有生物生命的存在，而且有精神生命和社会生命的存在。对系统本身演进规律的分析把握就慢慢形成了系统理论，系统理论既是世界观又是方法论。系统自身也处于演进中，系统和环境也是在相互影响。党校图书馆作为大量图书的安放之处，是人类创造的特殊的文化系统。阅读推广是图书馆文化系统向社会系统的演进，是在向社会系统突围之中完成了自身的精神使命。党校图书馆主要是党政理论和红色文化书籍汇集成的特色系统，阅读推广是要把党校图书馆的系统向学员的精神时空和新时代延伸。党校图书馆作为阅读推广子系统的大文化系统，也是其社会环境，二者相互影响和促进。在图书馆遇见网络新媒体之时，图书馆形态要适应网络的飞速发展，向着网络新媒体演进。作为图书馆服务功能向社会的扩大化，阅读推广这个子系统也要适应网络的飞速发展，向着网络新媒体演进。阅读推广的各环节要素之间必须协调推进，更要适应新时代和新媒体的变化，积极向其开拔与演进。

（四）党校图书馆阅读推广的系统融合机制

在系统理论观照下，重新审视党校图书馆的阅读推广活动，要把阅读推广活动看作各环节要素有机融合的系统文化工程，积极建立一定机制才能保障其有效开展。作为主体的党校图书馆开展系列阅读推广活动，必须要融合各方要素、协调调动各方力量，才能有力推进并成功完成任务。在阅读推广活动中，建立起融合机制，就是为了把系统内的各个要素更好协调起来。推广主体与推广对象要协调，推广主体和推广制度要融合，推广对象和推广内容要相切合，推广方式与推广目的也要相适宜。融合机制的形成是系统发展的必然要求，也是保障党校图书馆阅读推广活动的内生动力。即便在图书馆和阅读推广之间，也务必要做到相融相生、辩证影响，这样才能促进二者共同演化和发展。通过运用系统思维开展剖析，我们明白融合机制是从党校图书馆阅读推广的多重实践中、从系统理论的内在机理中生发出来的。遵照融合机制的规律开展系列系统阅读推广，才能在新时代开展红色经典和马列著作的深度阅读活动中取得实效。

三、党校图书馆开展领导干部阅读推广

（一）党校图书馆开展领导干部阅读推广的理论研究

1. 领导干部阅读的价值

研究者从党和国家事业发展全局的高度阐发领导干部阅读的重要性。孙畅认为，领导干部的阅读能力，不仅关系其自身的成长进步，甚至关系到党和国家事业的兴衰成败。杨峻峰团队分析指出，领导干部积极的阅读行为和理念既是推动全民阅读活动落地实施的重要表率，也是建设马克思主义学习型政党的关键因素。个别研究者更进一步注意到领导干部阅读马克思主义经典的特殊重要性。唐璞妮分析认为，马克思主义经典原著是马克思主义的本源和基础，领导干部无论是想提升政治能力和党性修养，还是获得解决问题的方法和能力，马克思主义经典都为其提供了重要的思想源泉。

2. 党校图书馆是开展领导干部阅读推广的重要主体

研究者认为，党校图书馆是领导干部阅读学习的重要渠道和阵地。施静和魏太亮分析认为，党校图书馆开展领导干部阅读推广是"党校建设培训轮训党员领导干部的主渠道，是打造干部加强党性锻炼的熔炉的需要，是创建学习型政党、学习型社会的客观需要，是领导干部提高文化修养、执政能力的需要"。何飞指出，党校图书馆是党校文献信息收藏与利用中心，是阅读推广主阵地，是"书香

干部"建设排头兵。陈型颖也旗帜鲜明地提出党校图书馆是党员领导干部读书学习的重要渠道和阵地。

（二）党校图书馆开展领导干部阅读推广的实践策略

关于此论题的研究较多，研究也逐渐深入和细化，纳入了阅读行为、阅读特征、新媒体阅读推广、马克思主义经典阅读推广、分众阅读推广等关键词。杨晓菲提出用资源优势向学员推荐图书，利用各种新媒体平台向领导干部推荐阅读，利用主题班开班式主动送书推书，定期举办沙龙活动分享阅读，将领导干部的阅读量纳入结业考评指标等做法。何飞提出开展特色化的阅读推广，激发干部"想读书"的兴趣，开展专业化的阅读指导，传授干部"善读书"的方法，开展持续化的阅读服务，培养干部"恒读书"的习惯。

陈型颖提出，党校图书馆应建设面向全党全社会的现代化读书学习平台，以整合的平台实现"1＋1＞2"的读书效果，以研究的平台实现"学"与"思"的深度融合，以互动的平台实现"两个积极性"的发挥，以开放的平台实现"知识的自主发现"和"服务的立体包围"，以休闲的平台实现"第三空间"和"第一选择"，以此推进领导干部阅读推广。

部分学者的研究从明确领导干部阅读行为影响因素和把握领导干部阅读特征的前提出发，探讨领导干部阅读推广策略。魏秀玲通过对福建省委党校在校主题班学员阅读现状的调研，探析影响领导干部阅读的主要因素，提出从建立健全考核体系、开展阅读推广活动、优化资源及服务宣传等方面促进领导干部阅读。

杨峻峰团队以成都市党政领导干部为研究样本，通过问卷调查，分析领导干部的若干阅读特征：移动阅读占比较大，传统纸媒不可或缺；系统性深度阅读偏少，阅读与学习割离；实用性动机为主，缺乏阅读引导。以此为基础，提出针对领导干部的阅读推广对策，包括培育阅读情感，强化阅读体验；利用碎片时间，促进有效阅读；推广经典阅读，注重内容的针对性和系统性；注重顶层设计，重视环境构建等。

杨晓菲和史全斌基于分众阅读推广的视角，提出将分众阅读与党校的分班次教育培训结合起来，形成以学科为主、特色鲜明的领导干部阅读推广思路，将马克思主义经典阅读推广、四史阅读推广、地域文化阅读推广、时政热点阅读推广和中外经典阅读推广结合起来。

个别研究者紧密联系新媒体阅读环境和党校图书馆领导干部阅读推广，反映出对新技术发展变革下领导干部阅读推广的独特洞察。薛静以省级党校图书馆为例，在分析新媒体阅读推广优势的基础上，着重探析领导干部新媒体阅读推广的实践策略，认为新媒体阅读推广具有符合"最小努力原则"的阅读心理；满足碎片化时间利用的需求；边际成本低，容易扩展到全体领导干部等优势。党校图书馆新媒体阅读推广应采取以下策略：研究领导干部阅读心理，发挥党校特长，精而准（针对不同干部群体，制作相应的阅读推广专题分别推送，同时注意推送时间和频次的选择），新媒体阅读推广本身也需要推广等。

还有研究者将主题锁定为党校图书馆开展针对领导干部的某一项阅读推广形式或内容的实践策略。施静分析认为，推荐书目是党校图书馆开展领导干部阅读推广的重要途径。他以上海市委党校图书馆 2019 年"新书推荐"为例，通过数据分析，提炼出推荐书目的经验：书目类别覆盖广，适应领导干部阅读需求；政治、法律类图书居多，突出提升政治理论素养；书目选择上偏好地方文献，关注本土题材。作者同时提出改进思路。系统协同层面：充分发挥党校系统整体优势；单馆操作层面：从阅读推广的整体协同角度谋划荐读；外部支持层面：争取党委组织和宣传部门的支持；书目选择层面：更加突出对马克思主义经典的荐读；实践操作层面：加强微信公众号内容运营。

唐璞妮的研究采用访谈和问卷调查结合的调研方式，以成都市党政干部为研究对象，通过描述性统计和因子分析，研究领导干部马克思主义经典阅读现状及问题：阅读意识强，阅读行动偏少；阅读能力高，阅读深度不足；阅读期望大，阅读保障不够。在此基础上提出党校图书馆开展领导干部马克思主义经典阅读推广的对策：发挥主体作用，强化阅读保障；利用碎片时间，促进深度阅读；回归原著原典，打造推广品牌。

四、党校图书馆阅读推广研究的评价

党校图书馆阅读推广研究的主要问题体现在以下几个方面：

一是理论研究相对薄弱。研究者对党校图书馆阅读推广的意义和价值、阅读推广的优势探讨比较充分，但关于党校图书馆阅读推广概念的清晰界定缺失，阅读推广的要素研究和原则研究可视为概念研究的一个部分，有助于厘清概念，但不能代替概念研究本身。

此外，现有的研究成果对要素的分解和原则的提炼是否完整准确也值得进一步探讨。关于党校图书馆开展领导干部阅读推广的理论研究也相对薄弱，其中最值得进一步思考的问题是面对综合素质普遍较高的领导干部群体，作为阅读推广重要主体的党校图书馆如何发挥其作用和价值。

二是研究方法有待进一步规范。梳理现有研究成果，研究者在理论研究层面重点运用了思辨研究法和理论移植法，在实践研究层面比较偏爱案例研究法、问卷调查法、网络调查法和访谈法等。问题是思辨研究的深度和广度不足；理论移植的方法运用也存在生搬硬套的嫌疑；部分案例选取随意性大，不具有真正的典型性和代表性；问卷调查覆盖的样本量小，且具有地域局限性，研究的结论是否准确可靠存有疑问；网络调查和访谈对素材和访谈对象的选取比较主观随意。

三是研究群体还需要拓展。现有研究者主要是地市级以上党校图书馆馆员，来源于少数党校图书馆。

四是研究的广度和深度不足。比如关于阅读推广的意义和价值的讨论，目前的研究仅局限于对图书馆自身成长和发展的关注，视域不够宽广，党校图书馆阅读推广对党校事业发展、对执政党建设等的意义和价值也应被纳入讨论范围。再比如目前仅少数几位研究者关注到对阅读推广的形式分项和内容分项的研究，相关研究拓展空间宽广。研究深度不足直接反映在核心期刊发文数量少和高被引频次论文数量少。研究者既缺乏对党校图书馆阅读推广特殊性的自我觉知，同时对阅读推广学术前沿认知不足，对"'深阅读'推广""阅读推广评价""阅读推广人培育"等研究前沿领域基本尚未触及。

第二节　信息化背景下党校图书馆的阅读推广路径

一、信息化背景下党校图书馆阅读创新推广的必要性

在信息技术的影响下，党校图书馆逐渐认识到数字阅读对促进阅读的必要性。并在当前的阅读促进工作中做了大量的创造性工作。面对瞬息万变的阅读环境，党校图书馆会更加重视阅读推广方面的工作。推广是在逐步拓展现有阅读资源的基础上，根据当前的阅读习惯和人们的精神需求，将党校图书馆的阅读与读者的日常生活结合在一起。利用云计算、大数据分析等数字技术，充分整合党校图书馆的阅读资源，为促进党校图书馆的阅读提供持久的保障。在信息时代，网络阅读是党校图书馆阅读模式创新的主要方向。党校图书馆可以改变阅读促进模式，

建立自己的网络信息交换平台和信息数据库，形成集信息传递、信息接收、信息反馈于一体的闭环模式，加强党校图书馆与读者的互动，使读者在图书馆阅读中增强归属感和提升实践经验。

发展理念是人们对图书馆阅读模式认识的第一步，只有在不断学习和发展的过程中才能体现出人们对发展的认识，并极大地促进实际工作的发展。首先，在新概念下，人们对图书馆的功能有了更好的理解。图书馆作为信息资源中心，具有较强的服务能力，不断提高读者服务发展水平是图书馆工作的重点。其次，不断改革和创新传统的图书馆服务模式，有效地引入新的理念和方法，是提高图书馆服务质量的重要思路。总之，在信息时代背景下，促进图书馆服务模式的创新和发展，是观念发展水平的要求，应该予以重视。

实践中对党校图书馆工作的分析表明，目前的党校图书馆服务模式存在问题。这在很大程度上制约了图书馆工作质量的提高，也妨碍了图书馆资讯资源中心全面运作。因此，不断分析、优化和理解存在的问题有助于改进党校图书馆的发展工作，这也是一个实际的需要。首先，图书馆目前面临着一致性和被动性问题，这些问题的出现使读者无法有效和高质量地检索文件和数据。其次，在信息时代，丰富的资源和媒体平台证明了图书馆在技术上的落后，就其信息服务水平而言，直接让读者有了不好的阅读体验。值得注意的是，在目前图书馆工作的发展过程中，存在着许多影响图书馆发展的问题。将信息化理念引入图书馆读者服务中，整合信息技术，可以在当前创新理念的指导下促进图书馆的真正发展。从促进实践工作的角度进行分析，这是开展工作的必要条件。

党校图书馆发展需要。随着信息技术的发展，大数据应用早已经进入人们的日常生活中，对人们的工作、生活和学习都有了实质性的改变，给人们带来了极大的便利。为了适应这些变化和现代读者群的需要，党校图书馆就必须注重创新自身的管理模式与服务模式，以实现模式创新，优化信息资源，整合信息资源。同时，随着党校图书馆服务模式不断完善，更加方便了读者快速获取他们想要的资料信息，大大增强了人们学习的动力，党校图书馆服务的覆盖范围也在不断扩大，促进了党校图书馆的进一步发展。

党校图书馆创新需要。信息化的社会从根本上密切了人与人、人与物之间的交流互动，增加了知识传播的趣味性与渠道，信息技术的应用有助于图书馆数据的管理和集成，提供了图书馆资源的共享，为改变旧的图书馆管理和维护模式提供了机会。促进党校图书馆教学一体化，并建立数据库，促进各种图书馆管理模式的有机融合，建立更完备的图书馆网络，为读者提供广泛的服务，满足他们对党校图书馆资源的需求。

二、党校图书馆在阅读推广中面临的困境

（一）阅读推广缺乏长期性、协作性

一是阅读推广缺乏长期性。据统计，部分党校图书馆在阅读推广工作中，由于资金不足，致使很多内容丰富、形式灵活新颖的阅读推广无法举办。二是相关部门之间缺乏有效的协作性。由于在党校学习的学员涉及各个领域和各个行业，因此，他们的关注点不同，需要的阅读资源就不会完全相同，这时候就需要各部门协作提供阅读资讯，可能还会需要信息技术部门的技术支持，这就需要有效的协作。但在实际工作中，图书馆工作者对相关部门进行实地调研了解推广阅读资讯时，有时得不到相关部门人员的充分配合，导致了解的资讯信息不准确，使党校图书馆的阅读推广不尽如人意。

（二）阅读推广缺乏针对性、形式单一

党校姓党决定了党校的职责，党校图书馆在阅读推广中要充分展现党校特色，利用资源优势，引导参训学员和教职工用习近平新时代中国特色社会主义思想武装自己的头脑，融会贯通，将马克思主义中国化的立场、观点和方法贯穿其中，使学员和教职工在阅读推广活动中政治素养得到提升，助力党性锻炼。据统计，到目前为止，仍然有些党校图书馆在阅读推广活动中没有做到这一点，他们还与公共图书馆一样偏重于大众阅读，导致阅读推广缺乏针对性、形式单一。从阅读推广的针对性来看，调研发现，因图书馆工作者没有充分认识到阅读推广的前瞻性，导致读书阅读推广活动开展得比较少，更谈不上有针对性地推广阅读。大多数党校图书馆的工作人员仅仅是待在图书馆等着学员和教职工来借阅书籍，这种被动等候的工作模式导致作为阅读推广客体之一的领导干部的参与度不高，受众面狭窄，导致纸质图书借阅率非常低，且没有针对性。从阅读推广形式来看，就拿市（州）级党校的培训学员来说，不同班次的培训对象不同，他们当中既有理论功底扎实、实践经验丰富的县处级领导干部，也有缺乏实践经验但年轻有闯劲的初级公务员。据了解，很多党校图书馆最常见最直接的阅读推广方式就是发放"新书通报"。事实上这种方式也不错。如果只用这种方式进行阅读推广，形式太过单一，没有充分考虑到读者需求的差异，阅读推广的效果难免大打折扣。

（三）资源不足，阅读推广有心无力

从目前的借阅情况看，有三大类书籍比较受欢迎。一是人物传记类。这类书籍记录了古今中外名人的成长经历以及经验教训，对读者来说，具有一定的借鉴和指导意义。二是政治经济类。大部分参训领导干部表示，想通过培训补充一些在学校没有学过的知识，政治经济类书籍成为他们的首选。三是文学艺术类。这类书籍比前两类更受欢迎，反映出公职人员对文学作品和休闲类书籍的青睐，阅读文学艺术类作品成为繁忙的工作和学习后的一种放松方式。但就目前党校图书馆的馆藏来看，涉及政治、经济、文化、社会、历史、艺术等方面的书籍，分配不均衡，更新不够及时，导致现有的藏书读者不愿意看，他们想看的书籍又没有。如果图书馆建设缺乏特色，购买新书时不关注读者需求，做不到"雅俗共赏"，不能满足读者阅读需求，学员和教职工在党校图书馆借阅率就会比较低，党校图书馆也就无法充分发挥应有的作用，导致阅读推广有心无力。

（四）团队力量薄弱，阅读推广活动难以为继

党校图书馆是一个教辅部门，工作侧重于文献资料的归类和整理，相对而言，工作强度偏低。正因为这样，一些地方党校的图书馆就成了老同志缓解工作压力的过渡区。过渡的同志对图书馆业务工作和流程不熟，不能熟练使用电脑，无法满足互联网信息时代开展阅读推广工作的需要。从长期来看，这种人事安排不利于党校图书馆的发展，在一定程度上也导致新生力量特别是具备图书情报专业业务能力的工作人员难以发挥作用。部分党校图书馆没有图书情报专业的工作者，现有的工作人员几乎都是改行而来，他们的图书馆业务知识和技能都是现学，业务能力相对较弱，很难适应图书馆现代化发展的需求。

三、信息化背景下党校图书馆阅读推广的路径

（一）有针对性地进行宣传

学生们来图书馆不仅是为了看书，部分学生也会在图书馆查找完成作业所需的相关的辅助资料。目前手机普遍应用于我们的生活中，学生通常用手机做家庭作业、看视频、听歌曲或在微信上聊天，不可避免地转移了他们的注意力。这个坏习惯，在家里是无法控制的。但是，如果来到图书馆，受到这里环境的影响，就很容易克服这些问题，养成良好的习惯。如果将这种对学生有利的方式向家长推广，那么处于党校图书馆附近的家庭就可以考虑了，这样仅能够帮助学生完成课堂任务，也能为学生培养好习惯。在阅读推广过程中，党校图书馆还应注重信

息技术的应用，如利用数字媒体推荐语，并做出针对性的努力，如对不同年龄段的读者使用有针对性的推荐语，并根据需要进行系统设计。只有这样才能取得更好的效果。在阅读推广活动中，党校图书馆亦应进一步加强宣传的系统性和有效性，例如加强与数字媒体在传播阅读知识方面的战略合作，并进一步完善宣传机制，使其发挥多元化的功能和作用，这将有助于进一步推动党校图书馆的宣传工作。党校图书馆应注重在宣传方面不断优化和改进。

（二）阅读推广内容多元化

数字信息时代党校图书馆的阅读促进模式要求阅读促进内容多样化。与传统的阅读促进方法相比，个性化、趣味性强的信息更能吸引信息时代的读者。因此，党校图书馆不仅要重视信息传递的准确性和普遍性，而且要使相关内容和形式更易得到读者的关注和认可。由于读者在通过社交网络和新媒体阅读宣传信息时，往往处于零散的时间分配状态，应结合读者当前的阅读习惯，以短、平、快的方式将短视频图像与营销材料相结合，推广党校图书馆的阅读内容。此外，在吸引读者注意力的同时，使读者获得准确的阅读信息，并在读者与图书阅读活动之间建立互动关系。多元化的阅读推广内容不仅能吸引读者的注意力，而且能塑造党校图书馆的品牌形象和风格。通过多元化的宣传内容，全面阐释党校图书馆品牌内涵，让读者更加认同党校图书馆的发展理念。

（三）引入人工智能服务技术

将人工智能技术应用于党校图书馆的阅读体验，不仅可以降低党校图书馆的人力成本，而且可以为读者提供更加便捷的服务。与人工服务相比，人工智能技术可以更好地了解读者的阅读习惯和阅读方法，并通过对大数据的分析，选取更为合适的阅读促进方案。由于人工智能技术的便利性和有效性，许多党校图书馆可以突破现有的阅读体验时间，使图书馆成为一个24小时的借阅平台。这不仅有助于探索新的读者服务模式，也有助于党校图书馆服务体验上取得质的飞跃。虽然人工智能技术是党校图书馆的主要服务模式，但党校图书馆可以将高质量的人工服务应用于读者最需要的服务环节，并利用人工服务和人工智能服务，全面提升读者阅读体验，建设党校图书馆促进阅读提升的服务品牌。

（四）构建线上服务模式

在信息化的背景下，党校图书馆应顺应时代发展，构建在线服务平台。在互联网环境下，构建网络服务平台是对传统图书馆管理模式的改革，是图书馆未来发展的重要方向。与图书馆信息管理平台不同的是，网上服务平台应全面满足读者需求，提高网上服务平台的能力和服务水平。首先，网络服务平台的建设要全面且丰富，改变以往单一的图书馆服务形式，既要保护图书馆的基本服务功能，又要保证有特色的服务模式，增加个性化的服务模式。比如，在互联网的基础上，能够提供图书资料订阅、免费下载等服务，也可以在服务平台上与读者互动，了解读者需求，解答读者疑惑，促进双方交流，让图书管理人员更加明确读者需求。也可以通过建立一些阅读群，为读者提供在线服务，满足读者的阅读需求。

（五）创建互联网阅读共享平台

党校图书馆的网络阅读共享平台应以向社会提供高质量的阅读信息为目标。结合党校图书馆的离线环境，将虚拟空间和离线空间相结合。党校图书馆汇集了优秀的图书和作家，在原有的公共平台上改变读者与机器系统的交互模式，使图书作者、公共图书馆管理者和读者形成有机的整体。在公共平台上，我们不仅可以访问质量最好的图书信息，还可以通过互联网上的信息共享平台实现作者和读者之间的交互，通过与读者的互动，既能明确读者的阅读需求，又能增强读者对党校图书馆的关注度。

第三节　智能推荐在图书馆阅读推广中的应用

一、智能推荐技术在阅读推广中的意义

（一）图书馆信息化走向智能化

互联网时代，计算机相关的技术已经深入工作和生活的方方面面，逐步推动着社会进步。图书馆的信息化发展也离不开互联网技术的推动。早在20世纪90年代，我国图书馆就开始从国外引进图书馆系统管理软件，推行"一卡通"等数字信息化项目，大幅提升了图书馆的服务效率。信息化时代为人们带来了很多便利，随着智能化技术的普及，图书馆如果能够顺应时代的发展趋势，借助智能化技术提升图书馆服务和管理，将会带来新一轮的体验升级。区别于传统的信息化技术，智能化技术能够带来更加高效、便捷和人性化的服务。智能图书馆将充分体现"以人为本"的服务理念，根据场景内容的不同，提供更加个性化的解决方案。

智能推荐技术是借助大数据相关计算机技术预测用户的兴趣爱好，更精准地

为用户推荐相关内容。比如，手机上的短视频应用，可以根据用户的观看内容和点赞记录，精准预测用户喜欢观看的视频。超市运营部门借助智能推荐系统分析商品的销售情况，将当地最受欢迎的商品摆在最好的位置，提升商品销售额。供应链公司借助智能推荐系统，分析市场需求，优化库存策略，降低采购成本。

（二）智能化在图书馆的应用

当前，智能化也是图书馆发展的新趋势，主要体现为人工智能技术逐步应用于图书馆的多个领域。人工智能中的生物识别技术，用于图书馆智能人脸识别门禁系统，可以降低图书馆进出人员管理的难度，防止借用他人图书卡进出图书馆的违规行为。人工智能中的自然语言处理技术，可以用于优化图书搜索系统的准确度，支持语义层面的通用搜索功能，帮助读者更快找到自己想要的书籍，而不仅是局限于图书名搜索的传统搜索匹配方式；人工智能中的深度学习技术，可以用于图书自动分类，帮助书籍整理人员更快归类书籍，降低人力消耗。

（三）智能推荐在阅读推广中的意义

在图书馆阅读推广工作中，智能推荐系统的作用在于，可以较准确地预测目标群体的阅读兴趣。智能推荐系统利用读者的历史阅读数据，通过智能推荐算法从中挖掘出特定群体的兴趣爱好。比如，通过推荐分析，发现计算机专业的同学最近经常借阅区块链相关技术的读物，说明计算机专业的同学对区块链技术比较感兴趣，在面向计算机专业读者的阅读推荐工作中，可以着重对一些区块链相关的读物进行推广。又比如，分析全校师生在图书馆的搜索记录，发现图书《大国崛起》最近 30 天的搜索量很大，说明全校师生对这本书比较感兴趣，在阅读推广工作中可以重点选择这本书进行推荐。在推广读物时，找一个优秀的同学分享这本书的读后感，可以吸引更多的同学参与活动。当读者从阅读推广活动中收获到自己感兴趣的知识点，就会有更强的意愿参加后续的相关活动。当阅读推广工作达到预期目的，就可以更好地开展下一阶段工作，形成良性循环。

二、智慧图书馆推动阅读推广转型的关键要素

（一）全域智能感知

智慧图书馆具有丰富的数据采集方式，在馆内各类数据采集终端以及网络传输技术的支持下，智慧图书馆正在逐渐实现人与人、人与物、物与物之间的互联互通，实时感知、准确定位馆内的人与物，有效控制设施设备，收集读者行为轨迹。如利用 RFID 技术进行图书定位、图书盘点、自助借还，通过摄像头、人脸识别、

人体感应、红外等感知读者踪迹变化，利用声控、感应灯光、感应式空调、感应式座位等提供自动服务。全域智能感知的实现，是智慧图书馆在传统图书馆基础上的巨大进步，为阅读推广带来了新的动力。智能感知拓展了图书馆数据来源，能够为分析读者入馆目的、阅读书籍类型、阅读时长等提供详细数据，让图书馆能够精准掌握读者行为，实现更好从读者需求出发进行阅读推广。对书籍的动态感知也使得图书馆不仅能掌握书籍借阅情况，还能准确掌握读者在馆内的书籍阅读情况，在阅读推广内容的选择上更具针对性。读者也能通过智能感知快速获取文献分布信息、设备信息，有效降低了资源使用难度。

（二）知识深度整合

图书馆拥有种类多样的文献资源，一直以来，消除资源间的障碍，整合不同类型资源，提高读者查找的便捷性，是图书馆致力于解决的问题。图书馆资源发现系统是实现这一需求的创新成果，通过信息技术的革新，将纸质资源与电子资源进行复合管理，为向读者提供科学高效的一站式资源发现服务，更加方便读者利用资源，具有重要作用。智慧图书馆的实践进一步加深了纸电资源的整合力度，对每一篇纸质和数字的文献都进行整理编目，不仅注重搜索和发现资源、提供文献输出，还利用大数据技术深耕知识挖掘，重在从细粒度知识元层面揭示内容，以满足读者精细化的知识需求。智慧图书馆的知识深度整合能力改变了阅读推广的资源组织方式，可以让阅读推广从按本进行推广，过渡到按篇、按摘要、按综述进行推广，纸电资源的推广同步推进，推广内容的深度和广度都得到了进一步提升，既为满足读者个性化需求提供了保障，又能提高图书馆资源利用率。在阅读推广工作中，在感知到读者需求后，即可通过对文献数据的实体抽取、数据挖掘、情报计算、语义关联和绘制知识图谱，将多种文献中相互有关联的内容进行整理汇总，输出价值密度更大的内容，让读者更快速、全面和深入地掌握符合其阅读兴趣的知识。

（三）个性化智慧门户

智慧门户是智慧图书馆的关键部分，是向读者提供智慧服务的第一线，发挥着协助用户快速获取海量资源、便捷使用多样化服务的重大作用。智慧图书馆服务门户克服了图书馆服务门户在过去存在的许多问题。以往图书馆服务门户在设计上较少考虑读者移动终端的访问需求，造成读者无法通过移动终端满意地访问，而智慧图书馆服务门户则保持 PC 和移动端的数据与应用一致性，各个平台的文献元数据、用户数据、服务流程与操作都是一致的，这也保证了服务质量的一致性。智慧图书馆服务门户还加大了对服务平台的整合力度，融合多种应用场景，充分利用用户行为分析技术，为读者进行个性化推送，引导读者进一步发现更多的文献资源和服务。图书馆在阅读推广过程中通过智慧门户和读者进行智能交互，多样的创新交互应用增强了人性化的交互体验。智慧门户的多终端一致性，有助于阅读推广工作更加贴近读者，实现推广内容的全时全域传播，提高读者接收效率。特别是当前读者微信使用频率极高，在图书馆微信平台中嵌入智慧门户，读者随时随地都可以查看阅读推广内容。而智慧门户的可定制化一站式服务，可以促进阅读推广工作进行场景创新，做到面向读者科研场景、课程学习场景等提供定制内容推送，满足了读者多种应用场景下的不同需求。

（四）智慧的馆员和读者

智慧的人是智慧图书馆的重要组成部分，智慧图书馆既建立在智能设备和技术的基础上，也离不开智慧馆员的服务和智慧读者的参与。智慧馆员是对能力进行升级后的馆员，具备向读者提供智慧服务的能力素质。能力是指一个人成功完成各种任务的可能性，作为一名智慧馆员，既应具备岗位基本专业素养，精通业务知识，也应掌握较丰富的多学科知识，熟悉各学科读者的不同需求，对智能设备操作熟练，能为读者获得知识性、创造性的内容提供帮助。智慧读者是在图书馆培养下形成的，他们会智慧地使用知识和服务，创造新知识，解决新问题，与智慧馆员共同促进智慧图书馆的发展。智慧馆员与智慧读者对阅读推广来说都至关重要。馆员是阅读推广工作的管理者或执行者，馆员的思维影响着阅读推广在资源组织和服务提供上的水平，影响着阅读推广的智慧化、个性化程度。当图书馆拥有了大量的智慧馆员，将为阅读推广工作创新提供关键的人的要素，智慧馆员在精细化的内容组织、为读者提供个性化服务、培养智慧读者方面具有更全面和前沿的能力，能更好引导读者阅读，提高读者技能，满足读者需求。读者的参与和对知识内容的接收，是阅读推广工作的意义所在。智慧读者的深度参与有利于推广信息在读者群体中广泛传播，协助图书馆改进资源与服务，促进推广内容与读者需求更加契合。

三、个性化图书推荐技术发展

（一）国外五种个性化图书推荐技术分析

1. 基于内容的个性化图书推荐技术分析

基于内容的个性化图书推荐技术是一种最为典型的推荐方法，比较接近于早期的信息检索，这种推荐方法最大的特点是不依赖于其他人对某本图书的评分。其推荐技术可以表述为先将某一本图书的所有内容特征描述出来，如书名、作者、关键词、摘要、主要内容等，再将读者的兴趣爱好特征描述出来即对用户进行画像，最后将图书内容特征和读者爱好特征进行匹配完成推荐。但是基于内容的图书推荐也有一些局限性，比如，当读者发现其依赖原有的知识储备无法准确表达一些"偏好"或者定义时，可能得到的推荐结果并不会很理想。

2. 协同过滤个性化图书推荐技术分析

协同推荐技术可分为基于用户的协同过滤（User-basedCollaborativeFiltering，UBCF）和基于项目的协同过滤（Item-basedCollaborativeFiltering，IBCF）。二者之间的区别在于，UBCF 是通过找到兴趣偏好相同的用户推荐相似的书目资源，IBCF 是基于书目内容的相似性推荐给用户。协同推荐技术实现最主要的工作是需要测量出目标用户和使用内容之间的相似性，相似性的测量一般是基于用户对图书的评分，某一本图书被评分值越相近则表明该类用户兴趣偏好相似。协同推荐克服了基于内容推荐的缺点，但其存在的最大弊端在于冷启动问题，即有些图书以前没有被进行评级，导致不可能被推荐。

3. 基于知识的个性化图书推荐技术分析

基于知识的个性化推荐技术为解决冷启动、可扩展性以及数据稀疏等问题提供了新的解决思路和实践方案。其推荐技术可以表述为首先对图书进行语义本体标注，语义标注不同于关键词、作者、主要内容等的简单分类，而是在语法层面对自然语言进行深层处理的关键技术，其所采用的分类标签通常更为抽象、更为可控，极大强化了图书中词义之间的语义性和关联性，使得知识属性更加明显；其次是对读者的知识表述，包括用户概要知识即读者画像和读者场景知识；最后，将图书知识标注模块和用户知识标注模块做知识网格对比，找出二者之间最相邻知识要素，再经过计算做出推荐。基于知识的推荐方法最主要的局限是提取知识和构建模型所需的过程有一定难度。

4. 基于人口统计过滤的个性化图书推荐技术分析

用户在选择项目（图书）的过程中与其心理特征有直接关联，有些商家会试图根据不同群体设计出符合他们特征的产品是该理论应用于实践的有力证明。基于人口统计的推荐技术不需要去考虑读者兴趣偏好的变化，因为个人的兴趣偏好和某一群体的统计特征在一段时期内基本保持不变，因此没有必要追踪它们。由于人口统计的推荐方法可以从个体偏好识别出具有相似行为的一类读者群体，从而大大提升推荐效率。其还可以根据读者的人格特质和人口统计特征，更加重视读者的利益和实际需求，解决了之前数据稀疏和"兴趣漂移"问题。

5. 混合过滤的个性化图书推荐技术分析

所有的推荐技术都有一些优点和缺点，为了减少任何单个方法的缺点，使用多种替代方案混合两种或两种以上推荐技术的方法被称为混合方法，这种推荐技术设计的初衷是解决其他系统在某些情况下存在的不足并试图提升推荐系统的性能。例如，将协作系统和基于知识的推荐技术结合起来，以便使用知识标引的固定性来解决冷启动问题，这种可以概括为推荐功能混合的杂交方式。将不同推荐系统整合为一个推荐平台，允许功能互通，但是这种推荐技术最大的问题在于加大了服务器的数据加载量，比较复杂，可能导致系统宕机。

（二）五种推荐技术的改进方向

1. 突出非评分辅助信息的重要性，提升推荐技术算法的准确度

个人评分数据具有较大的随意性和主观性，用"喜欢"和"不喜欢"等用户偏好而不是基于图书内容来形成推荐结果，存在预测精度低、推荐结果不理想的问题。推荐技术利用个人偏好推荐结果面临最大的问题则是个人偏好是随时发生变化的，处于动态或者随机状态，而推荐技术却不能及时捕捉到用户的这些变化，可能会发生读者收到类似于他们早期阅览过的书籍。因此，推荐技术亟须引入更多的非评分辅助信息。

2. 整合分析用户推荐反馈意见，进一步修正推荐技术算法逻辑

推荐技术只是给读者推荐结果却忽视了读者的满意度，一定的反馈意见能够推动推荐技术设计者不断改进算法逻辑、提升推荐结果的精准度。目前国外在推荐技术系统质量评估体系、评价指标构建上还未涉及，在今后的研究中应努力探索有效、客观、定性或定量的推荐技术系统质量评价方法。反馈信息可包括两个层面，第一层是读者对推荐结果的质量反馈，第二层是读者对推荐系统的质量反馈。此外，还可加强用户与设计方之间的沟通互动，帮助设计方从不同的思维和立场更好地修正系统不足。

（三）国外推荐技术的启示

1. 政府管理：制定推荐技术规范

政府作为规范市场健康运行的主体，也应该负担起对推荐技术开发及运营的监督工作，本着谁开发、谁负责，谁使用、谁管理的原则，规范推荐技术市场。第一，政府应该做好市场监管。可以通过对目前比较流行的推荐技术进行抽样调

查，对其技术表述、质量标准、安全标准以及行政许可进行检查与核实，并对违反相关政策规范的开发商或使用者进行行政处罚。第二，积极推进数据交易规范化，完善个人隐私信息保护相关法案。我国在 2021 年接连通过了《数据安全法》和《个人信息保护法》，可以看出我国在保护公民个人隐私信息中做出的巨大努力。第三，在政府主导下，实现推荐技术协同共治局面，一方面设计方完善推荐技术方案，公开推荐技术运行规则，另一方面将政府制定的制度规范嵌入技术应用，树立科学的、人性的算法价值观。

2. 系统设计者：坚守推荐技术初衷

一方面对于推荐技术的要求：第一，融合多源用户数据构建更为全面的用户"信息池"，保障算法数据源足量、有效，前提是合理、适度收集用户兴趣偏好信息；第二，在数据收集、清洗、展现、跟踪等流程中让 AI 参与，加强数据的智能化处理，将"机器思维"与"人类思维"相融合，有效评估数据波动程度；第三，不断更新"信息池"中数据，保证数据"新鲜度"。另一方面对于推荐技术设计者的要求：第一，系统设计者要更加重视读者的权益，在收集读者各项数据时要做到必要信息公开、隐私信息保密；第二，推荐技术开发企业要做到自我监督和自我管理，并主动接受用户监督；第三，企业内算法工程师、科研工作者应该遵循更多社会规范、担负起更多社会责任。

3. 用户层面：提升推荐技术素养

用户分为提供推荐技术的管理方如各级各类图书馆中的图书馆员，以及用户即读者。对于管理方而言：第一，图书馆员要以现代化的知识储备来适应复杂的技术环境，比如熟练掌握和运用计算机、数字资源挖掘、数字交流协作、数字资源组织等。第二，有些推荐技术严重依赖用户个人信息，因此管理方要改变"无序"的信息收集，信息收集要做到公开和透明。首先，作为推荐技术软件用户，要提升自身识别推荐技术收集个人信息的"技术逻辑"，对推荐技术基本概念要有更深层次的理解，在选择"用"还是"不用"时，能根据自己的需要选择安全可靠的推荐技术系统。其次，读者也应该积极参与推荐技术数据收集，在保证不泄露个人隐私信息的情况下，积极客观地参与图书评分，离线在线均可，解决大多数推荐技术系统推荐技术信息源不足及由此导致的算法偏见问题。

四、用户画像与阅读推荐算法

数字图书馆与传统图书馆的区别，就在于其能够突破时空限制，拓展资源存储空间，让用户足不出户就可以轻松获得即时信息。数字图书馆通过各种方式将阅读资源推荐给用户，并引导他们合理利用，就是阅读推荐。在移动互联网环境下，数字化资源不断丰富，数字图书馆存储的资源更加多样，能够提供的服务内容也逐渐增多，如基于客户端、官网、微信等，向特定用户推荐阅读资源。数字图书馆阅读推荐属于主动服务，不需要用户自行检索，系统就可以直接将阅读资源推送至用户终端，通过智能代理方式减少信息冗余，提高服务水平，是当下流行的图书馆服务新模式。

图书馆用户来自各行各业，专业背景、工作经历与阅读需求均有很多的差别，这就需要对用户进行合理分类，将具有相同爱好的用户聚集起来，方便阅读资源的推送。网络环境下信息来源增多，图书馆用户更加希望获得个性化内容，希望接收到的推荐内容具有真实性、权威性、可靠性。同时相较于传统的短信服务方式，基于移动 APP 的信息推送更受用户青睐，也成为图书馆开展移动阅读服务的新方式。此外，并非所有用户都希望经常接收图书馆的推荐内容，过多的信息推送反而会招致反感，这也提醒数字图书馆要考虑推送频率问题。

用户画像是以大量用户真实数据设计的目标用户模型，是以多种方式获得用户特征信息，将抽象的用户数据具象化的方法。互联网环境下每时每刻都在产生用户数据，采用数据挖掘、关联分析等技术，对用户标签进行描述与抽取，从行为习惯、社会属性等角度勾勒用户画像，本身也是给用户"贴标签"的过程。用户画像技术的应用，可以将用户的行为、特征与需求关联起来，让服务者将焦点放在目标用户的动机上，进而设计更有针对性的服务产品。用户画像在数字图书馆中的应用，将帮助馆员挖掘潜在用户，掌握用户偏好，结合不同群体的特点定制合理的资源，实现精准化信息推送。

（一）数字图书馆阅读推荐服务的常用推荐算法

推荐算法是建立推荐模型的基础，是数字图书馆保障阅读推荐可靠性、决定用户体验的重要方法。随着科学技术的进步，推荐算法的种类增多，成为实现个性化信息推送的关键，目前图书馆常用的推荐算法包括基于知识的推荐、基于内容的推荐、协同过滤推荐等。

1.基于知识的推荐

数字图书馆引入基于知识的推荐算法，实质上是通过分析特定应用场景，对目标群体的特征进行提取，建立能够描述整个推荐场景，涵盖目标对象、关联规则与对应关系的知识领域。基于知识的推荐强调深入分析服务项目的特点，并非依赖用户行为数据捕获与计算分析，而是一种信息过滤机制，是引导用户主动发现候选项中潜在的感兴趣内容，然后将这些内容主动推送至用户终端的个性化方法。该算法包括基于约束规则和基于实体推荐两类，均需要引导目标群体发现需求，然后根据需求设计推送方案，若系统在一定时间内不能给出解决方案，则用户可以修改或提出新请求，并由系统再次进行计算处理。

2. 基于内容的推荐

数字图书馆根据服务系统中既有的用户数据，找到与目标用户行为偏好对应的阅读资源，并主动推送给用户的方式，就是基于内容的推荐。这项技术是对信息过滤技术的拓展，涉及信息提取、过滤、文本处理等过程，以对服务项目的针对性分析制定推荐方案，不需要用户参与服务项目评价。基于内容的推荐融入了信息检索技术，在具体的服务场景中，数字图书馆选择的推荐项目，一般具有可以描述的属性，方便进行特征提取、相似度计算与关联分析。然后根据既往用户对项目的兴趣偏好，将感兴趣的用户提取出来，建立目标用户的兴趣模型，再通过该模型开展用户兴趣学习，以为不同的目标群体推送个性化的内容。

3. 协同过滤推荐

协同过滤算法的应用较为广泛，是利用集体智慧处理问题的方法。协同过滤算法的应用分为离线过滤与在线协同两部分，其中离线过滤是去除与目标用户无关的信息，在线协同是结合用户兴趣模型实现主动推荐。数字图书馆利用协同过滤算法，可以找出兴趣爱好、价值观知识水平相近的用户，即根据不同用户的相似性与差异性，将偏好相似的用户分为一类，以用户聚类的方式实现主动推送服务。在大数据密集型系统中，仅依靠既往用户数据进行分析，很难保障最终的推荐效果。为此可以采用基于模型的信息推荐方法，在用户数据挖掘和机器学习基础上，借助混合搜索算法、贝叶斯分类算法等实现用户聚类，然后推送该群体感兴趣的内容。

（二）数字图书馆智能阅读推荐服务的实现过程

结合上述模式，数字图书馆提供智能阅读推荐服务，需要经历数据采集、资源匹配、个性化推荐三个阶段，每个阶段都需要采用适宜的技术、方法和手段，切实满足用户的个性化阅读需求。

1. 用户数据采集

在初始阶段，数字图书馆需借助智能阅读推荐系统，实现对用户特征信息的采集，对用户个体、用户群体、社会活动进行监测，从微观与宏观角度获得用户终端的场景信息。具体采集内容包括三个方面：一是以定时遍历的方式，在图书馆服务系统的空闲时段，对内网中的用户注册信息、图书借阅情况等静态数据进行采集，从中提取读者的特征信息；二是借助网络爬虫、网页抓取等技术，从图书馆官网、社交论坛等处，不定时采集用户数据，发现不同群体关注的热点内容；三是在图书馆服务系统更新时，主动对智能阅读推荐模型进行更新，并同步更新用户数据库。然后对用户数据进行梳理、分析，将多个异构数据源关联起来，建立可用的信息结构，将零散的数据连缀成用户场景信息，为智能推荐提供依据。

2. 需求与资源匹配

智能阅读推荐是以用户画像为基础，确保用户需求与阅读资源有效匹配的过程。在这个过程中，数字图书馆首先要进行读者群体聚类，根据用户信息采集结果，从读者年龄、专业背景、阅读偏好等角度，做好用户需求分类，并结合多方采集的用户详细信息，对用户需求细节进行勾勒。然后向数据库管理模块提出匹配请求，自动检索符合条件的资源，将异构数据处理结果变为推荐数据集。智能推荐模型也可以根据活跃度较高的群体需求，主动将匹配度高的阅读资源检索出来，或借助隐语义模型、协同过滤算法等，调取与用户需求匹配度高的资源。当某个用户产生阅读需求后，系统会根据采集信息建立临时的用户场景视图，主动实现数据库信息与用户需求的匹配，提高对用户需求的响应效率。

3. 个性化资源推荐

智能推荐模型在获得用户需求匹配数据集后，采用推荐式发布的方式，满足特定群体的需求。当用户登录数字图书馆后，该模型会自动以滚动播放、信息弹窗等方式，在线为他们推送感兴趣的内容。若用户未进入图书馆系统，则采用短信、新媒体平台、电子邮件推荐等方式。数字图书馆的阅读推荐，可采用本体概念来描述读者的特征，将需求相似的用户聚合起来，为他们推荐个性化内容。物联网、射频识别等技术的应用，让数字图书馆可以随时采集、感知用户信息，以后台分析的方式判断用户阅读偏好，为不同的群体标注对应的标签，由推荐系统实时提供移动阅读服务。例如，武汉大学图书馆建立"移动图书馆"，根据用户需求在线推送新书清单、优质书评等内容，读者只需登录手机客户端，就可以享受个性化推荐内容。沈阳工业大学设计基于用户画像的图书推荐应用程序，根据用户的阅读习惯进行数据挖掘，为他们推荐有价值的书籍。

五、智能推荐技术应用于阅读推广的具体途径

智能推荐技术能够用于提升阅读推广活动的质量，关键在于推荐系统的结果要准确，而推荐的准确度依赖于历史数据的管理和利用。为了构建一个好的阅读推广推荐系统，第一步就是管理和建设好历史数据，将读者的相关历史数据安全地保存在服务器上。第二步是合理利用读者阅读信息，搭建一套智能推荐服务系统，利用智能推荐技术预测读者的阅读偏好。第三步是在实际的推广过程中，结合具体的场景和问题，合理利用智能推广技术。如果更进一步，还可以在推广过程中，引导读者对推荐的读物进行打分，推荐系统也可以利用反馈的打分结果进一步自动优化系统。

（一）数据管理建设

做好数据管理建设，是构建智能推荐系统的基础。对系统构建有帮助的数据主要包括四个方面。

1. 用户画像数据信息

用户画像用于描述用户的个体特性，是用户身上的一系列标签信息。用户画像可以收集的信息包括用户的学院、专业、年级、籍贯、成绩、选课信息等，这些信息可以用于区分不同的用户特性。需要注意的是，这些信息需要脱敏保存，保证数据信息安全。

2. 书籍属性数据信息

书籍的属性信息主要是区分不同书籍之间的差异。常用的书籍信息包括图书名称、图书学科分类、图书种类、语种、作者和出版社等。

3. 用户行为数据信息

用户行为数据是用户个性化的表现。从用户在图书馆的一些行为数据，系统可以推断出用户的一些爱好。比如一个经常借阅天文学相关书籍的同学，大概率是对天文学比较感兴趣。因此，用户行为数据的收集对推荐系统的构建也非常重要。常见的行为数据包括图书借阅历史、借阅时长和图书搜索记录等。

4. 用户对图书的评分信息

智能推荐系统还有一个很重要的特点，就是可以不断自动迭代更新，根据最新收集到的一些用户行为数据，优化推荐系统的准确性。为了更好地优化推荐系统，可以收集一些用户评分的数据，可以知道读者对哪些图书感兴趣，对哪些图书不感兴趣，这样推荐系统可以更好地进行优化。

（二）构建智能推荐系统

智能推荐系统是计算机专业的一项专业技术，需要相关专业人员负责开发完成。推荐系统可以充分利用用户画像数据、书籍属性信息和用户历史行为数据经过分析后进行智能推荐。其中，用户画像数据帮助智能系统更加客观地认识用户；书籍信息帮助智能系统更加客观地认识书籍；而用户的阅读历史行为数据，描述的是读者和书籍之间的联系，帮助智能系统更加客观地认识读者和书籍之间的关联。借助这三类信息，智能推荐系统就能从大量的数据中自动总结出规律，推断出用户可能感兴趣的图书类型。为了适应不同的图书推广场景，图书推荐系统应该具备以下几种能力：

1. 针对群体的推荐方案

群体推荐方案有两方面的作用，一是挖掘读者群体已经阅读过的最喜欢的书籍，这样图书馆可以举办一些阅读分享交流的活动，提供平台让有共同爱好的读者分享交流读书心得。二是预测读者群体可能感兴趣的书籍，图书馆可以通过各种渠道将这些书籍推广给读者，让读者有更多机会接触到自己感兴趣的知识。

2. 针对个人的推荐方案

针对个人的推荐方案是根据读者过去的阅读历史记录，预测读者未来可能感兴趣的读物。比如一个读者借阅过《数据结构》，那么可以预测这个读者对同系列的《算法导论》是感兴趣的。用户借阅过的书籍越多，预测会越准。如果用户没有借阅历史，也可以通过相似用户推荐的方式预测用户的喜好，比如一个学生对《算法导论》感兴趣，那么他的同班同学大概率也是对这本书感兴趣的。这些预测过程都是通过推荐系统，利用计算机强大的计算能力自动完成的。

（三）应用于具体场景

搭建好智能推荐系统后，就可以借助智能推荐技术优化图书推广活动的流程，让阅读推广项目可以更加高效地开展。智能推荐系统可以考虑使用在以下几种场景：

1. 官方公众账号推广热门读物

图书馆的互联网公众账号是一种低成本且覆盖度高的推广渠道。推荐一些好的读物，不仅可以传播优质作品，还可以吸引更多读者关注图书馆公众账号的消息。推广的读物可以由智能推荐系统辅助选择。借助智能推荐系统，根据过去一年全校师生的借阅记录和借阅时长，可以统计出过去一年最受师生喜爱的读物；还可以根据全校师生的图书搜索记录整理一些热门图书，如果这些图书还没有馆藏，可以考虑优先采购，如果已经有馆藏，将这些根据全校师生的阅读历史筛选出来的读物推广到全校，可以让更多的同学从这些优秀读物中受益。

2. 面向特定专业师生的推广宣传

面向专业师生的推广宣传，最重要的是需要突出专业特色。除了推荐一些专业的热门书籍外，还可以考虑其他学科专业师生借阅的该专业领域书籍。比如历史学科专业的师生，会去借阅一些历史方向的英文书籍，那么这些书籍可以推荐给英文专业的学生，这种交叉学科的推荐可以有效扩展读者的视野。

3. 个人页面图书推荐

在一些展示个人信息的阅读推荐场景，比如图书馆电子系统的个人主页，可以采用推荐系统的个人推荐方案。个人推荐一方面是根据读者历史借阅记录预测读者可能喜欢的书籍，另一方面是推荐相似用户阅读过的优秀书籍。由于每个读者都会有自己独特的兴趣爱好，针对个人的千人千面图书推荐可以更准确预测个人的阅读兴趣，推荐个性化的图书，让读者有机会了解到更多自己可能感兴趣的书籍。

参考文献

[1] 陈敏.智慧图书馆建设背景下公共图书馆阅读推广策略研究 [J].赤峰学院学报 (自然科学版),2023,39(4):25-28.

[2] 陈巧坚.基于区块链技术的图书馆信息化业务系统的重建和改造策略研究 [J]. 江苏科技信息 ,2022,39(33):49-51+66.

[3] 陈芷仪 , 田雷.智慧图书馆背景下高校图书馆智慧服务的建设思路——以四川旅游学院图书馆为例 [J].科技资讯 ,2023,21(8):196-199.DOI:10.16661/j.cnki.1672-3791.2207-5042-6904.

[4] 储节旺 , 杜秀秀 , 李佳轩.人工智能生成内容对智慧图书馆服务的冲击及应用展望 [J].情报理论与实践 ,2023,46(5):6-13.

[5] 丛浪屿.新媒体时代高校图书馆信息化管理模式研究 [J].数字通信世界 ,2022(10):185-187.

[6] 付洁.强化党校图书馆服务党校新型智库建设 [J].中共山西省委党校学报 ,2022,45(5):118-121.

[7] 郭晨虹.党校图书馆如何在党史教育中发挥作用[J].中国报业,2022(22):54-55.

[8] 郭慧.基于信息化技术的高校图书馆闭馆持续服务方法 [J].文化产业 ,2023(4):92-94.

[9] 李立伟.5G 边缘计算、区块链与图书馆智慧建设的融合研究 [J].大学图书情报学刊 ,2023,41(3):44-49.

[10] 李少玲.图书馆项目管理信息化平台的设计及实现 [J].信息系统工程 ,2022(12):125-128.

[11] 李小燕.图书资料和纸质档案的科学保护及处理 [J].造纸科学与技术 ,2023,42(1):38-40.

[12] 李玉海 , 马笑笑.智慧图书馆建设中的馆员知识管理探究 [J].图书馆 ,2023(4):28-35.

[13] 李珍.道器之辩：智慧图书馆建设与发展的重要命题 [J].阜阳师范大学学报 (社会科学版),2023(2):152-156.

[14] 廉洪霞 . 基于 CiteSpace 的国内智慧图书馆发展态势分析 [J]. 数字技术与应用 ,2023,41(4):33–36+86.

[15] 梁晓岚 . 智慧图书馆建设路径探析 [J]. 文化产业 ,2023(11):97–99.

[16] 刘芳 . 党校图书馆阅读推广的路径探索 [J]. 延边党校学报 ,2023,39(1):85–89.

[17] 鲁黎 . 探讨大数据信息化环境下图书馆服务工作研究分析 [J]. 电子测试 ,2022(16):66–68.

[18] 陆康 , 刘慧 , 张相学 , 王圣元 , 任贝贝 . "社会 5.0" 时代我国智慧图书馆数据风险治理研究 [J]. 图书馆 ,2023(4):22–27.

[19] 吕文娟 , 孟冬晴 . 智慧医学院校图书馆建设背景下智慧馆员团队建设实践初探 [J]. 医学信息学杂志 ,2023,44(4):88–92.

[20] 毛为伟 . 党校图书馆人力资源管理创新探析 [J]. 人才资源开发 ,2023(4):21–23.

[21] 孟晓丹 . 基于互联网技术的图书馆信息化管理系统建设 [J]. 电子技术与软件工程 ,2022(20):14–17.

[22] 史蓉 . 图书资料数字化融合服务模式的构建与实现 [J]. 微型电脑应用 ,2023,39(4):28–30+34.

[23] 宋晓蓉 . 关于加强党校数字化图书馆的建议 [J]. 内蒙古科技与经济 ,2023(2):126–127+145.

[24] 谭莹菲 . 关于党校图书馆特色馆藏建设的研究 [J]. 兰台内外 ,2022(31):67–69.

[25] 王慧娜 . 基于智慧图书馆的精准知识服务研究 [J]. 文化产业 ,2023(10):127–129.

[26] 王少丽 . 高校图书馆管理信息化建设存在的问题和对策 [J]. 造纸装备及材料 ,2022,51(12):188–190.

[27] 王晓慧 . 智慧图书馆驱动下老年读者服务创新研究 [J]. 图书馆 ,2023(04):36–42.

[28] 王妍 , 钱婧 . 图书资料管理中信息化技术的运用 [J]. 信息记录材料 ,2023,24(3):92–94.

[29] 王悦辰 . 简述图书资料网络信息化的重要性 [J]. 河南图书馆学刊 ,2023,43(1):128–130.

[30] 肖楚乔 . 区块链技术下智慧图书馆信息化建设发展研究 [J]. 信息记录材料 ,2022,23(12):140–142.

[31] 薛松 . 智慧图书馆创新读者服务模式的必要性及路径研究 [J]. 文化产业 ,2023(11):100–102.

[32] 杨巧艳 . 党校图书馆读者服务工作的深化与拓展研究 [J]. 文化产业 ,2023(7):

118–120.

[33] 余芝花 . 浅谈公共图书馆信息化建设面临的机遇与挑战 [J]. 文化产业 ,2022 (23):88–90.

[34] 张洛绮 . 试论如何提高高校图书馆采编部门信息化服务工作效率 [J]. 采写编 , 2023(1):187–189.

[35] 张铭丽 . 公共图书馆图书资料的开发和利用 [J]. 文化产业 ,2022(36):117–119.

[36] 张强 . 基于数据中心视角的图书馆信息化管理策略研究 [J]. 图书馆工作与研 究 ,2022(S1):62–66.

[37] 张腾跃 . 基于高职院校图书馆信息化服务对阅读推广的影响分析 [J]. 中国新 通信 ,2022,24(24):66–68.

[38] 赵凤云 . 基于机构画像的智慧图书馆数字学术空间构建研究 [J]. 大学图书情 报学刊 ,2023,41(3):39–43.

[39] 赵磊 , 余吕娜 , 高淦 , 等 . 我国智慧图书馆评价体系研究可视化分析 [J]. 图书 馆工作与研究 ,2023(4):65–74.

[40] 赵杨 , 张雪 , 范圣悦 .AIGC 驱动的智慧图书馆转型：框架、路径与挑战 [J/ OL]. 情 报 理 论 与 实 践 :1–10[2023–05–22].http://42.194.184.28/kcms/detail/11. 1762.G3.20230506.0915.002.html

[41] 朱贵荣 . 新时代高校智慧图书馆学科服务的实践与发展研究——《高校智慧 图书馆服务创新研究》荐读 [J]. 情报理论与实践 ,2023,46(5):210.

[42] 朱思苑 . 智慧校园背景下的高校图书馆信息化基础设施建设探究 [J]. 江苏科 技信息 ,2022,39(24):35–38.